全国优秀教材二等奖

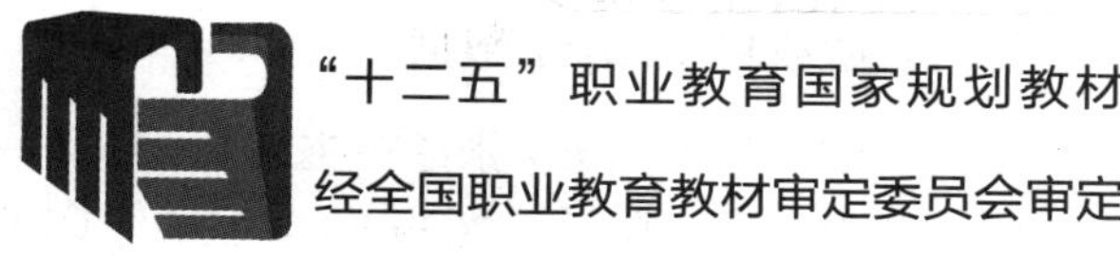

“十二五”职业教育国家规划教材

经全国职业教育教材审定委员会审定

创业基础知识与实务

（第2版）

张建军　主　编

田秀萍　陈　樱　副主编

国家开放大学出版社·北京

图书在版编目（CIP）数据

创业基础知识与实务 / 张建军主编．—2 版．—北京：国家开放大学出版社，2020.5（2022.8 重印）

ISBN 978-7-304-09568-0

Ⅰ.①创…　Ⅱ.①张…　Ⅲ.①创业—职业教育—教材　Ⅳ.① F241.4

中国版本图书馆 CIP 数据核字（2020）第 055007 号

版权所有，翻印必究。

创业基础知识与实务（第 2 版）

CHUANGYE JICHU ZHISHI YU SHIWU (DI 2 BAN)

张建军　主编

田秀萍　陈　樱　副主编

出版·发行：国家开放大学出版社

电话：营销中心　010-68180820　　总编室　010-68182524

网址：http://www.crtvup.com.cn

地址：北京市海淀区西四环中路 45 号　　**邮编**：100039

经销：新华书店北京发行所

策划编辑：刘玉静　郑　倩　　**版式设计**：何智杰

责任编辑：陈艳宁　　**责任校对**：冯　欢

责任印制：武　鹏　马　严

印刷：唐山嘉德印刷有限公司

版本：2020 年 5 月第 2 版　　2022 年 8 月第 3 次印刷

开本：787mm × 1092mm　1/16　　**印张**：21.5　　**字数**：476 千字

书号：ISBN 978-7-304-09568-0

定价：53.00 元

（如有缺页或倒装，本社负责退换）

意见及建议：OUCP_KFJY@ouchn.edu.cn

PREFACE OF THE SECOND EDITION 第2版前言

我国的经济发展方式正在由要素驱动向创新驱动转变，需要一大批具有工艺创新能力的技术技能型人才，尤其需要能够将技术创新成果转化为社会财富的创业者。长期以来，我国的职业院校主要培养能够适应劳动密集型产业的操作技能型人才，这种人才在新的生产方式下将大量被智能制造设备所取代。这就促使我们不得不思考这样一个问题：人与机器的区别到底在哪里？在农耕时代，生产活动主要靠人拉肩扛；进入工业时代，机器替代了人的体力，生产活动融入了更多的人类智慧，但仍需大量工人进行艰苦的体力劳动；在智能制造时代，机器人可以自动执行人类输入的程序，控制生产线工作。那么，人应该做什么？答案是创造性活动。创业活动就是一种最具人类本质的创造性活动。

本教材是在充分利用创业教育研究成果的基础上编写的一本符合高职学生特点的创业教育教材。本教材主编张建军副教授，任唐山工业职业技术学院院长兼任中华职业教育社第十二届理事、中国高等教育学会创新创业教育分会副理事长、中国职业技术教育学会第五届理事会常务理事、中国职业教育学会双证书委员会副主任。教材编写团队以创新创业教学改革实践为基础，从学院“双一流”建设新的三年行动计划项目中提炼经验，对本教材第1版进行了修订。编写团队完成了中华职业教育社承担的国务院委托课题“职业院校创业教育的研究及系列教材开发工程”子课题“创业基础知识”，并获得优秀子课题奖和优秀教材奖，本教材正是在该课题的基础上完成的。此次修订适应了新时代高质量发展的要求，突出了“创新第一动力”的理念，增加了企业资源规划（ERP）、网络营销、企业识别系统（CIS）、财务管理、信息化战略等学习任务，并补充了反映近年来企业发展的典型案例。

根据目前形势下创业活动的基本要求和高职院校学生的基本特点，本教材编写体现如下特点和基本原则：在内容上，尽可能全面地介绍创新创业知识，既包含产品开发的相关知识，也包含企业管理的相关知识，力争具有中国特色和时代特色；在结构上，采用问题引入、任务驱动的方法，将知识内容层层展开，并给学生留下思考和讨论的空间；在风格上，尽可能通俗易懂，适合高职院校学生的阅读水平，便于学生自主学习和合作学习。本教材配有电子教案、多媒体课件、习题库，并组织建设了课程网站及网上学习社区。

本教材从创业的一般规律入手介绍相关知识，适合国内各级职业院校创业教育公共课使用，可作为创业培训教材，用于各类创业培训，也可作为普通本科院校的教学参考书。

本教材共分为10个项目，各项目分工为：项目1，唐山工业职业技术学院刘兆琪讲师；项目2，唐山工业职业技术学院张建军副教授、刘双讲师；项目3，唐山工业职业技术学院崔发周教授；项目4，唐山工业职业技术学院高倩云副教授；项目5，唐山工业职业技术学院高秀春副教授、河北青年管理干部学院聂学东讲师；项目6，唐山工业职业技术学院姚雪超教授；项目7，唐山工业职业技术学院寇鑫讲师；项目8，唐山工业职业技术学院张慧芳副教授、刘丽洁实验师；项目9，唐山工业职业技术学院邱磊副教授；项目10，唐山工业职业技术学院劳丽蕊教授。全书由张建军副教授统稿。

中国高等教育学会创新创业教育分会副会长，中国职业技术教育学会常务理事、高职教育分会副会长，唐山工业职业技术学院原党委书记、院长田秀萍教授及唐山三友集团培训中心陈樱主任全程参加了本书的策划、编写、修改工作。清华大学雷家骕教授、国家行政学院许正中教授、中华职业教育社刘志芳部长、中国高等教育学会创新创业教育分会杨芳秘书长、唐山工业职业技术学院马良军教授对本教材的编写工作进行了精心指导。在此一并致谢！

由于水平和时间所限，教材中难免会有不足之处，殷切期望学习者和同行专家提出宝贵意见。

编　者

2020年2月

PREFACE OF THE FIRST EDITION 第1版前言

我国的经济发展方式正在由要素驱动向创新驱动转变，需要一大批具有工艺创新能力的技术技能型人才，尤其需要能够将技术创新成果转化为社会财富的创业者。长期以来，我国的职业院校主要培养能够适应劳动密集型产业的操作技能型人才，这种人才在新的生产方式下将大量被智能制造设备所取代。这就促使我们不得不思考这样一个问题：人与机器的区别到底在哪里？在农耕时代，生产活动主要靠人拉肩扛；进入工业时代，机器替代了人的体力，生产活动融入了更多的人类智慧，但仍需大量工人进行艰苦的体力劳动；在智能制造时代，机器人可以自动执行人类输入的程序，控制生产线工作。那么，人应该做什么？答案是创造性活动。创业活动就是一种最具人类本质的创造性活动。

本教材是在充分利用创业教育研究成果的基础上编写的一本符合高职学生特点的高水平创业教育教材。本教材主编为教育部高等学校创业教育指导委员会委员、全国高职高专创新创业教育协作会副会长、中国职业技术教育学会创业教育专业委员会副主任田秀萍教授。田秀萍教授主持完成了中华职业教育社承担的国务院委托课题“职业院校创业教育的研究及系列教材开发工程”子课题“创业基础知识”，并获得优秀子课题奖、优秀教材奖，本教材正是该课题的获奖研究成果。

根据目前形势下创业活动的基本要求和高职院校学生的基本特点，本教材编写体现以下特点和基本原则：在内容上，尽可能全面地介绍创新创业知识，既包含产品开发的相关知识，也包含企业管理的相关知识，力争具有中国特色和时代特色；在结构上，采用问题引入、任务驱动的方法，将知识内容层层展开，并给学生留下思考和讨论的空间；在风格上，尽可能通俗易懂，适合高职院校学生的阅读水平，便于学生自主学习和合作学习。教材配有电子教案、多媒体课件、习题库，并组织建设课程网站及网上学习社区。

本教材从创业的一般规律入手介绍相关知识，适合国内各级职业院校创业教育公共课使用，可作为创业培训教材，用于各类创业培训，也可作为普通本科院校的教学参考书。

本教材共分为11个项目。各项目分工为：项目1，唐山工业职业技术学院陈玉俭教授；项目2，唐山陶瓷机械厂张建军厂长；项目3，唐山工业职业技术学院崔发周教授；项目4，唐山工业职业技术学院高倩云副教授；项目5，唐山工业职业技术学院劳旺梅副教授、高秀春讲师；项目6，唐山工业职业技术学院姚雪超副教授、刘志君教授；项目7，唐山工业职业技术学院孟海涛讲师；项目8，唐山工业职业技术学院张慧芳副教授、刘丽洁讲师；项目9，唐山工业职业技术学院邱磊讲师；项目10，唐山工业职业技术学院刘顺清副教授；项目11，唐山工业职业技术学院劳丽蕊副教授。全书由田秀萍教授统稿。

中华职业教育社刘志芳部长、唐山工业职业技术学院马良军教授对本教材的编写做了重要指导。在此表示感谢！

由于水平和时间所限，教材中难免会有不足之处，殷切期望学习者和同行专家提出宝贵意见。

编　者

2013年2月

CONTENTS 目录

项目1 创业项目选择

项目导学

创业项目的选择目的是创业。那么，什么是创业？创业与创新、创意是什么关系呢？

创业是创业者对自己拥有的资源或通过努力对能够拥有的资源进行优化整合，从而创造出更大经济或社会效益的过程。创新是指以现有的思维模式提出有别于常规或常人思路的见解为导向，利用现有的知识和物质，在特定的环境中，本着理想化需要或为满足社会需求，改进或创造新的事物、方法、元素、路径、环境，并获得一定有益效果的行为。创新是人类特有的认识能力和实践能力，是人类主观能动性的高级表现，是推动民族进步和社会发展的不竭动力。创意是指基于对现实存在事物的理解及认知，所衍生出的一种新的抽象思维和行为潜能，它是一种通过创新思维，进一步挖掘和激活资源组合方式，提升资源价值的方法。

总体来说，三者的关系是“创意引领创新，创新推动创业”。创意需要我们在学习和工作中进行思考和实践，不断将新的想法和做法付诸实践，带来创新成果。创新和创业是相辅相成、无法割裂的关系。创新是创业的手段和基础，创业是创新的载体。创业者只有通过创新，才能使所开拓的事业生存、发展并保持持久的生命力。

有人将创业视为洪水猛兽，认为创业成功率不足千分之一，即便成功，存活时间也不超过3年；而有人将创业视为毕生事业，大创业就大成功，小创业就小成功。其实，仁者见仁，智者见智，创业并不可怕，但也绝非易事。很多创业者在选择创业时，具有很大的冲动性和盲目性，看到别人创业成功，就跟风创业，不管自身是否具有创业的基本素质、创业项目是否适合自身特点、创业是否具有相应的资源储备，其结果可想而知。本项目将从创业者的自我评估、创业环境评估、创业项目选择3个方面进行介绍，帮助初创者掌握对自身特质、创业环境、项目选择及评估的思路和方法，有效发挥自身优势，迎合创业趋势，选择合适的创业项目，奠定创业成功的坚实基础，争取在创业竞争中的主动权，提升创业成功率。

学习目标

1. 认知目标：能够清晰认知自身的素质特点和具有的创业优势；能够正确认知所处的创业环境；能够正确认知创业可能带来的各种风险和损失。

2. 技能目标：能够分辨出适合自身特点、符合市场规律、具有发展潜力的创业项目；能够运用自我评估方法对自身特质进行评估，能用通俗而准确的语言描述创业产品或服务，回答产品或服务是否有需求，能否在盈利的基础上满足这些需求并确定自身的竞争优势。

3. 情感目标：锻炼坚忍的意志品质，形成新时代的创新精神和创业意识；培养民族复兴的爱国情怀。

任务 1 创业者自我评估

情境导入

大学毕业生创业之前的准备

在“互联网 +”时代，微商一度非常盛行。2018 年毕业的小马学的是酒店管理专业，小马不太愿意到企业就业，于是他在毕业后就直接加入了微商的创业大军，因为他觉得微商的创业门槛不是太高，成本投入也不多。小马首先选定的产品是文具用品，他认为无论是中小学还是大学，学生们都离不开文具，是必备品。于是，小马从父母那里筹集了 2 万元，按照平台的开店指导说明匆匆开店了。在缴纳完平台管理费后，他从当地的批发市场进了一批文具，购买了一些网店必备品后，当初的 2 万元本钱基本花光了。在开店 1 个星期后他只做了 22 元的单，而其他同类的网店，每月销量达到了 5 000 多单。这个时候他才从当初的踌躇满志转为理性思考，分析自身、动机、产品、开店平台等诸多方面的因素，探究究竟是什么因素导致了目前的困境。

问题思考：

你的创业动机是什么？在创业之前你是否在心理、身体、能力、知识等方面做好了准备？

任务要求

研判自己的人生观和价值观，以及自身的学识和见识，明确自己的人生规划和创业动机；通过各种媒介，了解成功创业者的创业历程，尤其是心路历程，进行充分的心理准备；通过自我总结，与教师、同学、家长、朋友交流，从他人角度总结自己的性格特点，分析评估自己的心理素质、知识素质、能力素质和身体素质，为创业做好准备，做好政策、市场评估；掌握创业项目选择的方法和步骤，能够正确选择适合自己、有发展潜力的创业项目。

子任务 1 身心素质测评

工作任务

利用网络搜索工具，查找并阅读有关 DISC① 个性评测的相关知识，进行 DISC 个性评测，并详细记录评测结果；利用网络工具查找 DISC 个性评测结果分析标准，对自我的心理、性格进行初步判断；然后将结果与同组同学、教师进行分享并讨论。

知识准备

1. 明确创业动机

（1）人生观和价值观

人生观是人们对人生问题的根本看法，主要内容是对人生目的、意义的认识和对人生的态度，具体包括公私观、义利观、苦乐观、荣辱观、幸福观和生死观等。价值观是人们对价值问题的根本看法，包括对价值的实质、构成、标准的认识，这些认识的不同，形成了人们不同的价值观。

创业者要有坚定的理想信念，要有认真、务实、乐观、进取的人生态度，摒弃拜金主义、享乐主义思想观念，要认识到评价人生价值的基本尺度是劳动和奉献，正确地对待金钱、地位和权利，用自己的劳动去创造人生业绩，成为一个有益于社会和人民的人。

（2）人生规划

人生规划是一个人根据社会发展的需要和个人发展的志向，对自身有限资源进行合理的配置，对自己未来的发展道路所做出的一种预先策划和设计。对创业者而言，其主要是指个人职业生涯规划。

要想做好人生规划，需做到：首先，必须知道自己想要什么样的生活，不是别人强加的，而是自己内心最真实的想法；其次，要深刻地认识自己，了解自己的优缺点，哪些可以改变的，哪些是无法改变的；最后，认识自我以后，就要结合自己的能力，切合实际地制定人生目标，目标制定以后，应该把情绪、价值和信仰等因素进行综合考虑，马上行动，集中精力全力以赴，尽可能少犯错误，这样就可以尽快达到既定的目标。

---

① 美国心理学家马斯顿博士发展出的一套理论，用以解释人的情绪反应。DISC 个性评测是指一种可测量四项重要性向因子的行为测验方法，分别为支配性（dominance）、影响性（influence）、稳定性（steadiness）和服从性（compliance）。

（3）创业目标

创业者确定了创业目标并决心实现它时，就会有源源不断的精力和动力，为创造出奇迹奠定了基础。创业目标可以是长期的，也可以是阶段性的，对于创业者来说，创业的整个过程都是陌生的，对市场的分析还不够成熟，所以能不能生存下来才是关键的事情，要把精力集中放在眼前的事情上，打好基础，为以后的发展做好铺垫。

制定创业目标，要弄清楚几个问题：首先，自己能够做什么。作为一个创业者，只知道自己想干什么，这是不够的，更重要的是，应该知道自己能够做什么、会做什么。其次，社会需求什么。一个人在明确自己想做什么、能做什么的同时，还应考虑社会的需求是什么，这是体现自我价值的重要内容。最后，自己拥有什么资源。要创业就必然依赖各种各样的资源，创业者应该清楚地审视自己所拥有或能够使用的一切资源的情况，以及是否足以支持自己创业。

（4）创业动机的定义

任何人干任何事都有动机，创办一家属于自己的企业也不例外。创业动机是创业者愿意付出时间、精力、智力、财力等成本，并且愿意冒着各种失败的风险去创业的原动力。创业动机没有优劣之分，因为每个创业者的实际情况不尽相同。但是在有明确的人生规划前提下而产生的创业动机，往往动力更足、更持久，会始终激励创业者克服各种困难不断前行。

（5）创业动机的分类

1）主动型

对于具有主动型创业动机的创业者，他们进行创业的最直接、最单纯的出发点就是实现自我价值或者自己的梦想。或许他们从一开始就没有考虑过要就业、没有进行一些资源的原始积累，或许他们一直都有一份不错的工作、丰厚的薪水、高级的职位，并且这份工作也能够让他们施展自己的才华，但是，他们的骨子里有着创业的基因，充满着激情，他们一心想的是开创自己的事业，实现自己的理想和抱负。这一类创业者，在他们做好创业准备时，不在乎创业的艰辛和付出，不看重创业的受益，而是醉心于创业的过程，满足自我创业带来的成果，能够给社会、国家带来的巨大变革，实现自己人生价值的最大化。

这一类创业者有很多典型代表，如马云。他 3 次参加高考，总分都不够，最终被破格录取外语本科专业；之后在任教期间，他创立了杭州市第一个英语角；1992 年，他创立第一个公司“海博翻译社”；1995 年，他创立第二个公司“海博网络”（中国黄页）；1999 年，他创立第三个公司阿里巴巴，阿里巴巴至今成为全球十大电子商务公司之一。

2）被动型

对于具有被动型创业动机的创业者，他们或许没有工作，或许工资待遇达不到心理预期，或许有巨大的经济负担，或许不想受太多的约束，总之，创业对他们来讲是迫不得已的选择，是谋生的手段。因此，他们希望通过创业，开启谋生之路，赚取更多的金钱。

这一类创业者有很多典型代表，如任正非。他大学毕业后，入伍成为一名建筑工程兵；1983 年，他转业至深圳南海石油后勤服务基地任副总经理；1987 年，43 岁的他因工作不顺利，凑了 2.1 万元在深圳注册成立了华为技术有限公司，目前该公司成为全球领先的信息与通信技术解决方案供应商。

3）资源型

对于具有资源型创业动机的创业者，个人或其家庭中存在特定的创业资源，如资金、技术、人脉等，通常他们会自然而然地加入"创业大军"。一旦加入，已有创业资源就是他们得天独厚的优势，使他们能够顺利进入角色，打开市场，而且在竞争中占据巨大的主动权。

这一类创业者有很多典型代表，如柳青、王思聪，以及脸书（Facebook）创始人马克·扎克伯格等。

2. 心理素质准备

（1）心理素质的定义

心理素质是人整体素质的组成部分，是以自然素质为基础，在环境、教育、实践活动等因素的影响下逐步发生、发展起来的。心理素质是先天和后天的结合，情绪内核的外在表现。

（2）创业所需要的心理素质

①承受压力和不怕失败的心理准备。创业是自己的事业，所有事情必须亲力亲为，会面临很大的压力和很多的困难，如政策问题、资金问题、场地问题、员工问题、经营问题、技术问题，以及客户、纠纷等一系列问题，这一切都会让创业者产生压力感和挫折感，有时候会感到无从下手，彷徨无助。同时，创业还面临亏损、人才流失、技术瓶颈难以突破等风险，导致前期投入的资金无法收回，甚至是彻底失败。

②长期处于工作状态的心理准备。创业不同于一般的就业。就业无非是朝九晚五的生活，加班不具有强制性，节假日可以休息、娱乐。但是创业不同，因为是自己的事业，休息、娱乐对创业者来说是奢侈的，没有正常的作息时间，没有固定的节假日，加班、熬夜是一种常态，因为要靠长时间的工作来解决创业过程中遇到各种各样的问题。

③充满自信、积极乐观的心态。创业者要有充满自信、积极乐观的心态，这样才能克服创业中遇到的各种困难。创业者首先要有自信，在电影中有一段经典台词：有自信不一定成功，但是没有自信一定会失败。当然，自信不是盲目的自信，而是建立在理性分析基础上的自信。创业者要积极乐观，不惧怕任何困难，懂得运用手中的资源去战胜困难，不断挑战旧事物，创造新事物，朝着创业目标前进。

④善于交流、合作的心理品质。在创业道路上，创业者一定要善于交流合作，这不仅包括与业内人士的交流分享、同行的交流竞争、跨界的交流合作，还包括与客户、公众媒体、外界销售商、企业内部员工打交道等，拥有高超的交流技巧可以顺利排除障碍、化解矛盾、降低工作难度、增加信任度，有助于创业的发展。

⑤适应各种变化的自我调节的心理品质。面对创业过程中的诸多不确定因素，创业者要能够根据客观条件的变化进行自我调节，适应各种变化。在创业过程中，随着政策、产业、技术、产品等的调整、迭代、更新，创业者要有极强的市场洞察力、灵活的头脑、极佳的反应速度，瞅准行情，抓住机遇，不失时机地调整，其中最关键的是进行自我调节和处理压

力，让自己始终保持良好的心境，勇敢地面对压力。

⑥富有激情、不乏理性的心理品质。激情是动力，让创业者始终充满斗志和力量，不断前行。激情不是冲动，更不是盲目。创业者要善于克制，克制是一种积极的、有益的心理品质，它可使人积极有效地控制和调节自己的情绪，能够有效地防止冲动。创业者要时刻提醒自己，对待任何事情要理性，使自己的活动始终在正确的轨道上进行，不会因一时冲动而引起缺乏理智的行为。

3. 身体素质准备

（1）身体素质的定义

从传统上讲，身体素质是人体在运动、劳动和日常活动中，在中枢神经调节下，各器官系统功能的综合表现，如力量、耐力、速度、灵敏性、柔韧性等机体能力。身体素质的强弱是衡量一个人体质状况的重要标志之一。身体是革命的本钱，没有健康的身体，一切都无从谈起。尤其是对于创业者，创业期间，工作、生活极不规律，而且精神时常处于紧张状态，承受压力相对较大，这对创业者的身体素质提出更高的要求。

（2）身体素质的锻炼

①劳逸结合。创业者一定是繁忙的，往往夜以继日，作息无常。但还是要挤出时间，科学安排，学会“忙里偷闲”，注重体力恢复。否则，长时间超负荷工作，就会积劳成疾，不但影响工作，而且会影响事业发展。

②适度锻炼。创业者要选择适合自己且喜爱的运动项目进行适度锻炼，这是增强体质、缓解压力的有效办法。

③健康饮食。身体健康需要健康的饮食作保证。创业者工作繁忙，有时饮食时间无规律、质量无保证，不利于身体健康。创业者要做到饮食习惯合理、营养搭配科学，从而保证身体健康。

④保证睡眠。睡眠是体力和精力恢复的有效办法，保证身体健康需要一定的睡眠。创业者无论工作多忙，也必须留有必要的睡眠时间。

⑤精神保健。创业者要参加积极健康的文体娱乐活动，能够带给自己精神愉悦的感受，是缓解压力、保持身心健康的需要。

4. DISC个性评测

DISC个性评测着重按照4个与管理绩效有关的人格特质对人进行描绘，即支配性（D）、影响性（I）、稳定性（S）和服从性（C），从而了解测试者的管理能力、领导素质及情绪稳定性等。具有不同人格特征的个体在同样的工作情境下会表现出不同的行为，个体往往在工作中形成自己的管理风格。DISC个性评测用于测查、评估和帮助人们改善其行为方式、人际关系、工作绩效、团队合作、领导风格等，就是把个体安排在一种管理情境中，描述个体的优势、在工作中应注意的事项及一些个体倾向等，如何影响他人、对团队的贡献是什么、什么时候处于应激状态，这些问题能使个体更加清楚地了解自己的个性特征，尤其能够为评估测试者是否具有创业潜质提供参考。

DISC 个性评测题：

每一个组中有 4 个选项，分别代表 D、I、S、C，评估者选择一个最符合自己的，最后累计 D、I、S、C 各项选择的次数，一共 40 组题，不能遗漏。

对以下 DISC 个性评测题评估者应按第一印象快速地选择最符合自己的选项，如果不能确定，可回忆童年时的情况，或者以你最熟悉的人对你的评价来选择。

第一组

①富于冒险：愿意面对新事物并敢于下决心掌握。——D

②适应力强：轻松自如适应任何环境。——S

③生动：充满活力，表情生动，多手势。——I

④善于分析：喜欢研究各部分之间的逻辑和正确的关系。——C

第二组

①坚持不懈：要完成现有的事才能做新的事情。——C

②喜好娱乐：充满乐趣与幽默感。——I

③善于说服：用逻辑和事实而不用威严和权力服人。——D

④平和：在冲突中不受干扰，保持平静。——S

第三组

①顺服：易接受他人的观点和喜好，不坚持己见。——S

②自我牺牲：为他人利益愿意放弃个人意见。——C

③善于社交：认为与人相处是好玩，而不是挑战或者商业机会。——I

④意志坚定：决心以自己的方式做事。——D

第四组

①让人认同：人格魅力或性格让人认同。——I

②体贴：关心别人的感受与需要。——C

③竞争性：把一切当作竞赛，总是有强烈的取胜欲望。——D

④自控性：控制自己的情感，极少流露。——S

第五组

①使人振作：给他人清醒振奋的刺激。——I

②尊重他人：对人诚实尊重。——C

③善于应变：对任何情况都能做出有效的反应。——D

④含蓄：自我约束情绪与热忱。——S

第六组

①生机勃勃：充满生命力与兴奋。——I

②满足：容易接受任何情况与环境。——S

③敏感：对周围的人、事过分关心。——C

④自立：独立性强，只依靠自己的能力、判断、才智。——D

第七组
①计划者：先做详尽的计划，并严格按计划进行，不想改动。——C
②耐性：不因延误而懊恼，冷静且能容忍。——S
③积极：相信自己有转危为安的能力。——D
④推动者：动用性格魅力或鼓励别人参与。——I
第八组
①肯定：自信，极少犹豫或者动摇。——D
②无拘无束：不喜欢预先计划，或者被计划牵制。——I
③羞涩：安静，不善于交谈。——S
④有时间性：生活处事依靠时间表，不喜欢计划被人干扰。——C
第九组
①迁就：改变自己以与他人协调，短时间内按他人要求行事。——S
②井井有条：有系统、有条理安排事情。——C
③坦率：毫无保留，坦率发言。——I
④乐观：令他人和自己相信任何事情都会好转。——D
第十组
①强迫性：发号施令，强迫他人听从。——D
②忠诚：一贯可靠，忠心不移，有时毫无根据地奉献。——C
③有趣：风趣、幽默，把任何事物都能变成精彩的故事。——I
④友善：不主动交谈，不爱争论。——S
第十一组
①勇敢：敢于冒险，无所畏惧。——D
②体贴：待人得体，有耐心。——S
③注意细节：观察入微，做事情有条不紊。——C
④可爱：开心，与他人相处充满乐趣。——I
第十二组
①令人开心：充满活力，并将快乐传于他人。——I
②文化修养：对艺术学术特别爱好，如戏剧、交响乐。——C
③自信：确信自己的个人能力与成功。——D
④贯彻始终：情绪平稳，做事情坚持不懈。——S
第十三组
①理想主义：以自己完美的标准来设想、衡量新事物。——C
②独立：自给自足，独立自信，不需要他人帮忙。——D
③无攻击性：不说或者不做可能引起别人不满和反对的事情。——S
④富有激情：鼓励别人参与、加入，并把每件事情变得有趣。——I

第十四组

①感情外露：从不掩饰情感、喜好，交谈时常身不由己接触他人。——I

②深沉：深刻并常常内省，对肤浅的交谈、消遣会厌恶。——C

③果断：有很快做出判断与得出结论的能力。——D

④幽默：语气平和而有冷静的幽默。——S

第十五组

①调解者：经常居中调节不同的意见，以避免双方的冲突。——S

②音乐性：爱好参与并有较深的鉴赏能力，是因为音乐的艺术性，而不是因为表演的乐趣。——C

③发起人：高效率的推动者，是他人的领导者。——D

④喜交朋友：喜欢周旋聚会中，善交新朋友，不把任何人当陌生人。——I

第十六组

①考虑周到：善解人意，帮助别人，记住特别的日子。——C

②执着：不达目的誓不罢休。——D

③多言：不断地说话、讲笑话以娱乐他人，觉得应该避免沉默带来的尴尬。——I

④容忍：易接受别人的想法和看法，不需要反对或改变他人。——S

第十七组

①聆听者：愿意听别人倾诉。——S

②忠心：对自己的理想、朋友、工作都绝对忠实，有时甚至不需要理由。——C

③领导者：天生的领导，不相信别人的能力能比上自己。——D

④活力充沛：充满活力，精力充沛。——I

第十八组

①知足：对自己拥有的感到满足，很少羡慕别人。——S

②首领：要求领导地位及别人跟随。——D

③制图者：用图表数字来组织生活，解决问题。——C

④惹人喜爱：人们注意的中心，令人喜欢。——I

第十九组

①完美主义者：对自己、别人的标准较高，一切事物有秩序。——C

②和气：易相处、易说话、易与人接近。——S

③勤劳：不停地工作，完成任务，不愿意休息。——D

④受欢迎：聚会时的灵魂人物，受欢迎的宾客。——I

第二十组

①跳跃性：充满活力，生机勃勃。——I

②无畏：大胆前进，不怕冒险。——D

③规范性：时时坚持自己的举止合乎认同的道德规范。——C

④平衡：稳定，走中间路线。——S

第二十一组

①乏味：死气沉沉，缺乏生气。——S

②忸怩：躲避别人的注意力，在众人注意下不自然。——C

③露骨：好表现，华而不实，说话声音大。——I

④专横：喜好命令支配，有时略显傲慢。——D

第二十二组

①散漫：生活任性无秩序。——I

②无同情心：不易理解别人的问题和麻烦。——D

③缺乏热情：不易兴奋，经常感到好事难做。——S

④不宽恕：不易宽恕和忘记别人对自己的伤害，易嫉妒。——C

第二十三组

①保留：不愿意参与，尤其是当事情复杂时。——S

②怨恨：把实际或者自己想象的别人的冒犯经常放在心中。——C

③逆反：抗拒或者拒不接受别人的方法，固执己见。——D

④唠叨：重复讲同一件事情或故事，忘记已经重复多次，总是不断找话题说话。——I

第二十四组

①挑剔：坚持琐事细节，总喜欢挑不足。——C

②胆小：经常感到强烈的担心焦虑、悲戚。——S

③健忘：缺乏自我约束，健忘，不愿意回忆无趣的事情。——I

④率直：直言不讳，直接表达自己的看法。——D

第二十五组

①没耐性：难以忍受等待别人。——D

②无安全感：感到担心且无自信心。——S

③优柔寡断：很难下决定。——C

④好插嘴：一个滔滔不绝的发言人，不是好听众，不注意别人的说话。——I

第二十六组

①不受欢迎：强烈要求完美，拒人千里之外。——C

②不参与：不愿意加入，不参与，对别人的生活不感兴趣。——S

③难以预测：时而兴奋，时而低落，或总是不兑现诺言。——I

④缺乏同情心：很难当众表达对弱者或者受难者的情感。——D

第二十七组

①固执：坚持照自己的意见行事，不听不同意见。——D

②随兴：做事情没有一贯性，随意做事情。——I

③难于取悦：要求太高而使别人很难取悦。——C

④行动迟缓：迟迟不行动，不易参与或者行动总是慢半拍。——S

第二十八组

①平淡：平实淡漠，中间路线，无高低之分，很少表露情感。——S

②悲观：尽管期待最好但往往首先看到事物的不利之处。——C

③自负：自我评价高，认为自己是最好的人选。——D

④放任：允许别人做他喜欢做的事情，为的是讨好别人，令别人鼓吹自己。——I

第二十九组

①易怒：善变，孩子性格，易激动，过后马上就忘了。——I

②无目标：不喜欢定目标，也无意定目标。——S

③好争论：易与人争吵，不管对任何事都觉得自己是对的。——D

④孤芳自赏：容易感到被疏离，经常没有安全感或担心别人不喜欢和自己相处。——C

第三十组

①天真：孩子般的单纯，不理解生命的真谛。——I

②消极：往往看到事物的消极面、阴暗面，而少有积极的态度。——C

③鲁莽：充满自信有胆识，但总是不恰当。——D

④冷漠：漠不关心，得过且过。——S

第三十一组

①担忧：时时感到不确定、焦虑、心烦。——S

②不善交际：总喜欢挑人毛病，不被人喜欢。——C

③工作狂：为了回报或者成就感，而不是为了完美，设立雄伟目标，不断工作，耻于休息。——D

④喜获认同：需要旁人认同赞赏，像演员。——I

第三十二组

①过分敏感：对事物过分反应，被人误解时感到被冒犯了。——C

②不圆滑老练：经常用冒犯或考虑不周的方式表达自己。——D

③胆怯：遇到困难退缩。——S

④喋喋不休：难以自控，滔滔不绝，不能倾听别人。——I

第三十三组

①腼腆：事事不确定，对所做的事情缺乏信心。——S

②生活紊乱：缺乏安排生活的能力。——I

③跋扈：冲动地控制事物和别人，指挥他人。——D

④抑郁：常常情绪低落。——C

第三十四组

①缺乏毅力：反复无常，互相矛盾，情绪与行动不合逻辑。——I

②内向：活在自己的世界里，思想和兴趣放在心里。——C

③不容忍：不能忍受他人的观点、态度和做事的方式。——D
④无异议：对很多事情漠不关心。——S
第三十五组
①杂乱无章：生活环境无秩序，经常找不到东西。——I
②情绪化：情绪不易高涨，感到不被欣赏时很容易低落。——C
③喃喃自语：低声说话，不在乎说不清楚。——S
④喜操纵：精明处事，操纵事情，对自己有利。——D
第三十六组
①缓慢：行动、思想比较慢，过分麻烦。——S
②顽固：决心依自己的意愿行事，不易被说服。——D
③好表现：要吸引人，使自己成为被人注意的中心。——I
④有戒心：不易相信别人，对语言背后的真正动机存在疑问。——C
第三十七组
①孤僻：需要大量的时间独处，避开人群。——C
②统治欲：毫不犹豫地表示自己的正确性或控制能力。——D
③懒惰：总是先估量事情要耗费多少精力，能不做最好等问题。——S
④大嗓门：说话声和笑声总盖过他人。——I
第三十八组
①拖延：凡事起步慢，需要推动力。——S
②多疑：凡事怀疑，不相信别人。——C
③易怒：在行动较慢或不能完成指定工作时易烦躁和发怒。——D
④不专注：无法专心致志或者集中精力。——I
第三十九组
①报复性：记恨并惩罚冒犯自己的人。——C
②烦躁：喜新厌旧，不喜欢长时间做相同的事情。——I
③勉强：不愿意参与或者投入。——S
④轻率：因没有耐心，不经思考，草率行动。——D
第四十组
①妥协：为避免矛盾，即使自己是对的也不惜放弃自己的立场。——S
②好批评：不断地衡量和下结论，经常提出反对意见。——C
③狡猾：精明，总是有办法达到目的。——D
④善变：注意力像孩子般，集中时间短暂，需要各种变化，怕无聊。——I
将以上的选择做一个统计，并记在括号内：
D——（　　）　I——（　　）　S——（　　）　C——（　　）
请利用网络搜索工具，查找评测结果分析。

子任务 2 知识和能力素质分析

☆ 工作任务

查找相关成功案例，总结知识素质和能力素质在创业中的重要性；根据自己的专业背景和特长，分析判断自己知识、能力的优势和劣势；针对自己的劣势，完成“知识、能力素质分析及提升计划”表。

知识准备

1. 提升知识素质

（1）知识素质的定义

知识素质是指创业者通过学习和掌握的现代科学基本知识，以及掌握各种学科的技能、过程与方法，是形成正确的情感、态度与价值观的基础。

（2）知识素质的组成

知识素质反映创业者对涉及的创业活动的专业认知程度、对行业的了解程度及相关知识的储备情况，对创业者组织开展创业活动有着直接的影响。特别是知识经济时代，面对纷繁复杂的创业环境，决策行动需要博专结合的知识结构，凭靠经验、勇气、热情或单一的知识很难取得创业的成功。

①职业知识。这里所说的职业知识是指创业者应该具有的最底层的知识，即日常生活和工作中基本的常识性、应用性的基础知识，包含我们学过的语文、数学、外语、历史、地理、生物及计算机等方面的基础知识。

②专业知识。专业知识是创业者赖以生存、得以成功的法宝和根本。创业者只有拥有足够的专业知识，才能在专业领域取得领先的技术突破和成果，构筑专业技术壁垒，赢得竞争优势和先机，同时才能取得客户的信服，制造出过硬的产品，赢得市场的青睐。

③管理知识。创业者开创自己的事业，管理知识是必备的。一个企业的创办和运营，涉及人事、技术、市场、资金等多方面的业务，如何将这些业务有效地组织起来，顺畅地运行下去，对创业者而言是一个不小的挑战。

④金融知识。创业者只要创业就会涉及金融知识，特别是在创业初期，解决如何进行股权分配、如何提高资金运行的效率和项目及企业如何进行融资等问题都需要一定的金融知识，只有掌握一定的金融知识才能为项目发展或企业下一步发展提供一个良好的经济环境。

⑤产业知识。产业知识是指自身项目所处的产业领域的相关信息、政策、法律等，其更新是非常快的，了解产业动态是创业者每时每刻必须做的事情，产业知识包括产业动态趋

势、产业政策研究、产业技术发展等。例如，要从事互联网创业，创业者必须了解互联网产业相关的政策、法律，以及信息安全和隐私保护等硬性规定，否则将不能在互联网产业立足，更谈不上发展。

2. 提升能力素质

（1）能力素质的定义

能力素质是指潜藏在人体中的一种能动力，包括工作能力、组织能力、决策能力、应变能力、创新能力、人际交往能力等，是影响成人、成才的一种综合智能要素。

（2）能力素质的组成

①合理利用与支配各类资源的能力。这里的资源是指时间、资金、设备、人脉等一切与创业有关的资源。这种能力主要表现在：把有限的时间分配到有意义的事情上，计划并掌握工作进展；合理制定经费预算，并随时根据情况变化做出必要调整；获取设备、储存与分配利用各种设备；根据人员特长合理分配工作，并对人员的工作表现进行评价。

②处理人际关系的能力。创业者作为组织者，能够将各种人才汇集在一起，朝着创业目标努力；作为个体，能够参与到集体的工作中，能够与背景不同的人共事；创业者作为导师，能够向别人传授新技术、新方法。处理好人际关系是高情商的一种表现。

③获取信息并利用信息的能力。创业者能够通过各种媒介，获取自己所需要的各种信息。例如，大家都知道在百度、谷歌等平台搜索信息，但是这些平台中有高级搜索选项，能够更有效地进行信息搜索；创业者能够对获取到的信息进行有效评估、分析，使用计算机进行信息传播和信息处理。

④综合与系统分析能力。创业者能够理解社会体系及技术体系，辨别趋势，对现行体系提出修改建议或设计替代的新体系。

⑤运用特种技术的能力。创业者能够选出适用的技术及设备，理解并掌握操作设备的手段、程序；创业者能够维护设备并处理各种问题，包括计算机设备及相关技术。

知识、能力素质分析及提升计划，如表 1–1 所示。

表 1–1　知识、能力素质分析及提升计划

<table>
<tr><td>知识素质和能力素质在创业中的重要性</td><td colspan="3"></td></tr>
<tr><td>专业</td><td></td><td>兴趣</td><td></td></tr>
<tr><td>优势</td><td></td><td>劣势</td><td></td></tr>
<tr><td colspan="4">知识素质和能力素质提升计划</td></tr>
<tr><td>提升重点</td><td>提升方法</td><td>计划周期</td><td>监督人</td></tr>
<tr><td></td><td></td><td></td><td></td></tr>
<tr><td></td><td></td><td></td><td></td></tr>
<tr><td></td><td></td><td></td><td></td></tr>
<tr><td></td><td></td><td></td><td></td></tr>
<tr><td></td><td></td><td></td><td></td></tr>
<tr><td></td><td></td><td></td><td></td></tr>
</table>

工作步骤

第一步：研判自己的人生观和价值观，制定职业生涯规划，明确创业目标。

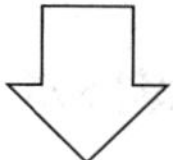

第二步：利用网络搜索工具，进行 DISC 个性评测，查看评测结果；分析自己的心理、性格等，总结哪些方面适合创业，哪些方面需要有针对性地加强。

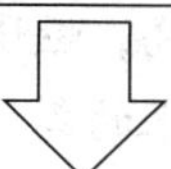

第三步：查找相关成功案例，总结身心素质在创业中的重要性，根据自己的身心状况，判断自己的优势和劣势，制订相关计划，提高自己的身心素质。

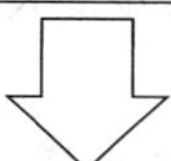

第四步：根据自己的专业背景和特长，分析自己在知识、能力等方面的优势和劣势，针对自己的劣势，制订相关计划，提高自己的综合素质。

工作评价与反馈

<table>
<tr><th>任务</th><th>存在的问题</th><th>改进措施</th></tr>
<tr><td></td><td></td><td></td></tr>
<tr><td colspan="3">收获与感悟：</td></tr>
<tr><td colspan="3">指导教师评语：

教师签名：</td></tr>
</table>

任务 2 创业环境评估

情境导入

“高效蜂窝煤技术”创业项目

小张学的是企业管理专业，在毕业前夕，由于工作没有着落，天天在网上看招聘信息，无意中，他看到某知识产权公司正在有偿转让一项名为“高效蜂窝煤技术”的项目，称这种蜂窝煤能够被一根火柴点燃，燃烧时蓝色火苗一尺多高，燃烧效率高于液化气。于是，小张动心了，找到这家公司洽谈购买意向。小张被这项专利技术的各种获奖证书蒙蔽了，花重金买断了这项专利技术的使用权和经营权，准备利用自己企业管理的专业优势，在他相对比较富裕的家乡进行创业。小张找亲戚朋友借了一些钱，创办了一家公司，投入了大量资金进行产品的宣传和产品量产，但事与愿违，无论小张怎么进行营销和推广，很少有人购买他的产品，最终以失败告终。

问题思考：

为什么没有用户购买小张的产品？国家政策是否支持这项专利技术？小张家乡的人们为什么不用他的产品？小张的调研做得充分吗？小张做好准备了吗？

任务要求

在选择创业项目之前，要利用适当的方法，对当地的创业政策环境、创业市场环境和创业个人环境进行评估，从而判断该项目是否为孵化政策的扶持对象，有没有固定的用户，个人在物力、财力、智力等方面是否能够为项目带来持久的支撑。

工作任务

以情境导入中的创业项目为例，利用网络搜索工具或查阅相关资料，分析该项目有哪些创业扶持政策（产业扶持方面、环境保护方面），所处的创业市场环境是怎样的（人口、技术、竞争等方面），个人能够为该项目提供哪些支持（资金、技术、知识、智力等方面）；填写“项目创业环境分析”表，再以自己的创业项目为例，分析上述情况。

知识准备

1. 创业政策支持

（1）创业政策的环境

创业政策的环境是指影响创业产生、存在和发展的一切自然因素和社会因素的总和。它涉及诸多因素，从人到物、从自然到社会、从历史到文化，几乎无所不包。影响创业政策环境的因素具有复杂性、多样性、差异性、动态性的特征，自然环境、社会经济环境、制度与文化环境、国际环境等是最为重要的创业政策环境。

（2）创业政策的内容

创业政策包含政府部门制定的与创业有关的政策。从国家层面上说，创业政策比较宏观，而在不同地域，因为各地政府在国家大政策的指导下又出台了一些适应当地的扶持政策，其可操作性更强。因此，具体创业政策内容要根据所在地政府出台的政策确定。需要注意的是，政策执行期是有规定的，一般为 3~5 年。当政策到期后，有的政策会终止，有的政策会延续，有的政策内容会有一些变化，需要向有关部门咨询落实。

（3）创业政策的分类

创业政策主要包括创业扶持政策、行政收费优惠政策、创业实体注册条件的放宽政策、吸纳就业的奖励政策、税收优惠政策、金融信贷扶持政策、社会保险优惠政策等。

①创业扶持政策：是国家各级政府对创业者在创业需要解决的问题上所做出的相关优惠政策的总称。它涉及融资、开业、税收、创业培训、创业指导等诸多方面。

②行政收费优惠政策：是指在创业初期，国家为了扶持创业者尽快度过最艰难的阶段，中央和地方政府在税费等方面的优惠政策。例如，某地的创业行政收费优惠政策规定，凡从事个体经营的，自其在工商部门首次注册登记之日起 3 年内免收管理类、登记类和证照类等有关行政事业性的费用。这类政策旨在减轻初次创业者的注册成本。

③创业实体注册条件的放宽政策：是指国家和各级政府在创业实体注册条件上，对创业实体在注册条件方面的优惠政策。这种优惠政策是国家鼓励创业大政策的具体化，不同地方政府出台的条款不尽相同。这类政策旨在降低创业实体注册条件的门槛。

④吸纳就业的奖励政策：是指在当地优先和重点发展产业或行业新创办的企业，在一定时间内吸纳规定数量的就业者，其中吸纳本地户籍人员达到一定比例，签订一定时间段劳动合同并参加社会保险，其间所在地政府按企业对地方财政贡献给予一定比例的奖励。

⑤税收优惠政策：是指税法对初创企业给予鼓励和照顾的一种特殊规定。例如，免除其应缴的全部或部分税款，或者按照其缴纳税款的一定比例给予返还等，从而减轻其税收负担。税收优惠政策是国家利用税收鼓励创业的一种手段，国家通过税收优惠政策，可以扶持当地优先和重点发展的产业或行业，促进新创办企业的发展。

⑥金融信贷扶持政策：是指国家对创业者在金融信贷领域所给予的优惠政策，其意义主要是在金融信贷方面减轻创业者的信贷压力，帮扶创业者创业成功。例如，提高财政贴息资金支持的小额担保贷款额度，担保创业者小额贷款、财政贴息资金支持等政策。

⑦社会保险优惠政策：是指国家对创业者创办企业的员工社会保险提供减免的政策。例如，企业与员工签订 1 年以上期限劳动合同并为其缴纳社会保险的，单位缴费部分按实际招用人数给予全额社会保险补贴。此类政策补贴期限原则上不超过 3 年。

（4）鼓励大学生自主创业的政策

为支持大学生创业，国家和各级政府出台了许多优惠政策，涉及融资、开业、税收、创业培训、创业指导等诸多方面。对打算创业的大学生来说，了解这些政策，才能走好创业的第一步。以下列举 6 项相关政策。

①税收优惠。持人力资源和社会保障部门核发的就业创业证的高校毕业生在毕业年度内（指毕业所在自然年，即该年 1 月 1 日至 12 月 31 日）创办个体工商户、个人独资企业的，3 年内按每户每年 8 000 元为限额依次扣减其当年实际应缴纳的营业税、城市维护建设税、教育费附加和个人所得税。高校毕业生创办的小型微利企业可按国家规定享受相关税收支持政策。

②创业担保贷款和贴息。对符合条件的大学生自主创业的，可在创业地按规定申请创业担保贷款，贷款额度为 10 万元。鼓励金融机构参照贷款基础利率，结合风险分担情况，合理确定贷款利率水平，对个人发放的创业担保贷款，在贷款利率基础上上浮 3 个百分点以内的，由财政给予贴息。

③免收有关行政事业性收费。毕业 2 年以内的普通高校学生从事个体经营（除国家限制的行业外）的，自其在工商部门首次注册登记之日起 3 年内，免收管理类、登记类和证照类等有关行政事业性收费。

④享受培训补贴。对大学生创办的小微企业新招用毕业年度高校毕业生，签订 1 年以上劳动合同并交纳社会保险费的，给予 1 年社会保险补贴。对大学生在毕业学年（从毕业前一年 7 月 1 日起的 12 个月）内参加创业培训的，根据其获得创业培训合格证书或就业、创业情况，按规定给予培训补贴。

⑤免费创业服务。有创业意愿的大学生可免费获得公共就业和人才服务机构提供的创业指导服务，包括政策咨询、信息服务、项目开发、风险评估、开业指导、融资服务、跟踪扶持等“一条龙”创业服务。

⑥取消高校毕业生落户限制。高校毕业生可在创业地办理落户手续。

2. 创业市场环境

（1）创业市场环境的含义

创业市场环境是指影响营销管理部门发展，保持与客户成功交流能力的组织营销管理职能之外的个人、组织和力量。这些因素与企业的市场营销活动密切相关。市场环境的变化既可以给企业带来市场机会，也可能对企业形成某种威胁。因此，对市场环境的调查是企业开展经营活动的前提。

（2）影响创业市场环境的因素

①人口因素。人是构成市场的首要因素，哪里有人，哪里就产生消费需求，哪里就会形成市场。人口因素涉及人口总量、地理分布、年龄结构、性别构成、人口素质等方面，不同年龄段、不同地区的人，消费不同。例如，南方人多喜食米饭，北方人多喜食面食。随着我国城乡居民收入水平的提高，人们对农产品提出了更高的要求，绿色食品、保健食品备受青睐。农业企业在生产中一定要考虑这些变化，按照需求安排生产。

②经济因素。经济因素是指一个国家或地区的消费者收入、消费者支出、物价水平、消费信贷及居民储蓄、货源供应等情况。在市场经济条件下，产品交换是以货币为媒介的，因此，购买力的大小直接影响人们对产品的需求。在分析经济因素时，应考虑各阶层收入的差异、人们消费结构受价格影响的程度、居民储蓄的动机等方面。此外，从整个国家看，整体经济形势对市场的影响也很大。经济增长时期，市场会扩大；相反，经济停滞时，市场会萎缩。对于创业者而言，应主要考虑自身项目是否符合现阶段社会经济条件，国家是否支持本行业发展，以及自身是否具有发展本项目的各种资源。

③技术因素。科学技术的发展使商品的市场生命周期迅速缩短，生产的增长也越来越多地依赖科技的进步。以手机制造为例，世界前五大手机厂商每年推出的新机型就超过 50 个，新技术的应用超过 100 项。新兴科技的发展，新兴产业的出现，给某些企业带来新市场的同时，也可能带来威胁。对于创业者而言，应主要考虑自身的技术能否适应市场的快速发展，能否支撑产品的更新和迭代，能否制造坚实的技术壁垒。

④文化因素。在不同国家和地区，文化的差别要比其他生理特征更为深刻，它决定着人们独特的生活方式和行为规范。文化环境不仅建立了人们日常行为的准则，还形成了不同国家和地区市场消费者的态度和购买动机。对创业者而言，必须要充分了解当地的文化，使销售的产品符合当地的消费倾向。

⑤竞争因素。在任何市场上销售产品，企业都面临着竞争。市场上从事同类商品生产经营的企业，其竞争者包括现实的竞争者和潜在的竞争者。同一市场，同类企业数量的多少，构成了竞争强度的不同。对于创业者而言，进行竞争环境评估，目的是认识市场状况和市场竞争强度，了解竞争对手的优势，根据自身的优势，扬长避短，制定正确的竞争策略。例如，在产品档次、价格、服务策略上有所差别，与竞争对手形成良好的互补经营结构。

⑥政治因素。政治因素是指国家、政府和社会团体通过计划手段、行政手段、法律手段和舆论手段来管理和影响经济。其主要目的如下：一是保护竞争，防止不公平竞争；二是保护消费者的权益，避免其上当受骗；三是保护社会利益。因此，创业者必须服从国家管理，遵守法律，在法律规定的范围内活动，合法经营。不可否认，有部分创业者因法律意识淡薄，生产经营一些假冒伪劣产品，这种行为严重损害了消费者利益，为法律所不容，应引起足够的重视，以求长远发展。

3. 创业个人环境

（1）创业个人环境的含义

创业个人环境是指在创业全周期中，个人、家庭和外部资源等方面需要具备的条件。创业者需要在思想上做好准备，处理好个人与家庭的关系，聚齐创业所需的外部资源。

（2）影响创业个人环境的条件

①创业概念的可行性。创业概念最重要的是要可行，有长久性，可以继续开发、扩展。传统的制造业、农业等产业中依然可以找到创业项目，但最重要的是可操作，仅有创业概念是没有前途的。

②必须有高情商。创业者不一定要有高智商，但一定要有高情商，这样才能建立稳固的人际关系，减少创业过程中的障碍。

③做好充分的思想准备。思想准备是指创业者即使短期内看不到任何回报，也能够承受创业带来的风险、来自各方面的压力、超负荷的工作等。创业者要时刻面对资金、人员、对手、政策等各种难题，因此在心理上一定要有充足的准备，迎接各种挑战。

④创业需要获得家庭的支持。这里的家庭泛指父母、兄妹、朋友、导师等人，他们的支持能够给创业者带来无尽的动力，尤其是在困难情况下，家庭可以给予物力、财力、智力以及精神等层面的鼎力支持，帮助创业者渡过难关。

⑤充分的资源。这里的资源包括人力、财力、智力。创业者要具备充足的经验、一定的资金、时间和坚定的创业精神，才能保证创业持久进行。

⑥网络和关系。人是重要的基础，创业者需要他人的帮助和支持，不断扩大交友网络和建立良好的人际关系，所谓“一个好汉三个帮”，这样会为创业带来不少便利条件。

项目创业环境分析如表 1–2 所示。

表 1–2　项目创业环境分析

<table>
<tr><td rowspan="6">高效蜂窝煤技术</td><td rowspan="2">政策支持</td><td>优势</td><td></td></tr>
<tr><td>劣势</td><td></td></tr>
<tr><td rowspan="2">市场环境</td><td>优势</td><td></td></tr>
<tr><td>劣势</td><td></td></tr>
<tr><td rowspan="2">个人环境</td><td>优势</td><td></td></tr>
<tr><td>劣势</td><td></td></tr>
<tr><td rowspan="6">创业者的创业项目</td><td rowspan="2">政策支持</td><td>优势</td><td></td></tr>
<tr><td>劣势</td><td></td></tr>
<tr><td rowspan="2">市场环境</td><td>优势</td><td></td></tr>
<tr><td>劣势</td><td></td></tr>
<tr><td rowspan="2">个人环境</td><td>优势</td><td></td></tr>
<tr><td>劣势</td><td></td></tr>
</table>

工作步骤

第一步：通过网络搜索、走访调研等，了解国家的创业政策，如扶持政策、金融政策、税收政策、社保政策等；了解当地有关大学生的创业扶持政策。

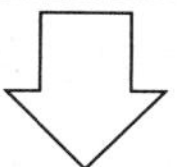

第二步：通过网络搜索、走访调研等，了解当地经济、文化环境，市场竞争和自身技术优势等影响市场环境的因素；对当地市场环境进行分析，评估当地创业市场环境。

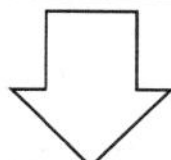

第三步：对个人情况进行总体分析，整理记录个人、家庭和外部资源等方面可能得到的创业支持条件，并填写项目创业环境分析表。

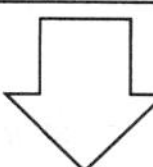

第四步：以自己的创业项目为例，分析其创业政策环境、创业市场环境和创业个人环境等。

工作评价与反馈

任务	存在的问题	改进措施
收获与感悟：		
指导教师评语： 教师签名：		

任务 3 选择合适的创业项目

情境导入

你会选择哪个创业项目

假如你是一名计算机专业的大学生，爱好摄影。当你快毕业时，想要创业，如果有以下项目，你会做出怎样的选择？

项目 1：加盟一个品牌小吃店，如沙县小吃。

项目 2：开一家有特色的网吧，在环境、功能方面做到独具匠心。

项目 3：依靠专业知识，为客户定制、开发计算机软件。

项目 4：做一个网络平台，专门提供技术成果的使用与转让。

项目 5：做摄影培训项目，通过线上和线下开发摄影培训资源包，提供摄影培训服务。

问题思考：

你会选择哪个创业项目？你是依据什么因素做出的选择？你考虑的这些因素的排列顺序是什么？

任务要求

将情境导入中设置的 5 个创业项目进行排序，填写项目选择说明书（表 1–3），说明你的排序理由，并与教师和周围的同学进行分享。

表 1–3 项目选择说明书

排序	①项目（ ）	②项目（ ）	③ 项目（ ）	④ 项目（ ）	⑤项目（ ）
理由	政策支持情况：				
	市场调研情况：				
	市场竞争情况：				
	盈利预估情况：				
	个人条件情况：				

工作任务

以上述情境导入的“你会选择哪个创业项目”为例，利用网络搜索工具或查阅相关资料，选择一个创业项目；根据填写完成的项目选择说明书，撰写创业策划书。

知识准备

选择合适的创业项目是创业成功的第一步。创业者在面对自己心中所想的项目、朋友正在做的项目、市场最火爆的项目、国家支持的项目等机会时，该如何选择是他们通常会考虑的问题。只有合适的项目，没有最好的项目，特别是对于没有创业经验的大学生来说，要进行冷静的思考和仔细的筛选，这是关键的一步。

1. 选择创业项目的原则

（1）选择国家政策扶持行业

小米创始人雷军说过，“站在风口上，猪都能飞起来”。风是哪来的？风就是国家政策、国家导向、国家扶持、国家鼓励。因此，创业者想要使创业事业迅速发展壮大，必须知道国家目前在扶持、鼓励哪些行业发展，有什么优惠政策。例如，目前发展较迅速的带有共享经济元素的项目，就是在“创新、协调、绿色、开放、共享”的国家五大发展理念下应运而生的，得到国家各项鼓励支持。前面提到的“高效蜂窝煤技术”项目，很明显不符合“绿色”的发展理念，小张对蜂窝煤的燃烧产物掌握不清，才会创业失败。

（2）选择自己喜欢的项目

孔子说“知之者不如好之者，好之者不如乐之者”，意思是：“懂得它的人，不如爱好它的人；爱好它的人，又不如以它为乐的人。”任何人做任何事，只要是喜欢，就会投入忘我的精神，发挥自己的潜能，只有这样才能形成源源不断的动力。想象一下，如果你的爱好恰好与你的工作相同，那这将是一件多么幸运和幸福的事。

（3）选择自己擅长和熟悉的项目

创业者做任何项目都要充分显示核心优势，而核心优势大多来自创业者自身。因此，创业者在选择创业项目时，只有考虑最擅长的领域是什么，才能做得更有深度和广度。熟悉，即深谙该领域。只有熟悉，创业者才能在危机来临的时候，用自己擅长和熟悉的方式去化解危机。创业者在选择擅长的领域时，还要有创新意识。各行各业都在创新，尤其是创业初期，创业者要尽量避免与竞争对手正面交锋，要利用创新的力量，进行差别竞争和发展，细分用户和渠道，才能更好地发现需求，解决需求。

（4）选择有潜力的项目

项目有潜力意味着其在不久后会有较为迅猛的发展。每个时代都会有相应的产物和机会，在时代大背景下，创业者要懂得分析发展趋势、抓住这种趋势，顺势而为。有潜力的项目前期进行的是技术、产品、市场等基础储备工作，当需求来临时，便能够迅速推出产品或服务，占领市场。

（5）选择“小”项目

“小”项目主要是指投资小、利润小的项目。对初次创业者来说，量力而为、循序渐进最重要。创业是有风险的，创业者有多少资本、能承受多大损失都要有所准备，量力而为，才能够平稳创业。初次创业者应该从小项目做起，踏踏实实地积累创业经验和创业资本，循序渐进。初次创业者应该尽量规避风险较大的创业项目，将有限的资金投资到风险较低、规模较小的创业项目中，积少成多，滚动发展。

2. 选择创业项目的方法

国家推进大众创业、万众创新，对创业者来说是一个机遇。可是，对于社会经验欠缺的创业者来说，创业不是一件简单的事情，如何选择一个合适的项目，就成了一个非常关键的问题。

（1）抓住市场痛点，聚焦市场需求

哪里有痛苦，哪里就有市场。共享单车解决人们出行“最后一公里”的问题就是一个很好的例子。创业的产品不是面向所有人的，也就是说不是所有人都是你的用户（消费者）。消费者受性别、年龄、职业、消费习惯、文化层次、收入水平等差异因素的影响，创业者需要依据这些因素对消费者进行细分，如学生短途出行大多选择自行车，“上班族”大多选择公交车，有的会选择出租车。只有对消费者进行细分，了解他们真正的需求（痛点），他们才能为我们的产品或服务“买单”。那么每一个细分消费群体就是一个细分市场，也就是我们应该集中精力服务的对象，创业者在选择项目时一定要知道我们服务的群体是哪些人，他们对产品或服务需求的程度如何。市场需求不仅是多种多样的，还是不断变化的，创业者要通过调查分析，了解市场供求差异，从中找到创业机会，选定创业项目。

（2）明确竞争环境，寻求特色发展

选择项目之前，创业者一定要弄清自己的创业项目面临的直接和间接竞争对手，竞争程度如何，另外，还要调查市场上是恶性竞争还是良性竞争，对不同的竞争方式，要采取不同的竞争策略和手段。在当今社会，各行各业、各个领域都存在竞争，而且非常激烈，因此，创业者要知道自己将要提供的产品或服务与竞争对手的产品或服务差异点是什么，这些差异点对消费者来说是否有价值，对消费者越有价值的产品或服务，卖得越好，盈利就越多。因此，创业者选择的项目一定要有特色，这样才能保证在竞争中具有生存空间。

创业者还要分析竞争对手的产品或服务。任何产品或服务都有市场生命周期，即商品从投放市场到被市场淘汰经过的时间。它可分为 4 个阶段，即导入期、成长期、成熟期和衰退期。当市场上竞争对手的产品热销时（通常情况下这种商品已经进入成熟期），你再去经营这种商品，最终往往会以失败而告终。因此，创业者要尽快开发出能够替代的产品，不断进行升级，从而迅速占领市场。

（3）关注盈利情况，保障持续发展

盈利是任何企业的根本目的。没有盈利，就不会有企业长期稳定的发展。选择项目时，一定要对该项目提供的产品或服务成本、售价、毛利、毛利率等进行预估，对于毛利率达不到 20% 的项目，基本上可以予以否定。

（4）依据自身兴趣，匹配创业项目

创业者选择项目时要确定自己的兴趣爱好是什么。同时，项目还需要满足创业者内在的心理需求，与其原有的价值观念相匹配。兴趣、理想与热情是支持创业者坚持到底的原动力，甚至决定着新事业未来的发展。

（5）弄清掌握资源，做到心中有数

创业者选择项目时要充分考虑自己的资金投入、技术支持、圈子人脉、团队成员等资源条件。这些资源条件要满足项目的内在需求，避免在资源不足的情况下盲目追求“高大上”。他们还要考虑当项目不断发展壮大时，需要什么资源条件来支撑，去哪里寻找这些资源条件。

3. 选择创业项目的步骤

（1）摒弃

备选的创业项目可能来自多种渠道，如网上搜的、自己想的、他人介绍的。对于创业者来说，选择创业项目的第一步就是摒弃。创业者要根据选择创业项目的方法，摒弃不合适项目，找出适合创业的项目。

（2）聚焦

创业者在列出适合创业的项目后，就要把目光聚焦在那些具有可持续发展性，社会恒久需要的、国家政策扶持的项目上。

（3）排序

创业者应将可持续发展性强的项目按照自身兴趣爱好、技术优势、市场需求、预期收益、资源条件等影响因素，对每个项目进行评估，给出分值，将项目进行综合排序。

4. 选择创业项目的误区

（1）切勿迷信宣传

通常创业者会从各类媒体上看到各种对创业项目的宣传，如品牌店、名品店、特色产业等，尤其是加盟店的形式，数不胜数。其宣传口号非常动人，如加盟之后能够一夜暴富等。这时创业者需要冷静思考，不能一味相信宣传，而应针对宣传的内容进行市场调研。如果广告宣传的项目与个人的条件、当地的市场不匹配，盲目上马，很容易失败。

（2）切勿盲目跟风

有的创业者一直在跟风，别人刚上马时他们不知道，别人火起来才意识到，殊不知该项目已经到了成熟期，将要进入衰败期，很多人在此时匆匆上马，但最后以失败告终。跟风属于短期行为，一旦这个行业形成了气候，你再进来肯定是晚人家一步了，最终结果要么赔钱，要么只能分到一点别人剩下的残羹冷炙。选择这样的项目属于短线投资，创业的风险比较大，且没有长久性，即使盈利也是暂时的。

（3）切勿轻易尝试

很多创业者选定一个创业项目是凭着一腔激情和一时冲动做的选择，并没有做好创业前期需要的充分准备，如市场调研、盈利模式、竞争分析、能力匹配等，在没有进行这些心理、资源等准备的前提下，就轻易尝试以一个项目进行创业，往往最后的结果是草草收场。

（4）切勿故步自封

大学生创业者在选取创业项目时出发点比较单一，就是一定要符合自己的专业特长。这是正常的，也是正确的出发点。但是，他们完全可以突破专业限制，挖掘自身的其他潜能。专业知识很重要，但不能限制大学生创业者对项目的选择范围。

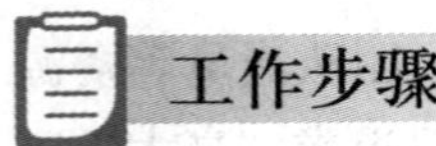

工作步骤

第一步：根据创业环境评估，针对情境导入“你会选择哪个创业项目”中的 5 个创业项目填写“项目选择说明书”。

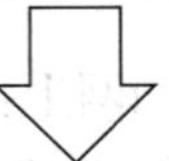

第二步：了解创业项目选择的原则、方法和步骤，以及如何规避创业项目选择的误区；在众多创业项目中，选择适合自己的创业项目。

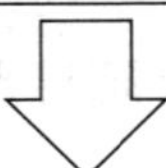

第三步：利用网络搜索工具，如查看“全国大学生创业服务网”或相关网站，查看产业项目；在众多创业项目中，根据选择创业项目的方法、步骤等选择适合自己的创业项目。

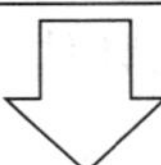

第四步：根据填写完成的项目选择说明书，撰写创业策划书。

工作评价与反馈

任务	存在的问题	改进措施
收获与感悟：		
指导教师评语： 教师签名：		

项目小结

在大众创业，万众创新的时代，很多人都有创业的梦想。想要实现这个梦想，创业者要有正确的创业动机，进行心理素质、知识素质、能力素质、身体素质的充分准备，进行创业政策环境、市场环境和个人环境的调研，依据自身特点、需求强度、市场竞争、进场时机、产品特色、成本利润和资源条件等一系列因素，正确选择创业项目。

巩固与提高

一、多项选择题

1. 创业者具备的心理素质包括（　　）。

A. 不惧失败　　B. 抗压能力　　C. 乐观自信

D. 交流合作　　E. 自我调节　　F. 不顾一切

2. 创业动机分为（　　）。

A. 主动型　　B. 被动型

C. 资源型　　D. 冲动型

3. 创业市场环境包括（　　）。

A. 人口因素　　B. 政治因素　　C. 经济因素

D. 技术因素　　E. 文化因素　　F. 竞争因素

4. 创业知识素质包括（　　）。

A. 专业知识　　B. 职业知识　　C. 管理知识

D. 金融知识　　E. 产业知识　　F. 其他知识

5. 创业项目选择的原则包括（　　）。

A. 政策支持　　B. 个人喜好

C. 投资正热　　D. 发展潜力巨大

二、判断题（以下说法是否正确，若有错误请改正）

1. 创业都是主动型的，因为就是想创业。（　　）

2. 国家不扶持的创业项目是不可能成功的。（　　）

3. 选择创业项目一定要与所学专业相结合。（　　）

4. 在自己不熟悉的行业中，也能创业成功。（　　）

5. 哪个行业火爆，要拼命加入，因为规模效应。 （ ）

三、实训题

根据自身条件选择一个合适的创业项目，并说明选择的理由。

项目2 新企业开办

项目导学

创业，必须依法成立企业，进行正常的生产经营活动。因此，创业者要了解企业的各种类型及其组织形式，熟悉企业名称核准和注册登记的主要流程，掌握企业组建的基本程序和方法，合理选择经营场所。此外，创业者还要了解和遵守相关法律法规，确保自身和他人的利益不会受到非法侵害。

学习目标

1. 认知目标：掌握企业和企业的组织形式；熟悉建立企业的流程、新企业成立相关的法律问题和企业选址的基本知识，能够运用相关知识解决创办企业必须关注的相关问题。

2. 技能目标：能够根据实际情况选择企业的组织形式，熟悉企业注册的步骤和相关文件的编写方法，通过市场调研分析，合理选择经营地点。

3. 情感目标：创业者不仅要有创业激情，还要对可能出现的困难和法律问题有心理准备，树立克服困难、迎接挑战的信心和决心。

任务1 企业组织形式选择

情境导入

隐形的债务

A水泵厂系个人独资企业，2007—2009年多次向B单位购买配件。2009年6月，双方结欠货款5万元，在支付2万元后，A水泵厂投资人李某以水泵厂名义和B单位于2012年8月达成还款计划，约定余款于2013年5月前还清。2012年11月8日，李某（甲方）与王某（乙方）达成转让协议，甲方决定将 A 水泵厂转让给乙方，协议约定：①至转让之后所发生的债权债务由乙方承担；②乙方自签字之日即有自由经营权；③本协议自签字之日起生效。协议签订的当日，A 水泵厂即在工商部门办理了企业投资人变更登记。

后 B 单位以还款计划要求 A 水泵厂偿还到期债务，但被告以投资人变更为由拒绝偿还。B 单位诉至当地人民法院，要求 A 水泵厂承担到期债务的清偿责任，在审理期间，又依原告申请追加李某为被告。被告 A 水泵厂辩称，该厂为个人独资企业，原厂负责人是李某，2012 年 11 月 8 日变更为王某，并办理了企业投资人变更登记，依据协议的约定，转让前的债务应由李某承担，请求驳回原告对 A 水泵厂的诉讼请求。被告李某辩称 A 水泵厂负责人的变更不能影响债务的承担方式，故应由企业承担清偿责任。法院经审理认为：原告与被告买卖合同成立并合法有效，本案的争议焦点为两个被告中应由谁履行还款义务。A 水泵厂工商登记为个人独资企业，而个人独资企业因其有自己的名称且必须以企业的名义活动的特性，使个人独资企业在法律人格上具有相对独立性，因此对企业债务的承担亦应具有相对独立性，即应先以其独立的自身财产承担责任，而不是既可由企业承担，亦可由投资人承担。本案中 A 水泵厂所负债务应首先以企业财产偿还，在其财产不足偿还的情况下原告有权请求现在的投资人以个人所有的其他财产偿还，若因此而致现投资人利益受损，现投资人可依其与李某签订的企业转让协议向李某追偿。综上，法院于 2013 年 12 月 18 日做出判决：①被告 A 水泵厂在本判决生效后十日内向原告支付货款 3 万元；②驳回原告对李某的诉讼请求。

问题思考：

王某应如何规避原债务风险？

任务要求

根据不同企业组织形式的特点和法律特征，结合前面所学内容选定一个创业项目，虚拟成立一个企业，分析并选择企业组织形式，撰写一份分析报告。

子任务 1 归纳不同企业的特点及法律特征

☆ 工作任务

根据个人独资企业、合伙企业、公司的特点及其法律特征，分析案例中王某（乙方）应如何规避企业原债务风险，并选定一个合适的创业项目。

知识准备

1. 企业的概念和特征

企业是指依法设立的、以盈利为目的从事生产经营活动的独立核算经济组织。企业的特征如下。

①企业是社会经济组织，主要从事经济活动，并有相应的财产，是一定人员和一定财产的结合。

②企业是以盈利为目的社会经济组织。追求利润最大化是企业的最终目的，以盈利为目的是企业的本质特征。

③企业是实行独立核算的社会经济组织。实行独立核算即要求在会计上单独计算成本费用，以收抵支，计算盈亏，对经济业务做出全面反映。

④企业是依法设立的社会经济组织。企业按照法定条件和法定程序设立，才能取得相应的法律地位，获得合法身份，权益才能得到国家法律的认可和保障。

2. 我国企业的现行立法规范

国家法律法规是规范公民和企业经济行为的准则，具有权威性、强制性、公平性。

在开办和经营企业的过程中，创业者要自觉树立“学法、知法、懂法、守法、用法”的概念，保证自己的企业合法、有序地经营和发展。

与创办企业直接相关的基本法律及相关内容如表 2-1 所示。

表 2-1 与创办企业直接相关的基本法律及相关内容

相关法律	相关内容
企业法	《中华人民共和国公司法》《中华人民共和国个人独资企业法》《中华人民共和国合伙企业法》《个体工商户条例》《中华人民共和国中外合作经营企业法》《中华人民共和国中外合资经营企业法》《中华人民共和国乡镇企业法》等
《中华人民共和国民法通则》	个体工商户、农村承包经营户，个人合伙，企业法人，联营，代理，财产所有权和与财产所有权有关的财产权，债权，知识产权，民事责任等
《中华人民共和国合同法》	合同的订立、效力、履行、变更和转让，权利义务终止，违约责任等。具体合同包括买卖合同、赠予合同、借款合同、租赁合同、运输合同、技术合同、建设工程合同、委托合同等
《中华人民共和国劳动法》	促进就业、劳动合同和集体合同、工作时间和休息休假、工资、劳动安全、卫生、女职工和未成年工特殊保护、职业培训、社会保险和福利、劳动争议、监督检查等
《中华人民共和国劳动合同法》	劳动合同的订立、劳动合同的履行和变更、劳动合同的解除和终止、特别规定（集体合同、劳务派遣、非全日制用工）、监督检查、法律责任等

3. 企业的组织形式

企业的组织形式有个体工商户、个人独资企业、合伙企业、有限责任公司。

4. 企业各组织形式特点

企业各组织形式特点如表 2–2 所示。

表 2–2　企业各组织形式特点

企业的组织形态	业主和注册资本要求	成立条件	经营特征	利润分配和债务责任
个体工商户	业主是一个人或一个家庭； 无注册资本限制	业主应有相应的经营资金（对于经营场所，各地有具体要求）	资产属于私人所有，自己既是所有者，又是劳动者和管理者	利润归个人或家庭所有； 由个人或家庭经营的，以其个人或家庭资产对企业债务承担无限责任
个人独资企业	业主是一个人； 无注册资本限制	投资者是一个自然人； 有合法的企业名称，有固定的生产经营场所和必要的生产经营条件； 有必要的从业人员	资产为投资人个人所有，业主既是投资者，又是经营管理者	利润归个人所有，投资人以其个人资产对企业债务承担无限责任
合伙企业	普通合伙企业由 2 个以上普通合伙人组成； 无注册资本限制 有限合伙企业由 2 个以上 50 个以下合伙人设立，其中至少有 1 个普通合伙人； 无注册资本限制	合伙人为自然人的，应当具有完全民事行为能力； 有书面合伙协议； 有合伙人认缴或者实缴的出资额； 有合伙企业的名称和生产经营场所	按照合伙协议的约定或者经全体合伙人决定，可以委托一个或者数个合伙人对外代表合伙企业，执行合伙事务； 由普通合伙人执行合伙事务； 有限合伙人不执行合伙事务，不得对外代表有限合伙企业	合伙企业的利润分配、亏损分摊，按照合伙协议的约定办理； 合伙企业不能清偿到期债务的，合伙人承担无限连带责任； 普通合伙人对合伙企业债务承担无限连带责任； 有限合伙人以其认缴的出资额为限对合伙企业债务承担责任
有限责任公司	股东在 50 人以下，没有最低注册资本要求； 注册资本由过去的实缴改为认缴，认缴金额及认缴方式由股东在公司章程中约定	股东符合法定人数，股东出资达到认缴额度； 股东共同制定公司章程； 有公司的名称，建立符合有限责任公司要求的组织机构，有固定的生产经营场所和必要的生产经营条件； 一人有限责任公司，即只有一个自然人股东或者一个法人股东的有限责任公司	公司设立股东会、董事会（执行董事）和监事会； 由董事会聘请职业经理人管理公司业务； 不设股东会，应当在每一会计年度终了时编制财务会计报告，并经会计师事务所审计，可设 1 名执行董事	按股东实缴的出资比例分配利润，以其认缴的实缴额为限对公司承担责任； 股东不能证明公司财产独立于股东自己财产的，应当对公司债务承担连带责任

子任务 2 合理选择企业组织形式

工作任务

比较企业组织形式的特点，针对本任务的子任务 1 中选定的创业项目，分析并合理选择企业组织形式，撰写一份分析报告。

知识准备

创业之初，企业组织形式的选择对于创业者来说至关重要，这会直接影响企业的纳税额。企业组织形式的选择不仅关系到创业者纳税额的多少，还关系到创业者的企业注册流程、创业者个人须承担的责任及创业者的融资行为等。因此，创业者需要分析并做出最为明智的选择，甄选出最合适的组织形式。

1. 个人独资

个人独资企业往往规模较小，在小型加工、零售商业、服务业领域较为活跃。

个人独资的优势首先表现在企业经营上的制约因素少。开设、转让与关闭等，一般仅需向工商部门登记，手续简单。业主在决定如何管理方面有很大自由，经营方式灵活多样，处理问题简便、迅速。同时还有税负较小的吸引力，原因是企业费用及业务收入被计入创业者的个人所得税。另外，公司蒙受的亏损可抵销创业者通过其他渠道获得的收入。

个人独资也存在若干不利面。选择个人独资形式意味着创业者个人承担公司负债，这会给创业者的资产带来风险，这些资产可被没收用以清偿企业债务或偿还针对创业者提起的法律索赔。个人独资企业的融资难度也很大。银行和其他融资渠道不愿向个人独资企业提供企业贷款，大多数情况下，创业者不得不依赖其自有资金，如储蓄、房产或家庭贷款。

2. 合伙制

合伙制企业一般在广告、商标、咨询、会计师事务所、法律事务所、股票经纪人、零售商业等行业较为常见。

合伙制包括普通合伙制和有限合伙制。在普通合伙制企业中，合伙人负责公司的管理并承担企业的债务和其他义务。有限合伙制企业中既包括普通合伙人也包括有限合伙人。普通合伙人为企业的所有者和经营者，并承担合伙制企业责任，而有限合伙人只扮演投资者的角色，有限合伙人对公司不具备控制权，也无须与普通合伙人承担同样的责任。

与个人独资企业相比，合伙制企业的资金来源较广，信用度也大有提高，因此容易筹措资金，如从银行获得贷款，从有限合伙人处获得投资，从供货商处赊购产品等。合伙制企业的业主集思广益，增强了决策能力和经营管理水平，提高了企业的市场竞争力。不过合伙制企业也有劣势，首先，合伙人要承担无限连带责任，其家庭财产具有经营风险。因此，合伙关系必须以相互信任为基础。其次，企业的存亡因素过于集中，合伙业主如果产生意见分歧，互不信任，企业的有效经营就会受到影响。最后，产权不易流动。根据法律规定，合伙人不能自由转让自己所拥有的财产份额，产权转让必须经过全体合伙人同意。同时，接受转让的人也要经过所有合伙人的同意，才能购买产权，成为新的合伙人。

3. 股份有限制

相较于其他大多数企业组织形式，股份有限制更加复杂，成本也更高。股份有限公司是独立于企业所有人的法人实体，因此，需要满足更多法规和税务要求。有限责任公司实行“资本三原则”，即资本确定原则、资本维持原则和资本不变原则。资本确定原则是指公司在设立时，必须在章程中对公司资本额做出明确规定，并由全部股东认可，否则公司不能登记成立。《中华人民共和国公司法》（以下简称《公司法》）规定，有限责任公司的注册资本为在公司登记机关登记的全体股东认缴的出资额。科技开发、咨询、服务性公司的注册资本不少于人民币 10 万元；以商业零售为主的公司不少于 30 万元；以商业批发或以生产经营为主的公司不少于 50 万元。一般纳税人的注册资金要达到 500 万元。资本维持原则是指公司在存续过程中，应经常保持与其资本额相当的财产，以防止资本的实质减少，保护债权人的利益，同时也防止股东对盈利分配的过高要求，确保公司业务活动的正常开展。资本不变原则是指公司的资本一经确定，就不得随意改变，如需增减，必须严格按法规规定程序进行，资本金投入就不能像企业贷款那样到期还本付息，只能通过利润分配形式取得回报。

对于企业所有者来说，股份有限制提供的最大好处是债务保护。股份有限公司的债务不属于企业所有者，因此，如果以股份有限制为组织形式，创业者的债务承担风险较低。

《公司法》规定，允许 1 个法人股东注册有限责任公司，这种特殊的有限责任公司又称一人有限公司（但公司名称中不会有“一人”字样，执照上会注明“自然人独资”），最低注册资金 10 万元。如果只有一个人作为股东，则选择一人有限公司，最低注册资金 10 万元；如果你和朋友、家人合伙投资创业，可选择普通的有限公司，最低注册资金 3 万元。一人有限公司不设股东会，在每一会计年度终了时编制财务会计报告，并经会计师事务所审计。需要注意的是，一人有限公司在经营过程中，股东要把自己的资产和公司的资产明确分离开，不得混同，否则，会导致以股东财产对公司债务承担连带责任的不利后果，失去成立有限责任公司应有的法律意义。

工作步骤

第一步：分组分别虚拟一个创业企业。

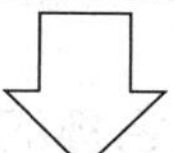

第二步：确定虚拟的创业企业组织形式。区分各种企业组织形式及其法律特征，分别了解企业的各种组织形式，并为该企业选择企业组织形式。

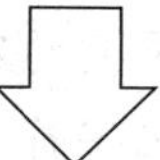

第三步：分析企业债务风险。分组讨论如何规避创业企业债务风险。

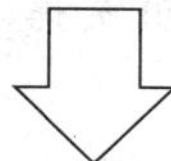

第四步：分析企业组织形式，并撰写一份分析报告。

工作评价与反馈

任务	存在的问题	改进措施
收获与感悟：		
指导教师评语： 教师签名：		

任务 2 企业注册流程

情境导入

企业名称的价值

创业项目选定后，就是着手注册公司了。但是应该怎么注册，细化到具体问题上，很多人就迷茫了。那么，究竟应该如何注册公司呢？注册流程看似复杂，其实大多是程序化的，掌握起来并不困难。给企业起名字是非常重要的环节，也有许多法律法规方面的要求。对于一个企业而言，名称不仅仅是一个简单的文字符号，更是企业整体的化身，是企业理念的缩影和体现。它对消费者有着较大的号召力和亲切感，能缩短企业与消费者之间的距离，同时在树立品牌、扩大影响、进行广告宣传方面发挥着神奇的作用。因此，有人甚至声称："好的名称可以为企业带来好运气。"

近几年，企业发展的现实也一再向人们揭示这样一个事实：要创造名牌企业，没有好的公司、好的产品、好的商标名称是不行的，企业价值与其名称价值有很大的关系。

2018 年中国品牌价值 100 强研究报告显示，海尔品牌价值 2 092.08 亿，连续 17 年居首。福布斯发布 2019 年全球品牌价值 100 强，世界饮料排名第一的可口可乐公司，品牌价值高达 592 亿美元。因此，可口可乐公司的董事长曾经骄傲地说："如果一夜之间大火烧尽了可口可乐的厂房，第二天，我照常有钱建工厂，迅速恢复生产。因为，我有牌子，银行会抢着来给我送钱的。"

可口可乐公司曾为名称付出过代价。1920 年，可口可乐公司开始进入中国市场，根据它的发音，原先译出的汉语名称为"蝌蚪啃蜡"。当无数个这样的广告牌在大街上竖立起来后，可口可乐公司才发现这蹩脚的"英译汉"让人联想到污水中黑黑的小蝌蚪，这样的联想简直令人倒胃。1979 年，可口可乐公司重返中国市场时，公司在英国伦敦征求中文译名，一位留学英国的中国学者，以"可口可乐"这个译名一举夺魁。"可口可乐"不但发音与英文相近，而且易懂又上口，暗喻饮料有良好的口感，使人舒心快乐。时至今日，"可口可乐"在中国已是家喻户晓，妇孺皆知。

问题思考：

企业名称对企业来说有什么样的意义？

任务要求

根据企业名称的组成，企业名称预先核准登记操作步骤和企业注册流程，填写企业名称申请表和企业注册流程分析报告。

子任务 1 企业名称预先核准登记

工作任务

归纳企业名称预先核准的相关知识，为自己虚拟的创业企业填写《企业名称预先核准申请书》。

知识准备

1. 企业名称的概念

企业名称即企业的名字、字号，是企业区别于其他企业或其他社会组织、被社会识别的标志。

2. 企业名称的组成与注意事项

（1）企业名称的组成

企业名称应当由 4 部分组成：企业所在地行政区域的名称、字号（商号）、行业或者经营特点、组织形式。

①企业所在地行政区域的名称。企业名称应当冠以企业所在地省（包括自治区、直辖市）、市（包括州）或者县（包括市辖区）行政区划名称。经国家市场监督管理总局核准，下列企业的企业名称可以不冠以企业所在地行政区划名称：历史悠久、字号驰名的企业，外商投资企业，可以申请在企业名称中使用“中国”“中华”或者冠以“国际”字词的企业。可以申请在企业名称中使用“中国”“中华”或者冠以“国际”字词的企业主要包括：全国性公司，国务院或其授权的机关批准的大型进出口企业，国务院或者授权的机关批准的大型企业集团，国家市场监督管理总局规定的其他企业。

②字号（商号）。字号是企业名称的核心内容，是企业名称中当事人唯一可以自由选择的部分。字号应当由两个以上的字组成。企业有正当理由可以使用本地或者异地地名作字号，但不得使用县以上行政区划名称做字号。私营企业可以使用投资人姓名作字号。

③行业或者经营特点。企业应当根据其主营业务，依照国家行业分类标准划分的类别，在企业名称中标明所属行业或者经营特点。

④组织形式。企业应当根据其组织结构或者责任形式，在企业名称中标明组织形式。所标明的组织形式必须明确易懂。

（2）企业名称的注意事项

①企业名称应当使用汉字，民族自治地方的企业名称可以同时使用本民族自治地方通用的民族文字。使用外文名称的企业，外文名称应当与中文名称相一致，并报登记主管机关登

记注册。

②企业只准使用一个名称，企业名称由登记主管机关核定，未经核准登记的名称不准使用。在登记主管机关辖区内不得与已登记注册的同行业企业名称相同或者近似。

③企业的印章、银行账户、牌匾、信笺所使用的名称应当与登记注册的企业名称相同。从事商业、公共饮食、服务等行业的企业名称牌匾可适当简化，但应当报登记主管机关备案。

④企业名称不得含有的内容和文字：有损于国家、社会公共利益的文字；可能对公众造成欺骗或者误解的文字；外国国家（地区）名称、国际组织名称；政党名称、党政军机关名称、群众组织名称、社会团体名称及部队番号；汉语拼音字母（外文名称中使用的除外）和数字；其他法律、行政法规规定禁止的文字。

3. 有限责任公司设立登记需提交的材料

①《公司登记（备案）申请书》。

②《指定代表或者共同委托代理人授权委托书》及指定代表或委托代理人的身份证件复印件。

③全体股东签署的公司章程。

④股东的主体资格证明或者自然人身份证件复印件。证明的具体要求如下：

a. 股东为企业的，提交营业执照复印件。

b. 股东为事业法人的，提交事业法人登记证书复印件。

c. 股东为社团法人的，提交社团法人登记证书复印件。

d. 股东为民办非企业单位的，提交民办非企业单位证书复印件。

e. 股东为自然人的，提交身份证件复印件。

f. 其他股东提交有关法律法规规定的资格证明。

⑤董事、监事和经理的任职文件（股东会决议由股东签署，董事会决议由公司董事签字）及身份证件复印件。

⑥法定代表人任职文件（股东会决议由股东签署，董事会决议由公司董事签字）及身份证件复印件。

⑦住所使用证明。

⑧《企业名称预先核准通知书》。

⑨法律、行政法规和国务院决定规定设立有限责任公司必须报经批准的，提交有关的批准文件或者许可证件复印件。

⑩公司申请登记的经营范围中有法律、行政法规和国务院决定规定必须在登记前报经批准的项目，提交有关批准文件或者许可证件的复印件。

依照《中华人民共和国公司法》《中华人民共和国公司登记管理条例》设立的有限责任公司适用上述规范。一人有限责任公司和国有独资公司参照上述规范提供有关材料。公司章程是指公司依法制定的公司名称、住所、注册资本、经营范围、股东权益、决策机制、经营管理制度等重大事件的基本文件，也是公司必备的规定公司组织及活动基本规则的书面文件。公司章程是股东共同一致的意思表示，载明了公司组织和活动的基本准则，是公司的宪章。公司章程具有法定性、真实性、自制性和公开性的基本特征。公司章程与《中华人民共和国公司法》一样，共同肩负调整公司活动的责任。作为公司组织与行为的基本准则，公司章程的建立及运营具有十分重要的意义，它是公司成立的基础，更是公司赖以生存的灵魂。

子任务 2 模拟企业注册流程

工作任务

运用企业注册流程及相关知识，根据本任务中子任务 1 完成的《企业名称预先核准申请书》，为自己虚拟的创业企业进行模拟企业注册并编写企业注册流程分析报告。

知识准备

1. 工商登记注册

新办企业必须有一个明确的合法身份，就像企业的“户口”一样。我国法律规定，新办企业要经工商行政管理部门核准登记，领取营业执照。

营业执照是企业主依照法定程序申请的规定企业经营范围等内容的书面凭证。企业只有领取了营业执照，才算是有了“正式户口”的合法身份，才可以开展各项法定的经营业务。

2. 注意事项

小微企业在工商登记注册过程中，应注意如下事项。

①企业名称预先核准。为企业取名时，应注意不能重名、侵权、违规，可以预先准备至少 5 个企业名称，以备工商登记注册机关在一定时间和范围内核查。

②企业名称预先核准需递交的资料。资料包括申请人的身份证明、《企业名称预先核准申请书》、法规及政策规定需要提交的其他文件和证明。

③办理营业执照需递交的资料。资料包括申请人签署的个体开业登记申请表、从业人员证明、经营场所证明、家庭成员关系证明、从业人员照片（1 张）。

④行政许可。经营特殊行业的，必须在获得经营许可后，才可以继续办理工商登记注册。

⑤企业工商登记注册。对于企业工商登记注册，从 2016 年 10 月 1 日起，我国全面实施“五证合一、一照一码”登记制度，企业无须再单独办理组织机构代码证、税务登记证、社会保险登记证、统计登记证，只需办理加载统一社会信用代码的营业执照即可。

⑥个体工商户工商登记注册。对于个体工商户工商登记注册，从 2016 年 12 月 1 日起，我国将个体工商户登记时依次申请，分别由工商部门核发营业执照、税务部门核发税务登记证，改为一次申请并由工商部门核发营业执照。

工作步骤

第一步：企业名称预先核准。根据相关知识，按照企业名称预先核准登记操作步骤，填写《企业名称预先核准申请书》。

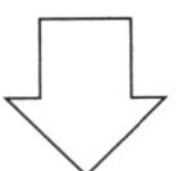

第二步：模拟企业注册流程。根据企业注册流程相关知识，为自己虚拟的创业企业进行模拟注册，熟悉企业注册流程。

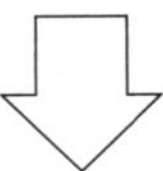

第三步：编写企业注册流程分析报告。

工作评价与反馈

<table>
<tr><td>任务</td><td>存在的问题</td><td>改进措施</td></tr>
<tr><td></td><td></td><td></td></tr>
<tr><td colspan="3">收获与感悟：</td></tr>
<tr><td colspan="3">指导教师评语：

教师签名：</td></tr>
</table>

任务 3 新企业选址

情境导入

肯德基的成功选址经验

现在中国快餐店越来越多，但在选址上却没有经验。肯德基作为西方成熟的餐饮企业，已经成功摸索出一套市场选址策略。通常，肯德基选址按以下 5 个步骤进行。

1. 划分商圈

肯德基计划进入某城市，会先通过有关部门或专业调查公司收集这个地区的相关资料。把相关资料收集齐了，就开始规划商圈。

商圈规划采取记分的方法。例如，一个地区有一个大型商场，商场营业额在 1 000 万元计 1 分，5 000 万元计 5 分，以此类推有一条公交线路加 1 分，有一条地铁线路加 2 分，等等。这些分值标准是多年平均下来的一个较准确的经验值。通过分值累计，得到比较精准的预估结果分数。

通过预估结果分把商圈分成几类，以北京为例，有市级商业型（西单、王府井等）、区级商业型、定点（目标）消费型，还有社区型、社区商务两用型、旅游型等。

2. 选择商圈

选择商圈即确定目前重点在哪个商圈开店，主要目标是哪些。在商圈选择的标准上，一方面要考虑餐馆自身的市场定位，另一方面要考虑商圈的稳定度和成熟度。

餐馆的市场定位不同，吸引的顾客群不一样，商圈的选择也就不同。例如，马兰拉面和肯德基的市场定位不同，顾客群不一样，是两个“相交”的圆，有人吃肯德基也吃马兰拉面，有人可能从来不吃肯德基专吃马兰拉面，也有相反的。马兰拉面的选址当然也与肯德基不同。而肯德基与麦当劳市场定位相似，顾客群基本重合，在商圈选择方面也是一样的。有些地方同一条街道的两边，一边是麦当劳，另一边是肯德基。

商圈的成熟度和稳定度也非常重要。例如，规划局说某条路要开，将来这里有可能成为成熟商圈，立即在这里选址是不对的，肯德基一定要等到商圈成熟稳定后才进入。肯德基投入一家店要花费好几百万元，当然不能冒这种风险，一定是遵循比较稳健的原则，保证开一家成功一家。

3. 确定聚客点

肯德基开店的原则是努力争取在最聚客的地方或其附近开店。例如，北京西单是很成熟的商圈，但不可能西单任何位置都是聚客点（聚集人流，顾客能够并有条件驻足的地点），肯定有最主要的聚集人流的位置。

过去古语说“一步差三市”。开店地址差一步就有可能差三成的买卖。这跟人流动线（人流活动的线路）有关，可能有人走到这，该拐弯，则这个地方就是客人到不了的地方，差不了一个小胡同，但生意可能差很多。

人流动线是怎么样的，在这个区域里，人从地铁出来后往哪个方向走等。这些都派人，去调查测量，有一套完整的数据之后才能据此确定地址。

对店门前客流量的测定，是指在计划开店的地点掐表记录经过的人流，测算单位时间内多少人经过该位置。除了该位置所在人行道上的人流外，还要测算马路中间的和马路对面的人流量。马路中间的只算骑自行车的，开车的不算。是否算马路对面的人流量要根据马路宽度，路宽超过一定标准，或中间有隔离带，顾客就不可能再过来消费，就不计算对面的人流量。

肯德基选址人员将采集来的店门前客流量数据输入专用的计算机软件，就可以测算出在此地投资额不能超过的数值，超过这个数值这家店可能营业额无法保证。

4. 考虑客流是否被竞争对手截住

客流是有一个主要动线的，以肯德基和麦当劳为例，如果麦当劳选址的聚客点比肯德基选址的更好，就会直接影响肯德基的客流量；如果两家店的选址是一样的，相互之间的影响就会减小。例如，北京北太平庄十字路口有一家肯德基，如果往西一百米，竞争者再开一家西式快餐店就不妥当了，因为主要客流是从东边过来的，大量客流就被肯德基截住了，再在那边开店，效益就不会好。

5. 聚客点影响商圈选择

聚客点的选择也影响商圈的选择。因为一个商圈有没有主要聚客点是这个商圈成熟度的重要标志。例如，北京某新兴的小区，居民非常多，人口素质也很高，但据调查显示，找不到该小区的主要聚客点，这时就可能先不去开店，当该小区成熟了，知道其中某个地方确实是主要聚客点再开。

为了规划好商圈，肯德基开发部门投入了巨大的精力。对北京肯德基公司而言，其开发人员常年跑遍北京的各个角落，对这个每年建筑和道路变化极大，当地人都易迷路的地方都了如指掌。北京肯德基公司接到顾客电话，顾客建议肯德基在他所在地方设点，开发人员一听地址就能随口说出当地的商业环境特征，分析是否适合开店。

问题思考：

肯德基选址的成功经验有哪些？

任务要求

根据企业选址原则和商店选址策略，进行选址区域分析和商圈分析等，形成选址分析报告。

工作任务

结合企业选址的相关知识，借鉴肯德基选址的成功经验，通过实地调研考察，为本项目任务 1 完成的《企业名称预先核准申请书》确定的项目选址，填写项目选址调查表（表 2–3）并进行分析；撰写选址分析报告。

表 2-3 项目选址调查表

1. 选址地点及交通概况

（1）地点

（2）人口

（3）交通状况

□主干道 □次干道 □支道 □有隔离带 □无隔离带；路宽__米、距站牌__米、公交车__路

（4）地址属性

□纯商业街区 □商住（偏重商） □商住（偏重住） □商业办公区（偏重商） □商业办公区（偏重办）

□办公区 □大型住宅区 □学校区 □工业区

2. 店铺结构概况

（1）店铺地址

（2）联络人姓名 / 电话

（3）门店性质

□商铺 □办公 □宅基地（请确定商铺的产权和了解其是否有抵押且是否属于拆迁规划的范围）

（4）目前店铺使用情况

□空置 □百货 □零售 □工厂 □星级酒店 □车站

（5）可使用日期

（6）租赁条件概况

①先前租户租赁情况：从事行业________、租期________年、每月租金________元、押金________元

②租金调幅：□租期内不上调 □每年上调__（百分数），转让费__元

③宽带通信：□无 □有（网络公司：__________________________）

（7）室外

①主楼情况：主楼高____层、楼龄____年、店铺____楼、门面宽____米、高____米、招牌宽____米、高____米、门前空场____平方米

②店铺能见度：□好 □中 □差

③门面阻碍物：□门面结构柱 □门前灯柱 □树 □电箱 □铁栅 □公车站 □自行车停放点

④招牌明显度：□佳（50 米外可见） □普通（30 米左右可见） □差（10 米左右可见）

（8）室内

①室内平面形状：□正方形 □长方形 □不规则

②空间大小：____平方米、深____米、宽____米、高____米

③卷闸门：□有 □无；洗手间：□有 □无；仓库：□有 □无

续表

3. 商圈分析概况 （1）邻铺概况 左右两边 3 家店铺依次如下。 ①左：第一家________________、第二家________________、第三家________________ ②右：第一家________________、第二家________________、第三家________________ ③上午开门营业时间平均为____时，晚上关门时间为____时 （2）商圈内概况 ①人口比例：周围 22~35 岁约占____、学生约占____、上班族约占____、从商人员约占____、当地居民约占____、游客约占____ ②离店铺 100 米内有： □汽车站 / 公车换乘点　□办公区 / 写字楼　□住宅区出入口　□医院　□学校（□小学 / □中学 / □大学） □集市 / 市场　□零售 / 批发中心　□购物中心 / 大型超市　□药店　□银行　□便利店 / 超市 □酒店 / 大型中式餐馆 / 西餐厅　□中小型餐饮 / 快餐店　□咖啡 / 休闲吧　□娱乐场所 / 酒吧 □面包店　□网吧　□美容 / 美发店　□服饰 / 鞋帽店　□自由夜市（休闲吧 / 烧烤店）/ 大排档 □精品店　□体育馆 / 球场 / 文娱场所
4. 竞争对手分析（半径 500 米内） （1）竞争店 □无　□有，有____家 （2）第一家情况：距选择店____米、营销模式____、规模____平方米、经营品种____ 营运状况为：□优　□一般　□差 （3）第二家情况：距选择店____米、营销模式____、规模____平方米、经营品种____ 营运状况为：□优　□一般　□差

知识准备

1. 企业选址原则

①费用原则。企业首先是经济实体，经济利益对于企业是十分重要的。建设初期的费用、投入运行后的费用、产品出售以后的年收入等都与选址有关。

②集聚人才原则。人才是企业最宝贵的资源，企业选址合适有利于吸引人才。反之，因企业搬迁造成员工生活不便，导致员工流失的事实常有发生。

③接近用户原则。对于服务业，几乎无一例外都需要遵循这条原则，如储蓄所、邮政局、电影院、医院、商店等。许多制造企业也把工厂建到消费市场附近，以降低运费和损耗。

④长远发展原则。企业选址是一项带有战略性的经营管理活动，因此要有战略意识。选址工作要考虑企业生产力的合理布局，考虑市场的开拓，有利于获得新技术、新思想。在当前世界经济越来越趋于一体化的时代背景下，要考虑如何有利于参与国际的竞争。

2. 商店选址策略

（1）地理位置细分策略

地理位置细分的策略是指对气候、地势、用地形式及道路关联程度等地理条件进行细微分析后，对商店位置做出选择的策略，主要可从以下几个方面进行细分。

1）商店选址与路面、地势的关系

一般情况下，商店选址都要考虑所选位置的道路及路面地势情况，因为这会直接影响商店的建筑结构和客流量。通常，商店地面应与道路处在一个水平面上，这样有利于顾客出入店堂，是比较理想的选择。但在实际选址过程中，路面地势较好的地段地价都比较高，商家在选择位置时竞争也很激烈，因此，在有些情况下，商家不得不将商店位置选择在坡路上或路面与商店地面的高度相差很多的地段上。这种情况，最重要的就是必须考虑商店的入口、门面、阶梯、招牌的设计等，一定要方便顾客，并引人注目。

2）商店选址与地形的关系

地形、地貌对商店位置选择的主要影响表现在以下几个方面：

①方位情况。方位是指商店坐落的方向位置，以正门的朝向为标志，方位的选择与商店所处地区的气候条件直接相关。以我国北方城市为例，通常以北为上，一般商业建筑物坐北朝南是最理想的地理方位。

②走向情况。走向是指商店所选位置顾客流动的方向。例如，我国的交通管理制度规定人流、车流均靠右行驶，因此，人们普遍养成右行的习惯，这样，商店在选择地理位置进口时就应以右为上。商店所在地的道路如果是东西走向的，而客流又主要从东边来时，则以东北路口为最佳方位；如果道路是南北走向，客流主要从南向北流动时，则以东南路口为最佳。

③交叉路口情况。交叉路口一般是指十字路口和三岔路口。一般来说，在这种交接地，商店建筑的能见度大，但在选择位于十字路口的哪一侧时，则要认真考察道路两侧，通常要对每侧的交通流向及流量进行较准确的调查，应选择流量较大的街面作为商店的最佳位置和店面的朝向。如果是三岔路口，最好将商店设在三岔路口的正面，这样店面最显眼；如果是丁字路口，则将商店设在路口的转角处效果更佳。

（2）潜在商业价值评估策略

潜在商业价值评估是指对拟选开业商店位置的未来商业发展潜力进行的分析与评价。评价商店位置的优劣时，既要分析现在的情况，又要对未来的商业价值进行评估。这是因为一些现在看好的商店位置，随着城市建设的发展可能会由热变冷，而一些以往不引人注目的地段，也可能在不久的将来会变成繁华闹市。因此，商店在选址时，更应重视潜在商业价值的评估。对此，可以从以下几方面进行评价：

①选择的商店地址在城区规划中的位置及其商业价值。

②是否靠近大型机关、单位、厂矿企业。

③未来人口增加的速度、规模及其购买力提高速度。

④是否有集约效应，即商店建设如果选在商业中心区，虽然商店面对多个竞争对手，但因

众多商家云集在一条街上，可以满足消费者多方面的需求，因此能够吸引更多的顾客前来购物，从而产生商业集约效应。因此，成行成市的商业街也是商店选择位置需重点考虑的目标。

（3）出奇制胜策略

商店选址时需要进行科学的考察分析，应该将它看成一种艺术。经营者有敏锐的洞察力，善于捕捉市场商机，用出奇制胜的策略，与众不同的眼光来选择商店位置，常常会得到意想不到的收获。例如，沃尔玛联合创始人萨姆·沃尔顿就是采用“人弃我取”的反向操作策略，把大型折价商店迁到不被一般商家重视的乡村和小城镇去。因为那里的市场尚未开发，有很大潜力，同时又可回避城区商业日益激烈的竞争。新加坡百货业的先驱董俊竞创建的诗家董集团，在商店选址问题上，力排众议，选择了一块人们普遍认为风水不好的地段作店址。后来此处很快成为商家云集的地方，成为世界上租金最昂贵的地段之一。董俊竞之所以不信风水选这块地作店址，主要是因为他注意到每天都有不少外国人通过这里到城里去，这里有可能发展为交通要道。

（4）配合所选行业

营业地点的选择与营业内容及潜在客户群息息相关，各行各业都有不同的特点和消费对象。黄金地段并不是唯一的选择。例如，卖油盐酱醋的小店，开在居民区内肯定要比开在闹市区好。文具用品店开在黄金地段显然不如开在文教区理想。因此，一定要根据不同的经营行业和项目来确定最佳的开店地点。下面这些选址意见可供参考，在实际运用时可触类旁通。

①车站附近：小吃店、副食品店、特产商品店、旅馆、饰品店、共享电话亭、物品寄存处等。

②文教区：书店、文具用品店、鲜花礼品店、饰品店、照相馆等。

③居民住宅区：副食品店、杂货店、理发馆、报刊亭、裁缝店、送水站、水果店、饰品店等。

从上面可以看出，要选择合适的店面，并不是越热闹的地方越好，关键是根据行业来选择合适的位置。

（5）做好市场调查

我们在寻找一个好店址时，单纯靠技巧是不够的。即使在脑海里或纸上设计再多的方案也无济于事。只有亲自去大街小巷多看、多问，做好市场调查，才会找到合适的店址。

市场调查既可以弄清楚店址的具体位置，又能调查周围环境、客流量多少、店址是否具有发展潜力等问题。盲目选择店址造成失败既令人惋惜，又很难挽回。

（6）专家咨询策略

对于较大型商业的投资来说，商店位置的选择是重要战略决策。为避免重大损失，经营者应请有关专家进行咨询，对所选的商店位置进行调查研究和系统分析，如对交通流量、人口与消费状况、竞争对手等情况逐一分析，综合评价优劣，再做出选择，使商店地址的选择具有科学性。

评估店址好坏，周围情况也是必须加以考虑的。有的商店虽然开在区域干道旁边，但干道两边有栅栏，会使生意大受影响。因此，在选择临街铺面时，对有车道和人行道的街道，要注意街道宽度，街道宽度在 25 m 左右（或人行道宽度在 5~10 m）最易形成人气。这样的宽度，车辆行驶时视线能很自然地扫到街两边的铺面，行人在街道边行走，也能很自然地进入商店，如果街道过宽反而聚不起人气。

还有一种街道分别被车道、自行车和人行道隔开，这种方式形成了一种封闭交通，对开设店面不太有利。一般来讲，凡居民较集中的地方都可以建商店。

选择店址还必须观察行人来店的目的，他们是匆匆过路，还是溜达消遣。同一地点很可能白天人如潮涌，晚间却空无一人，日夜观察才行。创业者如果只是看到人多并未深究行人的目的（如有很多人经过此地只是换乘），就认为客流量不错，贸然开店，很可能导致失败。

工作步骤

第一步：选址区域分析。商店选址策略主要包括：地理位置细分策略，潜在商业价值评估策略，出奇制胜策略，配合所选行业，多调查、少吃亏，专家咨询策略。

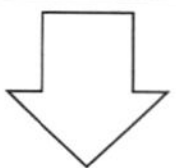

第二步：选址商圈分析。重点分析消费人流量、基础配套设施、资源供应可扩展性、劳动力资源、政治文化自然条件。

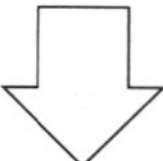

第三步：实地考察调研。考察对象主要包括顾客、竞争对手、批发商和供应商、其他关键信息提供者。

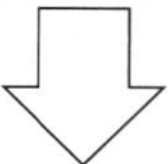

第四步：经营地点评估。具体位置分析包括：交通客流、竞争铺面、地形特点、城市规划、回报率等。

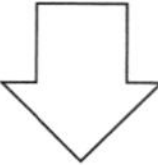

第五步：形成选址分析报告。收集信息并制定计划，评估所选地址。

工作评价与反馈

<table>
<tr><th>任务</th><th>存在的问题</th><th>改进措施</th></tr>
<tr><td></td><td></td><td></td></tr>
<tr><td colspan="3">收获与感悟：</td></tr>
<tr><td colspan="3">指导教师评语：

教师签名：</td></tr>
</table>

项目小结

创业是一项复杂并具有风险的活动，因此，创业者需要在具备一定的创业环境、创业机会、创业资源的前提下，按照法律规定开办新企业。创业者选定创业项目后要设计符合组织自身条件的组织结构，合理选择企业组织形式；创业者要掌握注册流程的相关知识，选择明确的目标市场，模拟企业创作流程；创业者还应掌握企业选址的相关知识，借鉴知名企业选址的成功经验，通过实地考察调研，科学选址。

巩固与提高

一、多项选择题

1. 根据个人独资企业法律制度的规定，下列各项中，可以作为个人独资企业出资的有（　　）。
   A. 投资人的知识产权　　B. 投资人的劳务
   C. 投资人的土地使用权　　D. 投资人家庭共有的房屋
2. 根据相关法律的规定，下列人员中，应对合伙企业债务承担连带责任的有（　　）。
   A. 合伙企业的全体合伙人
   B. 合伙企业债务发生后办理入伙的新合伙人
   C. 合伙企业债务发生后办理退伙的退伙人
   D. 被聘为合伙企业的经营管理人员
3. 公司营业执照应当载明公司的（　　）、实收资本、经营范围、法定代表人姓名等事项。
   A. 名称　　B. 住所
   C. 注册资本　　D. 商品名称
4. 工商行政管理机关对企业名称实行分级登记管理。国家市场监督管理总局主管全国企业名称登记管理工作，负责核准的企业名称包括（　　）。
   A. 冠以“中国”“中华”“国际”等字样的
   B. 冠以“集团”等字样的
   C. 在名称中间使用“中国”“中华”等字样的
   D. 不含行政区划的
5. 申请从事个体机动车船客货运输的登记时，除户籍证明外，还应当出具（　　）。
   A. 车船牌照　　B. 驾驶执照
   C. 保险凭证　　D. 身体健康证

二、判断题（以下说法是否正确，若有错误请改正）

1. 甲向乙借款 5 万元作为出资，与其他两人共同设立了一家合伙企业。合伙企业经营期间，乙欠该合伙企业货款 5 万元，乙可以将其对甲的债权抵销对该合伙企业的债务。（　　）

2. 甲、乙订立书面合伙协议约定：甲以 10 万元出资，乙以劳务出资；乙执行合伙事务；合伙企业利润由甲、乙平均分配，亏损由乙承担。该合伙协议的约定符合有关法律的规定。（　　）

3. 个人独资企业不具有法人资格，也无独立承担民事责任的能力。（　　）

4. 申请经营旅店业、刻字业、信托寄卖业、印刷业，不用经所在地公安机关审查同意。（　　）

5. 个人独资企业的名称可以与其从事的产业不相符合。（　　）

三、实训题

1. 甲、乙、丙 3 人出资 10 万元创立“星光科技开发有限责任公司”，其中，甲出资 2 万元，乙出资 3 万元，丙出资 5 万元。公司成立后，召开了第一次股东会。会议由甲召集和主持，会议决定：公司不设董事会，由乙任执行董事兼总经理，任期 3 年；公司设监事一名，由丙担任，任期 6 年；同意公司以 15 万元购买甲的一项专利权。有关这次股东会的情况中，哪些不符合《中华人民共和国公司法》的规定？

2. “有麦当劳的地方必有肯德基”，谈谈你对这句话的理解。

项目3 新产品开发

项目导学

开办企业就是为社会提供有价值的产品，同时获得经济收益。一般而言，产品是指能够被人们使用和消费，并能满足人们某种需求的东西，包括有形的物品和无形的服务或它们的组合。产品一般可以分为3个层次，即核心产品、形式产品、延伸产品。核心产品是指整体产品提供给购买者的直接利益和效用；形式产品是指产品在市场上出现的物质实体外形，包括产品的品质、特征、造型、商标和包装等；延伸产品是指整体产品提供给顾客的一系列附加利益，包括运送、安装、维修、保证等在消费领域给予消费者的好处。不断开发市场需要的新产品是企业发展的根本动力。

学习目标

1. 认知目标：掌握产品开发对企业发展的重要作用和产品生命周期的概念，描述产品开发的流程和要求，运用科学方法对产品开发进行合理评价。

2. 技能目标：能够进行市场调研和预测，正确制订产品开发计划。

3. 情感目标：认同产品创新作为企业发展的关键措施。

任务1 产品生命周期分析

情境导入

摄影产业巨头“柯达”的破产

1888年，乔治·伊斯曼将照相机推向市场，“柯达”也几乎成为摄影的代名词。鼎盛时期的柯达公司曾占据过全球2/3的摄影产业市场份额，拥有超过14.5万名员工。然而，数码时代“柯达”的转型失败，使其市值在 15 年间从 1997 年的 300 多亿美元蒸发至 2012 年的 1.75 亿美元。2012 年 1 月 19 日，柯达公司在纽约提出破产保护申请。

此前，柯达公司的平均收盘价已连续 30 个交易日位于 1 美元以下，不符合纽约证券交易所的上市要求。柯达公司由此在 2012 年 1 月初宣布，该公司已收到纽约证券交易所警告，如果未来 6 个月内股价无法上涨，则有可能退市。2011 年，柯达公司数度传出破产传闻，当年股价跌幅超过 80%。而其提交的破产申请文件显示，柯达公司当时拥有资产为 51 亿美元，但是债务已经达到了 68 亿美元，处于严重的资不抵债的状况。

柯达公司董事长兼首席执行官安东尼奥·佩雷兹曾表示，“柯达公司正采取激进措施来完成企业的重组。同时，我们已建立了我们的数字业务，并已成功退出一些传统领域。我们关闭了 13 家制造厂、130 个加工实验室，从 2003 年来裁员总计 4.7 万人，”“破产保护可以让我们更好地优化我们的两大技术资产。其一是我们的数字捕获专利，这一技术可广泛用于移动与其他消费者电子设备来捕捉数字影像，自 2003 年来，这些专利给柯达带来 30 亿美元的授权营收；其二是我们的打印与沉积技术，这些技术在发展数字业务时给了我们很大的竞争优势。”

作为曾经的摄影业巨头，柯达公司由于担心其胶卷销量受到影响，一直未敢大力发展数字业务，导致其逐渐被数字化潮流淘汰，自 1997 年起再也没有年度盈利。该公司曾称，除非以发行新债券或出售专利的方式筹到 5 亿美元，否则很难熬过 2012 年。

在数码大潮的冲击下，胶片时代的王者“柯达”最终走到了英雄末路。

问题思考：

柯达公司的破产给了我们什么启示？

任务要求

查阅相关资料，分析柯达公司的胶卷产品的生命周期，在这些阶段该公司应该采取哪些策略，撰写一份分析报告。

子任务 1 分析产品的生命周期

☆ 工作任务

利用网络或其他途径查阅柯达公司胶卷产品诞生、发展和衰落的过程，确定该产品导入、成长、成熟和衰落的大体时段，绘制一张柯达公司胶卷产品生命周期图。

知识准备

1. 产品生命周期概述

（1）产品生命周期概念

产品生命周期（product life cycle），是指产品的市场寿命，即一种新产品从开始进入市场到被市场淘汰的整个过程，一般要经历导入、成长、成熟、衰退几个阶段。在导入期，新产品开始上市，销售缓慢，由于引进产品的费用太高，初期通常利润偏低或为负数，但此时没有或只有极少的竞争者；成长期产品已有相当的知名度，销售快速增长，利润也显著增加，但市场及利润增长较快，容易吸引更多的竞争者；成熟期市场成长趋势减缓或饱和，产品已被大多数潜在购买者接受，利润在达到顶点后逐渐走下坡路，此时市场竞争激烈，公司为保持产品地位需投入大量的营销费用；衰退期产品销售量显著衰退，利润也大幅度滑落，市场竞争者也越来越少。这个周期在不同技术水平的国家，发生的时间和过程是不一样的，其间存在较大的差距和时差，它反映了同一产品在不同国家市场中竞争地位的差异。

（2）产品生命周期曲线

产品生命周期曲线（见图 3-1）是描述产品生命周期销量随时间变化的曲线。该曲线的特点：在导入期，销售缓慢，初期通常利润偏低或为负数；在成长期，销售量快速增长，利润也显著增加；在成熟期，利润达到顶点后逐渐走下坡路；在衰退期，产品销售量显著衰退，利润也大幅度滑落。

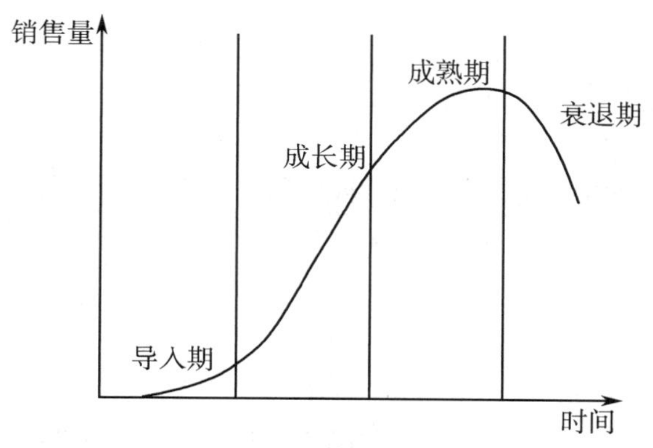

图 3-1 产品生命周期曲线

这里所讲的产品生命周期不同于产品的使用周期。产品的使用周期是指产品的耐用程度，而产品生命周期是指产品的社会经济周期。决定经济寿命的不是使用强度、自然磨损和维修保养等因素，而是科学技术的发展和社会需求的变化。随着第四次工业革命的快速发展，当前产品的成长期和衰退期都急剧缩短，呈现出“骤来骤退”的特征，使整个产品生命周期也急剧缩短。

2. 产品生命周期阶段划分

按照产品销售量在不同时期的变化情况，产品生命周期包括导入期、成长期、成熟期和衰退期 4 个阶段。要想对产品生命周期的 4 个阶段进行划分判断，需要等到产品退出市场之后，根据销售量才可能准确判断各个阶段。但是，等到产品已经没有销路再来判断产品生命周期阶段，没有实际意义。为了及时判断产品所处生命周期的阶段，以指导销售，可以采用以下 3 种方法进行判断划分。

①类比法。用类似产品经历的生命周期做比较，看现在正在生产销售的产品是否出现各阶段类似的现象，来判断现有产品可能进入的生命周期阶段。

②普及率判断法。某种产品家庭普及率达到 5% 以前称为导入期；普及率达到 5%~50% 称为成长期前期；普及率达到 50%~80% 称为成长期后期；普及率达到 80%~90% 称为成熟期。但利用产品普及率判断要注意不同种类产品的普及率与产品生命周期关系有所不同。可利用统计资料进行分析，来确定划分阶段的标准。

③销售增长率判断法。一般采用的标准为：导入期的销售增长率不够稳定；成长期销售增长率在 10% 以上；成熟期销售增长率在 0.1%~10%；衰退期销售增长率在 0% 以下，增长率为负数。

从实际获得的经验来看，用某一单一指标判断产品处于某个阶段往往欠准确。以上方法只是分析时的依据，最终还要靠经验综合各种复杂因素才能得出结论。

子任务 2 生命周期不同阶段产品的开发策略

工作任务

根据柯达公司胶卷产品生命周期不同阶段的特点，分析相应阶段企业应该采取的产品开发策略，并形成分析报告。

知识准备

企业需要不断地进行新产品开发，在产品生命周期的不同阶段，新产品开发工作的重点也应有所不同，从而实现产品开发与营销的协调。

1. 导入期

新产品刚刚进入市场时，消费者对产品不甚了解，往往对产品持保守态度，购买不够踊跃。此时，产品的性能还处于不断完善的过程，需要通过用户反馈意见不断改进。由于生产不够熟练，废品较多，成本较高，从财务角度上看，在盈亏平衡点以下，存在一定程度的亏损。消费者的拒绝性会引发企业经营风险，营销措施跟不上，会使产品首次进入市场的局面不太顺利。这个阶段既是新产品市场的开发阶段，也是新产品研发的完善阶段。企业必须明确认识到，不能只注重开发产品而不注重开发市场；开发市场不仅仅要对产品进行一般性的宣传，更要特别注重研究和开发产品用途。这里所说的用途不是指一般意义上的产品性能和作用，而是指具体能满足消费者何种需求，能解决消费者何种困难和问题。

2. 成长期

在成长期，产品逐渐为用户所熟悉，市场已经打开，模仿者会追随而来。企业要保持自己在市场上的优势，必须尽快提高产品质量，突出产品特色，多方面满足消费者的需求，努力创造品牌。与此同时，正式启动第二代产品的研发周期，开始产品换代的需求调研。

3. 成熟期

在成熟期，产品的生产量与销售量扩大到相当规模，社会需求量进入稳定期，市场已趋于饱和。此时，应加快第二代产品的研制，利用现有产品的丰厚利润作为新产品研发的资金保障，并做好产品淘汰的各项准备工作。需要注意的是，因为现有产品正畅销，管理者很容易麻痹，甚至会扩大产品生产规模，而忽视新产品的研发，导致产品更新不及时，失去市场竞争优势。开发新产品要特别注意提高科技含量，如果能掌握其中的某些专用技术，不但能提高产品的附加值，而且能使产品长期保持市场竞争优势。新产品与老产品保持良好的衔接关系，企业才有生命力。

4. 衰退期

在衰退期，现有产品已经没有生命力，进入淘汰阶段；与此同时，新产品需要投入市场，以弥补原有产品市场份额的下降。当察觉产品已经进入衰退期时，应毫不犹豫地将其淘汰。

工作步骤

第一步：判断选定产品的生命周期。通过查阅相关资料，分析判断柯达公司胶卷产品的生命周期阶段，对其进行导入期、成长期、成熟期和衰退期的划分。

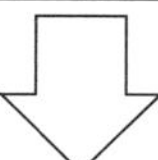

第二步：制定导入期开发策略。本阶段既要加速开发新产品市场，也要不断完善新产品研发，不断提高质量、降低成本。

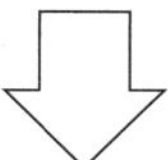

第三步：制定成长期开发策略。此阶段市场成长极为迅速，出现大批的生产企业，因此需要以高品质赢得市场，在质量上精益求精，争创品牌产品。同时，还要开发新一代数码产品。

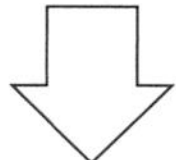

第四步：制定成熟期开发策略。此阶段市场已趋于饱和，应将现有产品利润用于加速新产品开发，随时准备淘汰现有产品，或者转移到欠发达国家和地区。

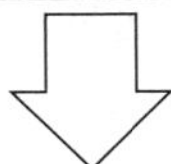

第五步：制定衰退期开发策略。此阶段的基本策略是毫不犹豫地淘汰原有产品，转而生产新一代数码产品。

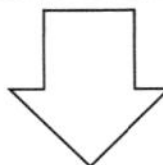

第六步：形成分析报告。根据产品不同阶段开发策略，撰写分析报告。

工作评价与反馈

任务	存在的问题	改进措施
收获与感悟：		
指导教师评语： 教师签名：		

任务 2 新产品开发方法运用

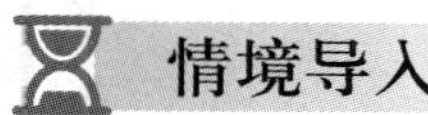

情境导入

日本 Canon 公司对喷墨打印机的开发

打印机制造业是伴随着计算机的普及而迅速成长起来的一个产业。这个产业经历了从应用碰撞原理的色带打印、针式打印到应用非碰撞原理的感热打印以及目前流行的激光打印和喷墨打印的技术与市场巨变过程。

1975 年，Canon 完成了将电子照相技术应用于激光打印机 LBP 的开发工作，并把它作为企业的一项核心事业。这项事业刚起步，Canon 中央研究所的研究人员就开始了探索替代该技术的新技术。他们把目光投向喷墨打印技术时，发现今后可能成为喷墨打印机技术主流的压电振动子原理的技术专利已被人申请了。为此，他们只能寻找新的技术，于 1977 年发明了以热能为喷射源的喷墨技术原理，又称 BJ 原理。但靠激光技术起家的公司其他技术人员的反应则十分冷淡。他们认为，该技术从原理上看虽很理想，但从实现它的方法上看，却是完全“没用的技术”。为了完善这一技术，BJ 开发组成员开始了长达 10 多年的技术开发与改良工作。为了消除其他技术人员的偏见，使自己开发出来的技术得以应用，他们说服了公司的各个事业部门。几经周折，最终以使用原有的打印机外壳，不增加产品开发成本为前提，换取了使用他们开发的机芯的机会，实现喷墨打印技术的产品化和量产化。1990 年在公司首脑的主导下，他们推出了世界上最廉价的小型喷墨打印机 BJ-10V，迈出了该技术走向产业化的关键一步。1991 年以后喷墨打印机开发集团作为新的核心部门，其产量大大超过了激光打印机，1995 年的销售额超过了 Canon 总销售额的 20%。一般地说，企业要获得竞争的优势，就必须开发出其他企业所没有的核心技术与能力，而且还必须进行持续的投资以进一步改良和完善这一技术。但通过这一系列努力而达到的技术能力一旦确立，特别是当能为企业带来强大的竞争力时，就蕴含着可能出现阻碍开发和培育另一种新技术的危险性。这是因为在通常情况下，处于发明初期阶段的新技术在多数成果指标上，大都比现有技术拙劣得多，与发明无关的技术开发人员一般不会热心对待这些“不过关的技术”，而产品开发部门也因为它无法满足作为目前事业活动中心顾客的需求而不敢轻易采用这些新技术。就是说，产品的生命虽来源于它与顾客的密切度，但在技术与市场不断变化的环境中，这种密切完成得越彻底，阻碍在该企业组织内产生新的核心技术与能力的可能性就越大。那些曾经一度辉煌的领袖企业之所以走向衰落和失败，其中的一个重要原因在于它们没能及时地开发和培育出适应技术与市场变化环境的新的核心替代技术。

Canon 可以说是一个能够比较好地处理和平衡企业现有核心技术与新的核心技术关系的典范企业。该公司在现有企业核心技术作为事业中心起步之时，就着手开发新的核心技术，并且锲而不舍地从人力和财力等多方面培育这一技术。该公司先是应用电子照相技术开发出激光打印机，取得竞争优势；当激光打印机的技术逐渐被竞争企业所模仿和超越时，又不失时机地应用新的核心技术推出喷墨打印机。比较持久地维持了它的竞争优势。

问题思考：

作为一名高职院校学生，如何培养自己的产品开发能力呢？

任务要求

分别采用常用创新方法和 TRIZ① 方法，提出一种新型门锁的改进思路，并确定最优设计思路，撰写方案报告。

子任务 1 提出改进思路

工作任务

分析现用门锁的结构，描述其基本特征；利用常用创新方法分析其存在的不足，提出若干种改进方案；经过整理，提出改进思路。

知识准备

新产品开发一般要经过新产品构思、新产品筛选、编制新产品计划书、新产品设计、新产品试制、新产品评定、新产品试销、批量投产等步骤。新产品是技术创新的产物，除了遵循合理的流程之外，还需要有科学的方法。新产品开发需要的方法都是具有创造性的，需要有很强的想象力及发散思维与聚合思维的结合。根据创造原理及前人的创造实践，有一些普遍适用的创造方法，对于破除习惯性的思维定势十分有效。

创新方法有很多，在新产品开发中常用的方法有以下 8 种。

1. 头脑风暴法

头脑风暴法也称集体创造性思考法，其做法就是召开一种特殊形式的小组会，在小组会上广泛地征集想法和建议，然后加以充分讨论，鼓励提出创见，最后进行分析研究和决策。

2. 逆向思考法

逆向思考法也称破除法或反头脑风暴法。其出发点是基于任何产品都不可能是十全十美的，总会存在各种各样的缺陷，可以加以改进，提出创新构想，逆向思考法的关键是要具有

---

①TRIZ，直译为发明问题解决理论，国内也形象地翻译为“萃智”或者“萃思”。TRIZ 用英语标音可读为 teoriya resheniya izobreatatelskikh zadatch，缩写为 TRIZ。

一种“吹毛求疵”的精神，善于发现现有产品的问题。

3. 戈登法

戈登法也称教学式头脑风暴法。其特点是不让与会者直接讨论问题本身，而只讨论问题的某一局部或某一侧面；或者讨论与问题相似的某一问题；或者用“抽象的阶梯”把问题抽象化向与会者提出。主持人对提出的构想加以分析研究，一步步地将与会者引导到问题本身上。

4. 检验法

检验法也称检验表法或提问清单法。检验表是指为了准确把握创新的目标与方向，既能拓展思路，启发想象力，又能避免泛泛地随意思考而设计的一份系统提问的清单。世界创造学之父奥斯本设计了一种适用于新产品开发的检验表，因此，检验法又称“奥斯本 6M 法则”（以下称为 6M 法则）。

（1）6M 法则

企业可以运用 6M 法则对产品进行创新。6M 法则的具体内容如下：

①可以改变吗？能否改变功能、形状、颜色、气味等？是否还有其他改变的可能性？

②可以增加吗？能否增加尺寸、使用时间、强度、新的特征等？

③可以减少吗？能否省去、减轻、减薄、减短、减少？

④可以替代吗？能否用其他材料零部件、能源、色彩来替代？

⑤可以颠倒吗？能否上下、左右、正反、里外、前后颠倒？目标和手段颠倒？

⑥可以重新组合吗？零部件、材料、方案等能否重新组合？这些要素能叠加、复合、化合、混合、综合吗？

（2）“九问”产品开发方法

根据 6M 法则，使用者在实践中又开发出配套的“九问”产品开发方法，其“九问”包括：

①社会上是否适用。

②政策上是否通行。

③条件上是否满足。

④技术上是否可行。

⑤是否遵循“三化”标准。

⑥经济上是否合理。

⑦功能上是否新颖。

⑧发展上是否具有前瞻性。

⑨质量上是否具有可靠性。

5. 属性列举法

属性列举法也称分布改变法，特别适用于老产品的升级换代。其特点是将一种产品的特性列举出来，制成表格，然后再把改善这些特性的事项列成表。其要点在于能保证对问题的所有方面做全面的分析研究。

6. 仿生学法

仿生学法是通过模仿某些生物的形状、结构、功能、机制、能源和信息系统，来解决某些技术问题的一种创新技术。

7. 形态学分析法

形态学分析法也称形态方格法。它研究如何把问题涉及的所有方面、因素、特性等尽可能详尽地罗列出来，或者把不同因素联系起来，通过建立一个系统结构来求得问题的创新解决。形态学分析法认为创新并非全是新东西，可能是旧东西的创新组合。因此，如能对问题加以系统的分析和组合，便可大大提高创新成功的可能性。

8. 科学创造法

科学创造法也称综摄法。综摄法是利用非推理因素通过召开一种特别会议来激发创造力的一种创新方法。综摄法的基本特点是为了拓宽思路，获得创新构想，就应经过一个“变陌生为熟悉”而后“变熟悉为陌生”的过程，即在一段时间内暂时抛开原问题，通过类比探索得到启发。

子任务 2 确定最优设计思路

☆ 工作任务

根据本任务的子任务 1 中提出的门锁的改进思路，利用 TRIZ 方法分析其设计思路，提出若干种设计方案；经过整理分析，确定最优设计思路。

知识准备

人们通常面临两类问题：一类是有一般解决方法的问题，另一类是没有解决方法的问题。

有解决方法的问题通常可以通过查找书籍、技术文献或相关专家提供信息来解决。假定设计一种车床，但只要低速（100 r/min）的电机就够了，但大多数交流电机都是高速（3 600 r/min）的，那么问题就是如何降低电机的速度，解决方案是用齿轮箱或变流器，于是就设计特定尺寸、重量、转速、扭矩的齿轮箱等来解决问题。

没有解决方法的问题，被称为发明问题。发明问题的解决被认为与洞察力、创新能力相关，通常用到的方法就是头脑风暴法、尝试法等。由于问题非常复杂，尝试的次数就要很多。例如，剧毒农药 1605 就是试验了 1 605 次才获得成功的。如果解决方法是应用了某一领域已有的经验，则尝试的次数就会少一些，但是如果在某一领域找不到解决方法的话，发明者就要到其他领域去找，那么这种尝试的次数就会增加，并且要求发明者掌握相关的心理学知识，具有一定的创造力。

1. TRIZ 方法的诞生

TRIZ 方法是一种在技术层面而不是在心理学层面的发明方法，由苏联发明家根里奇·阿奇舒勒（G.S.Altshuller）（见图 3–2）和他的研究团队，通过分析大量专利和创新案例总结出来的，所以阿奇舒勒被称为“TRIZ”之父。他生于 1926 年，14 岁时就发明了潜水呼吸器，20 世纪 40 年代，他凭借其爱好作为一名专利专家供职于苏联海军，帮助发明家应用他们的专利，然而他常被要求一起去解决问题，于是好奇心驱使他去研究标准的解决问题的方法。

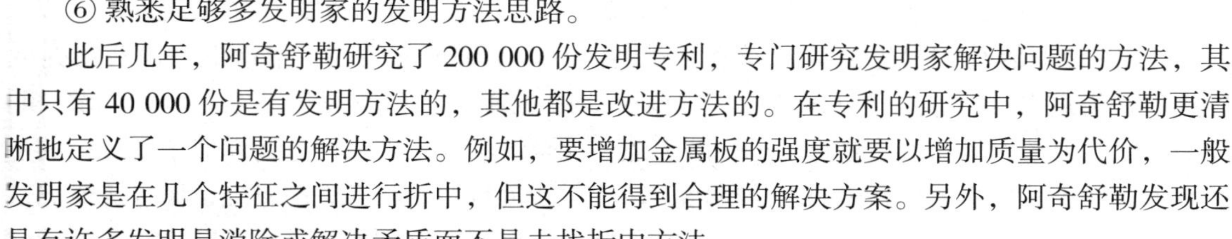

图 3–2 “TRIZ 之父”阿奇舒勒

阿齐舒勒认为发明必须满足如下条件：

①自成体系并程序化。

②指导人们在很多方法中直接找到理想的发明方法。

③可重复和可靠的非心理学的方法。

④能直接访问发明知识库。

⑤能添加发明知识到知识库中。

⑥ 熟悉足够多发明家的发明方法思路。

此后几年，阿奇舒勒研究了 200 000 份发明专利，专门研究发明家解决问题的方法，其中只有 40 000 份是有发明方法的，其他都是改进方法的。在专利的研究中，阿奇舒勒更清晰地定义了一个问题的解决方法。例如，要增加金属板的强度就要以增加质量为代价，一般发明家是在几个特征之间进行折中，但这不能得到合理的解决方案。另外，阿奇舒勒发现还是有许多发明是消除或解决矛盾而不是去找折中方法。

20 世纪 60—70 年代，他将解决方法分为 5 级：1 级即常规设计问题，用专业领域的方法进行解决，大约有 32% 的方法是在这一级；2 级即对现有系统进行改进，用工业领域的方法进行解决，大约有 45% 的方法是在这一级；3 级即对现有系统进行根本性改造，用工业领域以外的方法进行解决，大约有 18% 的方法在这一级；4 级即利用新的方法对现有的系统功能进行升级换代，这类方法往往更多的是在科学领域而非技术领域，大约有 4% 的方法在这一级；5 级即以科学发现或独创的发明为基础的全新的系统，这一级方法只占 1%。他也指出了在每一级成功的方法上，都需要大量的知识及更多相应解决方法。解决方法的级别，如表 3–1 所示。

表 3–1　解决方法的级别

级别	发明程度	解决方法	知识来源	考虑的问题
1	方法明显	32%	个人知识	10
2	小的改进	45%	公司知识	100
3	大的改进	18%	行业知识	1 000
4	新概念	4%	多行业知识	10 000
5	新发现	1%	所有知识	100 000

2. TRIZ 方法的基本原则

TRIZ 方法有一系列的原则，其中一条基本原则是增加有用度，将所有有利于系统的有利部分相加，除以所有对系统有害部分之和。理想的系统是存在的都是有利的部分，有害的部分基本没有。对于工程师而言，这一原则就是要不断追求有利部分的最大值，而降低劳动力成本、原材料成本、能源损耗等不利部分。一般而言，人们总是在有利部分和有害部分之间寻求折中的方法来解决矛盾，而增加有用度原则则是要求工程师真正去除或解决矛盾，最终保留有益的功能，去除有害的功能。例如，由机械式手表向电子式手表的升级革命就是增加有用度很好的实例。

3. TRIZ 方法在德国的应用

德国是制造业强国，TRIZ 方法在德国有了进一步的发展，形成了若干种基于 TRIZ 方法的创新方法论，其中 WOIS 理论被认为是对 TRIZ 方法最大限度地扩充。

（1）WOIS 理论

WOIS（way of oriented innovation strategy，WOIS）理论是一种原本为解决技术问题而构建的技术创新战略，利用它可以激发产生新产品和新生产过程。WOIS 理论融合了一些局部系统化的旧方法及技术系统连贯性历史分析，确定技术系统在进化中的位置等工具。

WOIS 理论的基本思想是置之死地而后生，即将矛盾推向极端，形成似乎没有出路的“绝境”，通过引进“悖论性发展要求”来破解这种“绝境”，完善矛盾思维。例如，像“明亮的黑暗”或“不渗透的渗透性”的一些表述，就是悖论性要求。把这些看似矛盾对立的东西作为创新目标，需要创新者有这样的能力，不但能进行专业和客观的思维，而且要能把这类极端的要求，通过既富想象力，又具高水平的方法在技术上实现。

WOIS 理论的核心仍是 TRIZ 方法，只是在几个方面对 TRIZ 方法做了扩展，前者更多像是给自由发明者提供理论思路，后者则是为日常技术开发提供的基于实践经验的工具。另一个与 TRIZ 方法有差别的地方在于，WOIS 理论需要一个专业的开发小组，而 TRIZ 方法个人发明家也可使用。因此，WOIS 理论一般用于企业的技术开发。

（2）推广应用情况

1973 年，德国首次翻译出版了阿奇舒勒的著作。当时推广 TRIZ 方法的一批人，现在都是德国知名的 TRIZ 方法专家。

德国所有名列世界 500 强的企业都采用了 TRIZ 方法，如西门子、奔驰、宝马、大众、博世等公司都有专门机构及专人负责 TRIZ 方法的培训和应用，涉及的行业很广泛。

工作步骤

第一步：搜集门锁的相关资料。通过网络搜集门锁的相关资料，充分掌握弹子锁、把手锁、防撬锁、指纹锁、人脸识别锁等产品的工作原理及基本结构，分析比较各种门锁产品功能和结构的变化情况，以及改进的时间顺序。

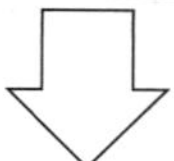

第二步：提出新型门锁的改进思路。分析现有产品的有用功能和结构、无用功能和结构，列表说明。利用多种常用创新方法，找出实现基本功能的新原理和方法，提出改进思路。

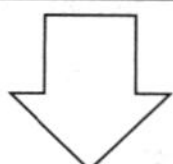

第三步：确定最优设计思路。利用 TRIZ 方法分析解决新型门锁改进需要解决的问题，提出若干设计思路，确定最优设计思路。

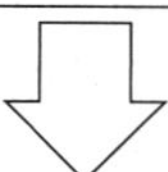

第四步：整理改进和设计思路，并撰写一份方案报告。

工作评价与反馈

任务	存在的问题	改进措施
收获与感悟：		
指导教师评语： 教师签名：		

任务 3 产品组合策略选择

情境导入

华为手机的产品组合策略

2015 年 12 月至 2016 年 2 月，苹果手机在中国市场的智能手机销售份额两年来首次出现下滑，而华为手机在我国智能手机销售中占比达到 24.4%。华为的产品线覆盖范围已经涵盖了信息通信的全产业链。《中国移动 2017 年终端质量报告》显示，通过对 22 个品牌、56 款手机评测，华为手机在整机性能、芯片、拍照等多维度均表现出色。作为全球首款搭载人工智能芯片的旗舰手机，华为 Mate 10 系列搭载的人工智能芯片麒麟 970 拥有高速连接、智慧算力、高清视听、长效续航等优势。该手机的 AI 智能场景识别功能在拍照中能够智能识别，自动配置感光度、快门速度、光圈、饱和度等参数，还能够进行图像识别和语音翻译，配合摄像头拍摄、语音录制，可以实时进行多任务处理。

华为手机的产品组合主要包括 P 系列、Mate 系列、Nova 系列、畅享系列和麦芒系列。华为 P 系列手机主打时尚与拍照，定位高端，多为年轻消费者旗舰机，如华为 P30、华为 P30 Pro 等；华为 Mate 系列手机主打商务旗舰，定位高端，多为高端商务人群消费，如华为 Mate30、华为 Mate30 Pro 等；华为 Nova 系列手机是 2016 年推出的一个系列，定位中端主流，主打线下市场，多为注重颜值、爱好拍照的年轻群体消费，如华为 Nova5；华为畅享系列手机同样是一个华为品牌相对比较新的系列，定位中低端，主打千元机市场；华为麦芒系列手机均为主打运营商，相当于运营商定制机，适合结合一些运营商优惠套餐购买，普通用户直接购买，性价比会比较低。此外，华为手机旗下还拥有独立子品牌——荣耀系列，主打互联网销售，主要分为 V、Note、畅玩等系列。

华为手机能发展成为国内手机品牌的龙头，离不开产品组合策略的成功。华为手机的产品组合策略一直秉持一个原则，那就是“以顾客的需求为风向标，研发出其需要的产品”。因此，华为手机在产品策略方面，主要通过“发掘市场需求，快速响应市场需求，创新市场方案”等手段拉开与其他竞争对手的差距，从而把市场上的竞争对手抛在身后。华为作为第五代移动通信技术（5th-generation，5G）的领跑者，与中国移动强强联手，促进 5G、物联网、云服务等多领域的发展，让消费者享受更优质的产品和服务。

问题思考：

华为手机进行产品组合的核心策略是什么？

任务要求

查阅动车组列车生产的相关资料，结合我国轨道客车的生产技术状况和市场情况，制定中车唐山机车车辆有限公司的产品组合策略。

子任务 1 绘制产品组合三维分析图

工作任务

利用网络或相关途径查阅中车唐山机车车辆有限公司的产品资料，在分类整理的基础上，绘制一张该公司的产品组合三维分析图。

知识准备

产品组合是指一个企业生产或经营的全部产品的组合方式。企业在进行产品组合时，涉及 3 个层次的问题，具体是指：是否增加、修改或剔除产品项目；是否扩展、填充和删除产品线；是哪些产品线需要增设、加强、简化或淘汰。3 个层次的问题的抉择应该既有利于促进销售，又有利于增加企业的总利润。

产品组合包括如下 4 个变数。

①产品组合的宽度是指一个企业所拥有产品线（product line）的数量。产品线较多，说明产品组合的广度较宽。

②产品组合的长度是指企业所拥有产品品种的平均数，即全部品种数除以全部产品线数所得的商。

③产品组合的深度是指每个品种的花色、规格数量。

④产品组合的密度是指各产品线的产品在最终使用、生产条件、分销等方面的相关程度。

产品组合三维分析图是一种分析产品组合是否健全、平衡的方法，如图 3–3 所示。在三维空间坐标上，以 X、Y、Z 坐标轴分别表示产品销售成长率、市场占有率及企业利润率，每一个坐标轴又为高、低两段，这样就能得到 8 种可能的位置。

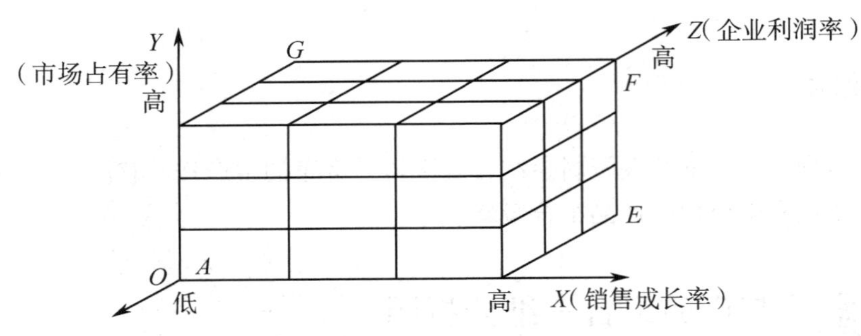

图 3-3　产品组合三维分析图

子任务 2　制定产品组合策略

工作任务

根据整理好的中车唐山机车车辆有限公司的产品资料，对该企业产品进行分类，并描述其技术和市场特征，提出产品组合策略报告。

知识准备

任何一个产品项目或产品线的利润率、销售成长率和市场占有率都有一个由低到高又转为低的变化过程，不能要求所有的产品项目同时达到最好的状态，即使同时达到也不可能是持久的。因此，企业所能要求的最佳产品组合，必然包括：①目前虽不能获利但有良好发展前途、预期成为未来主要产品的新产品；②目前已达到高利润率、高销售成长率和高市场占有率的主要产品；③目前虽仍有较高利润率而销售成长率已趋降低的维持性产品；④已决定淘汰、逐步收缩其投资以减少企业损失的衰退产品。

企业在调整产品组合时，可以针对具体情况选用以下几种产品组合策略。

1. 扩大产品组合策略

扩大产品组合策略是要开拓产品组合广度和加强产品组合深度。开拓产品组合广度是指增添一条或几条产品线，扩展产品经营范围；加强产品组合深度是指在原有的产品线内增加新的产品项目。

2. 缩减产品组合策略

缩减产品组合策略是削减产品线或产品项目，特别是要取消那些获利小的产品，以便集中力量经营获利大的产品线和产品项目。

3. 高档产品策略

高档产品策略是指在原有的产品线内增加高档次、高价格的产品项目。

4. 低档产品策略

低档产品策略是指在原有的产品线中增加低档次、低价格的产品项目。

由于市场需求和竞争形势的变化，产品组合中的每个项目必然会在变化的市场环境下发生分化，一部分产品获得较快的成长，一部分产品继续取得较高的利润，还有一部分产品则趋于衰退。企业如果不重视新产品的开发和衰退产品的剔除，必将出现不健全、不平衡的产品组合。为此，企业需要经常分析产品组合中各个产品项目或产品线的销售成长率、企业利润率和市场占有率，判断各产品项目或产品线销售成长上的潜力或发展趋势，以确定企业资金的运用方向，做出开发新产品和剔除衰退产品的决策，调整产品组合。

产品组合的动态平衡是指企业根据市场环境和资源条件变动的前景，适时增加应开发的新产品和淘汰应退出的衰退产品，从而维持最大利润的产品组合。可见，及时调整产品组合是保持产品组合动态平衡的条件。动态平衡的产品组合亦称最佳产品组合。

产品组合的动态平衡实际上是产品组合动态优化的问题，只能通过不断开发新产品和淘汰衰退产品来实现。产品组合动态平衡的形成需要综合性地研究企业资源和市场环境可能发生的变化，各产品项目或产品线的销售成长率、企业利润率、市场占有率将会发生的变化，以及这些变化对企业总利润率的影响。

工作步骤

第一步：收集中车唐山机车车辆有限公司的相关资料。通过该公司的门户网站或其他途径收集其现有产品的相关资料，充分掌握企业产品线、产品品种、产品样式花色等方面的情况，明确企业产品组合的宽度、长度和深度，列出企业产品一览表。

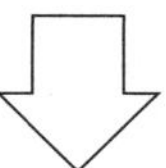

第二步：分析企业产品的生命周期。分析国内外市场同类产品的增长和占有情况，确定不同产品所处的生命周期阶段。通过查找技术资料，预测下一代产品的发展趋势，以及目前各主要生产国的技术储备情况，特别是对无人驾驶“胶囊列车”发展趋势进行预测。

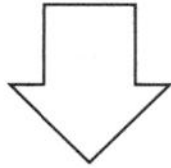

第三步：绘制产品组合三维分析图。按照销售成长率、市场占有率、企业利润率 3 个维度，绘制出该企业的产品组合三维分析图（概略图）。初步判断各类不同产品应采取的开发策略，包括待开发产品、高成长产品、维持型产品、拟淘汰产品。

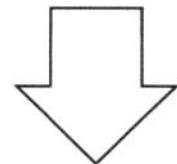

第四步：分析产品组合策略。针对不同特征的产品，分别制定扩大产品策略、缩减产品策略、高档产品策略、低档产品策略，对新产品投放市场和旧产品退出市场的时机提出合理化建议。具体说明新旧产品的衔接顺序，以及旧产品的合理转移方向。

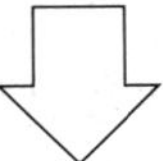

第五步：产品组合评价，并提出产品组合策略报告。尝试找出不同的产品组合策略，分析比较不同策略的优缺点。当筹资便利时，发现获利最大化的产品组合策略，改进原有组合策略；当筹资难度较大时，发现投入最少且获利较高的产品组合策略，降低投资风险。

工作评价与反馈

任务	存在的问题	改进措施
收获与感悟：		
指导教师评语： 教师签名：		

任务 4 产品开发评价

情境导入

再好的新产品，管理不善也会导致企业经营失败

酷骑单车是共享单车的一个著名品牌，于 2016 年 11 月由酷骑（北京）科技有限公司创立。据调查，酷骑（北京）科技有限公司自成立以来，注册用户近 1 600 万人，公司先后投放自行车 140 余万辆，由于经营不善，遭到中国消费者协会（以下简称中消协）强烈谴责。

2017 年 9 月底，因酷骑单车押金难退，多处运营单位与工商局失去联系等问题，部分地区已开始对酷骑单车进行清理；2017 年 12 月 12 日，中消协致酷骑（北京）科技有限公司公开信称，其数亿押金未退，要求负法律责任，同时也向公安机关提交了刑事举报书，申请对其立案侦查；2018 年 3 月 15 日，3·15 晚会曝光酷骑单车无法退还押金。

据中消协调查，已经有 30 多家共享单车企业倒闭，中消协收到众多消费者押金无法退还的投诉。其中酷骑单车尤为严重，被消费者投诉 21 万次，涉及金额 10 亿余元。中消协申请执法部门立案，申请全国人民代表大会对网络平台押金收取监管等方面尽快立法。

这个案例启示我们：产品再好，如果企业自身管理不善，难免会经营失败。新产品能顺利渡过导入期而开发成功的可能性仅为 2%~5%，这就需要企业具备较强的经营管理能力，能够对产品开发进行全面评估，提高企业管理能力。

问题思考：

酷骑单车的厄运说明了什么？应该吸取的教训是什么？

任务要求

唐山陶瓷集团美术瓷厂拥有省级以上陶瓷艺术大师 15 名，注浆、拉坯、烧成等设备齐全，生产陶瓷画盘、梅瓶、壁画等产品，其产品多次被作为礼品赠送国际友人。

2011 年，该厂根据市场需求决定开发纳米骨质艺术瓷。尽管市场上已经出现一些纳米日用瓷，但在骨质艺术瓷领域尚未见到此类产品的报道。纳米骨质艺术瓷充分利用了骨质瓷的质轻壁薄、晶莹剔透、雍容大方特点，具有普通瓷无法达到的特种装饰效果。进一步结合纳米技术开发出的质地坚硬、品相良好的纳米骨质艺术瓷作品，是当地首创的陶瓷品种，填补了国内外陶瓷领域的一项空白。该厂与某学院联合，组成了一支 20 余人的研发团队，包括纳米技术、化学工程、陶瓷工艺、自动化技术、艺术设计等专业的人员。经过研发团队反复调研和充分讨论，已经形成了较为成熟的研发方案。

根据以上资料，经分组讨论后，填写表 3–2。

表 3-2 产品开发检验表

评价指标	权重（A）	专家评分（B）										评价得分（A×B）
		0	1	2	3	4	5	6	7	8	9	
企业特点与信誉	0.15											
经济实力	0.15											
研发能力	0.2											
管理能力	0.1											
财务能力	0.1											
生产能力	0.05											
原材料供应能力	0.05											
能源供应能力	0.05											
环境支撑能力	0.1											
布局便利条件	0.05											
合计	1.0											

工作任务

查阅纳米骨质艺术瓷产品相关资料，了解唐山陶瓷集团美术瓷厂的基本情况；在讨论的基础上模拟纳米骨质瓷产品开发评价过程，并提出新产品开发的合理化建议。

知识准备

1. 产品开发评价的作用

成功企业的产品需要研制一代，开发一代，生产一代，这是企业家的共识。虽然成功开发新产品可给企业带来巨大的利益，但新产品开发的风险极大，新产品开发一旦失败将会使企业遭受巨大的损失。对于新产品开发项目是否立项、开发出的产品是否实现量产都需要进行评价和决策。产品开发评价的作用主要体现在以下几个方面：

①剔除亏损的产品。

②发掘有市场潜力、盈利高的产品。

③提高产品开发的工作效率。

2. 产品开发评价的原则与指标

①产品开发评价原则。评价原则主要体现在全面与科学性原则、系统性原则、客观与可测性原则、可比与相容性原则、定量评价与定性评价相结合的原则、动态指标与静态指标相结合的原则。在评价中指标应根据具体情况做相应的变动，以提高评价的准确性。

②新产品评价指标。企业新产品开发评价指标体系设计分 3 个方面的内容，包括产品的竞争能力、企业的开发能力及产品开发的效益与风险指标。

工作步骤

第一步：收集陶瓷产品市场的相关资料。通过网络收集国内外陶瓷市场的相关资料，充分掌握日用瓷、卫生瓷、工业瓷、建筑瓷、技术瓷等产品及陶瓷替代品的市场占有情况，并分析纳米技术应用的成功案例，分析纳米技术在陶瓷中应用的情况。

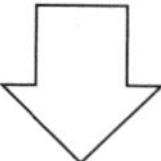

第二步：填写企业产品开发检验表。查阅唐山陶瓷集团美术瓷厂的相关资料，对该厂的企业特点与信誉、经济实力、研发能力、管理能力、财务能力、生产能力、原材料供应能力、能源供应能力、环境支撑能力和布局便利条件等情况进行评估。

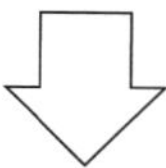

第三步：对纳米骨质艺术瓷开发项目进行可行性评价。按照采用科学性原则、系统性原则、客观与可测性原则、可比与相容性原则、定量评价与定性评价相结合的原则、动态指标与静态指标相结合的原则，从技术性和经济性两个方面对纳米骨质艺术瓷开发项目进行评估。

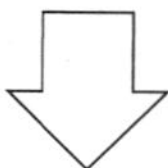

第四步：绘制产品组合三维分析图。根据市场评估结果，预测陶瓷市场发展趋势，以及替代品市场发展趋势，结合当地旅游市场开发情况，提高产品组合长度和深度，延长产品链条，绘制出合理的产品组合三维分析图。

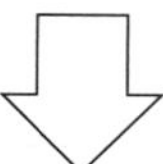

第五步：提出产品开发的合理化建议。通过对纳米技术寿命周期和现有成熟技术的分析，提出产品组合和新产品开发的合理建议。列出现阶段旅游市场、室内环境美化和室外环境美化需求强烈的产品清单，对纳米骨质艺术瓷开发策略进行具体说明。

工作评价与反馈

任务	存在的问题	改进措施

收获与感悟：

指导教师评语：

教师签名：

项目小结

企业的基本功能是为社会提供产品和服务。创业者要想成功，就必须从社会需求出发，不断地开发出更多的质优价廉的新产品。产品兴，则企业兴；产品亡，则企业亡。

巩固与提高

一、多项选择题

1. 新产品开发的流程中一般包括（　　）。
   A. 新产品构思　B. 新产品筛选　C. 编制新产品计划书
   D. 新产品设计　E. 新产品试制　F. 新产品评定
   G. 新产品试销
2. 从心理学层面来看，新产品开发常用的方法有（　　）。
   A. 头脑风暴法　B. 逆向思考法　C. 戈登法
   D. 检验法　E. 属性列举法　F. 仿生学法
   G. 形态学分析法　H. 科学创造法

二、判断题（以下说法是否正确，若有错误请改正）

1. 新产品是指购买后一直未使用的产品。（　　）
2. 产品生命周期是指从产品购入到产品报废的全过程。（　　）
3. 企业应该在产品衰退期尽快研制新一代产品。（　　）
4. 在产品成熟期企业应该扩大生产规模。（　　）
5. 自主研发能力较弱的企业可以在产品成长期模仿跟进。（　　）

三、实训题

江苏省南部地区某针织企业董事长正为企业下一步的发展和投资方向举棋不定，该企业总经理决定投资生产保暖内衣。不久产品出厂，却因款式老旧，没钱做广告宣传而无人问津，即使打到3~4折，仍旧没人订货。这时想转产，有限的资金全都花到保暖内衣上了，没有资金支持，悔不当初的总经理只能整天唉声叹气，无计可施。

针对以上案例，3~5人组成一个小组，讨论该案例中新开发的产品为什么积压？从中应该吸取哪些教训？

项目 4 生产管理

项目导学

新产品开发研制成功后，进入生产阶段，这就需要生产管理方面的知识和技能。生产管理是对企业生产活动的管理，具体来说，生产管理是根据企业的经营目标和计划，从产品品种、质量、数量、成本、交货期等要求出发，采用有效的方法和手段对企业的人力、材料、设备、资金等资源进行计划、组织、指挥、协调和控制，生产出顾客和用户需要的产品等一系列活动的总称。

学习目标

1. 认知目标：结合所在班组（单位），制订合理的生产作业计划；运用设备使用、维护保养及检查修理的基本知识，制定设备维修保养方案；比较生产管理中常用的控制方式和主要内容，指出所在班组（单位）采用的生产管理方式。

2. 技能目标：完成生产作业计划编制，编写设备维修保养方案，能运用统计分析方法，分析生产管理中存在的问题，并找到解决方法。

3. 情感目标：以满足客户要求为目的，达到为社会、企业和个人创造最大价值的目标，为自己所创企业选择合理的生产管理方式。

任务1 编制生产计划

情境导入

靠“计划”赢得大家的认可

小王是某职业技术学院毕业生，毕业时与一家制造机电设备的公司签订了劳动合同，被分配在机械加工车间，工作中，小王发现该车间的工人和加工设备经常有空闲时间，为了提高效率，也为了展示自己的才华，小王利用在校期间学习的制作甘特图表[①]方法，将机械加工车间的生产作业计划进行了重新编制，交车间主任审定，使一项原计划 42 天完成的生产作业任务只用了 20 天就顺利完成了，从而赢得了大家的认可，小王成功迈出了职业生涯的第一步。

问题思考：

生产作业计划在企业经营中有什么作用？

任务要求

根据生产任务编制生产进度表，制订 3 套生产作业计划，选出最佳方案投入生产，并说明理由。

子任务 1 编制生产进度表

工作任务

依据工序设计，绘制生产任务为 500 个安装用金属零部件的生产进度表，计算负荷量。

知识准备

1. 作业和时间

（1）制造和作业

生产是通过设计、筹备、制造 3 个阶段来进行的。其中，一种产品的制造是指从材料的出库作业开始，经第一道工序到全部工序结束的生产活动。作业是指构成该生产活动的各个工序的活动。例如，加工作业有切割、弯曲、钻孔、切削等，检验作业有测量主体等，搬运作业有叉式升降机的搬运主体等，制造有其一定的作业顺序，需按照顺序进行作业。

（2）工序设计和作业时间

工序设计决定了各工序的顺序、要用的机器设备、生产单位产品所需的必要作业时间。这些可以用进度表来表示。安装用金属零部件 A、B、C 的进度如表 4-1 所示，其各道工序示意如图 4-1 所示。

① 甘特图表是以美国企业管理学家甘特的名字命名的，能够直观地表明任务计划在什么时间进行，以及实际进展与计划要求的对比。

表 4–1　安装用金属零部件 A、B、C 的进度

顺序	工序名（作业名）	使用机器设备	平均每个零部件的加工时间 / 分钟
①	切割	剪板机	1
②	压弯	折弯机	0.5
③	钻孔	钻床	1
④	镀	电镀槽	0.5

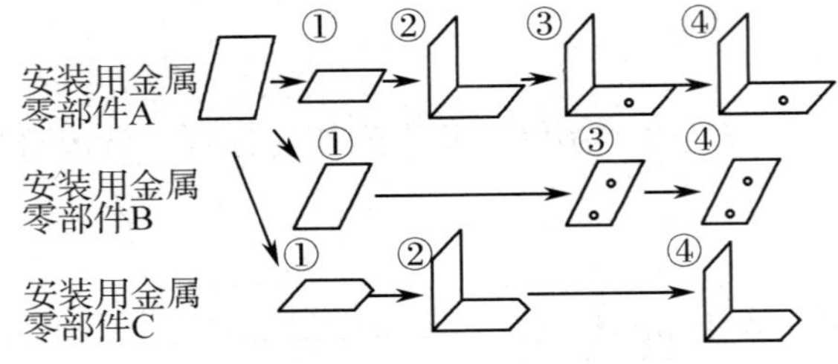

图 4–1　安装用金属零部件 A、B、C 的各道工序示意

2. 负荷计算

制造活动中必要的工作量称为负荷，通常用时间来表示。进度表中表明了各工序（作业）加工单位产品的必要时间，把应制造的产品数量（称为订货）乘以各工序（作业）加工单位产品的必要时间就可得出各工序的负荷量。

负荷量 = 加工单位产品时间 × 制造数量

可以说，某生产现场计算出来的所有负荷量的数值应表示该生产现场的所有作业量，但是分配作业时，如果未考虑到要避免制造主体出现等待的话，就会产生无用功。提高制造效率就要消除无用功，要制订计划尽可能地减少等待这一无用功，从而在作业开始前采取措施，使制造效率提高成为可能。

子任务 2　编制生产作业计划

☆ 工作任务

生产如图 4–1 所示安装用金属零部件 A、B、C 各 1 万件，编制 3 套生产作业计划，选出最佳方案，并说明理由。

知识准备

1. 负荷式甘特图表

（1）负荷式甘特图表的概念

纵轴上标上机器设备或生产线等制造主体的名称，横轴上等距离标时间刻度，这种表称为负荷式甘特图表。如图 4–2 所示，加工用带箭头横杠表示，空白部分表示作业人或机器设备该时刻处于等待状态。

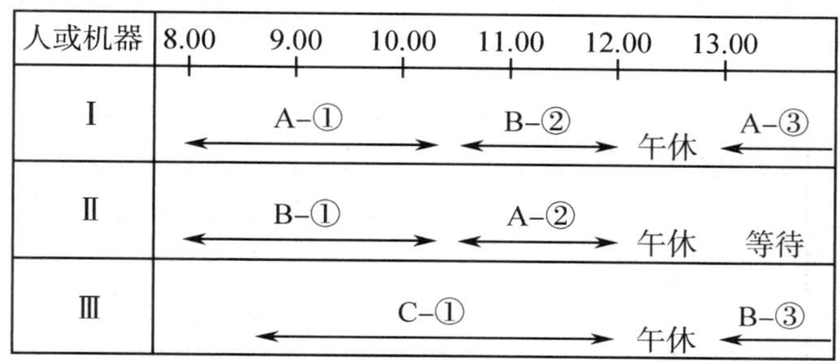

图 4–2　负荷式甘特图表

（2）负荷式甘特图表的制作方法

负荷量是负荷式甘特图表的基础。按加工 A、B 产品的进度（表 4–2）设计好工序和时间，画出带箭头的横杠，其长度与加工时间成比例。横轴表示时间，纵轴表示制造主体（人或机器）名称，如图 4–3 所示，图中横杠表示加工，空白部分表示等待。

表 4–2　加工 A、B 产品的进度

顺序	工序名称	机器 \ 产品	A	B
①	切割	Ⅰ剪板机	1.0 时	2.0 时
②	压弯	Ⅱ压力机	1.5 时	1.0 时
③	钻孔	Ⅲ钻床	0.5 时	1.0 时

	8:00	9:00	10:00	11:00	12:00	13:00
Ⅰ 剪板机	A–①	B–①				
Ⅱ 压力机		A–②		B–②		
Ⅲ 钻床			A③			B–③

图 4–3　加工 A、B 产品的负荷式甘特图表

值得注意的是，画了横杠的地方不可追加作业；要考虑到前一个阶段制造尚未完成的加工。负荷式甘特图表空白部分表示作业人员或机器在该时刻处于等待状态，空白部分多，表明可以追加作业，同时也反映了总工作量较少。负荷式甘特图表没有空白表明制造主体的运转效率高。即使运转率高，若制造对象的流程不佳，整体运转率也会下降。

2. 日程式甘特图表

（1）日程式甘特图表的概念

在纵轴上标产品的名称和订货等制造对象，横轴上像负荷式甘特图表一样等距离标上时间刻度，这种图表称为日程式甘特图表，如图 4–4 所示。在此图表中，空白部分表示此产品的半成品在此空白期间可能处于停顿状态。日程式甘特图表空白越少，表明制造对象的流程越顺畅。

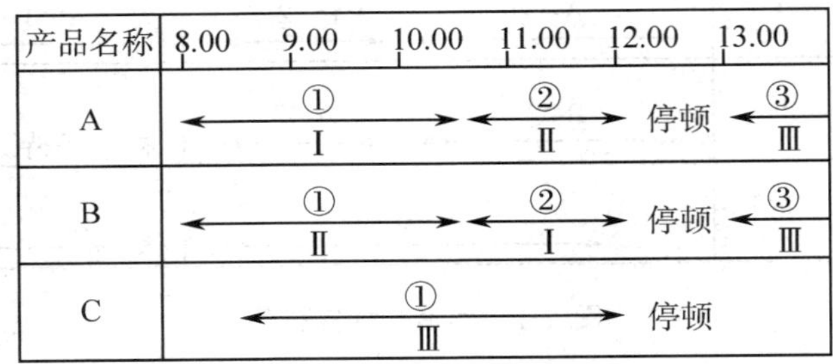

图 4–4 日程式甘特图表

（2）日程式甘特图表的制作方法

日程式甘特图表可以通过先画出负荷式甘特图表来制成，将图 4–3 所示的加工 A、B 产品的负荷式甘特图表改为日程式甘特图表，如图 4–5 所示。

	8:00	9:00	10:00	11:00	12:00	13:00
A	① Ⅰ	② Ⅱ	③ Ⅲ			
B		① Ⅰ		② Ⅱ		③ Ⅲ

图 4–5 加工 A、B 产品的日程式甘特图表

负荷式甘特图表在纵轴上表示制造主体，而日程式甘特图表在纵轴上表示制造对象。负荷式甘特图表可以观察制造主体机器或人是如何工作的，日程式甘特图表可以观察制造对象产品是经过怎样的流程完成的，即可以了解产品 A 或 B 从开始制造到完成的全过程。

最好的制造计划就是要使负荷式甘特图表没有空白（等待），日程式甘特图表中也没有空白（停顿）。也就是说，要制订计划使日程式甘特图表和负荷式甘特图表的空白达到最少。

工作步骤

第一步：绘制生产进度表，计算负荷量。

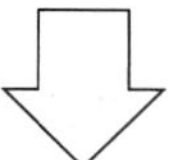

第二步：绘制负荷式甘特图表。根据生产进度表，按不同加工顺序，绘制 3~5 种负荷式甘特图表。

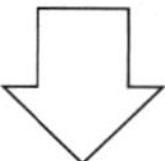

第三步：绘制日程式甘特图表。将 3~5 种负荷式甘特图表转化为相对应的 3~5 种日程式甘特图表；每一种负荷式、日程式甘特图表就是一个生产作业计划方案。

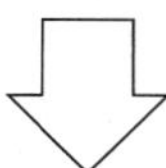

第四步：选择最佳生产作业计划方案。分析以上 3~5 个生产作业计划方案，找出每一个方案的优点，综合分析，确定最佳方案。

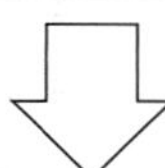

第五步：应用于生产制造。将最佳生产作业计划方案应用于实际生产。

工作评价与反馈

任务	存在的问题	改进措施
收获与感悟：		
指导教师评语： 教师签名：		

任务2 生产设备管理

情境导入

我国设备维修现状分析

当代工业发展的一个重要标志是设备的技术进步。人类的发明和研究成果多数都物化为具体的机电设备。随着技术的进步，设备也不断朝着大型化、精密化、自动化、流程化、计算机化、智能化、环保化、超小功能化（纳米技术）、柔性化、技术综合化和功能多样化等方向发展。从典型的机电产品看，如数控机床、加工中心、机器人和机械手等，无一不是机械类、电子类、计算机类、电力电子类等技术的集成融合，设备复杂系数不断提高，设备操作日益简单，对操作人员的技术、技艺要求越来越低，而对维修人员的技术、知识要求越来越高。国内外统计资料表明，通过近十年的工业发展，企业生产能力提高了几倍或十几倍，设备操作人员却没有增加，而维修人员（包括为企业服务的外部维修人员）却不断增加。

调查发现，越是生产发展较快的企业，越重视科学维修体系的建立。这是因为设备使用5~8 年，就不同程度地进入老化、损耗和故障多发期。目前，我国从事维修和设备管理的人员基本上是由机械、电气、仪表等方面的专业人员改行的，不少设备发生故障，不得不从国外的设备生产厂请来工程师进行维修，既影响生产，又要为此付出昂贵的费用。随着企业和管理者的管理水平不断提升，人们对设备维修有了更高层次的认识。近年来，我国经济发达地区引进几千条生产线、流水线，高级自动化设备成千上万台套，设备技术的进步大大超前于人才技术的进步。企业急需了解设备性能、懂得维护保养、熟悉故障诊断、驾驭设备维修决策和维修技术的技术人才。

一些发达国家在设备出口问题上对发展中国家制定的策略是让发展中国家正在使用的设备寿终正寝，让自己即将淘汰的设备取而代之，自己的设备则不断地推陈出新。中国是一个发展中国家，中国的企业如果仅仅满足从发达国家引进“先进”的设备，则意味着我们永远在发达国家后面“爬行”，只有走“引进—改造—超越”这条路，我们的民族工业才能真正崛起。为了走好这条路，我们需要成千上万懂得设备维护和管理，善于学习和掌握设备结构性能，敢于向这些“先进”设备挑战，会维修、能改造的专业技术人才。

问题思考：

创业者在创业时应如何优选设备？

任务要求

针对某产品生产线情况，查阅相关生产设备的资料，分析其生产设备运行状态，制定设备维修方案。

工作任务

某企业生产安装用金属零件 A、B、C，生产工序如图 4–1 所示，年产量为每种 6 万件，查阅设备档案，请选择生产该产品使用设备型号，分析设备磨损规律，制定维修保养方案。

知识准备

1. 设备选择与购置

选择设备是为生产选择最优的技术装备，即选择技术上先进、经济上合理、工艺上可行、生产上适用的最优设备。为达到这一目的，要考虑以下因素。

（1）生产性

设备的生产性是指设备的生产率，一般以设备在单位时间内的产品产量来表示。对于成组设备，如流水生产线、自动化生产线则以节拍来表示该组设备统一的生产率。设备生产率的提高主要通过设备的大型化、高速化与自动化来实现。在设备选购时，可根据企业生产的目标计划，对此指标提出一定的要求。

（2）可靠性

可靠性是指设备具有保持较高精度、准确度的性质，零部件具有耐用性较好、安全可靠程度较高等性质。它首先要求机器设备能够生产高质量的产品，或完成高质量的工程；其次要求设备减少故障，保持准确性。

（3）节能性

节能性是指机器设备要有节省能源消耗的性能，一般是以机器设备单位开动时间的能源消耗量来表示，如每小时耗电量、耗油量等。这对于企业降低产品成本、增强竞争力、提高经济效益有十分重要的意义。因此，在设备选购时，应优先选用能耗低的设备。

（4）维修性

维修性是衡量设备维修难易程度的性能指标。这一性能指标直接影响设备修理工作量和修理费用。为此，在选购设备时应选择维修性能好的设备。

此外，还应考虑环保性、耐用性、成套性、灵活性及经济性等因素。一般来说，技术先进和经济合理是统一的。由于各种原因，有时二者会表现出一定的矛盾。因此在选购设备时，要对以上因素统筹兼顾，全面权衡利弊。

2. 设备使用与维修

（1）设备的合理使用

购买设备，目的就是要发挥其在生产过程中的作用，但是否合理使用，直接影响设备的使用寿命，进而影响生产效率和生产成本。因此必须根据设备的状况，对其进行正确、合理的使用。

1）为设备配备合格的操作人员

为了保证机器设备在最优状态下运转使用，应根据设备的精度等级和技术要求配备相应等级的工人。操作工人必须熟悉设备的性能、结构、工作范围和维护技术，做到“三好四会”，即用好、管好、保养好和会使用、会保养、会检查、会排除故障，实行“定机、定人、定职责”的三定制度。这是防止操作工人不合格而使设备遭受意外损坏的有效措施。

2）为设备合理地安排生产任务

在安排任务时，必须注意设备的性能、精度、使用范围和工作条件，要避免“大机小用”，严禁“小机大用”“精机粗用”或超负荷运转。

建立健全设备使用的管理规章制度，主要包括设备使用规程、设备维修规程、操作工人岗位责任制、交接班制、包机制等，各级各类人员都必须遵守各项管理规章制度。

3）为设备创造良好的工作环境

现代设备一般对使用的环境如温度、湿度、尘埃、振动等都有一定的要求。要根据不同设备的不同要求，创造一个适宜的工作场地和整洁、宽敞、明亮的工作环境，安装必要的防护、防潮、防腐、保暖、降温等设施装置，配备必要的控制仪器，对于一些特殊的设备，如控制中心，就更应具备特殊的工作环境。

（2）零部件的磨损和设备的故障规律

1）零部件的磨损规律

零部件在使用过程中的磨损过程大致可分为 3 个阶段，如图 4–6 所示。第Ⅰ阶段称为初期磨损阶段，磨损速度 μ 快，时间 t 跨度短，主要是在受力情况下由于零部件表面的粗糙不平磨损造成的。一般来讲，这一阶段磨损的速度很快，但时间较短。第Ⅱ阶段称为正常磨损阶段，在这一阶段，零部件的磨损缓慢，磨损基本上随时间逐渐进行，磨损速度比较缓慢，延续时间较长。第Ⅲ阶段称为剧烈磨损阶段，零部件磨损量已超过一定的限度，正常配合被破坏，配合面之间干摩擦代替了液体磨损，以致磨损剧烈增加，有的零部件甚至发生断裂现象，造成设备的精度、工作性能快速降低，这时就必须及时对零部件加以修理。

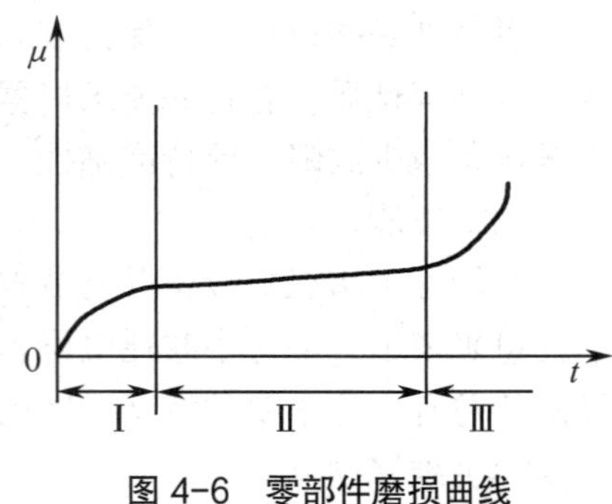

图 4–6　零部件磨损曲线

了解和掌握零部件的磨损规律，有利于做好设备的维护保养和修理工作，提高设备的使用寿命。正确的润滑可以延长零部件的正常使用阶段的期限；加强对设备的日常检查和定期检查，及时掌握设备零部件的磨损状态，在剧烈磨损阶段发生前进行修理，就可以防止因过度磨损而造成设备事故，减少设备故障对生产的影响；按设备的正常负荷使用，严禁超负荷运行。

2）设备故障规律

设备是由许多零部件构成的，设备的故障常常是由某些关键零部件的失效引起的，其故障的发生也有规律可循。其故障率曲线如图 4–7 所示。

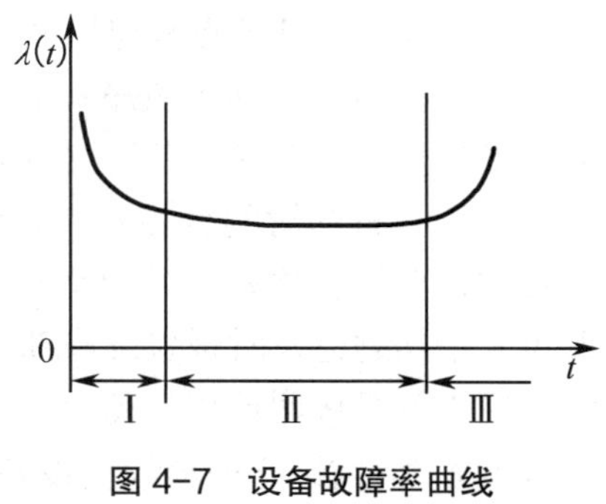

图 4–7　设备故障率曲线

从曲线中可以看出，设备故障率 λ 的变化经历了 3 个不同阶段。第Ⅰ阶段为初期故障阶段。设备刚投入使用，其故障主要是设计上的疏忽、制造上的缺陷、运输安装时的大意或操作上的不熟悉等原因引起的，开始时故障率较高，但随着不断使用，故障率逐渐降低，并趋于稳定。第Ⅱ阶段为偶发故障阶段。这段时间内设备处于正常运转状态，故障率较低，出现的故障主要是由维护不好和操作不当等偶然因素引起的，故障的发生随机性较强。这一阶段一般持续时间长，是设备的实际使用阶段。第Ⅲ阶段为磨损故障阶段。这一阶段设备中某些零部件的磨损已进入剧烈磨损阶段，经常会造成设备故障。因此，这一时期设备故障率急剧上升。

由以上可以看出，我们应根据零部件的磨损规律和设备的故障规律，针对零部件和设备所处的阶段，在管理中采取相应的对策，加强设备管理，提高设备的运行率，降低其使用费用。

（3）设备的保养和维修

1）设备的保养

设备的保养是指为了保持设备正常的技术状态，对设备进行清扫、检查、清洗、润滑、紧固、调整和防腐等一系列日常工作。按保养的深度和广度，设备的保养工作可分为不同的等级。我国多数企业采用的是“三级保养制度”，即日常保养、一级保养和二级保养。

日常保养通常由操作人员负责并完成，主要工作是对设备进行清扫、润滑、紧固和调整等。一级保养一般由操作人员在专业维修人员指导下定期进行，其工作是根据设备使用情况，对设备的局部进行解体检查、清洗、疏通、更换等。一级保养通常在设备开动 500~700 小时后进行一次。二级保养一般由专业维修人员负责，操作人员参与，其保养内容除完成一级保养工作内容外，还要对设备进行部分解体检查、清洗、调整和更换，及时修复某些已磨损、腐蚀或老化的零部件等。二级保养一般在设备累计运行 2 500~2 800 小时后进行一次。

2）设备的检查

设备的检查是对设备的运行情况、工作性能、磨损程度进行全方位的检查。通过检查，一方面可以较好地掌握设备的运行情况和磨损情况，可以有针对性地采取预防措施；另一方面能及时发现设备的一些隐患，做好修理前的准备工作，以利于提高修理质量和缩短修理时间。设备的检查主要分类如下：

①按检查的方式分为人工检查和状态监测与诊断。人工检查是指凭借维修人员自己的经验，利用眼、耳、鼻等感官或利用简单工具进行检查。这是一种初步的检查，具有简单易行的优点。不过，检查的效果会受到检查人经验的制约。这种方式用于普通设备的检查。状态监测与诊断是指在设备的特定部位安装检测仪器或仪表，对设备进行自动监测与诊断。这种方式的优点是能在设备不停止、不拆卸的情况下，较为准确地检测出设备的技术状况，而且

预报比较及时。其缺点是应用需要一定的条件，而且投资也较大。状态监测与诊断一般用于关键设备的检查，如价值昂贵的高精尖设备、流水线上发生故障对整个生产影响大的设备、故障影响生产安全的设备、故障损失较大的设备等。

②按检查的时间分为日常检查和定期检查。日常检查就是在交接班时，由操作人员结合日常保养进行检查，目的是及时发现不正常的现象，对于简单的问题要求随时自行解决，疑难复杂问题应及时报告维修部门处理。实践证明，约80%的故障是在日常检查中发现的。定期检查就是按照计划日程表，在操作人员配合下，由专职维修人员负责定期地（一般为3个月或6个月）、全面地检查设备的性能和实际磨损程度，以便正确地确定修理时间和修理类别，做好修理前的各项准备工作。

③按检查的性能分为机能检查和精度检查。机能检查就是对设备的运行性能、技术状态进行检查和测定，如检测“三漏”（漏油、漏水、漏电）、防尘密封等情况。精度检查就是对设备的各项精度指数进行检查和测定，以确定设备劣化程度，为设备的验收、修理和更新提供科学依据。

3）设备的修理

当设备使用一段时间后，会出现技术状况劣化，甚至出现故障，为了恢复其原有功能，必须进行修复或更换磨损零部件，以排除故障，这一技术活动称为设备修理。由于设备修理往往以设备检查结果为依据，而且在工作中又往往与检查相结合，因此，设备修理又称设备检修。设备修理一般分为小修、中修、大修。

小修是针对检查中发现的小问题进行简单的修理，是工作量最小的一种修理。小修要对部分使用寿命较短的零部件进行检查、修整、修复或更换，以保证设备能正常工作到下一次修理。小修一般结合日常维护和检查进行。中修是根据设备的技术状况，部分解体、检查和修复数量较多的磨损件，特别是修复设备的主要零部件，校正设备的基准，使设备达到规定的精度、性能和效率。大修是工作量最大的一种修理。大修时要对设备进行全面的修理，即全部拆卸设备，修复或更换全部磨损件和修复基准零部件，修复或更换电气部分以及外表翻新，从而全面消除缺陷。设备通过大修要能够恢复其原有的精度、性能和效率。

3. 设备更新与改造

（1）设备更新

设备更新是指用新的设备或技术先进的设备，更换在技术上或经济上不宜继续使用的设备。设备更新是保障企业简单再生产和扩大再生产的必要物质条件。

①设备的寿命。设备的寿命是指设备从投入生产开始，经过有形磨损和无形磨损，直至在技术上或经济上不宜继续使用，需要进行更新所经历的全部时间。

②设备的更新。一般来说，设备是否需要更新，不但要根据设备的新旧程度或使用时间来确定，而且应综合考虑其经济效益。下述情况应优先予以更新：一是损坏严重或性能、精度已不能满足工艺要求，造成严重不良的技术经济后果的；二是修理在经济上不如更新合算的；三是严重浪费能源和原材料，造成损失价值在两三年内超过购置新设备费用的。企业用于更新的资金有限，因此，选择什么样的设备作为更新对象，对企业的总体装备水平得到更

快提高是十分重要的。

（2）设备改造

设备改造是指运用科技新成果，对原有设备的结构、零部件、装置进行变革，改善原有设备的技术性能和功效，从而使原有设备达到更高档次技术经济水平。设备改造与更新都需要投资，但设备改造的投资费用低、周期短、见效快。设备改造的内容很广，主要包括以下几个方面：

①将通用设备改造成专用设备，以满足新产品生产需求。

②提高设备的容量、功率、转速，以增加设备的生产效率。

③改进设备的进料、出料位置及内部的运行结构，使设备的能耗、物耗大大降低，从而降低生产成本。

④将信息论、控制论、系统论等现代科技的新成果直接应用到设备上，提高设备的可靠性、程控性和自动化程度，保证设备生产的产品质量更符合标准。

⑤改进设备构成中的某些零部件、提高零部件的标准化和通用化水平，使设备维修配件供应更能得到保障，维修更简便易行。

⑥改进设备保护装置，增加监控装置，提高安全生产水平。

⑦对设备的排放系统进行改造，使“三废”（废气、废水、固体废弃物）及噪声尽可能达标及减少排放，保护社会的生态环境。

工作步骤

第一步：设备建档。采集、整理、录入生产安装用金属零件 A、B、C 的设备基本信息，建立设备档案，供相关人员查阅。

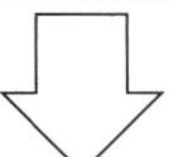

第二步：设备磨损规律分析。根据相关知识，分析设备磨损规律。

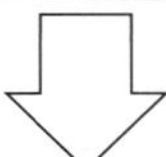

第三步：设备保养维修。掌握设备检查、保养、维修的周期或规律，提高设备运行率。

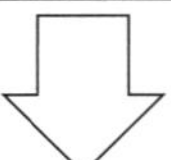

第四步：设备更新或改造。为保证生产按计划实施，需要及时对设备进行更新或改造。

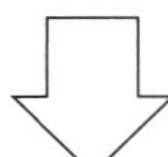

第五步：制定维修保养方案。针对设备特点和生产情况，制定设备维修保养方案。

工作评价与反馈

任务	存在的问题	改进措施
收获与感悟：		
指导教师评语： 教师签名：		

任务 3 全面质量管理

情境导入

海尔的 OEC 管理方法

海尔提出“日事日毕，日清日高”的管理口号，具体是指每天的工作每天完成，每天工作要清理并要每天有所提高。但海尔并没有将这句话只停留在这层简单的意义上，而是从这句话出发，开发出了一套称为 OEC 的管理方法，并使之成为“海尔文化”的一个组成部分。

OEC，是英文 overall every control and clear 的缩写，其含义是全方位地对每个人每一天所做的每件事进行控制和清理。OEC 管理方法意味着企业每天所有的事都有人管，所有的人均在管理、控制任务，并依据工作标准对各自控制的事项按规定执行，每日把实施结果与计划指标对照、总结、纠偏，达到对事物发展过程“日日控制，事事控制”的目的，确保事物向预定目标发展。

OEC 管理方法奠定了海尔的管理风格：“日日清”要严、细、实、恒，即严格要求。严即要求所有的体系、所有的员工必须严格按规定的内容、时间、标准逐日进行清理，对工作中的成绩与缺陷严格奖惩。细和实，即“分工细、责任实”。“日日清”在对所有的事和物进行分解中，强调 3 个“一”，即分解量化到每一个人、每一天、每一项工作，大到一台机器设备，小到一块玻璃，都清楚地标明责任人与监督人，有详细的工作内容及考核标准，形成环环相扣的责任链，做到“奖有理、罚有据”。恒，即持之以恒。海尔认为，企业和每个员工可以做好一天的工作，而每天都做得好，这本身就不简单。“日日清”工作法就是要通过每天的清理和总结，持之以恒地做好企业每天的各项工作，实现“天天好”的理想目标。

海尔的生产现场管理体现了追求卓越的思想，要求把生产经营每一瞬间的每一个人管住，使人、事、物都处于理想结合状态。厂区内每一块玻璃都擦得一干二净，地板亮得像面镜子，机器设备无一丝灰尘；员工身着一色淡蓝色工作服，在岗位上聚精会神地工作，见面时轻声示意，车间里只听得见机器响动，产品一台接一台上上下下，听不见任何喧哗、骚动声。从生产到管理、服务的每一个环节，其控制方法尽管不同，都体现出了一丝不苟的严谨，真正做到了环环相扣、疏而不漏。现场生产线的 10 个重点工序都有质量控制台，155 个质量控制点都有质量跟踪单，产品从第一道工序到出厂都建立了详细档案，产品到用户家里如果出了问题，哪怕是一根门封条，也可以凭着“出厂记录”找到责任人。

问题思考：

海尔的全面质量管理经验有哪些？你创业时会采用怎样的方式进行质量管理？

任务要求

查阅某实训课程相关资料，分析实训过程如何实施全面质量管理，用排列图法找出产品质量方面的问题，用因果分析图分析问题原因，找出解决方法，并按 PDCA 循环[①]要求制定改善方案。

子任务 1 全面质量管理

工作任务

查阅某实训课程（如金工实训）3~5 年的实训记录单，按 PDCA 循环过程分析整个实训过程的计划、实施、检查、总结质量管理情况。

知识准备

产品质量受企业经营管理活动多种因素的影响，是企业各项工作的综合反映。保证和提高产品质量，必须把影响质量的因素全面地管理起来，全面质量管理就是适应这一要求而形成的科学、现代化的质量管理。

1. 全面质量管理的概念

全面质量管理的概念是由美国通用电气公司的费根堡姆和朱兰在 20 世纪 50 年代末提出的。经过多年的实践、运用、总结和提高，全面质量管理的内容和方法得到了很大的发展，在我国企业中也得到了普遍推广。

全面质量管理是企业为保证和提高产品质量，综合运用一整套质量管理体系、手段和方法所进行的系统管理方法。具体来说，即组织企业全体职工参加，综合运用现代科学手段和管理技术成果，控制影响产品质量的全过程和各因素，经济科学地研制、生产和提供用户满意的产品的系统管理活动。

2. 全面质量管理的基本观点

全面质量管理是每个职工的本职工作，全面质量管理要求企业牢固树立“质量第一”的思想，具体体现为“一切为用户服务”“一切以预防为主”“一切用数据说话”“一切按 PDCA 循环办事”。

①“一切为用户服务”是企业的宗旨，也是全面质量管理工作的宗旨，包括两个方面的

①PDCA 循环是由美国质量管理专家休哈特首先提出的。PDCA 循环的含义是将质量管理分为四个阶段，即计划（plan）、实施（do）、检查（check）、总结处理（act）。

内容：一是就企业内部而言，下道工序就是上道工序的“用户”，上道工序要为下道工序服务，即每道工序的产品质量和工作质量都要保证下道工序满意；二是就企业外部而言，企业产品的使用单位或个人就是“用户”，企业不仅要在产品的设计、制造过程中生产出优质产品，还要在销售过程中和销售后的使用过程中，努力为用户做好技术服务工作，并鼓励用户对企业的产品质量进行监督。

②“一切以预防为主”就是把质量管理工作的重点从“事后把关”转移到“事前预防”，即把设计、工艺、设备、操作、环境等方面可能出现的不良因素控制起来，随时发现问题并解决，把不合格的产品消灭在产品质量形成的过程中。以预防为主是一种积极的管理方法，是全面质量管理工作的核心。

③“一切用数据说话”是指评价产品质量的好坏，要有一个客观的标准和明确的数据概念，单凭表面印象和主观臆断是不行的。因此，全面质量管理工作要求把所有反映产品质量的事实“数据化”，即任何时候、任何地点、一切质量问题都用数据反映出来，使质量工作逐步定量化。

④“一切按 PDCA 循环办事”，PDCA 循环是全面质量管理工作的重要特征。

3. PDCA 循环

（1）PDCA 循环的内容

PDCA 循环包括质量管理工作必须经过如下 4 个阶段，8 个步骤。

① P（Plan）阶段——订计划。拟订方针、目标、活动计划书、管理项目等计划，如制订某产品质量升级计划，就要调查用户要求，提出进行设计、试制、试验工作的目标和要求，这个阶段可具体化为 4 个步骤，即找出问题、分析原因、找出主要原因（主要矛盾）、研究措施并提出计划目标和执行计划。

② D（Do）阶段——实施。要进行扎实的工作，如提高产品质量计划，制定质量标准、操作规程和作业标准等，并组织实施。这是管理循环的第五个步骤。

③ C（Check）阶段——检查。把实际工作结果与计划对比，检查是否按计划规定的要求去做了，哪些做对了，哪些做错了，哪些有效果，哪些没效果。通过检查，了解效果如何，找出问题及其产生原因。这是管理循环的第六个步骤。

④ A（Action）阶段——总结处理。这一阶段包括两个工作步骤。一是总结经验，并使之标准化。根据检查结果，把执行中取得的成功经验加以肯定，形成标准，纳入标准规程，制定作业指导书、管理标准等，便于以后再进行同样的工作和业务活动。对于失败的教训也要加以总结，将数据资料记录在案，形成另一种性质的标准，以后引以为戒，防止错误重演。二是把遗留问题转入下一管理循环中，经过一个管理循环，解决一批问题。但总会有一些问题解决不了，也可能是解决了主要问题之后，一些原来的次要问题提上日程，对于这些问题，都要查明原因，作为遗留问题转到下一循环计划中去，通过再循环求得解决。这是管理循环的第七、第八个工作步骤。

（2）PDCA 循环的特点

PDCA 循环的特点包括以下 3 个方面。

1）“大环套小环，一环扣一环；小环保大环，推动大循环”。PDCA循环作为全面质量管理的一种科学方法，适用于企业各个环节、各个方面的质量管理工作。整个企业的质量管理体系活动构成一个大的管理循环体系，而各级部门又都有各自的管理循环，各部门内部又有更小的管理循环，直至具体落实到班组和个人。例如，全厂有总的质量计划目标，下面的车间或科室根据全厂计划制订各自的计划，工段或小组再根据车间计划分解提出自己的计划，直至落实到每名工人。上一级循环是下一级循环的根据，下一级循环是上一级循环的组成部分和具体保证，如图4–8所示。

2）“循环每转动一周就提高一步”。管理循环如同一个转动的车轮，转动一周，就上一个台阶，不停地转动就不断地提高，就像上楼梯一样，逐级上升。这样循环往复，质量问题不断得到解决，管理水平、工作质量和产品质量就步步高升，如图4–9所示。

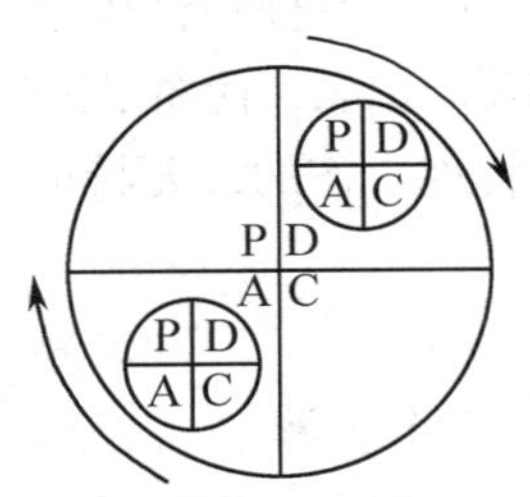

图4–8　大循环套小循环

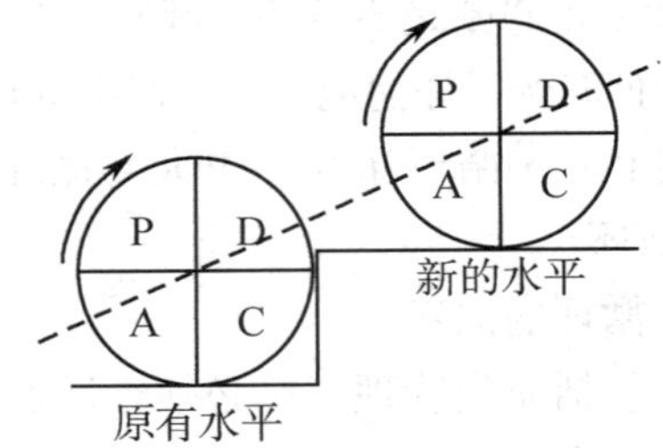

图4–9　每循环一次就上升一个台阶

3）PDCA循环是统一的整体。将管理工作划分为各阶段、步骤是相对的，不能完全割裂、截然分开，它们紧密衔接连成一体，各阶段之间又存在一定的交叉。在实际工作中，边计划边执行、边执行边检查、边检查边总结、边总结边改进的情况是经常存在的。

4. 全面质量管理的特点

全面质量管理的特点可以概括为“三全一多”，具体内容如下。

（1）全员的质量管理

产品质量是企业各方面、各部门、各环节全部工作的综合反映。企业中任何一个环节、任何一个人的工作质量都会不同程度地直接或间接影响产品质量，因此，产品质量人人有责。必须把企业所有人员的积极性和创造性充分调动起来，不断提高人员的素质，上至厂长、经理，下至工人，人人关心产品质量，人人做好本职工作，全体参加质量管理活动，经过全体人员的努力，才能生产出顾客满意的产品。

（2）全过程的质量管理

全过程的质量管理包括从市场调查，产品设计开发、生产、销售到服务的全过程的质量管理。将产品质量形成全过程的各环节和有关因素进行控制，做到预防为主，防检结合，重在提高。因此，全面质量管理体现两种思想：一是以预防为主、不断改进的思想；二是为顾客服务的思想。

（3）全企业的质量管理

全企业的质量管理就是要求企业各个管理层次都有明确的质量管理活动内容，但侧重点不同。上层管理侧重质量决策，制定出企业的质量方针、目标、政策，并统一组织协调各部门、各环节、各类人员的质量管理活动，保证实现企业的经营目标；中层管理侧重贯彻落实上层管理的质量决策，更好地执行各自的质量职能，并对基层工作进行具体管理；基层管理侧重于每个职工要严格地按标准、按规定进行生产，相互进行分工合作，并结合本职工作，开展合理化建议和质量管理小组活动，不断进行作业改善。

（4）多方法的质量管理

随着现代科学技术的发展，顾客对产品质量的要求越来越高，影响产品质量的因素也越来越复杂：既有物的因素，又有人的因素；既有技术因素，又有管理因素；既有企业内部因素，又有企业外部因素。要把一系列因素系统地控制起来，全面管好，就必须根据不同情况，区别不同影响因素，广泛、灵活地运用多种现代化管理方法来解决质量问题，其中要特别注意运用统计方法。

5. 全面质量管理的内容

全面质量管理从生产到使用，大致可划分为 3 个过程，即设计过程、制造过程和使用过程的质量管理。

（1）设计过程质量管理

产品设计过程的质量管理是全面质量管理的首要环节，包括市场调查、制定方案、产品设计、工艺设计、试制和鉴定等过程（产品正式投产前的全部技术准备过程）。其主要工作内容包括两个方面：一是根据用户的使用要求进行市场调研、实验研究，创造新产品或改造老产品；二是在满足用户要求的前提下，根据企业发展的可能和条件，采取先进工艺，保证企业产品质量目标的实现。

（2）制造过程质量管理

制造过程质量管理是产品质量形成的基础，是企业质量管理的基本环节，主要包括生产准备过程质量管理和生产过程质量管理两个方面。

生产准备过程质量管理包括两个方面：一是要做好自身质量管理，才能为生产过程质量管理提供良好的条件；二是要搞好服务质量管理，及时进行设备修理，减少生产停工时间，保障修理的设备达到规定的质量标准。

生产过程质量管理大多在生产车间进行，包括两个方面，一是组织对生产过程各环节的质量检验工作，二是贯彻执行以预防为主的方针。

（3）使用过程质量管理

产品的使用过程是考验产品设计质量和制造质量的过程。它既是企业质量管理的归宿点，又是出发点。因为它可将用户的意见反馈到设计、改进和制造过程中，以进一步提高产品质量，产品使用过程质量管理主要有以下几个方面的内容。

①开展技术服务工作。要求迅速、及时服务到用户，包括安装、使用和维修技术；建立

维修网点和技术服务队，做到上门服务；随时提供必要的备品、配件等。

②开展使用效果和使用要求调查。主要了解下列情况：产品在实际使用中是否达到规定的质量标准；与用户、检修部门经常联系，请他们提供产品质量情况和使用中的损坏规律；在使用现场进行实地测试；积累用户来信来访提供的质量情况；了解用户的使用要求和改进意见。

子任务 2 统计分析

工作任务

汇总某实训课程（如金工实训）实训质量记录，用排列图法找出产品质量方面的问题，用因果分析图法分析问题原因，找出解决方法，并按 PDCA 循环要求制定改善方案。

知识准备

统计分析的目的是有效消除生产过程中出现的异常，通过总结分析多个实绩记录，明确找到异常的根本原因，是管理生产过程中产品质量的方法。统计分析的常用方法有：明确找出多种异常中的关键问题——排列图法；不漏掉异常的原因，系统地进行追究——因果分析图法；弄清造成重大影响的各种原因——因果分析图法；调查影响大的原因偏差，明确其实际状态——直方图法。除上述方法外，常用的统计分析方法还有分层法、统计调查表、控制图法。通过以上分析，具体、定量地缩小问题范围且明确制定解决问题的方法。

1. 分层法

分层法又称分类法，是把收集的数据，依照使用目的和使用要求，按其性质、来源、影响因素等进行分层（类），把性质相同、在同一生产条件下得到的数据归并在一起，以分析影响质量原因的一种方法。

2. 排列图法

排列图法又称帕累托图（pareto chart）法，是质量管理中找出关键问题的一种方法。在生产过程中，大多数不合格产品是由少数原因造成的，即关键的少数和次要的多数，排列图法是用来找出影响产品质量主要因素的一种行之有效且简便的方法。其制作步骤如下。

①通过分层法决定各分类项目。

②定好期间，通过记录单收集各分类项目数据。例如，对某螺栓生产车间在 9—10 月 8 周时间内各不良项目记录进行汇总，如表 4-3 所示。

表 4-3 某螺栓生产车间在 9—10 月各不良项目记录单

不良项目	9 月 第 1 周	第 2 周	第 3 周	第 4 周	10 月 第 1 周	第 2 周	第 3 周	第 4 周	合计
瑕疵		丅	一	止	下		一		11
切角不完全		一	丅		正下	正下	丅		21
生锈	一		一				一	丅	5
螺钉有效直径有偏差	正一	正正正	正正一	正丅	正正	正丅	正丅	正	68
外观不良	丅		一	一		止			8
弯曲				一				丅	3
成品不良	一	丅	下		下		丅	下	14
偏心	丅								2
初始加工不良	下	正一	正	正下	下	正	丅	正止	41
长度不符	正一	正止	正	丅	丅	丅	一	丅	29
总计	21	35	29	23	29	26	16	23	202

③在记录单的各分类项目处汇总数据。按数据从大到小的顺序排列项目，然后计算出顺次累计数，并且求出各项目的数据数和累计数的百分比如表 4–4 所示。

表 4–4 某螺栓生产车间在 9—10 月各不良项目的数据汇总

不良项目	不良个数	比例	累计不良个数	累计比例
螺钉有效直径有偏差	68	34%	68	34%
初始加工不良	41	20%	109	54%
长度不符	29	14%	138	68%
切角不完全	21	11%	159	79%
成品不良	14	7%	173	86%
瑕疵	11	5%	184	91%
其他	18	9%	202	100%
合计	202	100%		

④按数据从大到小的顺序用横杠表示螺栓制造工序中出现次品个数，再用折线计入累计数形成排列图，如图 4–10 所示。从排列图横坐标的左边开始按从大到小的顺序排列分类项目，左纵坐标为次品的数量或损失额，右纵坐标为百分比，设折线的终点为 100%。

排列图的目的是明确问题的大小，因此纵坐标尽可能用次品、作业错误的损失金额等表示。画出现象异常的排列图后，必须画出所占比率最大的项目的因果分析图，并找出原因。

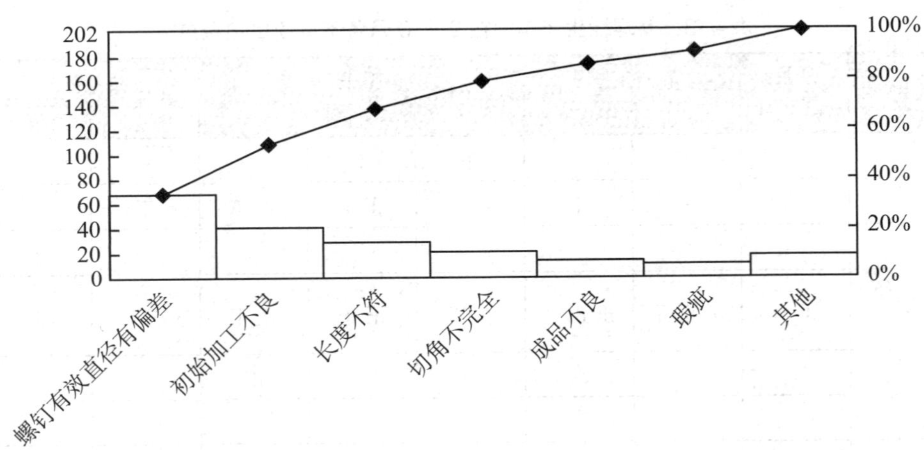

图 4–10　螺栓制造工序出现次品个数的排列图

3. 因果分析图法

因果分析图也称特性要因图法、鱼刺图法或树枝图法。它是分析、寻找质量问题产生的根本原因的一种质量分析方法，即分析质量问题的产生原因与结果之间关系的图形。因果分析图的绘图步骤如下。

①明确分析研究对象，即要明白解决什么样的质量问题。画出作为树干的粗箭头，箭头的顶部标上主题（目的是解决排列图中比例最大的“问题”）。

②把所要分析的质量问题产生原因按工艺过程中的几大质量因素进行分类。在做出树干的粗箭头上画出 4 M（人、机、料、法）或是 5 M（人、机、料、法、环）。

③分别在 4 M 或 5 M 上画出表示原因的中小树枝。

④通过民主讨论找出关键或重要原因，并在必要时根据重要程度附以顺序号①、②、③。

以图 4–10 为例进行分析，螺钉为什么会出现次品呢，根据排列图，“螺钉有效直径有偏差”占不良的第一位，这个质量特性作为树干，造成“螺钉有效直径有偏差”的原因可能是“作业方法”“作业人员”“材料”“设备”“测量”，将其分别作为几根大树枝，沿着每根大树枝支生出若干小树枝（原因），继续追究下去，即形成完整的因果分析图，如图 4–11 所示。

因果分析图是生产中常用的分析问题的一种方法，应用时一定要从实用出发，反对只追求图形的形式美观，把图当成展品长期挂在墙上供人参观。

4. 直方图法

直方图法是用来整理质量数据，从中找出质量运动规律和预测工序质量好坏的一种常用方法。直方图的绘制是以数据为依据的，因此，绘制时首先对一段时间的实绩记录进行统计，统计结果可以画成直方图，用以检查其分布状态与标准的差异情况，从而判断生产过程是否处于稳定状态。

一般地说，直方图中间为顶峰，左右对称地分散呈正态分布时，说明生产过程正常（图 4–12）。当出现如图 4–13~ 图 4–17 所示的情况时，说明生产过程为异常，就要分析原因，采取措施，以控制生产过程。

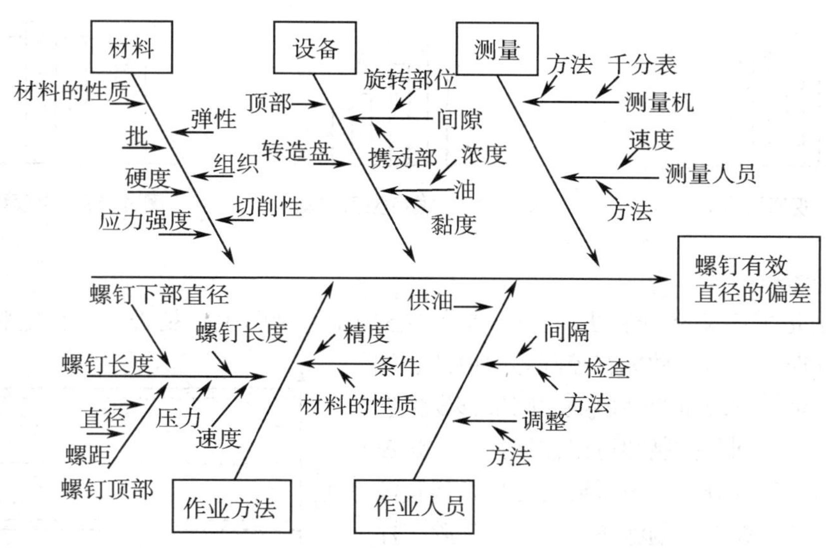

图 4-11　螺钉有效直径有偏差因果分析图

直方图常见的几种情况如下。

①正常型，又称对称型或稳定型，如图 4–12 所示。其特点是中间高，两边低，左右基本对称，说明工序处于稳定状态。

②孤岛型，在远离主分布中心的地方出现小的直方，形成孤岛，如图 4–13 所示。这说明短时间内有异常因素在起作用，使加工条件发生了变化，如原料混杂、操作疏忽、有不熟练的工人替班、测量工具有误差等。

③绝壁型，直方的顶峰偏向一侧，也叫偏向型，如图 4–14 所示。计数值或计量值只控制一侧界限时，常常出现此现状；有时也因加工习惯造成这样的分布，如孔加工偏小、轴加工偏大等。

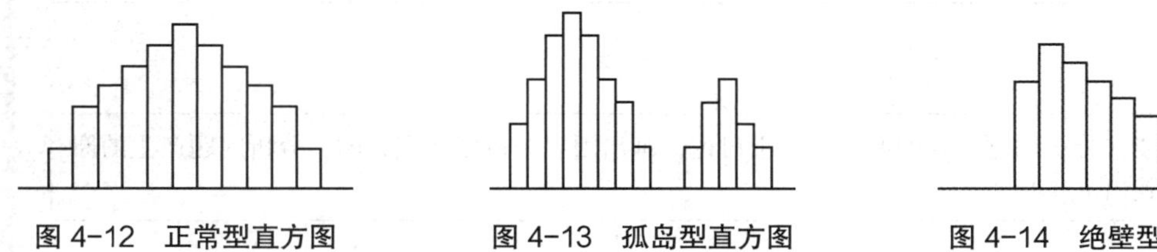

图 4-12　正常型直方图　　图 4-13　孤岛型直方图　　图 4-14　绝壁型直方图

④双峰型，如图 4–15 所示。这往往是将来自两个总体的数据混在一起作图所致，如把两个人加工的产品或两台设备加工的产品混为一批等。这种情况应分别作图后再进行分析。

⑤锯齿型，如图 4–16 所示。这种类型直方图出现参差不齐的锯齿，但整个图形的整体看起来还是中间高，两边低，左右基本对称，造成这种情况不是生产上的问题，可能是分组过多或测量仪器精度不够，读数有误差等。

⑥平顶型，如图 4–17 所示。这往往是由于生产过程中有缓慢变化的因素在起作用所致，如刀具的磨损、操作者疲劳等，应采取措施，控制该因素使其稳定地处于良好的水平上。

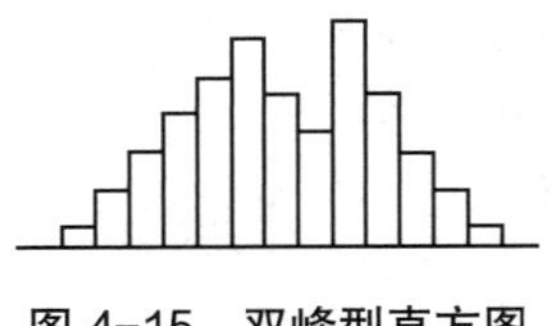

图 4–15　双峰型直方图

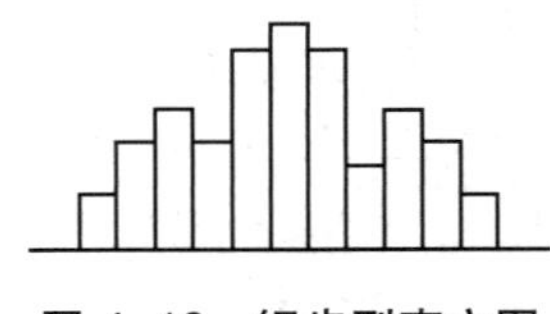

图 4–16　锯齿型直方图

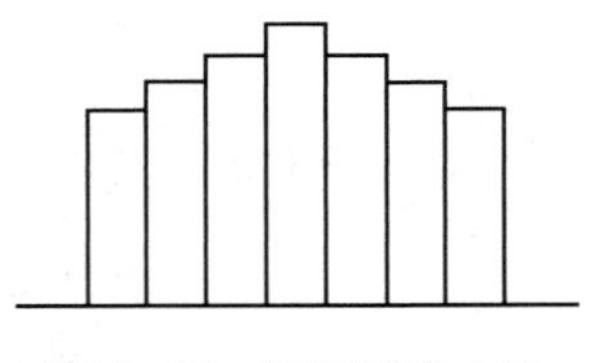

图 4–17　平顶型直方图

5. 控制图法

控制图法是采用动态分析法，实行质量动态控制，判明生产是否处于稳定状态的方法。控制图又称管理图，是一种标有控制界限值的、按照规定时间记录控制质量特性值随时间推移发生波动情况的统计图。利用控制图可以监视控制质量波动的动态，判断与区分正常质量波动与异常质量波动，分析工序是否处在控制状态，预报和消除工序失控，此外还可以进行质量评定、改进产品设计和工艺设计数据。其基本格式如图 4–18 所示。

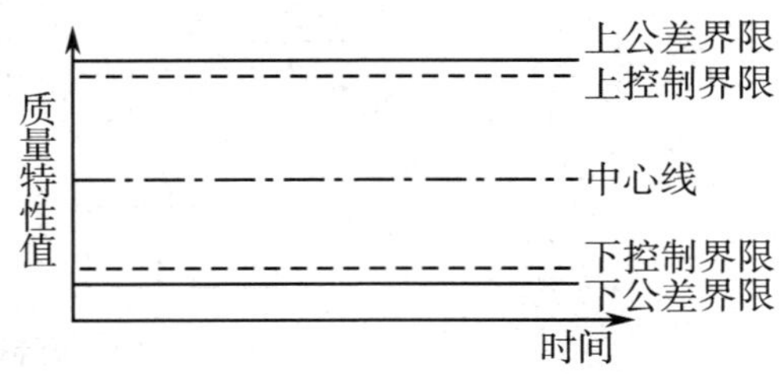

图 4–18　控制图的基本格式

工作步骤

第一步：收集生产（实训）记录单。收集近 3 年某车间（实训区）的生产（实训）记录单。

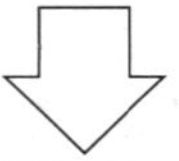

第二步：找关键问题。绘制排列图，找出生产（实训）中存在的主要问题。

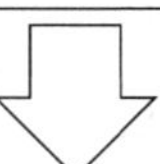

第三步：分析问题产生的原因。小组讨论，画出因果分析图或直方图，分析问题产生的原因，找出主要原因。

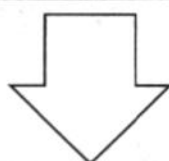

第四步：找出解决问题的方法。依据不同的分析方法，分析产生问题的原因，找到解决问题的方法。

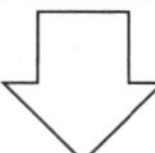

第五步：制定改善方案。总结经验教训，制定改善方案，避免生产管理中再出现类似问题。

工作评价与反馈

<table>
<tr><td>任务</td><td>存在的问题</td><td>改进措施</td></tr>
<tr><td></td><td></td><td></td></tr>
<tr><td colspan="3">收获与感悟：</td></tr>
<tr><td colspan="3">指导教师评语：

教师签名：</td></tr>
</table>

任务 4 生产现场管理

情境导入

海尔的信息化生产现场管理

海尔能够取得今天的业绩，是与实施全面的信息化管理分不开的。借助先进的信息技术，海尔发动了一场信息革命，以市场链为纽带，以订单信息流为中心，带动物流和资金链的运动。通过整合全球供应链和用户资源，逐步向“零库存、零营运资本和（与用户）零距离”的终极目标迈进。

以市场链为纽带重构业务流程。这是指以索酬（S）、索赔（S）和跳闸（T）为手段，以流程再造为核心，以订单为纽带，重新整合管理资源与市场资源，在 OEC 管理平台上形成每一个人（流程）都有自己的顾客、每一个人（流程）都与市场零距离、每一个人（流程）的收入都由市场来支付的管理运营模式。它的主要思想是以市场链为切入点，对原来的业务流程做重新思考和彻底的重新设计，它强调以首尾相接的、完整连贯的整合性业务流程来取代过去的被各种职能部门割裂的、不易看见也难于管理的破碎性流程，使企业质量、成本和周期等绩效指标取得显著的改善。索酬是通过市场链为服务对象服务好，从服务对象处索取报酬，如果不能履约，则要被索赔，如果既不索酬也不索赔，那么第三方就会跳闸，把问题矛盾激化。员工行为从过去只对长官负责转变成现在的只对市场负责，最大限度地激发员工的创新能力和共享企业的公共资源。

企业资源规划（enterprise resourse planning，ERP）系统、客户关系管理（customer relationship management，CRM）可以实现快速响应客户需求。在业务流程再造的基础上，海尔形成了“前台一张网，后台一条链”的闭环系统，构筑了企业内部供应链系统、ERP 系统、物流配送系统及客户服务响应系统，形成了以订单信息流为核心的各子系统之间无缝连接的系统集成。前台的 CRM 网站作为与客户快速沟通的桥梁，将客户的需求快速收集、反馈，实现“零距离”；后台的 ERP 系统可以将客户需求快速触发到供应链系统、物流配送系统、财务结算系统、客户服务系统等流程系统，实现对客户要求的协同服务，大大缩短对客户需求的响应时间。

在满足用户个性需求的过程中，海尔建立了计算机集成制造系统（computer integrated manufacturing system，CIMS），生产线可以实现不同型号产品的混流生产，还实现了 36 小时快速交货。在开发决策支持系统（decision support system，DSS）的基础上，通过人机对话实施计划与控制，从物料需求计划（material requirement planning，MRP）发展到制造资源计划（manufacturing resource planning，MRP Ⅱ）和 ERP 系统，还有集开发、生产和实物分销于一体的准时化生产方式（just in time，JIT），供应链管理中的快速响应和柔性制造，以及通过网络协调设计与生产的并行工程等，这些新的生产方式将信息技术革命和管理进步融为了一体。

问题思考：

海尔的生产现场管理经验有哪些？思考一下你创业时会采用怎样的管理方式？

任务要求

借鉴海尔生产现场采用的管理方法，了解 5S 活动和 JIT 生产方式的主要内容，并列出某生产车间的相关做法或实施方案；下载 ERP 软件，对你熟悉的企业生产和管理数据进行整理归类，整合企业内部资源，建立 ERP 系统。

子任务 1 5S 活动

工作任务

列出某生产车间或实训课程（如金工实训）中开展 5S 活动的一系列做法。

知识准备

企业现场是指企业进行生产经营作业活动的特定场所，包括生产现场、经营现场、办公现场、生活现场等。现场管理是运用科学的管理制度、标准、方法和手段，对现场的各种生产要素进行合理、有效的计划、组织、协调、控制，使它们处于良好的结合状态，以达到优质、低耗、高效、均衡、安全、文明生产的目的。

1. 生产现场管理的内容

生产现场管理是生产第一线的综合性管理，是企业管理水平的直观反映，其基本内容主要包括 3 个方面，即工序管理、物流管理和环境管理。

（1）工序管理

工序管理是按照工序专门技术的要求，合理配备和有效利用生产要素，并把它们有效地结合起来发挥工序的整体效益，通过对品种、质量、数量、日程、成本的控制，满足市场对产品要素的要求。其关键是对工序所使用的劳动力、设备、原材料的合理配备和有效利用。其中，对劳动力的管理要根据工序对工种、技术水平、人员数量的要求，择优选用、优化组合，员工应培训后上岗，上岗后要严格遵守操作规程和劳动纪律；对设备、工艺装备管理要完好、齐全；对原、辅材料和零部件要保证及时供应，符合质量要求。

（2）物流管理

物流管理主要是对企业内部生产加工这一阶段的物流进行管理，其内容主要是选择合适的生产组织形式，认真进行工厂总平面布置和车间布置，对各个生产环节和工序间的生产能力进行平衡，合理制定在制品定额，提高搬运效率。只有将这些因素进行系统优化、综合考虑，才能缩短物流路线，降低物流成本，降低在制品占有量，减少流动资金占用量，使各工序活动井然有序地进行，使生产活动保持连续性、比例性、均衡性。

（3）环境管理

环境管理是对现场的空间管理，即在企业内创造一个安全、文明、有序、美好、舒适的环境，一般指安全生产、文明生产和定置管理。

生产现场管理的基本要求是物流有序、生产均衡、设备完好、信息准确、纪律严明、环境整洁。通过生产现场管理，可以形成良好的生产现场。

2. 5S 活动的概念

5S 活动是指员工对生产现场的各种生产要素（主要是物的要素）所处状态，不断地进行整理、整顿、清扫、清洁，从而提高素养的活动。由于整理、整顿、清扫、清洁、素养这 5 个词在日语的罗马拼音中的第一个字母都是 S，所以上述活动简称为 5S 活动。5S 活动起源于日本，日本企业将 5S 活动作为工厂管理的基础，使企业的经济效益有了明显的提高，为日本的经济发展奠定了基础。5S 活动对于塑造企业形象、降低成本、准时交货、安全生产、严格的标准化、完美的工作场所等现场改善方面的巨大作用逐渐被各国管理界认识。随着世界经济的发展，5S 活动现已成为各国工厂管理的一种重要方法。

根据企业进一步拓展的需要，有的企业在原“5S”的基础上增加了节约及安全两个要素，形成“7S”；也有的企业再加上习惯化、服务及坚持，形成“10S”。但是，最根本的还是“5S”。

3. 5S 活动的内容

（1）整理

整理是将工作场所的任何物品区分为有必要的与没有必要的。将有必要的留下来，其余的都清除掉。

整理的目的：腾出空间，空间活用；通道顺畅，无杂物，减少磕碰，有利于安全；防止误用、误送；库存合理，消除浪费，节约资金；创造良好的生产和工作环境。

（2）整顿

整顿是指对整理以后留下的物品进行科学、合理的布置、摆放。

整顿的要求：物品有固定位置，不需要花时间去寻找，随手就可以拿到；物品摆放有规则，实行定量化、规格化、统一化，让管理者、使用者、生产者一目了然，心中有数；物品便于取出与放回，做到先进先出等。

（3）清扫

清扫是将工作场所内看得见、看不见的地方清扫干净，保持工作场所干净、亮丽。

清扫的要求：明确分工，自己的东西及辖区，自己清扫；专职清扫人员清扫公共部分；擦拭、清扫的同时，要检查设备有无异常和故障，清扫也是对设备的点检；同时，加强对设备的润滑、维护、保养工作，使设备保持良好的状态。

清扫的过程是一个发现问题的过程，如在生产现场检查到的“跑、冒、滴、漏”问题，要抓住事故、问题苗头，及时查明原因，迅速采取相应措施，防患于未然，因此，清扫也是一种改善活动。

（4）清洁

清洁是对经过整理、整顿、清扫以后的现场状态进行保持，做到持之以恒，不变、不倒退。

清洁的要求：现场环境整齐、清洁、美观；设备、工具、物品干净整齐；现场各类人员着装、仪表等清洁、整齐、大方，给人训练有素的感觉，并要做到精神美、语言美、行为美，形成一种团结向上、朝气蓬勃、相互尊重、互助友爱、催人奋进的气氛。

（5）素养

素养是员工在上述活动基础上逐步形成的良好的作业习惯和行为规范，自觉执行各项规章制度，营造团队精神和养成主动积极的做事风格。

素养的要求：现场工作中，不需别人督促、提醒；不需领导检查；不需专门思考，已形成条件反射。

整理、整顿、清扫、清洁、素养之间是相互关联，密不可分的。它们之间的关系如图 4–19 所示。

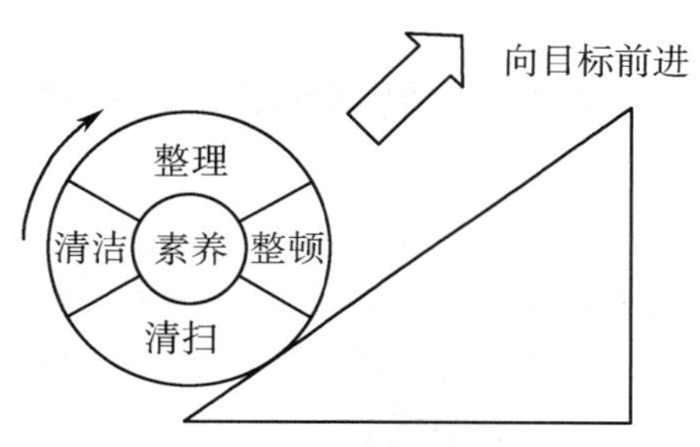

图 4–19 “5S”关系图

由图 4–19 可以清楚地看出，5S 活动是依次进行的，不可省略或跨越某个活动，否则达不到目的；5S 活动是不断循环的过程，不是一次就成功，要朝着既定的目标不断前进，每完成一个循环，会登上一个新高度；5S 活动的核心和精髓是素养的提高，员工素养未得到提高，5S 活动就难以进一步开展和坚持。

4. 如何开展 5S 活动

（1）消除意识障碍

5S 活动容易做，却不易做彻底或持久，究其原因，主要是人们对它的认知有障碍，因此要顺利推行 5S 活动，必须消除有关人员意识上的障碍，主要包括：

①不了解的人认为 5S 活动没什么意义；

②虽然工作上问题很多，但与 5S 活动无关；

③工作已经很忙了，哪有时间再做 5S 活动；

④现在比以前已经好多了，有必要吗？

⑤5S 活动既然很简单，还要劳师动众，有必要吗？

⑥就算我想做好，别人呢？

⑦做好了有什么好处？

⑧多一事不如少一事，做多了又会流于形式等。

这一系列的意识障碍（存疑）应事先利用训练的机会予以消除，才利于 5S 活动的推行。

（2）设立推行组织

在提高认识、统一思想的基础上，应建立组织，如多层次的 5S 活动推行委员会、5S 活动委员会、5S 活动小组，有职、有权、有责地去开展工作。组织确定后，首先要明确工作目标，然后针对目标详细制定实施步骤，明确每个岗位、每个人干什么，怎么干，达到什么标准。同时，狠抓教育、培训，在培训中让每个员工不断加深对 5S 活动的认识，明确每个员工在 5S 活动中的位置，及其工作内容、检查标准、奖惩办法等，总之要有明确的岗位责任。

（3）开展宣传造势活动

将推行 5S 活动的目的、目标、宣传口号、竞赛办法进行宣传，做好号召工作。

（4）实施

推行初期可先选择某一部门做示范，然后渐次推广，活动中要与改善的手法结合，活动成果要符合标准。

（5）检查

5S 活动能否有效，一个重要环节是检查，检查要每天进行，由车间主任、工会负责人、5S 活动委员会的人员在下班前，对车间、班组进行“5S”检查。检查项目以“日清扫”为标准，大家集体评议，分出等级。一般等级划分为：良好—4 分—绿色牌子；中等—3 分—蓝色牌子；及格—2 分—黄色牌子，黄牌警告；差—1 分—红色牌子，红牌停工整顿。将每日检查结果显示在 5S 活动评比栏内，如图 4–20 所示。图 4–20（a）为每个班组每日检查评比后的结果，其中黑点为绿、蓝、黄、红各种颜色牌子。图 4–20（b）为每个班组累计分数甘特图。将这个评比栏挂在车间适当的醒目位置，平时针对得分牌情况采取相应的对策，到月底对每个班组按预先规定的标准进行奖惩。

日期 班组名	1	2	……	31	32	备注
××班	●	●	……	●	●	●
××班	●	●	……	●	●	●
……	……	……	……	……	……	……

（a）

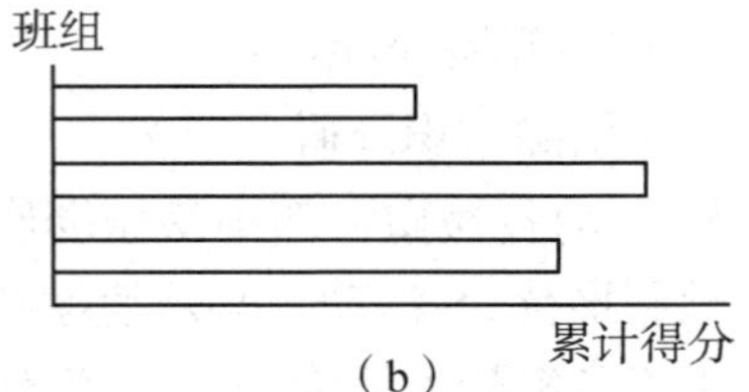

（b）

图 4–20　5S 活动评比栏

子任务 2 JIT 生产方式

☆ 工作任务

如果你在某生产车间生产安装用金属零部件 A、B、C，请根据 JIT 生产方式的主要内容，结合你所在的岗位，制定适合自己岗位的 JIT 生产方式实施方案。

知识准备

1. JIT 生产方式的目的与主要内容

JIT 生产方式是日本在 20 世纪五六十年代研究和开始实施的生产管理方式，是一种有效地利用各种资源、降低成本的准则，其含义是在需要的时间和地点生产必要数量和完美质量的产品和零部件，以杜绝超量生产，消除无效劳动和浪费，达到用最少的投入实现最大产出的目的。也就是说，实现在原材料、在制品及产成品保持最小库存的情况下，进行大批量生产。

（1）JIT 生产方式的目的

JIT 生产方式的最终目的是获取最大利润。为了实现这个最终目的，“降低成本”就成为基本目的。JIT 生产方式通过“彻底消除浪费”来达到目的。浪费是只使成本增加的生产诸因素，是除对生产不可缺少的最小数量的设备、原材料、零部件和工人（工作时间）外的任何生产要素的浪费，包括过量生产的浪费、等待时间的浪费、运输的浪费、库存的浪费、过程（工序）的浪费、动作的浪费、产品缺陷的浪费。其中，最主要的是过量生产的浪费。JIT 生产方式寻求达到以下目的：废品量最低（零废品）；准备时间最短（零准备时间）；库存量最低（零库存）；搬运量最低；机器损坏率低；生产提前期短；批量小。

（2）JIT 生产方式的主要内容

JIT 生产方式的主要内容包括以下几个方面。

①生产的同步化。在生产制造过程中，为了实现适时适量生产，需要实现生产的同步化，使整个生产过程连接为一个整体，在各工序之间不设置仓库，前一工序的加工结束后，可以立即转到下一工序，装配线与机械加工过程几乎平行进行，产品被连续的工序生产出来。生产的同步化通过“后工序领取”的方法实现，即后工序只在需要的时候到前工序领取所需的加工品，前工序只按照被领取走的数量和品种进行生产。这样制造工序的最后一道，即总装配线成为生产的出发点，生产计划只下达给总装配线，以装配为起点，在需要的时候，向前一道工序领取必要的加工品，而前一道工序提供该加工品后，为了补充生产被领取走的量，必然会向更前一道工序去领取所需的零部件。这样一层一层向前工序领取，直至粗

加工及原材料部门把各个工序都连接起来，实现同步化生产。

②生产的均衡化。为了实现适时适量生产，就要求实现生产的均衡化。生产的均衡化是指总装配线在向前工序领取零部件时，应均衡地使用各种零部件，混合生产各种产品。为此，在制订生产计划时就必须加以考虑，然后将其体现于产品投产顺序计划之中。在制造阶段，均衡化通过专用设备检测和制定标准作业来实现。

③生产的少人化。根据工作任务的多少配置作业人数和设备，使生产资源合理利用，包括劳动力柔性和设备柔性。当市场需求波动时，要求劳动力资源也做相应调整。需求量增加较少时，可通过适当调整具有多种技能操作者的操作来完成；当需求量降低时，可采用减少生产班次、解雇临时工、分配多余的操作工去参加维护和维修设备。达到劳动柔性的管理方法是少人化。少人化是指根据生产量的变动，按照一定的比例对各个生产线的工作人员进行适当的增减，用尽量少的员工完成较多的生产任务。这里的关键在于能否将生产量减少了的生产线上的作业人员数量减下来。这种少人化技术不同于历来的生产系统中的“定员制”，实现了按照任务调整工作人员数量，是一种全新的人员配置方法。

④生产的专业化和协作化。在生产的组织结构上，采取专业化和协作化的方式。只把涉及关键技术产品的 30% 留给企业自己生产，其余通过委托或者协作的方式由其他的工厂进行生产。

⑤生产的自动化。在产品的设计和开发方面，采用项目负责人负责与并行工程结合的方式。对产品进行合理设计，使产品易生产、易装配，当产品范围扩大时，即使不能减少工艺过程，也要力求不增加工艺过程，具体方法主要可采用模块化设计，设计的产品尽量使用通用件、标准件，设计时应考虑易实现生产自动化。

⑥产品的优质化。保证产品的质量，将质量管理贯穿于每一道工序之中，在降低成本的同时保证质量不会降低。在生产中运用了两种工作机制：第一，设备或生产线对不良的产品进行自动检测，一旦发现异常或不符合质量标准的产品就自动停止设备运行的机制，在这种管理中，设备上安装了各种自动停止装置和加工状态检测装置；第二，生产第一线的设备操作人员发现产品或设备存在问题有权自行停止生产的管理机制。依靠这样的机制，不良产品一旦出现，就会被马上发现，设备停止运行，比较容易找到发生异常的原因，从而能够有针对性地采取措施，防止类似异常情况的再次发生，杜绝类似不良产品的再产生。

⑦对象布局专业化。JIT 生产方式提倡采用对象专业化布局，用以减少排队时间、运输时间和准备时间。

2. JIT 生产方式的主要控制手段

（1）零库存管理

JIT 生产方式要求库存减少到最低限度，目标是实现无库存的生产。库存实际上就是一种资金在时间上的停滞，也是一种浪费。库存量太大会占用大量的资金，降低资金的运作效率；另外库存还存在着巨大的市场风险，如果这种产品被市场淘汰，那就意味着生产这些产品的资源全部被损失，这种浪费更是巨大。而且，库存最大的弊端在于掩盖了管理中存在的问题。如由于管理不善，废品量比较多，增加库存可以掩盖这些废品，从而掩盖了质量中存在的问题；另外若设备故障影响了生产，可以用增加库存的方法掩盖设备的问题。综上等等，库存已经成为管理中许多问题的根源。

零库存是在对市场情况和企业自身做了非常透彻的调查和剖析之后，做到生产多少产品，就能卖掉多少产品，即追求一种无库存或库存达到最小的生产系统。零库存是指物料（包括原材料、半成品和成品等）在采购、生产、销售、配送等一个或几个经营环节中，不以仓库储存的形式存在，而均处于周转的状态。它并不是指以仓库储存形式存在的某种或某些物品的储存数量真正为零，而是通过实施特定的库存控制策略，实现库存量的最小化。它是在物资有充分社会储备保证的前提下，所采取的一种特殊供给方式。严格意义上说，做到零库存之后，公司就不再需要仓库了，这样能为公司节约很多的成本和费用。成本降低了，产品的定价在市场上会更有竞争力，从而使产品销量提高，进一步巩固零库存的成果。

零库存以 JIT 生产方式为出发点，对设备、人员等进行淘汰、调整，达到降低成本、简化计划和提高控制的目的。零库存有 4 个要素：无库存，备货期短，高频率小批量补货，高质量和无缺陷。

实现零库存的方式有许多，目前企业实行的零库存管理，可归纳为以下 6 类。

①无库存储备。无库存储备事实上是仍然保有储备，但不采用库存形式，以此达到零库存。例如，有些国家将不易损失的铝作为隔音墙、路障等储备起来，以防万一。在仓库中就不再保有库存。

②委托营业仓库储存和保管货物。营业仓库是一种专业化、社会化程度比较高的仓库。委托这样的仓库或物流组织储存货物。从现象上看，就是把所有权属于用户的货物存放在专业化程度较高的仓库中，由后者代理用户保管和发送货物，用户则按照一定的标准向受托方支付服务费。采用这种方式存放和储备货物，在一般情况下，用户不必再过多地储备物资，甚至不必再单独设立仓库从事货物的维护、保管等活动，在一定范围内便可以实现零库存和进行无库存式生产。

③协作分包方式。协作分包方式主要是制造企业的一种产业结构形式。这种形式可以以若干企业的柔性生产准时供应，使主企业的供应库存为零，同时主企业的集中销售库存使若干分包劳务及销售企业的销售库存为零。

④采用 JIT 生产方式。它是一种旨在消除一切无效劳动，实现企业资源优化配置，全面提高企业经济效益的管理模式。看板管理方式是 JIT 生产方式中一种简单有效的方式，也称为传票卡制度或卡片制度。采用看板管理方式，要求企业各工序之间、企业之间、生产企业与供应者之间采用固定格式的卡片为凭证，由下一环节根据自己的节奏，逆生产流程方向，向上一环节指定供应，其主要目的是在同步化供应链计划的协调下，使制造计划、采购计划、供应计划能够同步进行。在具体操作过程中，可以通过增减看板数量的方式来控制库存量。

⑤按订单生产方式。在拉动生产方式下，企业只有在接到客户订单后才开始生产，企业的一切生产活动都是按订单来进行采购、制造、配送的，仓库不再是传统意义上的储存物资

的仓库，而是物资流通过程中的一个“枢纽”，是物流作业中的一个站点。物是按订单信息要求而流动的，因此从根本上消除了呆滞物资，从而也就消灭了“库存”。

⑥实行合理配送方式。一般来说，在没有缓冲存货情况下，生产和配送作业对送货时间不准更敏感。无论是生产资料，还是成品、物流配送，在一定程度上影响其库存量。因此，通过建立完善的物流体系，实行合理的配送方式，企业可及时地将按照订单生产出来的物品配送到用户手中，在此过程中通过物品的在途运输和流通加工，减少库存。企业通过采用标准的零库存供应运作模式和合理的配送制度，使物品在运输中实现储存，从而实现零库存。合理配送方式包括以下几个方面：一是采用“多批次、少批量”的方式向用户配送货物。企业集中各个用户的需求，统筹安排、实施整车运输，增加送货的次数，降低每个用户、每个批次的送货量，提高运输效率。配送企业也可以直接将货物运送到车间和生产线，从而使生产企业呈现出零库存状态。二是采用集中库存的方法向用户配送货物。通过集中库存的方法向用户配送货物，增加库存使商品和数量形成规模优势，降低单位产品成本，同时，在这种有保障的配送服务体系支持下，用户的库存也会自然日趋弱化。三是采用即时配送和准时配送的方法向用户配送货物。为了满足客户的特殊要求，在配送方式上，即时配送和准时配送具有供货时间灵活、稳定、供货弹性系数大等特点，作为生产者和经营者，采用这种方式，库存压力能够大大减轻，甚至企业会选择取消库存，实现零库存。

总之，零库存是一个物流、生产、库存和计划的现代管理方法，它基于在准确的时间内以精确的数量把物料送达指定地点，使库存成本最小。零库存可以改进质量和减少浪费，并可从根本上改变公司实施的物流活动。

（2）生产同步化

生产周期是从生产投入到成品产出的整个过程。生产同步化就是机械加工的过程和装配线的过程几乎同时在作业，而且这种作业是平行的，通过看板管理方式，传送总装配线的要求，同时也使所有的零部件生产线在必要的时候，为装配线提供必要的产品。

为了缩短生产周期，JIT 生产方式要求每道工序都不设库存，前一道工序加工完成后就立刻送往下一道工序，没有库存的环节，这种方法又被称为“一物一流”。工序间的这种传送，使整个生产周期能够衔接起来，减少运输和库存，缩短了生产时间。

减少更换工装的时间也可以缩短周期，工装是生产过程中的工具，如刀具、模具等。更换产品的同时，也要对工装进行更换，而更换工装的时间是一种没有价值创造的时间损失，也是一种浪费。因此，JIT 生产方式要求尽快地更换工装，减少时间损耗。整个生产同步化的过程可以通过如下手段实现。

1）设备的合理安排和布置

在机械工厂中最常见的一种设备的布置方法是机群式布置方法，即把同一类型的机床设备布置在一起。这种布置方式的缺点是工序之间没有必要的连接，产品生产出来后即被堆放在车床旁边，不利于对整个生产进行有效的控制。在 JIT 生产方式下，设备不是按机床类型来布置，而是根据加工工件的工序来布置，即形成相互衔接的设备布置方式。这种按照工序进行安排的设备布置方式必然要求有均衡的生产，否则产品过剩或者不足仍然是经常出现的现象，这些需要通过使设备使用更加方便和有效安排场地来解决。

2）缩短作业的更换时间

单件生产和单件运送能够有效地实现平行生产和同步化，同时也是一种最理想的状态。这在装配线及批量生产时比较容易实现。而 JIT 生产方式要求缩小批量，这使整个作业的更换过程显得非常复杂。作业更换时间由 3 个部分组成：

①内部时间就是作业过程中零部件生产之间的间隔时间，必须通过停机才能够进行作业更换。

②外部时间对于更换生产过程中的一些工装（生产中常用工具的总称），如模具、量具等，可以不停机就完成，这种时间称为外部时间。

③调整时间是指在整个生产过程结束后，要对生产出的产品进行抽样检查和质量检验，也要对整个生产工序进行调整的时间。

缩短作业更换时间的具体方法包括：提高作业人员工作能力，通过“多面手”的培训使他们能够在较短的时间内完成原来使用较长时间才能完成的任务；改进工作方法，对原来的工作程序进行调整；使用一些比较简易和更换方便的工装，减少工装调整的时间；对一些工装，可以在生产过程前进行预先准备，不影响整个工作的时间。丰田汽车公司通过 JIT 生产方式，可以使现在的作业更换时间缩减为原来的 10%。

作业更换时间的缩短带来的生产批量缩小，不仅可以使工序之间的在制品库存减少，而且缩短了生产周期，降低了生产过程中的资金占用、减少了生产成本、提高了企业产品的竞争力，同时也提高了工作效率。这种方法的基础与 JIT 生产方式“消除一切浪费”的核心思想是一致的。

3）生产节拍的制定

实现生产同步化必须考虑生产节拍问题。生产节拍就是生产单位产品所需要的生产时间。在传统的管理方法看来，生产数量是根据设备本身决定的，与市场的需求没有关系，即企业的生产应该使生产设备的利用率达到最大，而不考虑库存的增加对资金和场地的影响，生产节拍是固定不变的。JIT 生产方式的生产数量则是根据市场需求确定的，生产节拍的制定应满足在必要的时间按照必要的数量生产必要的产品的需求，总是随着生产量的变化而变化，对变动进行控制的基本方法是采用看板管理方式。

（3）弹性作业人数

在传统的生产系统中，通常实行“定员制”，即相对于某一设备群，必须有相同的作业人员才能使这些设备全部运转、进行生产，即使生产量减少了，人员也不能减少。但在市场需求变化多和快的今天，生产量的变化是很频繁的，人工费用也越来越高。因此，对劳动集约型的产业，通过削减人员来提高生产率、降低成本是一个重要的课题。JIT 生产方式就是基于这样的基本思想，打破传统的“定员制”观念，创造了一种全新的“精简人”的技术，即实现随生产量而变化的弹性作业人数。其采用的方法为：第一，按照每月生产量的变动弹性增减各生产线及作业工序的作业人数，保持合理的作业人数，从而通过排除多余人员来实现成本的降低；第二，通过不断减少原有的作业人数来实现成本降低。为此，JIT 生产方式研究了设备的优化配置和职务轮换制度。

1）设备 U 形配置

设备的 U 形配置关键是将生产线的入口和出口布置在同一个位置，如图 4–21 所示。

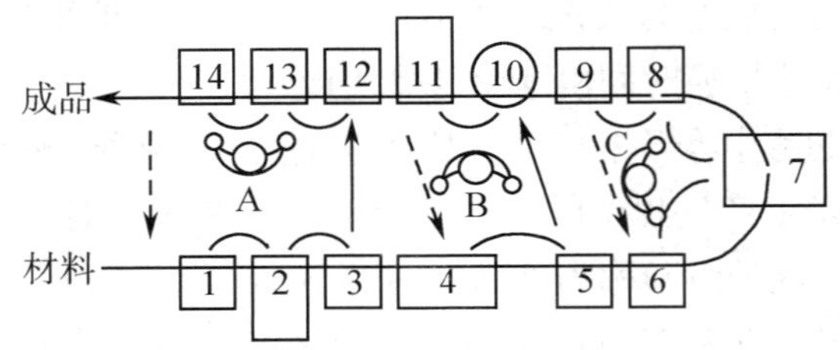

图 4–21　设备 U 形配置

图 4–21 中，假设 1、2、3、12、13、14 工序由工人 A 完成，4、5、10、11 工序由工人 B 完成，6、7、8、9 工序由工人 C 完成。如果工作任务减少，只需要两名工人，那么只需要由工人 A 完成 1、2、3、11、12、13、14 工序，而工人 B 完成 4、5、6、7、8、9、10 工序，这显然要求无论是工人 A 还是工人 B 都能完成多种工序任务。

当然，也会出现这样的问题，如果工作任务减少或增加的幅度还不至于减少或增加 1 名工人，而现在的工人数量又不合适，该怎么办呢？为了解决这样的问题，JIT 生产方式发明了联合 U 形配置，可以把多个生产线连接在一起，形成一个整体。这样，整个生产线调控的范围可以扩大，也可以最大限度地避免前面提出的问题。

2）职务定期轮换

从作业人员的角度来说，实现人员简化意味着生产节拍、作业内容、作业范围、作业组合及作业顺序等的变更。为了使作业人员能够适应这样的变更，必须根据可能变更的工作使他们接受教育和训练，最理想的是使全体作业人员都成为对各个工序都熟悉的“多面手”。作业人员的职务扩大也被称为“作业人员多能化”，职务的定期轮换是一种非常好的方式。

职务定期轮换包括定期调动、班组内部的定期轮换和岗位的定期轮换，它们可以带来如下附带好处：

①有利于改善作业现场的人际关系。制定作业交替计划表的基本原则是使全体作业人员平等，制定时既要考虑到对年龄较大、病弱者的照顾，也要考虑当天个人的身体情况、作业熟练程度、个人愿望及相互之间的照顾等，这样就容易促成全体人员的协作。在职务调换后，往往每个人前后工序的作业人员都有变动，这样就很自然地扩大了人与人之间交流的圈子。此外，因全体作业人员对各个工序都熟悉，即使某种原因使某工序发生了延迟，大家也会理解和互相帮助。这样能较好地改善人际关系。

②有利于提高作业人员参与管理的积极性。由于职务定期轮换，全体人员与作业现场

的各个工序都发生了关系，因此视野扩大了，对整个作业流程的关心程度也提高了，作业人员不仅关心作业现场的安全、质量、生产、成本等工作目标，也关心作业班组的其他任何事情。而且当出现问题时，他们能为了实现目标而思考，并积极采取对策，解决问题，形成了一种作业现场的自主管理。这样也给每个人提供了充分发挥自己潜在能力的机会，增加了员工对工作的兴趣和积极性。

3. 看板管理

看板管理是 JIT 生产方式中最独特的部分。作为管理工具，看板管理使整个零库存的管理方式从理论上的描述成为生产过程中实践的可能。

（1）看板管理的功能

看板管理的工具是 JIT 生产方式中最重要的管理手段，无论生产的同步化还是生产的均衡控制，或从小组生产方式到零库存生产都需要看板管理对生产过程进行协调。看板管理的功能主要有以下几个方面。

①生产及运送的工作指令。这是看板最基本的机能。公司总部的生产管理部根据市场预测及订货而制定的生产指令只下达到总装配线，各个前工序的生产均根据看板来进行。看板中记载着产量、时间、方法、顺序及运送数量、运送时间、运送目的地、放置场所、搬运工具等信息，从装配工序逐次向前工序追溯。在装配线上将所使用的零部件上所带的看板取下，以此再向前一道工序领取；前工序则只生产被这些看板所领走的量。后工序领取及 JIT 生产方式就是这样通过看板来实现的。

②防止过量生产和过量运送的工具。看板必须按照既定的运作规则来使用，其中的一条规则是“没有看板不能生产，也不能运送”。根据这种规则，各工序如果没有看板，既不进行生产，也不进行运送，看板数量减少，则产量也相应减少。由于看板表示的只是必要的量，通过看板的运用能够做到自动防止过量生产及过量运送。

③进行“目视管理”的工具。看板另外的运用规则：看板必须在实物上存放，前工序按照看板取下的顺序进行生产。根据该规则，作业现场的管理人员对生产的优先顺序能够一目了然，很易于管理，并且只要看到看板所表示的信息，就能知道后工序的作业进展情况，本工序的生产能力利用情况、库存情况及人员的配置情况等。

④改善的工具。看板除了生产管理功能外，另一个重要功能是改善功能，即通过减少看板的数量来实现，看板数量的减少意味着上工序中在制品储存数量的减少。在运用看板的情况下，如果某一个工序设备出故障，生产出不良产品，根据看板的运用规则之一“不能把不合格的产品送往下一道工序”，下一道工序的需求得不到满足，就会造成全线停工，由此可使问题立即暴露，从而必须立即采取改善措施来解决问题。

（2）看板的分类

实际生产管理中使用的看板形式很多，常见的有塑料夹内装的卡片或类似的标识牌，运送零部件小车，工位器具或存件箱上的标签，指示部件调运场所的标签，流水生产线上各种颜色的小球或信号灯、电视图像等。

1）根据需要和用途分类

根据需要和用途不同，看板可分为以下两类：

①在制品看板，包括工序内看板和信号看板，记载后续工序必须生产和订购的零部件、组件的种类和数量；

②领取看板，包括工序间看板和对外订货看板，记载后续工序应该向之前工序领取的零部件、组件的种类和数量。

2）根据功能和应用对象分类

根据功能和应用对象的不同，看板可分为以下两类：

①生产订货看板，指在一个工厂内，指示某工序加工制造规定数量工件所用的看板，它又有两种类型。一是一般的生产看板，它指出需要加工工件的件号、件名、类型、工件存放位置、工件背面编号、加工设备等；二是三角看板，它指出待加工工件号、名称、存放位置、批发盘数、再订购点及货盘数、加工设备等。

②取货看板，这是后工序的操作者按看板上所列信号、数量等信息，到前工序或协作厂领取零部件的看板。取货看板又可分为工序间取货看板和外协取货看板两种类型。

除了上述主要看板类型外，有的工厂还使用信号看板、临时看板等不同用途的看板。信号看板是在总装生产线上或其他固定生产线上作为生产指令的看板，用信号灯或不同颜色的小球表示不同的生产状态和指令，在日本称为 ANDON 板。临时看板是在生产中出现次品、临时任务或临时加班时用的看板，只用一次，用完及时收回。

总之，JIT 生产方式的目标是彻底消除无效劳动和浪费，从而获取最大利润。

子任务 3 ERP 系统

工作任务

随着科学技术的不断提高，云计算、大数据、人工智能不断融入企业管理中，利用信息化手段，以软件系统为载体，结合你所熟悉企业的企业特点，建立 ERP 系统，将企业内部所有资源整合在一起，对客户、采购、生产、成本、库存、分销、运输、财务、人力资源等方面进行规划，达到资源效益最大化。

知识准备

1. ERP 系统的概念

ERP 系统是指建立在信息技术基础上，以系统化的管理思想，为企业决策层及员工提供决策运行手段的管理平台。它是结合企业的业务特点，在全公司范围内利用信息化手段，以软件系统为载体，实现企业管理的规划、规范、执行、控制、报告、分析等功能的落地工具。ERP 系统集中了信息技术与先进的管理思想于一体，覆盖了客户、项目、库存和采购、供应、生产、财务、人力资源等管理工作，成为现代企业常用的运行模式，反映时代对企业合理调配资源、最大化地创造社会财富的要求，成为企业在信息时代生存、发展的基石。

2. ERP 系统的作用

①能建立企业的管理信息系统，支持大量原始数据的查询、汇总。

②能借助计算机的运算能力及系统对客户订单、在库物料、产品构成的管理能力，实现依据客户订单，按照产品结构清单展开并计算物料需求计划，实现优化库存的管理目标。

③能在企业中形成以计算机为核心的闭环管理系统，使企业的“人、财、物、供、产、销”全面结合，全面受控，实时反馈，动态协调，以销定产，以产求供，降低成本。

3. ERP 系统的功能

（1）销售管理

①统一进行智能化的商机分析和维护，用户可掌握每项业务在各个阶段成功的概率、预计成交额、拜访记录等信息，并提供各项分析报表，为企业强化或调整销售策略提供依据。

②依据企业的实际管理制度，由业务员制订相应的工作计划，并可针对某一工作计划形成相应的工作报告，便于管理者了解下属的实际工作内容和业务进展，掌握企业销售的全局。

③提供群发电子邮件的功能，提高业务人员工作效率和质量。

④通过实时记录竞争对手、合作伙伴动态，挖掘企业最合适的销售策略。

（2）订单管理

订单管理整合企业采购和销售环节，全程控制和跟踪，生成完善的销售和采购信息，创造全面的采购订单计划环境，降低整体采购成本和销售成本。

①系统提供实时报价、历史价格查询，生产订单进度查询等销售管理功能，询价管理、智能化采购管理、全程验收管理等采购管理功能。

②除标准售价外，企业可根据实际情况，通过系统设定不同的产品售价和折扣，并根据市场动态，制定促销策略，全面完善价格管理体系。

③通过系统，销售人员在接获订单的同时，既可直接了解企业库存动态，又可即刻分析预估利润。

④销售主管或领导可实时了解每个阶段企业的销售状况，加强销售策略，提高企业业绩，系统会自动提示其中的风险因素，帮助企业规避销售风险。

⑤系统的存量预估报表全面整合订单、库存及生产系统，使企业随时掌握最新存货流量状况，轻松达成存货管理。

⑥系统具有强大的物流监控能力，可依产品设定验收要求，进行收料、验收、验退、退

货管理的全程监控，确保产品品质和即时性。另外，系统可提供交货延迟分析及产品采购验收状况分析的各式报表，对供应商进行全面评估，有效提高采购质量和效率。

（3）项目管理

每个交易都可作为一个项目来管理。系统提供综合业务和项目的管理功能，业务经理可查看关键绩效指标，如盈亏、服务水平协议、项目完工率、实时的计划与成本开销，也可以查看从最底层活动到最高层业务绩效的因果关系。通过这些信息，业务经理可轻松地做出指示，以取得最佳的收益。此外，为促进客户与企业的相互信任，允许客户参与项目中的检查设计，给予反馈，加深合作关系，确保合作期间不会产生变故。

（4）生产管理

从生产指令生成到完工入库进行全程严密监控，实时掌握当前生产状况，有效解决企业现场管理、绩效评估困难，生产进度不明，在制品多等生产问题。

①产品结构查询。可透过结构窗按钮，即时查询该生产产品的结构树及各子件的批量需求与成本。

②生产流程可视管理。可在单据中查询相关单据来源、关联单据的当前信息。

③生产信息穿透式查询。可实时查询入库状况、材料领用状况等当前生产信息，并通过单据的穿透式追溯功能，调用关联单据的具体信息。

④产品物料清单（ball of material，BOM）管理。可对建立的 BOM 指定为样品、试制品和正式品，以便进行分开管理。同时，也可指定 BOM 的生产方式为厂内生产、委外生产或多次加工生产，明晰产品的生产流程。还可进行产品 BOM 的复制。

⑤产品 BOM 查询报表。可根据母件进行单阶、多阶和尾阶展开查询相关子件信息。也可根据子件进行单阶、多阶和尾阶展开查询相关母件信息，满足在产品开发和成本分析方面的需求，以多角度的成本分析查询，满足不同人员的管理需求。

⑥高度集成物料需求计划、生产过程管理和生产成本计算功能。

（5）库存管理

库存管理帮助企业降低库存，减少资金占用，避免物料积压或短缺，有效支持生产进程，并与采购、销售、生产、财务等系统实现数据双向传输，保证数据统一。

①自定义物料预警规则，根据预警自定义进行有效期、超储、失效存货预警，最高、最低预警和盘点预警，并自动提示，将企业库存数量保持在合理水平。

②优化生产管理作业模式，实现领料、入库、批次入库、退料、入库对账、产品生产线期初设定等功能，帮助企业实现简易的生产管理，提供相关生产成本分析。

③实现入库、销货、领用、转拨、调整、盘点等存货出入库管理，也可处理非采购单到货、多张采购单、分批来料等复杂情况。

④根据物料需求计划自定义补货方式，并依据订单和工单需求自动计算补货数量。

⑤对库存批号进行自动生成、原辅料与产成品批号追溯等多层次处理。

⑥涵盖所有交易明细、排行、月统计、图表、地区分析，以及责任绩效比较的客户、

厂商、产品、业务、部门交叉分析，提供强大的渗透查询，让企业掌握横向、纵向等库存信息。

（6）财务管理

财务管理使企业彻底摆脱手工做账，实现自动化、严格财务控制，防范企业资金风险。针对经营目标，为管理层提供各种财务报表，随时掌握企业资金流向和流量，诊断企业财务状况和经营成果，为经营决策提供数据支持，提高资金利用率。

①现金流向和流量的预估功能和预算实时查询，使财务人员提前做好防备措施，掌控资金安全，提高资金利用率。

②将原始凭证直接传输成财务记账凭证，实现财务业务一体化，降低财务人员的工作强度，还可以实现批次冲销，并自动生成损益分析、资产负债分析、现金流量分析、收入费用比较分析及银行对账、银行资金预估、应收 / 应付票据分析等报表，作为各级管理层决策依据，可提高决策的实时性和精确性。

③根据企业需求，自定义运营分析指标公式，方便快捷核算每个阶段经营成果。

（7）人薪管理

人薪管理可缩短人事人员事务性工作时间，提高工作准确性，保持团队稳定性。

①提供各种灵活的薪资计算方式，涵盖各种类型企业全面的薪资和福利管理方式，并自动生成薪资汇款清册及薪资明细查询。

②强大的人力资源管理，使企业掌握员工各项状况和异常行动记录，并据此做出合适的人力资源安排。

③支持分期或按月计算薪资，传输凭证，简化财务人员工作负担。

④自动考勤管理功能，实现刷卡资料汇入系统，产生考勤资料。

（8）客服管理

客服管理系统提供丰富多样的服务支持供客户选择和搭配，以便获得快速、优质与高效的服务。标准化服务性价比高，而个性化服务可以为重要客户提供额外的、个人关注的服务。对于客服人员，系统也是一个好工具，它提供全面、最新且容易获取的信息，如客户基本信息、交易历史、产品目录及服务知识库，这些对客服人员的工作都有很大帮助。

（9）业务地图

业务地图帮助公司及时、准确地编制合并报表，真实反映财务状况、经营成果及现金流量情况。

①系统自定义功能强大，提供从子公司数据采集、母公司抵销分录制作到合并报表生成全程可自定义的解决方案，并提供可自定义、完善的外币折算方案。

②与财务系统高度集成，提高合并报表制作效率和准确性。

③自定义合并报表项目和项目取数来源和公式，增强报表数据实用性，解决了集团内跨行业公司间的报表合并问题。

4. ERP 系统案例

我们用一个小故事形象说明什么是 ERP 系统。

一天中午，丈夫在外给家里打电话："亲爱的老婆，晚上我想带几个同事回家吃饭可以吗？"（订货意向）

妻子："当然可以，来几个人，几点来，想吃什么菜？"

丈夫："6 个人，我们晚上 7 点左右回来，准备些酒、烤鸭、番茄炒蛋、凉菜、蛋花汤……你看可以吗？"（商务沟通）

妻子："没问题，我会准备好的。"（订单确认）

妻子记录下需要做的菜品（生产计划），具体要准备的东西：鸭、酒、番茄、鸡蛋、调料……（物料清单），发现需要：1 只鸭子，5 瓶酒，10 个鸡蛋……（物料清单展开）

炒蛋需要 6 个鸡蛋，蛋花汤需要 4 个鸡蛋（共用物料）。打开冰箱一看（库房），只剩下两个鸡蛋（缺料）。于是来到自由市场采购。

妻子："请问鸡蛋怎么卖？"（采购询价）

小贩："1 个 1 元，半打 5 元，1 打 9.5 元。"

妻子："我只需要 8 个，但这次买 1 打。"（经济批量采购）

妻子："这有一个坏的，换一个。"（验收、退料、换料）

回到家中，准备洗菜、切菜、炒菜……（工艺线路）

厨房中有燃气灶、微波炉、电饭煲……（工作中心）

妻子发现拔鸭毛最费时间（瓶颈工序，关键工艺路线），用微波炉自己做烤鸭可能来不及（产能不足），于是决定在楼下的餐厅买现成的烤鸭（产品委外）。

16 点，接到儿子的电话："妈妈，晚上几个同学想来家里吃饭，您可以帮忙准备一下吗？"（紧急订单）

"好的，你们想吃什么，爸爸晚上也有客人，你们愿意和他们一起吃吗？""菜您看着办吧，但一定要有番茄炒蛋，我们不和大人一起吃，18：30 左右回来。"（不能并单处理）

"好的，肯定让你们满意。"（订单确定）

"鸡蛋又不够了，打电话叫小店送来。"（紧急采购）

18：30，一切准备就绪，可烤鸭还没送来，急忙打电话询问："我是李女士，怎么订的烤鸭还不送来？"（采购委外单跟催）

"不好意思，送货的人已经走了，可能是堵车吧，马上就会到的。"过一会儿，门铃响了。"女士，这是您要的烤鸭。请在订单上签字。"（验收、入库、转应付账款）

18：45，女儿的电话："妈妈，我想现在带几个朋友回家吃饭可以吗？"（紧急订购意向，要求现货）

"不行呀，女儿，今天妈妈已经准备两桌饭了，时间实在是来不及，真的非常抱歉，下次早点说，一定给你们准备好。"（这是 ERP 的使用局限，要有稳定的外部环境，要有一个起码的提前期。）

……

送走了所有客人，疲惫的妻子坐在沙发上对丈夫说："亲爱的，现在咱们家请客的频率非常高，应该要买些厨房用品了"（设备采购），"最好能再雇个保姆"（人力资源系统有缺口了）。

丈夫："家里你做主，需要什么你就去办吧。"（通过审核）

妻子："还有，最近家里花销太大，用你的私房钱来补贴一下，好吗？"（应收货款的催要）

我们可以通过上述小故事对 ERP 系统进行全面理解。

工作步骤

第一步：列出 5S 活动的做法。了解 5S 活动的主要内容和开展过程，列出某生产车间或实训课程（如金工实训）中开展 5S 活动的一系列做法。

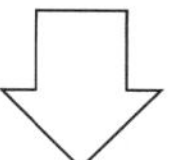

第二步：制定 JIT 生产方式实施方案。了解 JIT 生产方式的主要内容和控制手段，制定某生产车间 JIT 生产方式实施方案。

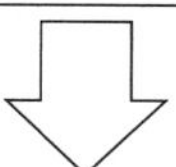

第三步：建立 ERP 系统。通过调研，了解你所熟悉企业的相关资源和基础数据，整理并录入 ERP 系统所需要的一系列基础数据，如物料、供应商、客户、部门、人员、产品结构等数据。

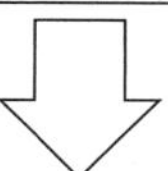

第四步：线上辅导。将企业的实际业务数据在 ERP 系统中予以处理，在 ERP 系统上线的第一、二个月的时间里，进行业务辅导，以防企业人员操作不熟练带来工作不便或错误操作。

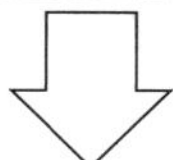

第五步：ERP 系统日常运行。ERP 系统应用一二个自然月后，通过 ERP 系统分析企业管理所需要的各种报表，检验报表的完善性和数据的准确性，确保 ERP 系统的实施质量。

工作评价与反馈

<table>
<tr><td>任务</td><td>存在的问题</td><td>改进措施</td></tr>
<tr><td></td><td></td><td></td></tr>
<tr><td colspan="3">收获与感悟：</td></tr>
<tr><td colspan="3">指导教师评语：

教师签名：</td></tr>
</table>

项目小结

通过本项目的学习与训练，学会以满足客户要求为目的，充分利用现有设备、人员等资源，合理制订生产作业计划，选择适当的生产管理方式，实施全面质量管理，养成良好的记录习惯。应用 5S 活动和 JIT 生产方式，以便科学地分析解决生产现场问题，并利用信息技术手段，建立 ERP 系统，实现为社会、企业和个人创造最大价值的目标。

巩固与提高

一、单项选择题

1. 一台设备，从投入生产到报废，不属于其故障发生规律的阶段有（　　）。

A. 初期故障期　　B. 偶发故障期

C. 老化故障期　　D. 磨损故障期

2. 全面质量管理的特点可以概括为（　　）。

A. “三全一多”　　B. 质量中心

C. “三保”　　D. “卡、防、帮、讲”

3. JIT 生产方式的诸多手段是围绕（　　）进行的。

A. 消除无效劳动和浪费　　B. 零库存

C. 准备时间最短　　D. 弹性作业人数

4. 5S 的最大功效是（　　）。

A. 消除无效劳动和损耗，降低成本

B. 保持干净整洁、条理有序的现场环境，消除事故隐患，保障安全

C. 引导员工养成良好的行为习惯

D. 以上 3 个选项均正确

5. 在制订制造主体作业计划中，使用（　　）甘特图表；在制造对象作业计划中，使用（　　）甘特图表。

A. 特性要因图　　B. 负荷式

C. 柱状图　　D. 日程式

二、判断题（以下说法是否正确，若有错误请改正）

1. 全面质量管理工作要求做到有计划、有执行、有检查、有总结，即 PDCA 循环，也就是把管理工作分为相对独立的 4 个阶段，彼此界限分明。（　　）

2. 现场管理是运用科学的管理制度、标准、方法和手段，对现场的各种生产要素进行合理、有效的计划、组织、协调、控制，使它们处于良好的结合状态，以达到优质、低耗、高效、均衡、安全、文明生产的目的。（　　）

3. 设备的寿命是指设备从投入生产开始，经过有形磨损和无形磨损，直至在技术上或经济上不宜继续使用，需要进行更新所经历的全部时间。设备的寿命可分为物理寿命、技术寿命和经济寿命 3 种。（　　）

4. 排列图是为分析掌握质量数据分布状况所使用的图。（　　）

5. ERP 系统是采用先进的信息技术开发的计算机软件产品，是集先进管理思想和当代信息技术为一体的高度集成的企业管理与决策系统。（　　）

三、实训题

根据自己所在企业实际情况，3~5 人组成一个小组，讨论一下：

1. 实施 ERP 的基本步骤。
2. 在 ERP 实施过程中可能会遇到哪些问题，如何防范或解决？
3. 实施 ERP 给企业带来哪些直接效益？

项目5 市场营销

项目导学

当创业者准备创建一个企业时，或者准备开始第二次创业时，又或者有一个全新的产品需要成功推向市场时，其需要创业营销予以指路。什么是创业营销呢？本项目将带大家了解创业营销的相关知识。创业企业的基本职能是从事生产、流通和服务等经济活动，向社会提供产品与服务，以满足社会需要。生产过程是以出售商品为目的的制造过程，而创业营销是以满足人的需求为目的的一种交换活动。它能指导创业者如何来分析其产品和市场，如何制定营销战略和策略，应该采用什么方式进入市场，如何突破进入市场过程中的障碍，如何来组织自己最初的营销队伍等。

学习目标

1. 认知目标：认识创业前市场调研的重要性，市场调研的流程，熟悉营销计划制订的流程及相关因素，阐述市场推广策略、广告策略，科学运用网络营销策略。

2. 技能目标：能够进行前期的市场调研，STP营销战略分析，推广策略、广告策略、销售渠道策略、网络营销策略的选择，正确制定市场营销方案。

3. 情感目标：认同市场营销在企业发展中的关键措施。

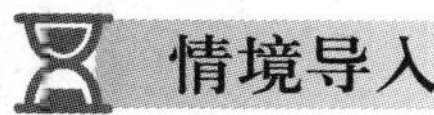

任务1 市场调研

情境导入

百事可乐公司销售返利政策

百事可乐公司对返利政策的规定细分为5个部分：年扣、季度奖励、年度奖励、专卖奖励和下年度支持奖励，除年扣为“明返”外（在合同上明确规定为1%），其余4项奖励均为“暗返”，事前无约定的执行标准，事后才告之经销商。

①季度奖励：在每一季度结束后的两个月内，按一定进货比例以产品形式给予。同时，百事可乐公司在每季度末派销售主管对经销商业务代表培训指导，帮助落实下一季度销售量及实施方法，增强相互之间的信任。合同上还规定每季度对经销商会进行一些项目考评，如实际销售量，区域销售市场的占有率，是否维护百事产品销售市场及销售价格的稳定，是否执行百事可乐公司的销售政策及策略等。

②年扣和年度奖励：对经销商当年完成销售情况的肯定和奖励。年扣和年度奖励在次年的第一季度内，按进货数的一定比例以产品形式给予。

③专卖奖励：经销商在合同期内，在碳酸饮料中专卖百事可乐系列产品，百事可乐公司根据经销商销量、市场占有情况及与百事可乐公司合作情况给予的奖励。专卖约定由经销商自愿确定，并以文字形式填写在合同文本上。在合同执行过程中，百事可乐公司将检查经销商是否执行专卖约定。

④下年度支持奖励：对当年完成销量目标、继续和百事可乐公司合作，且已续签销售合同的经销商次年销售活动的支持，此奖励在经销商完成次年第一季度销量的前提下，在第二季度的第一个月以产品形式给予。

为防止销售部门弄虚作假，百事可乐公司规定考评由市场部、计划部抽调人员组成联合小组不定期进行检查，确保评分结果的准确性、真实性，做到真正奖励与百事可乐公司共同维护、拓展市场的经销商。

问题思考：

1. 百事可乐公司销售返利政策有什么借鉴意义？
2. 百事可乐公司返利政策采取“事前无约定的执行标准，事后才告之经销商”的做法有什么特点？

任务要求

利用课余时间查阅相关资料，了解市场调研前期准备工作，分小组设计调查问卷，制定电动汽车需求市场调研方案；通过实施市场调研，对获得的调研数据进行分析整理；根据市场调研方案，撰写市场调研报告和市场预测报告，并制作演示文稿进行分享。

子任务1 制定市场调研方案

工作任务

3~5人组成一个小组，分工合作完成电动汽车需求市场调研方案，确定调研目的、调研对象、调研方法、调研地点、调研内容和工作分工。尽可能按照年龄、性别、城乡、职业等特征将用户细分，确定重点调研人群。

根据调研对象特征设计合理的调查问卷或访谈提纲，确保能够反馈对市场分析公关广告规格有效的信息。调查问卷需要将开放问题与封闭问题相结合，且便于统计分析；访谈提纲应采用“旁敲侧击”的方法，将问题具体化、情境化、通俗化。

知识准备

市场调研是企业或政府获取信息的重要手段。随着经济的不断发展，市场调研对企业或地方政府的发展及整个经济的作用也越来越重要。

1. 市场调研的概念

市场调研是以系统的科学方法（如抽样设计等）收集市场资料，并运用统计方法分析这些市场资料，以得到有用信息的过程。

不同于那种随意的、偶然的、事先没有计划的市场信息收集行为，市场调研是一种系统的市场信息搜集活动，既有深思熟虑而后确定的明确目标，又有为实现这些目标而精心设计的规范的方法与步骤，也有配合这些方法与步骤周密的资源配置安排。具体而言，市场调研是一种通过特定信息将消费者（顾客、客户和公众）与营销者（生产商、销售商）联系起来的手段。所收集整理的信息将被看作识别、确定营销问题的机会，可以构思、改进和评估营销举措，监测营销绩效，增强人们对营销过程的了解。

2. 市场调研的重要性

市场调研对于营销管理来说，其重要性犹如侦查之于军事指挥。不做系统客观的市场调研与预测，仅凭经验或不够完备的信息，就做出各种营销决策是非常危险的，也是十分落后的行为。

具体来看，市场调研对营销管理的重要性表现在 5 个方面，即提供作为决策基础的信息，弥补信息不足缺陷，了解外部信息，了解市场环境的变化，了解新的市场环境。

作为市场营销活动的重要环节，市场调研给消费者提供了一个表达自己意见的机会，使他们能够把自己对产品或服务的意见、想法及时反馈给企业或供应商。通过市场调研，能够让该产品生产或提供服务的企业了解消费者对产品或服务质量的评价、期望和想法。

3. 市场调研的分类

市场调研发展到今天，范围已经很广，具体分工也越来越细。按照新产品的上市流程，市场调研可以分为以下几个类别。

（1）竞争对手调研

此类调查针对性强、意义重大，一般可通过二手资料收集、内部资料研究等方法开展。

（2）产品测试

产品测试为应用最广泛的市场调研方式之一，主要测试对象包括产品属性、包装及价格等。

（3）市场细分研究

市场细分与产品（品牌）定位是营销活动中不可分割的一对“孪生兄弟”。市场细分研究的目的是区别对待有着不同需求的消费者，以便为他们提供合适的产品。

（4）消费者行为研究

消费者行为研究的目的是洞悉隐藏在消费者行为中的影响消费者购物的要素。

（5）行销环境研究

行销环境包括总体经济环境、行业环境等。公司只有做到对市场心中有数，才能保证新产品或服务推广上市的胜率。

（6）广告测试

广告测试包括具体报告广告内容的定性探究、广告播送后的回顾及广告内容的回顾等。

（7）满意度研究

满意度研究一般是等间隔地连续监测顾客对企业所提供产品或服务的满意程度，有时还要结合各种旨在提高满意度的措施测定满意度水平的变动。

（8）品牌或企业形象研究

品牌或企业形象研究旨在获取受访者在某一产品或服务方面的消费数量及对其的反馈。

4. 市场调研的方法

（1）观察访问法

观察访问法是一种亲自获得第一手资料的调研方法。调研者亲自深入调研对象中，主动与调研对象接触，亲身体察实际情况。这种方式适合单一、小规模的调研。在调研前，应拟好详细的调研提纲，有的放矢地深入一线，得到自己想收集的情况资料。

（2）问卷调查法

问卷调查法是一种书面调研的方式，以问卷形式提出若干固定问题来询问调研对象。问卷的设计一般多采用客观题的形式，便于调研对象回答和选择，也有利于统计结果。问卷的设计还要注意科学性，与调研目的紧密结合，问题设计应简明清楚，不致引起歧义或令被调研者无从作答。除客观题外，也可配合少量主观题，让调研对象畅谈自己的看法。由于问卷调查可避免调研者与被调研者之间的直接接触，故可减少被调研者的疑虑，表达出自己的真实想法和实际情况。特别是现在有了计算机等先进的统计手段，提高了问卷调查的效率，有利于节省时间、节约开支。问卷调查可通过邮件、网络等方式进行，不受时间、地点的限制，是大型调研的常用有效方式。设计问卷应注意以下几个方面问题。

①问题数量一般为 10~20 个。问题不宜过多，以免引起被调研者的厌倦情绪。问卷数量为 100 份以上，太少不足以显示调研的科学性和普遍性。

②问题的设计必须以被调研者为中心。调研报告写作时应有一个清晰的对象，这个对象就是被调研者，是读者。因此，问卷调查的设计应注重被调研者这个读者，问题的设计必须以被调研者为中心，既要能达到调研的目的，又要能让他们愉快地作答，还不能引起

他们的反感。

③应有封闭式问题和开放式问题。封闭式问题有固定答案供被调研者选择。开放式问题没有固定答案，由被调研者自己作答，此类问题不宜过多。

④问题设计要有针对性，单一明确、清晰具体，不能模棱两可、有歧义，既能将答案指向被调研的目的，又能让被调研者容易作答，避免无效问题。

⑤答案的设计要利于被调研者思考选择和调研者统计整理，必须具体明确，没有歧义。

（3）实验调查法

实验调查法是在事先确定调研的问题中，选择影响这些问题的诸多因素中的一个或几个因素，将其置于一定的条件下，进行小规模实验的方法。例如，在推行某种经销方法前，可先通过试点进行小规模的实验，对实验结果进行分析研究，再决定是否应该大规模推广。要改变某种产品的生产工艺、质量、包装设计、价格、广告等，也可以预先进行小规模的实验，根据调研用户和有关人员的反映，预测产品未来销售的潜力和趋势，然后决定这种产品的生产规模和产量。我国常见的展销、试销、试用、品尝、演示等都属于这种调研方法。

子任务 2 实施市场调研

工作任务

3~5 人组成一个小组，分工合作实施电动汽车需求市场调研。发放与回收调查问卷，或展开访谈；采用网络问卷时需要合理选择相应的“群”，避免无的放矢，有效问卷不少于 100 份；访谈以本地为主，有效访谈对象不少于 10 名。访谈前准备好录音工具和纸、笔；整理分析调查问卷，剔除无效的问卷和访谈记录。根据调研目的对数据进行分类、汇总，发现对市场分析有价值的结果，并撰写市场调研报告。

知识准备

1. 市场调研技巧

（1）“全员皆兵”

没有专门的调研部门并不可怕，可怕的是没有市场调研的意识。企业要从上到下灌输市场调研的思想，“有调查，才有发言权”，要努力培育全员重视市场调研的意识。

每一个人都是市场调研员。中小公司没有能力安排专门的市场调研员，没有关系，可以对全体销售人员进行市场调研知识、技巧培训，让每个人充当市场调研信息收集员。这样在企业要进行市场调研时，只要将任务布置下去，由销售人员完成调研任务。调研信息汇总后由专人进行分析总结，形成结论和建议，决策者在决策时可以当作参考。

（2）一手资料库

通过实地调研获得第一手资料是中小企业可以做到的。设计第一手资料卡，在卡片上列出一些开放式问题，让销售人员定期走访时运用观察法和问卷法进行调研，完成资料卡的准确填写、汇集、分析、存档。

一手资料的收集要持续、长久。资料只有长期收集才能进行对比分析，并总结出其中的共同点及规律性内容，同时又可以从资料中检验不同时期策略不同的正确性。

（3）重用“实验法”与“试销法”

实验法：在一个实验环境中采用预设各种条件的刺激，然后有系统、有计划变换该刺激，以研究消费者各种反应。借实验法可获知消费者行为因果关系。

试销法：市场调研人员在既定选择地点，将需要调研项目以既定销售条件，展开产品试销，并将结果做成结论，以供决策参考。

这两种方法对中小企业比较实用。选取几个有典型代表的区域市场作为实验点，通过变换促销、产品价格、广告、售点包装等一个或几个因素，进行销售跟踪记录，来分析得出结论。试销是大部分企业采用的一种产品上市前的销售方法，对中小企业尤其有作用，也符合“局部（根据地）—扩散—全国性销售”的市场方略，同时又可以对产品进行修改，降低产品开发非程序化带来的风险。

（4）“探测性调查”验证决策

探测性调查：企业将销售问题预先设立产生原因情况的假设，然后展开市场调研，检定假设是否成立，进而针对问题采取适当的改进方法加以改进。

中小企业可以由领导提出问题，并有初步的结论，再派出人员进行市场调研，以检验领导结论的成立性，调研人员与领导进行充分的沟通，方案达成共识再进行市场实施。这种方法既不失决策的艺术，又有实践对决策的保障，降低了决策风险。

（5）回访

回访属于市场调研中的同样本调查。同样本调查是对同一样本做长期的观念调查，以集中力量于样本变化研究上。实验法是将实验市场作为一个样本看待，通过实验研究消费者行为变化，而回访是以单个消费者为样本，随着时间及其他因素的变化，记录客观事实和消费者行为的变化。

2. 市场调研的步骤

“条条大路通罗马”，市场调研没有固定模式，不同规模的企业、不同的经营要求，市场调研的方法各不相同。但总体来说，就其共性而言，市场调研一般可分为 4 个阶段，即准备阶段、调查阶段、分析阶段、总结阶段。

（1）准备阶段

准备阶段是整个市场调研的基础，这一阶段准备工作的充分与否直接决定了整个调研活动的成败，因此在这一阶段必须充分做好调研活动的各项准备工作。市场调研准备阶段要做的主要工作包括以下个几个方面：

①明确调研目标。

②选定调研范围、调查对象。

③确定调研方法。

④制定调研方案。

（2）调查阶段

调查阶段是市场调研研究方案的执行阶段，主要是按照准备阶段调研方案所确立的调研计划、调研方式和方法进行资料和信息的收集，具体贯彻调研设计中所确定的思路的活动，这是整个市场调研过程的核心。这一阶段是调研者与被调研者直接接触的唯一阶段，其中可能由于种种外部因素的制约而无法完全控制调研工作的进程，为了顺利完成调查阶段的任务，调研者必须对调研活动进行不间断的外部协调。调研者在调查阶段中要注意以下两点：一是紧紧依靠目标领域、行业或单位，努力争取他们的支持和帮助，合理安排调查任务和进程，尽量避免或减少调研活动给他们的正常工作带来的不利影响；二是密切联系全部被调研对象，尽力获得他们的理解和合作，绝不损害他们的利益，并在必要的情况下，为他们提供力所能及的帮助。

（3）分析阶段

这一阶段的主要工作是审查、整理资料，统计分析和思维加工。审查资料就是对调查阶段获得的文字和数字资料进行全面审核，去伪存真，去粗取精，剔除假、错、缺、冗的资料，以确保资料的真实、准确和完整。整理资料是对审核后的资料进行初步加工，使之条理化、系统化，并且集中、简明地反映调研对象的总体状况。统计分析是运用统计学的原理和方法研究调研对象的数量关系，揭示其规模、结构、水平和比例等关系，反映其发展方向和趋势等，为进一步的思维加工提供可靠的统计依据。思维加工就是运用逻辑的思维方法，对审查、整理后的文字资料和经统计分析的数据进行分析研究，揭示调研对象的本质及发展规律并得出理论性结论。对资料的分析要比收集更重要，因为调研水平的高低往往不在于收集的数量，而在于分析的深度。

（4）总结阶段

总结阶段是市场调研的最后阶段，这一阶段的任务主要是撰写调研报告，评估、总结调研工作。

①撰写调研报告。调研报告是撰写调研结果的文字表达，必须做到反映情况真实完整，所做分析客观科学，所得结论明晰准确。一份完整的调研报告应包括调研目的、调研方法、调研内容和建议几个部分。创业者在撰写调研报告时，要注意调研对象的代表性，数量的广泛性，重视竞争对手客户的调研；同时注意获取信息的多元化，重视不利于自己的情况与信息的收集，尽量发现存在的问题和可能遇到的困难。

②评估、总结调研工作。调研工作的评估和总结，包括调研报告的评估、调研成果的应用和调研工作的总结等内容。通过评估和总结，调研者既要广泛应用已有的调研成果，又要

认真总结调研的经验教训，寻求改进调研工作的方法和途径，为以后的市场调研打下良好的基础。

在实际调研工作中，上述 4 个阶段往往相互衔接甚至相互交错，共同构成了市场调研的完整过程。

子任务 3 撰写市场预测报告

工作任务

采用分工协作的方式，按照电动汽车需求市场调研方案及报告，进一步撰写其市场预测报告。市场预测报告一般包括预测目的、选择预测方法、收集市场资料、预测结果等部分。

知识准备

市场预测是指企业在通过市场调研获得一定资料的基础上，针对企业的实际需要及相关的现实环境因素，运用已有的知识、经验和科学方法，对企业和市场未来发展变化的趋势做出适当的分析与判断，为企业营销活动等提供可靠依据的一种活动。

1. 市场预测的内容

市场调研的目的是通过调研工作研究曾经出现的各种变化情况和目前市场的具体状况，以了解和掌握在今后一定时期内市场可能发生的变化趋势，这也是市场预测的基本内容。具体而言，市场预测主要有如下内容。

（1）市场需求变化预测

市场需求变化预测主要是指商品的购买力及其投向的预测，包括生产资料市场购买力预测和消费市场购买力预测。

除现实购买力以外，对市场需求变化的预测还需要研究社会潜在购买力。社会潜在购买力包括两种情况：受货币支付能力或商品供应量的限制而未能实现的需求；居民手中因为种种原因而持有的现金及居民银行存款。

（2）消费结构变化预测

消费结构变化预测的主要内容是预测消费品市场的产品构成及其相应比例关系，包括消费者的消费支出在不同商品之间的分布比例、变动趋势，其中最为关键的是居民消费的恩格尔系数[①]的变化。

（3）产品销售预测

产品销售预测是指企业本身对产品销售前景的判断，包括对销售的品种、规格、价格、

① 恩格尔系数是指食物消费支出占总消费支出的比例。

销售量、销售额及销售利润等方面变化的预测。其目的在于使产品适销对路，满足消费需求，提高企业经济效益。

（4）产品价格预测

产品价格预测是指根据企业产品的市场价格及同类产品的市场价格对企业产品未来市场价格变化的预测。影响产品价格的主要因素有市场供求状况、市场竞争状况、产品价值规律及价格规律等。

（5）产品生命周期预测

产品生命周期预测主要是对企业产品在生命周期中所处阶段即产品导入期、成长期、成熟期与衰退期的预测。

（6）资源预测

为了保障企业生产的顺利进行，必须对企业所需要的原材料、能源等资源的供应状况及其变化趋势进行合理的预测，明确资源供应的数量、规格、质量、价格与渠道等，寻找降低资源成本的途径，增强企业竞争力。除了要对物力资源的供应进行预测，企业还应该注意对企业财力与人力资源状况进行预测。

（7）市场占有率预测

产品的市场占有率是企业产品市场竞争能力的综合表现，市场占有率的预测包括企业绝对市场占有率的预测与相对市场占有率的预测。企业不仅应该预测本身产品的市场占有率及其变化趋势，还应该对同类产品、替代产品的市场占有状况及其变化趋势进行预测。

（8）生产技术变化预测

生产技术的变化对企业的生存与发展有着十分重要的影响。企业必须时刻关注内、外部生产技术的发展趋势，并不断进行技术改革，保持与外界技术的同步发展。生产技术变化的预测包括企业生产技术变化的预测、国内行业技术发展变化的预测及国际先进技术发展变化的预测等。

2. 市场预测的步骤

（1）确定预测目标

要进行市场预测，首先要确定预测目标，明确目标之后，才能根据预测的目标去选择预测的方法，决定收集资料的范围与内容，做到有的放矢。

（2）选择预测方法

预测的方法很多，各种方法都有其优点和缺点，有各自的适用范围，因此必须在预测开始根据预测的目标，企业的人力、财力及企业可以获得的资料，确定预测的方法。

（3）收集市场资料

收集市场资料是指按照预测方法的不同确定收集资料的范围和内容。

（4）进行预测

预测阶段就是按照选定的预测方法，利用已经获得的资料进行预测，计算预测结果。

（5）评估预测结果

得到预测结果以后，还要通过对预测数字与实际数字的差距进行分析比较，评估预测结果的准确性和可靠程度。

3. 市场预测的方法

具体来说，市场预测可以采用如下方法。

（1）头脑风暴法

头脑风暴法是指根据规定的原则选定一定数量的专家（学者、企业高级主管、推销人员、代理商或经销商等），按照一定的方式组织专家会议，发挥专家集体智慧，对预测对象未来的发展趋势及状况做出判断的方法。专家会议的人选应按下述 3 个原则选取：一是如果参加者相互认识，要从同一职位（职称或级别）的人员中选取，领导人员不应参加，否则可能对参加者造成某种压力；二是如果参加者互不认识，可从不同职位（职称或级别）的人员中选取，此时，不论成员的职称或级别的高低，都应同等对待；三是参加者的专业应力求与所论及的预测对象的问题一致。运用专家会议法，专家小组规模以 10~15 人为宜，会议时间一般以 20~60 分钟效果最佳。

（2）德尔菲法

德尔菲法是由美国兰德公司发明的一种向专家进行函询的预测法，它主要采用函询的方式或电话、网络的方式，反复咨询专家们的建议，然后由策划人做出统计，如果结果不趋向一致，就再征询专家，直至得出比较统一的方案。运用这种预测方法，要求专家具备与策划主题相关的专业知识，熟悉市场的情况，精通预测的业务操作。它既可以避免由于专家会议面对面讨论带来的缺陷，又可以避免个人一次性通信的局限。在收到专家的回信后，将他们的意见分类统计、归纳，不带任何倾向地将结果反馈给各位专家，供他们做进一步的分析判断，提出新的估计。如此多次往返，意见渐趋接近，得到较好的预测结果。其缺点是信件往返和整理都需要时间，所以比较费时。

市场变化风云莫测，市场预测应该尽量将各种变数及其动态范围、变化区间等影响因素考虑进去，避免一旦出现大的偏差就会措手不及、拿不出应急方案等问题。

工作步骤

第一步：制定电动汽车需求市场调研方案。确定调研目的、调研对象、调研方法、调研地点、调研内容。尽可能按年龄、性别、城乡、职业等特征细分用户，确定重点调研人群。

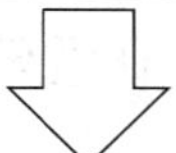

第二步：设计电动汽车需求市场调研用的调查问卷或访谈提纲。根据调研对象特征设计合理的调查问卷或访谈提纲，确保能够反馈对市场分析有效的信息。

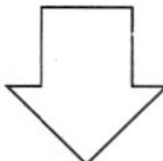

第三步：实施电动汽车需求市场调研。发放与回收调查问卷，或是展开访谈。

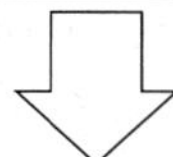

第四步：调查问卷整理分析。剔除无效的问卷和访谈记录；根据调研目的对数据进行分类、排序、汇总，发现对市场分析有价值的结果，并撰写市场调研报告。

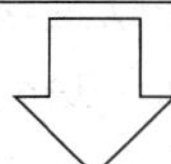

第五步：撰写电动汽车需求市场预测报告。根据市场调研方案和报告，进行市场预测；按照市场预测步骤和方法，对电动汽车需求市场发展进行分析判断，形成市场预测报告。

工作评价与反馈

任务	存在的问题	改进措施
收获与感悟：		
指导教师评语： 教师签名：		

任务 2 STP 战略

情境导入

STP 营销战略在汽车市场中的应用

现代市场营销十分重视 STP 营销战略，STP 营销战略即市场细分（Segmenting，S）、目标市场（Targeting，T）、市场定位（Positioning，P）。

1. 市场细分

市场细分，就是企业根据市场需求的多样性和购买者行为的差异，把整个市场（全部用户）划分为若干具有某种相似特征的用户群（细分市场），以便执行目标市场营销的战略和策略。

每一种产品都有购买者，由于种种因素，不同的购买者有着不同的需求，任何一个大企业都不可能全部给予满足，为所有的购买者提供有效的服务。因此，每个企业都应当依据一定的标准对市场进行细分，确定自己在市场竞争中的地位，搞好销售。日本的本田公司就是成功地运用了市场细分这种方法使自己的摩托车在美国占有一席之地，扩大了自己的目标市场，针对不同的目标市场制定了有区别的营销策略，进行针对性营销，这是它在美国市场取得辉煌胜利的关键。本田公司所选择的目标市场策略是差异性市场策略。当时的美国摩托车企业只是针对专业车手，而本田公司意识到了潜在的顾客需求并积极采取各种方式开发这部分顾客，通过广告宣传淡化人们对那些“穿黑皮夹克的摩托车手”的成见，重新定位了摩托车在美国人头脑中的地位。本田公司针对行使方便、安全省钱的交通工具这块细分市场的特性吸引了潜在的消费者，营销的关键是要使他们安心地使用摩托车。在本田公司的市场细分中，从消费市场的角度来看，其主要是以年龄、性格、利益等因素作为细分的因素。

从本田成功进入美国摩托车市场并获得了巨大成效的案例中，我们可以看到，本田公司在经过分析、衡量后，选择应用了 STP 营销策略中的市场细分，即差异性市场营销策略，虽然生产成本和营销费用会相应地增加，但是，本田公司获得了巨大的销售成绩，这一点是无可争议的。其后本田公司凭借其摩托车市场在美国取得的成功经验，又如愿以偿地把本田汽车成功地推向美国市场，同样也采取了市场细分策略，以其节约能源、小巧轻便的产品优势而深受美国消费者的欢迎。

2. 目标市场

在现代营销活动中，对任何企业而言，并非所有的环境机会都具有同等的吸引力，由于资源有限，也为了保证资源有效，企业的营销活动必然局限在一定的范围内，这就需要企业确定具体的服务对象，即选定目标市场。企业选择目标市场是在市场细分的基础上进行的，通过分析细分市场需求满足的程度，去发现那些尚未得到满足的需求，相应确定准备为哪些细分的目标市场服务，实行目标营销。

仍以本田公司在美国摩托车市场为例。二战期间，针对新出生一代的特点，在细分市场的基础上，本田公司认为注重年轻人个性的产品一定会流行起来，故推出相应的个性化产品，取得了很大的成功。越南战争期间，由于社会原因，市场需求又发生了很大的变化，此时本田将目标转向妇女，在妇女需求的基础上，对摩托车的价钱、重量和外形颜色等方面做了修改，再次赢得了市场。

3. 市场定位

所谓市场定位指的就是企业根据用户对所生产产品的需求程度，根据市场上同类商品竞争状况，为本企业产品规划一定的市场地位，即为自己的产品树立特定的形象，使之与众不同。市场定位的过程就是在消费者心目中为公司的品牌选择一个希望占据位置的过程。

福特T型车是一个很好的例子。T型车具有自己的独特之处，浑身上下基本找不到一丝装饰或华而不实之处，百分之百地实用，它的车体轻，坚固而不求其外表美观，性能求精，价格适中。T型车一投产就受到广泛的欢迎，它之所以跃居当时各类汽车之首是因为普通大众包括很多农民正需要这种车，又都买得起。它的机械原理极为简单，操作维修也较为简单。与当时其他类型汽车相比，T型车具有经久耐用、构造精巧和轻盈便利的优点。福特汽车公司这一时期的盈利情况也证明福特关于生产廉价车的决定是无比明智的。T型车仅用一年时间就跃居畅销车之首，成为第一号盈利车，这一年出售了1.1万辆，在销售量和利润方面均超过其他汽车制造商。大众化产品策略为福特公司找到了自身的市场定位，因而赢得了巨大的市场发展机会。

问题思考：

现代市场营销中，STP营销战略是什么？

任务要求

查阅相关资料，利用课余时间走访电动汽车卖场，对电动汽车进行STP营销战略分析，将得到的调研数据进行整理对比，撰写STP营销战略分析对比报告。

子任务1 市场细分

☆ 工作任务

3~5人组成一个小组，分工合作完成电动汽车产品的市场细分。首先进行市场细分，确定市场细分变量，变量模式包括地理变量、人口变量（年龄、性别、职业、收入群体特征等）、心理变量（生活方式、性格等）、行为变量（消费动机、使用程度等）等；然后描述细分的市场轮廓；最后利用分类树的方法进行市场细分。

知识准备

1. 市场细分的重要性

（1）市场细分是创业企业营销成败的关键

市场细分是现代市场营销观念的产物。它是指按照消费需求的差异性把某一产品（或服务）的整体市场划分为不同的子市场的过程。

市场细分和目标营销是第二次世界大战后市场营销思想和战略的新发展，是 20 世纪 50 年代由美国市场营销学家温德尔·史密斯首次提出的一个概念，此后受到广泛重视和普遍应用，现在已成为企业市场营销战略的一个核心内容，是决定企业营销成败的一个关键性问题。

创业企业开展市场细分的原因如下。

①市场行为的差异性及由此决定的购买者动机和行为的差异性。市场需求的差异性取决于社会生产力的发展水平、市场商品供应的丰富程度及消费者的收入水平。消费者除了对某些同质商品有相同的需求外，其他需求不尽相同，这是由人性、年龄、地理位置、文化背景、职业等方面的差异决定的。

②市场需求的相似性。从整体上看，人们的消费需求是千差万别的，然而在这种差别之中包含着某种共性。这种交叉中的相似性和差异性使市场具有可聚可分的特点，为企业按一定标准细分市场并从中选择自己的目标市场提供了客观可能性。

③买方市场的形成。由于现代市场经济的高度发展、买方市场的全面形成和卖方之间市场竞争的日益激化，利润丰厚的市场越来越少，企业只有依靠市场细分来发掘未满足的市场需要，寻求有吸引力、符合自己目标和资源的营销机会，才能在市场竞争中取胜。

（2）市场细分是创业企业营销的第一步

①有利于企业发现新的市场机会，选择新的目标市场。通过市场细分，企业可了解市场各部分的购买能力、潜在需求、顾客满足程度和竞争状况等，从而及时发现新的市场机会和问题，及时采取对策，夺取竞争优势。

②有利于巩固现有的市场阵地。通过市场细分充分把握各类顾客的不同需要，并投其所好地开展营销活动，就可以稳定企业的现有市场，这对于发展余地不大的成熟行业和不愿或不能转向新市场的企业来说意义尤其重大。

③有利于企业的产品适销对路。企业选择一个或几个细分市场作为目标市场，就可以更加深入地研究这些市场需求的具体特点，集中人力、物力和财力，生产出满足目标市场需要的产品，从而取得更大的经济效益。

④有利于企业制定适当的营销策略，把有限的资源集中用在目标市场上，以取得最好的经济效益。一方面，企业在市场细分的基础上针对目标市场的特点制定战略，做到“知己知彼”；另一方面，企业只是面对一个或几个细分市场，可及时捕捉信息，按需求变化调整发展

策略。

2. 消费者市场细分

消费者市场上的需求千差万别，影响因素也是错综复杂的。对消费者市场的细分没有一个固定的模式，各行业、各企业都可根据自己的特点和需求，采用适宜的标准进行细分，以求得最佳的市场机会。常用的几个具有代表性的市场细分标准主要有地理环境、人口和社会经济状况、商品用途、购买行为等，每一个细分标准又包含不同的具体细分变数。

①地理环境。消费者所处的地理环境和地理位置，包括地理区域、地形、气候、人口密度、生产力布局、交通运输和通信条件等。按照地理环境细分市场称为地理细分。由于地理条件的不同，会形成不同的消费习惯和偏好，同时，市场潜量和营销费用也会因地理位置的不同而不同。

②人口和社会经济状况。人口和社会经济状况包括消费者的年龄、性别、家庭规模、收入、职业、受教育程度、宗教信仰、民族、家庭生命周期、社会阶层等。按年龄细分是各种市场细分中最普遍的方法，其适用范围比较广泛。

③商品用途。一是要分析商品用在消费者吃、喝、穿、用、住、行的哪一方面，二是要分析不同的商品是为了满足消费者的哪一类（生理、安全、社会、自尊、自我实现）需要，从而决定采用何种营销策略。

④购买行为。购买行为主要是从消费者购买行为方面的特性进行分析，如从购买动机、购买频率、偏爱程度及敏感因素（质量、价格、服务、广告、促销方式、包装）等方面判定不同的消费者群体。

3. 生产者市场细分

生产者市场的主要细分变量如表 5-1 所示。

表 5-1 生产者市场的主要细分变量

人口变量	①行业：我们应重点关注哪些行业会使用这种产品。 ②公司规模：我们应重点关注公司的规模是多大。 ③地理位置：我们应重点关注公司位于哪些地区
经营变量	①技术：我们应重点关注顾客所重视哪些技术。 ②使用者或非使用者情况：我们应重点关注顾客是经常使用者、较少使用者、首次使用者还是从未使用者。 ③顾客能力：我们应重点关注需要很多服务的顾客，还是只需少量服务的顾客
采购方法	①采购职能组织：我们应重点关注那些采购组织高度集中的公司，还是那些采购组织相对分散的公司。 ②权力结构：我们应侧重那些工程技术人员占主导地位的公司，还是财务人员占主导地位的公司。 ③与用户的关系：我们应选择那些现在与我们有牢固关系的公司，还是追求最理想的公司。 ④总的采购政策：我们应重点关注乐于采用租赁、服务合同、系统采购的公司，还是采用密封投标等贸易方式的公司。 ⑤购买标准：我们应选择追求质量的公司、重视服务的公司，还是注重价格的公司

续表

情况因素	①紧急：我们是否应重点关注那些要求迅速和突击交货或提供服务的公司。 ②特别用途：我们应将力量集中于本公司产品的某些用途上，还是平均花在各种用途上。 ③订货量：我们应侧重于大宗订货的用户，还是少量订货者
个性特征	①购销双方的相似点：我们是否应重点关注那些人员及价值观念与本公司相似的公司。 ②对待风险的态度：我们应重点关注敢于冒风险的用户，还是不愿冒风险的用户。 ③忠诚度：我们是否应该选择那些对本公司产品非常忠诚的用户

子任务 2 目标市场

工作任务

3~5 人组成一个小组，分工合作完成电动汽车的目标市场营销战略选择。针对本任务的子任务 1 中分类树得出的细分市场，选择目标市场评估每一个细分市场的吸引力，根据考虑的因素（企业的实力、产品差异性的大小、市场差异性的大小、产品生命周期的阶段、竞争者的战略），选择创业目标市场战略。

知识准备

1. 创业企业目标市场和目标市场营销

目标市场是指在需求异质性市场上，企业根据自身能力所确定的欲满足现有和潜在消费者群体的需求。

目标市场营销是指企业通过市场细分选择了自己的目标市场，专门研究其需求特点并针对其特点提供适当的产品或服务，制定一系列的营销措施和策略，实施有效的市场营销组合。

2. 创业企业的目标市场营销战略及其优缺点

创业企业目标市场营销战略主要有无选择（差异）性市场营销、选择（差异）性市场营销和集中性市场营销。

（1）无选择（差异）性市场营销

无选择（差异）性市场营销是指企业面对整个市场，只提供一种产品，采用一套市场营销方案吸引所有的顾客。它只注意需求的共性。

优点：生产经营品种少、批量大，节省成本，提高利润率。

缺点：忽视了需求的差异性，较小市场部分需求得不到满足。

（2）选择（差异）性市场营销

选择（差异）性市场营销是指企业针对每个细分市场的需求特点，分别为其设计不同的产品，采取不同的市场营销方案，满足各个细分市场上不同的需要。

优点：适应了各种不同的需求，能扩大销售，提高市场占有率。

缺点：差异性营销会增加设计、制造、管理、仓储和促销等方面的成本，会造成市场营销成本的上升。

（3）集中性市场营销

集中性市场营销是指企业选择一个或少数几个子市场作为目标市场，制定一套营销方案，集中力量为其服务，争取在这些目标市场上占有大量份额。

优点：由于目标集中能更深入地了解市场需要，使产品更加适销对路，故有利于树立和强化企业及产品形象，在目标市场上建立巩固的地位；同时由于实行专业化经营，可节省生产成本和营销费用，增加利润。

缺点：目标过于集中，把企业的命运押在一个小范围的市场上，有较大风险。

3. 影响创业企业目标市场营销战略选择的因素

上述三种目标市场营销战略各有利弊，它们各自适用于不同的情况，企业在选择营销战略时，必须全面考虑各种因素，权衡得失，慎重决策。影响其选择的因素主要有：

①企业的实力。

②产品差异性的大小。

③市场差异性的大小。

④产品生命周期的阶段。

⑤竞争者的战略。

子任务 3 市场定位

工作任务

3~5 人组成一个小组，分工合作完成电动汽车的市场定位。针对本任务的子任务 2 中确定的目标市场，为每个目标市场确定可能定位的方法，绘制出产品、价格、渠道、促销和定位的关系图；采用分工协作的方式，根据 STP 营销战略分析内容撰写报告，报告一般包括市场概括、市场细分、目标市场选择、市场定位、营销策略等部分。

知识准备

1. 创业企业市场定位

市场定位就是针对竞争者现有产品在市场上所处的位置，根据消费者或用户对该种产品某一属性或特征的重视程度，为产品设计和塑造一定的个性或形象，并通过一系列营销活动把这种个性或形象强有力地传达给顾客，从而确定该产品在市场上的位置。

创业企业的市场定位工作一般应包括以下 3 个步骤。

（1）调查研究影响定位的因素

适当的市场定位必须建立在市场营销调研的基础上，必须先了解有关影响市场定位的各种因素。这主要包括竞争者的定位状况、目标顾客对产品的评价标准、目标市场潜在的竞争优势。

（2）选择竞争优势和定位方法

企业通过与竞争者在产品、促销、成本、服务等方面的对比分析，了解自己的长处和短处，从而认定自己的竞争优势，进行恰当的市场定位。市场定位的方法很多，且还在不断开发中，一般包括以下 7 个方面。

①特色定位。即从企业和产品的特色上加以定位。

②功效定位。即从产品的功效上加以定位。

③质量定位。即从产品的质量上加以定位。

④利益定位。即从顾客获得的主要利益上加以定位。

⑤使用者定位。即根据使用者的不同加以定位。

⑥竞争定位。即根据企业所处的竞争位置和竞争态势加以定位。

⑦价格定位。即从产品的价格上加以定位。

（3）准确地传播企业的定位观念

企业在做出市场定位决策后，还必须大力开展广告宣传，把企业的定位观念准确地传播给潜在购买者。

2. 可供创业企业选择的市场定位战略

（1）“针锋相对式”定位

“针锋相对式”定位是指企业把产品定位在与竞争者相似的位置上，同竞争者争夺同一细分市场。实行这种定位战略的企业，必须具备如下条件：一是能比竞争者生产出更好的产品；二是该市场容量足够吸纳这两个竞争者的产品；三是比竞争者有更多的资源和实力。

（2）“填空补缺式”定位

“填空补缺式”定位是指企业寻找新的尚未被占领、但为许多消费者所重视的位置，即填补市场上的空位。

这种定位战略有两种情况：一是这部分潜在市场，即营销机会，没有被发现，在这种情况下，企业容易取得成功；二是许多企业发现了这部分潜在市场，但无力去占领，这就需要企业有足够的实力才能取得成功。

（3）“另辟蹊径式”定位

“另辟蹊径式”定位是指当企业意识到自己无力与同行业强大的竞争者相抗衡从而获得绝对优势地位时，可根据自己的条件取得相对优势，即突出宣传自己与众不同的特色，在某些有价值的产品属性上取得领先地位。

工作步骤

第一步：市场细分。确定电动汽车的市场细分变量，利用分类树的方法描述细分市场的轮廓。

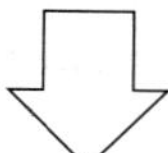

第二步：选择目标市场。根据第一步细分市场的结果，评估每一个细分市场的吸引力，根据考虑的因素，选择电动汽车的目标市场。

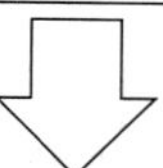

第三步：定位市场。针对上一步确定的目标市场，为每个目标市场确定可能定位的方法，绘制出电动汽车的产品、价格、渠道、促销和定位的关系图。

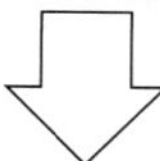

第四步：整理资料。根据以上 STP 营销战略分析，整理相关资料。

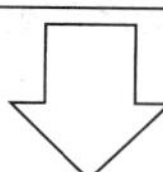

第五步：撰写报告。采用分工协作的方式，根据 STP 营销战略内容撰写战略分析报告。

工作评价与反馈

<table>
<tr><td>任务</td><td>存在的问题</td><td>改进措施</td></tr>
<tr><td></td><td></td><td></td></tr>
<tr><td colspan="3">收获与感悟：</td></tr>
<tr><td colspan="3">指导教师评语：

教师签名：</td></tr>
</table>

任务 3 市场推广

情境导入

农夫山泉维生素水沈阳地区推广方案

1. 目标

促进市场开发保持稳定增长，提高农夫山泉维生素水在沈阳地区的市场占有率，争取年销售额超过 1 000 万元。

2. 总体营销策略

面对市场上存在的挑战和机遇、劣势与威胁，应该综合运用产品策略、定价策略、渠道策略和促销策略等来推广农夫山泉维生素水。

3. 具体方案

（1）产品方案

产品层次：核心利益——健康；基本产品——维生素；期望产品——优质原料。

产品差异化：产品要想品牌化，必须与众不同而且要防止“特色疲劳”。农夫山泉维生素水与其他果汁饮料、碳酸饮料等相比，它的功能性细分很明确，是水饮料市场的一大发展。

产品线：农夫山泉维生素水 6 种经典口味的推出正好符合大众需求，不宜再开发更多的口味，因为人们更看重其功能性。这样，6 种经典口味的维生素水在水饮料市场将给人们留下深刻印象。

包装：包装是购买者对于产品的第一印象，能够让消费者接受或拒绝产品。

（2）价格方案

价格方案适当与否关系到产品能否顺利占领市场、打开销路，以至于取得较好的经济效益。价格存在需求和成本的内在关系，并受制于竞争程度。因此，价格的制定应以成本为基础，以需求为导向，以同类产品价格为参考。饮料市场追求速度营销，销量越高，单位成本越低，长期利润最高。

（3）渠道方案

农夫山泉维生素水应采取密集性分销。维生素水功能型饮料属于消费者经常购买的商品种类，且购买地点多样化。

（4）促销方案

人员推销：选择在大型超市进行推销，更加有针对性，能充分说服顾客，有效性高，能更好地为顾客讲解维生素水的功能和作用。

营业推广：在超市进行“买饮料，中大奖”的有奖活动，奖品全部为货真价实的产品，让顾客真正得到实惠。

广告：广告策略中，以电视广告为主。功能型饮料备受年轻人的青睐，而年轻人用于看电视的时间相对较多；电视广告能充分展示维生素水的属性。另外，鉴于其他媒体方式在某些方面有其独特的优势，农夫山泉可在公共场所投放维生素水广告海报，如运动场、办公大楼、健身房、汽车站等，同时也可在报纸上刊登广告。

公共关系：公共关系策略中选择献爱心活动，为希望工程捐款，担当社会责任，树立企业良好形象，创造有利于生存和发展的社会环境，扩大农夫山泉知名度，增加可信度。

问题思考：

对产品进行市场推广时一般应考虑哪些因素？

任务要求

查阅相关资料，并利用课余时间走访自己所在城市各大卖场，调查学生对农夫山泉维生素水的市场需求情况，对调研资料进行分析，利用 4P 理论对农夫山泉维生素水进入校园市场进行推广方案设计和促销方案的设计和制定。

子任务 1 制订推广方案

工作任务

3~5 人组成一个小组，分工合作完成农夫山泉维生素水进入校园市场推广方案的设计。首先根据 4P 理论设计推广方案思路；其次根据需求设计调研方案，整理调查结果，掌握购买者的购买动机，了解客户对饮料的关注点；最后设计并制定农夫山泉维生素水进入校园市场的推广方案。

知识准备

1. 制定推广方案步骤

制定推广方案通常包括 8 个步骤，如图 5–1 所示。

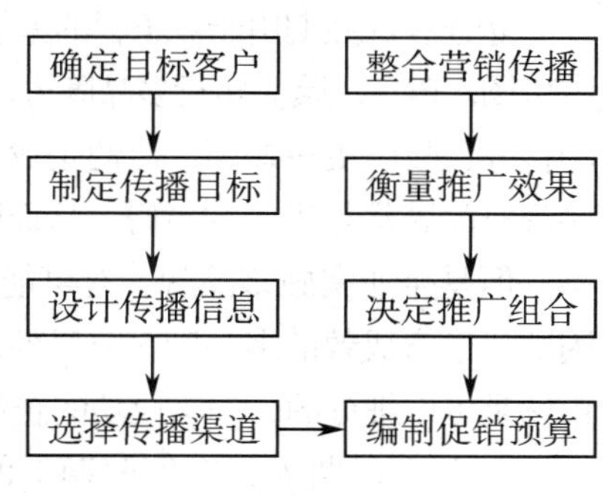

图 5–1 制定推广方案步骤

2. 4P 理论

①产品（product）：注重开发的功能，要求产品有独特的卖点，把产品的功能诉求放在第一位。

②价格（price）：根据不同的市场定位，制定不同的价格策略，产品的定价依据企业的品牌战略，注重品牌的含金量。

③渠道（place）：企业并不直接面对消费者，而是注

重经销商的培育和销售网络的建立，企业与消费者的联系是通过分销商进行的。

④促销（promotion）：企业注重销售行为的改变来刺激消费者，以短期的行为（如让利、“买一送一”、营销现场气氛等）促成消费的增长，吸引其他品牌的消费者或提前消费来促进销售的增长。

3. 创业企业不同阶段的营销组合策略

营销组合策略包含产品策略、价格策略、促销策略、营销渠道策略 4 个策略，如何巧妙地将这 4 个策略密切地组合，以树立企业品牌、达成销售是制定营销组合策略的目的。企业根据其不同成长阶段的成长特点，采取不同的营销组合策略，以适应企业成长各阶段的不同要求，达到企业营销战略目标。

（1）导入期的营销组合策略

在导入期，如果企业选择建立自己的品牌，就要在创业一开始树立极强的品牌意识，对品牌进行全面的规划，在企业的经营、管理、销售、服务、维护等方面都以创立品牌为目标，不仅依赖传统的战术性方法，如标志设计和传播、媒体广告、促销等，更侧重于品牌的长远发展。因此，企业在创业期除了要尽快打响品牌的知名度以外，关键的问题是要确立品牌的核心价值，给顾客提供一个独特的购买理由，并力争通过有效的传播与沟通让顾客知晓。

（2）成长期的营销组合策略

当创业企业步入成长期时，提高品牌的认知度、强化顾客对品牌核心价值和品牌个性的理解是企业营销的重点。其中最重要的途径是加强与顾客的沟通。顾客是通过各种接触方式获得信息的，既有通过各种媒体的广告、产品的包装、商店内的推销活动，又有通过产品接触、售后服务和朋友口碑的营销，因此，企业要综合协调地运用各种形式的传播手段，来建立品牌认知，为今后步入成熟期打下良好的基础。建立、提高和维护品牌认知是企业争取潜在顾客、提高市场占有率的重要步骤。

（3）成熟期的营销组合策略

企业进入成熟期，在市场已经占据一席之地，但由于竞争者的大量加入和产品的普及，竞争变得尤为激烈。企业应该根据成熟期的市场、产品、竞争特点，提高企业品牌的忠诚度，进行适当的品牌延伸。

企业在成熟期由于竞争者的大量涌入，可通过建立品牌组合，实施多品牌战略，尽可能多地抢占市场，避免风险。实行多品牌可以使每个品牌在顾客心中占据独特、适当的位置，迎合不同顾客的喜好，吸引更多顾客，能使企业有机会最大限度地覆盖市场，使竞争者感到在每一个细分市场的现有品牌都是进入的障碍，从而限制竞争者的扩展机会，有效地保证企业维持较高的市场占有率。但是企业实施多品牌，有可能会面临与自己竞争的危险，抢自己原有品牌所占的市场份额。因此，最有成效的多品牌策略是使新品牌打入市场细分后的各个细分市场中。这种策略的前提是市场是可以细分的，一个成功的企业往往会利用市场细分为重要的新品牌创造机会。

（4）衰退期（二次创业期）的营销组合策略

在这个阶段，企业应着眼未来，退出衰退期产品的竞争，把精力投入到开发新产品上。

企业可实施品牌重新定位、品牌创新等策略重新进入市场。

子任务 2 制订促销方案

工作任务

3~5 人组成一个小组，分工合作完成农夫山泉维生素水进入校园市场的促销方案设计。首先确定促销目标，选择促销方法，完成促销方案思路设计；其次制定一份农夫山泉维生素水进入校园市场的促销方案。

知识准备

1. 促销

（1）促销的概念及目的

促销是指企业通过各种有效的方式向目标市场传递有关企业及其产品（品牌）的信息，以启发、推动或创造目标市场对企业产品和服务的需求，并引起购买欲望和购买行为的一系列综合性活动。因此，促销的实质是企业与目标市场之间的信息沟通，促销的目的是诱发购买行为。

（2）促销的作用

促销在企业经营中的重要性日益显现，具体来讲有以下几个方面的作用：提供信息，疏通渠道；诱导消费，扩大销售；突出特点，强化优势；提高声誉，稳定市场。

2. 推广方法

具体的市场推广方式如表 5–2 所示。

表 5–2　市场推广方式

广告	营业推广	公共关系	人员推销	直复营销
影视广告	抽奖	报纸稿件	对组织推销	目录销售
广播广告	竞赛与游戏	演讲	对个人推销	邮购
户外广告	赠品	研讨会	展销会	网上销售
海报和传单	样品	慈善捐款	销售会议	电话销售
包装广告	赠券	出版物		电视购物
店堂陈列广告	折扣	年度报告		电子邮件
小册子	展销会	游说		传真
		企业刊物		
		事件		
		关系		

工作步骤

第一步：农夫山泉维生素水进入校园市场的推广方案目标确定。一般一次市场活动仅能达到 1~2 个目标，目标太多则效果不佳，而且整个方案所有流程必须围绕目标发展。整个方案的灵魂在于是否能够实现目标。

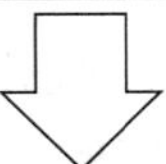

第二步：农夫山泉维生素水进入校园市场的推广方案设计和制定。根据确定的目标和推广方案步骤，设计并制定推广方案。

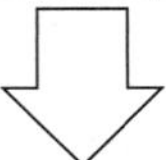

第三步：农夫山泉维生素水进入校园市场的促销方案设计。根据方案定位，策划相应的主题，确定促销目标，选择促销方法，设计促销方案。

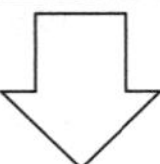

第四步：农夫山泉维生素水进入校园市场的促销方案制定。根据设计的促销方案思路，制定促销方案。

工作评价与反馈

<table>
<tr><td>任务</td><td>存在的问题</td><td>改进措施</td></tr>
<tr><td></td><td></td><td></td></tr>
<tr><td colspan="3">收获与感悟：</td></tr>
<tr><td colspan="3">指导教师评语：

教师签名：</td></tr>
</table>

任务 4 广告策略选择

情境导入

小米手机广告策划书

1. 目标市场

目标人群为各类爱好玩手机的人群。

2. 产品定位

①专为年轻人量身打造的娱乐手机。

②让你随时随地享受“移动小米”带来的无限乐趣，并通过“米聊”表达情感，通过“米聊”认识、结交更多的朋友。

③产品定价为 1 999 元。年轻人的经济能力不足，但是追求时尚，消费欲望强，而这个价位在他们所承受能力范围之内。

3. 广告目标

①支持最新系列小米手机上市信息宣传。

②介绍“小米，更省心”的概念。

③建立小米手机的领导地位。

4. 产品推广

采用明星策略，运用时尚元素，张扬青春活力，唤起娱乐的力量，吸引年轻消费者的眼光，通过对“小米，更省心”广告宣传口号的推广，促进小米手机的销售，用富有创意的电视广告与吸引眼球的大幅户外广告引起受众的注意与购买欲望。

5. 广告宣传

对“小米，更省心”广告宣传口号的推广，让小米手机的娱乐理念深入人心，加深受众对小米手机的熟悉程度，维护并提升小米手机的知名度与市场地位，有效地传达创意的信息。

小米娱乐星球主题活动：建造一个体验馆，让人们感受游戏的魅力，同时达到宣传用小米手机玩游戏时的感受。

小米手机展：举办一个小米手机展览会，邀请相关媒体参加，同时在会展中加入“小米巨型米粒”，用以吸引人们的眼球。

6. 售后服务

小米手机联合创始人黎万强在媒体沟通会上曾表示，小米手机遵守国家三包（包修、包换、包退）政策，售后采用上门退换货、返厂维修的方式。用户在电话联系小米客户服务热线确认手机需要返厂维修后即可由快递上门取货。并且，小米后续开放了一些自检点帮助用户检测出现问题的手机是否需要返厂维修。

在销售方面，黎万强曾在微博表示，小米的一些合作公司（如金山、凡客、多玩等）的员工少量以内部员工价格购买机器的资格，不会影响正常的量产发货。小米手机总裁兼联合创始人雷军也曾在微博上强调“总体数量会严格限制”（指内部员工机）。

黎万强当时在沟通会上表示小米手机首批量产有 5~10 万部，靠后的部分消费者可能过段时间才能排到。同时，部分消费者关心的小米手机原生安卓操作系统方面，沟通会现场的技术人员表示小米会提供下一个版本的原生安卓操作系统（Icecream）给小米手机。

由于小米手机采用的是线上销售的模式，在售后服务方面有哪些保障自然也为人所关注。根据黎万强在媒体见面会上接受记者采访时表示，小米手机即使完全通过线上销售也同样会遵循国家三包政策，7 天包退，15 天包换。

7. 创意设计提案

以电视和大型户外平面广告为主，力求在视觉上对消费者形成强大的震撼力和冲击力，向消费者介绍一种“小米，更省心”的概念，并让这种概念可以深入人心。

创意一：电视广告中小米娱乐星球场景，一开始音乐星球还是那么的平静，人们依然享受着属于他们自己的音乐生活，但是忽然有一群入侵者攻击了这个星球，人们很慌张地在逃跑，正当入侵者得意扬扬时，忽然一个小米字符穿过其中一个入侵者的胸口，那个入侵者就随着消失了。镜头转到另一边，原来音乐星球上的居民都可以把自己手上的小米音乐手机作为一种武器，用手机发射出来的音符去攻击入侵者。一会儿，入侵者全部被消灭，人们都举着小米手机在欢庆胜利。（这个场景表现了小米音乐手机强大的震撼力，用小米字符更好地将“小米，更省心”这个概念表达了出来，又不会过于直白）。

创意二：电视广告场景一开始是一个宽敞明亮的房间，一位漂亮的妈妈坐在桌前对着小米的品牌标识思考，接着跑进来一个小女孩，问道：“妈妈，你在看什么呢？这么入神。”妈妈说：“我在思考工作的事儿，你自己先玩会儿哦！”后来，小女孩拿起桌上印有小米品牌标识的纸，说道：“咦？妈妈这个心字怎么少一点啊？”妈妈对小女孩微笑着说：“小米，更省心。”最后画面上仅留下“小米，更省心”6 个字。

创意三：平面广告“小米让一切更轻松”是一个系列广告，有 4 个用小米手机来表现的场景。第一个场景是一个人看起来很认真地在学习，脸上表情很专注，但是也透露出一丝痛苦的味道。仔细一看，他的后脑有一扇门打开了，那是一扇长方形的门，门口站着一个小人（一开始出现的那个学习的人的袖珍版），小人手上的手机屏幕上显示“百度”二字，看起来很轻松，和痛苦学习的那个“大人”形成鲜明的对比，在画面中出现了“小米，上网更轻松”的广告词。第二个场景是一个人正在会议室里开会，向同事们发表一些观点，可是他的脑后同样打开了一扇门，门口那个小人将手机与会议室的大屏幕连接，一切轻松简单。第三个场景是一个人正在被老婆数落，与此同时，背后的小人却在玩游戏。第四个场景是一个人在旅游时，背后的小人在发微博。这个平面广告想表现小米手机可以让我们的工作、生活变得轻松、舒服，同时告诉大家，手机是我们生活的一部分，我们的生活随处都能用到手机。

问题思考：

广告在营销策划中具有什么作用？

任务要求

查阅相关资料，并利用课余时间，通过网络、电视查找你喜欢的广告，学习广告创作和设计相关知识，设计电动汽车的广告语，在班里进行电动汽车广告语设计比赛，并设计和制订一份电动汽车的广告策划方案。

子任务 1　设计广告语

工作任务

10~15 人组成一组，并选出一名组长作为主持人，利用辩论赛、头脑风暴法进行电动汽车的广告语“大比拼”，比拼内容包括广告的创意新颖性、广告的适合度等；整理比赛结果，评选出 5~7 个优秀的广告语。

知识准备

1. 广告的概念和种类

（1）广告的概念

广告作为一种传递信息的活动。它是以促进销售为目的，通过一定形式的媒体，并消耗一定的费用，公开而广泛地向公众传递有关商品或劳务等有关信息的宣传手段。

（2）广告的种类

根据不同的划分标准，广告有不同的种类。

1）根据内容和目的划分

根据内容和目的划分，广告分为商品广告和企业广告。

商品广告是指针对商品销售开展的大众传媒活动。按照具体的广告目标不同可以分为 3 类。

①开拓性广告：又称报道性广告。该广告以激发顾客对产品的初始需求为目标，适用于产品的导入期，用来向顾客传递产品的用途、性能、质量、价格等有关信息，以促使新产品进入目标市场。

②劝告性广告：又称竞争性广告。该广告是以激发顾客对产品产生兴趣，增进“选择性需求”，适用于进入成长期和成熟前期的产品。

③提醒性广告：又称备忘性广告或加强性广告。该广告目的在于提醒顾客，使其产生

“惯性”需求，适用于已进入成熟后期或衰退期的产品。

企业广告又称商誉广告。企业广告的目的是提高企业的声望、名誉和形象，以利于销售产品。企业广告注重宣传、介绍企业的品牌、商标、厂址、厂史、生产能力、服务项目等情况。

2）根据广告传播的区域划分

根据广告传播的区域划分，广告分为全国性广告和地区性广告。

2. 广告媒体

广告媒体也称广告媒介，是广告主与广告接受者之间的连接物质。它是广告宣传必不可少的物质条件。广告媒体并非一成不变，而是随着科学技术的发展而发展。科技的不断进步必然使广告媒体的种类越来越多。

（1）广告媒体的种类

为了正确地选择广告媒体，必须首先了解广告媒体的种类及其特点。

①报纸。报纸具备时效性强、发行面广、便于保存和查阅等特点，可以传达复杂的信息，而且广告费用相对低廉。报纸广告的缺点是艺术表现力不强，广告的注意度较差。报纸按出版时间分成日报、晚报、周报，并按报纸内容分成综合性和专业性等种类。报纸一般地域性很强，大多数报纸与广大消费者的生活密切相关，更适合用来传达消费类的信息。值得注意的是，年轻人随着屏幕阅读时间的增加似乎正在失去阅读报纸的习惯，报纸的流通量也在逐步下降。

②杂志。杂志印刷精美，信息容量大，易保存，针对性强，因为其目标人群清晰，能发展出忠实的关注某一领域内容的订阅者。但出版周期较长，发行范围也有限。我国有上万种期刊，可分为周刊、半月刊、月刊、双月刊、季刊及年刊。专业领域分布广泛，从政治、经济、军事到文化、教育、生活、娱乐等方面，有些是完全专业性的，有些是综合性的。杂志广告中封面和封底的价值最大，其次是封二、封三，中间插页及其他部位。

③广播。广播的特点时效性很强，而且收听便利，不受时空限制，但信息容量较小，而且不易保存。广播是我国覆盖面最广、消息传递最迅速的媒体。广播广告完全可以通过语言和音响效果来表达广告的意境，要求广告语言自然、简短易记，并要求有很高的播音技巧。因汽车普及和交通拥堵日益严重，人们在车里的时间增加，收听广播的时间就会增加。当然，这种增加会部分被车载音乐的作用抵消。

④电视。电视可集声、像于一体，艺术感染力强，覆盖面广，传播速度快，具有很强的吸引力，是一种注意度最高的媒体广告。其缺点是时间有限，不易保存，不易传达较为复杂的信息，而且广告费用昂贵。当然，作为现代社会信息传播中独具魅力的工具，电视广告效果也是最为明显的。电视广告的表现形式主要有故事式、名人推荐式、解决问题式、引证式、示范式、警示式、赋予广告以生命力的幽默式等。随着很多消费者转向互联网，电视的关注度逐渐下降。

⑤互联网。互联网兼具上述几种传统媒体的优点，如时效性强、艺术表现力强、发行范围广等，而且还具有易于定点投放、易于评估广告效果等传统媒体不具备的优势。互联

网广告是一种近年来广受欢迎的广告形式。随着互联网环境下年轻人逐渐成长，其关注度大大增加。

⑥其他媒体。其他媒体包括广告牌、霓虹灯、灯箱、橱窗、壁画等户外广告媒体。它们能引人注目，而且可以长期保存，反复宣传，但由于不能移动，传播面和影响面较小，适合影响固定的目标人群。

此外，信函、包装袋、商品目录、人体等都可以作为广告宣传的重要媒体。目前还有用气球、飞艇做媒体的广告。广告媒体正在向多样化和现代化的方向发展。

3. 广告媒体的选择

如上所述，各种广告媒体都有它的优缺点，企业对广告媒体必须进行认真选择，以保证广告信息能得到有效传播，广告的费用能得到合理使用。

（1）目标顾客的喜好

企业应该根据目标顾客的特征来选择广告媒体。例如，对妇女用品的广告，女性杂志和电视广告效果较好，对学龄前儿童的广告，最好的媒体是电视。

（2）产品种类

企业应该根据不同的产品特征选择广告媒体。针对生产资料和消费品、高技术性能产品和一般性产品应分别选用不同的媒体。例如，对复杂的技术产品，在专业性杂志或用样本做广告效果较好；服装广告，选择彩色印刷杂志广告最有吸引力。

（3）媒体的传播范围

不同的媒体传播范围大小不同，市场的地理范围也影响媒体的选择。畅销全国的产品宜在全国性的报刊、电台和电视上做广告。如果产品只适合在某一地区销售，显然，应选择地方性报纸或其他广告媒体。

（4）媒体的影响力

报刊的发行量，广播、电视的听众、观众的数量、媒体的频率及声誉是媒体影响力的标志，媒体的影响力应能够到达目标市场的每个角落，但超出目标市场的广告又是浪费，不同媒体的影响力不同。如果广告信息只要求听到，就可以选择广播为媒体；如果不仅要看到，还希望保留较长时间，那就选择广告牌、霓虹灯、橱窗陈列等媒体；如果不仅要听到、看到，还要动作表现，那就必须选择电视等媒体。

（5）媒体的时效性

广告媒体时间点的选择不同，效果不同，费用也不同。对广播、电视媒体来说，每天选择播放的时间段不同，效果有很大的不同。另外，许多产品的销售是有季节性的，不要在全年平均使用广告，应注意其时效性。

（6）媒体的成本

各种广告媒体的效果不同，费用也不同，广告活动应考虑效果与费用的关系，既要使广告达到理想的效果，又要考虑企业的负担能力。力求在一定的预算条件下，达到最好的广告效果。

4. 广告的创作和设计

除了恰当地选择广告媒体，广告宣传效果在很大程度上取决于广告的创作和设计。广告的设计应遵循的原则有真实性、社会性、针对性（最关键的因素是诉求主题）、感召性、简明性和艺术性。同时，针对产品所处生命周期时段的不同，企业应该设计不同的广告。具体来说，导入期可以设计开拓性广告；成长期可以设计竞争性广告或说服性广告；成熟期可以设计刺激需求、促进销售的广告；衰退期可以设计理性诉求的广告。

广告的创作和设计是一门重要艺术，主要包括主题、文案、画面和技术 4 个方面。

（1）主题

主题即广告的中心思想，体现了广告目标的核心，对广告的全部创作和设计起主导作用，因此在文案、画面、技术中都必须围绕主题，突出主题，而不应让一些同主题无关或关系不大的内容占太多的分量，以免冲淡广告的主题，分散顾客的注意力，从而削弱广告的效果。

（2）文案

文案是对广告信息的具体表现方式，它是在广告目标和主题确定的前提下，对如何表达广告主题的形式、语气、用词及版式等具体方面进行的文字或语言描述。一般包括以下 3 个方面的内容。

①广告标题是指出现在广告开头，用以对广告的内容加以提示的醒目语句。

②广告正文是指具体表现广告内容的各种文字材料，可以是说明文、对话、诗歌、小品等各种体裁和形式。广告正文应当言简意赅，简明扼要，切忌冗长地堆砌辞藻，应以尽量少的语言表达尽量多的信息。

③广告口号也称广告语，是指对企业或产品特征进行高度概括的标志性短语。例如，白丽美容香皂广告中的“今年 20，明年 18 。”广告口号同广告标题的主要区别在于：前者是企业或产品的一种标志，无论广告内容如何变化，口号一般不变；后者只是广告内容的提示，可随广告内容的变化而变化。

（3）画面

画面是用以配合文字对广告主题和内容进行形象化表现的方式，它是用图画、色彩及版面布局等形象化的视觉语言对广告的主题和内容加以表现。其目的是增强美感和吸引力，提高广告的宣传效果。

（4）技术

技术主要是指用以实施广告艺术表现形式的技术手段。例如，广告装潢材料的选用，广告模具的制作，电学、化学、机械动力等原理在广告制作上的应用等。广告的技术手段不仅可以提高对广告信息的表现力，增加吸引力，还可能在一定程度上降低广告的制作成本，因此也是广告创作和设计的重要方面。

总之，广告创作和设计是一种艺术，不仅是宣传企业和产品，还应当给人很高的艺术享受。要使人们得到启发、受到感染，留下深刻印象，广告创作和设计要不断创新，要有新的构思和格调，才能对消费者形成强烈刺激，引发其购买欲，从而促进商品销售。

子任务 2 撰写广告策划方案

工作任务

10~15 人组成一个小组，并选出一名组长进行任务分工。首先确定电动汽车广告策划目标；其次制定市场调研问卷，问卷内容主要包括广告语的选择、目标群体的确定、广告时间的确定等方面；最后整理调研结果，制订一份电动汽车的广告策划方案。

知识准备

1. 广告策略策划步骤

广告策略策划步骤包括：

①确定广告目标。

②确定广告预算。

③广告信息的选择。

④广告媒体的选择。

2. 广告效果的测定

（1）广告促销效果的测定

广告促销效果，也称广告的直接经济效果，反映了广告费用与商品销售量之间的比例关系。广告促销效果的测定是以商品销售量增减幅度作为衡量标准的。但是单纯地以商品销售量的变动来评定广告效果并不全面。测定方法主要有如下几种。

①广告费用占销率法：

$$广告费用占销率 = [广告费 / 销售量（额）] \times 100\%$$

$$广告费用增销率 = [销售量（额）增长率 / 广告费用增长率] \times 100\%$$

②单位费用促销法：

$$单位广告费用促销额（量）= 销售额（量）/ 广告费用$$

$$单位广告费用增销量（额）= [报告期销售量（额）- 基期销售量（额）] / 广告费用$$

（2）广告本身效果的测定

广告本身效果主要指广告对目标市场消费者引起心理效应的大小，包括对商品信息的注意、兴趣、情绪、记忆、理解、动机等。广告本身效果的测定指标主要有知名度、注意度、理解度、记忆度、视听率、购买动机。

常用的测定方法主要有价值序列法、配对法、评分法。

工作步骤

第一步：设计电动汽车广告语。了解企业文化、挑战灵感、创意经典，语言独特，符合产品特性。需要配上文字说明，诠释广告语的含义。

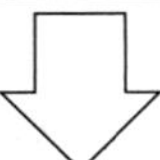

第二步：开展电动汽车广告语评比活动。通过辩论赛、头脑风暴法进行评比活动。主要根据其创意、适合度等方面进行打分。评选出 5~7 个优秀的广告语以备用。

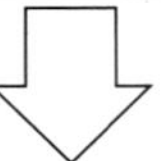

第三步：实施电动汽车广告策划调研。调研内容主要针对评选出的优秀广告语的选择和评价，确定广告目标群体和广告时间等。

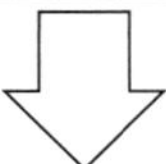

第四步：对调研结果进行整理分析。对结果进行分类、排序、汇总，评选出 1~2 个选择率较高的广告语。

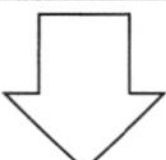

第五步：制定一份电动汽车的广告策划方案。方案一般包括广告目标策划、创意分析、策划核心、广告活动策划提案、媒介选择、广告实施、效果评价等部分。

工作评价与反馈

<table>
<tr><th>任务</th><th>存在的问题</th><th>改进措施</th></tr>
<tr><td></td><td></td><td></td></tr>
<tr><td colspan="3">收获与感悟：</td></tr>
<tr><td colspan="3">指导教师评语：

教师签名：</td></tr>
</table>

任务 5 网络营销

情境导入

某网的网络营销推广方案

推广目标：通过本次网络营销推广，增加受众人群，在业界形成广泛的知名度，达到品牌宣传的作用；通过本次网络营销推广，可以清楚地看到各种推广方式所起的作用，分析受众人群，为下一步大力度推广打好基础。

推广周期：6 月 4 日—9 月 9 日。

推广途径：

①微博推广。微博每天发布 1~2 条公司动态，通过意见领袖微博对官方发布的公司动态进行转发，转发量预计 500 次 / 日，预计受众 5 000 人 / 日。

②问答平台。百度知道、爱问知识人、搜狗问问、天涯问答等专业问答平台，每天在 5 个专业领域进行问题问答，受众在推广期预计可以达到 2 000 人 / 日，并且效果持续时间能达到 1 年左右。

③圈子营销。每日进行 5 个专业 QQ 群、微信群投放，每日受众约 1 000 人。

④电子邮件营销。利用某网资源，整合专业人群数据进行电子邮件营销，投放总量 20 000 份，预计阅读率可达 50%，影响的精准受众约在 10 000 人以上。

⑤百度百科。建立自己的形象百科词条，并在专业领域词条中植入企业宣传。

⑥视频营销。通过“病毒”视频、事件创意视频、视频整合传播三大视频营销策略，通过十万级的传播量，快速提升品牌知名度，提升品牌形象。

推广目标和效果：企业本阶段网络营销推广完成后，应完成 45 篇推广内容及 2 期推广专题，企业品牌核心关键词（某网）的搜索引擎收录量将至少增长约 50%，在目标受众中的关注度将获得极大提升，所影响的目标受众数量将突破 100 万，有效地在目标客户群体中传递所推广的品牌和服务的知名度。

费用：10 万元。

问题思考：

哪些商品适合采用网络营销推广？

任务要求

查阅相关资料，并利用课余时间在淘宝网注册一个淘宝网店，调查本网店的客户需求情况。对得到的基础数据进行整理分析，分别撰写一份网店的网络营销策略分析报告和网店的网络营销策划书。

子任务 1 注册网店

工作任务

8~10 人组成一个小组，分工合作完成注册网店任务。首先制定网店方案，明确经营产品及采用的网络营销策略；其次了解顾客需求，掌握顾客的购买时间，利用网络在淘宝网上按照步骤进行网店注册；最后撰写一份网店网络营销策略分析报告。

知识准备

网络营销是企业整体营销策略的一个部分，是为实现企业总体经营项目进行的，以互联网为基本手段营造网上经营环境的各种活动。

1. 搜索引擎营销

搜索引擎营销是目前最主要的网站推广营销手段之一，尤其是基于自然搜索结果的搜索引擎推广，它是免费的，对于大学生创业企业来讲至关重要，搜索引擎营销也成为网络营销方法体系的主要组成部分。搜索引擎营销的主要方法包括竞价排名、分类目录登录、搜索引擎登录、付费搜索引擎广告、关键词广告、搜索引擎优化、地址栏搜索、网站链接策略等。

2. 即时通信营销

即时通信营销又叫 IM（instant messaging）营销，是企业通过即时工具 IM 帮助创业企业推广新产品的一种手段，常用的主要有以下两种情况：第一种是网络在线交流，创业企业注册网店或者建立企业网站时一般都会有即时通信在线，潜在的客户如果对你的产品或服务感兴趣会主动在线和商家联系；第二种是广告营销，创业企业可以通过 IM 营销工具，发布一些新产品信息和推广信息，或者可以发布一些网友喜闻乐见的表情，同时加上企业要宣传的标志。

3. 网络病毒式营销

网络病毒式营销是一种常用的网络营销方法，常用于新网站和新品牌推广等。病毒式营销利用的是用户口碑传播原理。在互联网上，这种口碑传播更为方便，可以像病毒一样迅速蔓延，因此，病毒式营销对于创业企业是一种高效的信息传播方式。

4. 论坛营销

论坛营销又称 BBS（bulletin board system）营销，利用论坛这种网络交流平台，通过文字、图片、视频等方式传播企业品牌、产品和服务的信息，从而让目标客户更加深刻地了解企业的产品和服务，最终达到宣传企业品牌、产品和服务的效果，从而加深市场认知度。

5. 网络博客营销

网络博客营销是通过博客网站或博客论坛接触博客作者和浏览者，利用博客作者个人的知识、兴趣和生活体验等传播商品信息的营销活动。

6. 聊天群组营销

聊天群组营销是即时通信工具的延伸，具体是指利用各种即时聊天软件中的群功能展开的营销，目前的群有 QQ 群、微信群、阿里旺旺群等，聊天群组营销时借用即时通信工具具有成本低、即时效果和互动效果强的特点，广为企业采用。

7. 网络知识性营销

网络知识性营销是利用“百度知道”“百度百科”或企业网站自建的疑问解答板块等平台，通过与用户之间提问与解答的方式来传播企业品牌、产品和服务信息。网络知识性营销主要是因为扩展了用户的知识层面，让用户体验企业和个人的专业技术水平和高质量服务，从而对企业和个人产生信赖和认可，最终达到传播企业品牌、产品和服务信息的目的。

8. 网络事件营销

网络事件营销是企业、组织主要以网络为传播平台，通过精心策划，实施可以让公众直接参与并享受乐趣的事件，并通过这样的事件达到吸引或转移公众注意力，改善、增进与公众的关系，塑造企业、组织良好的形象，以谋求企业更大效果的营销传播活动。

9. 网络口碑营销

网络口碑营销是把传统的口碑营销与网络技术有机结合起来的新的营销方式，利用互联网互动便利的特点，通过消费者或企业销售人员，以文字、图片、视频等口碑信息与目标客户进行互动沟通，两者对企业的品牌、产品、服务等相关信息进行讨论，从而加深目标客户的印象，最终达到网络营销的目的。网络口碑营销是第二代互联网中最有效的传播模式。网络口碑营销在国际上已经盛行了很久，美国有专门的协会对此领域进行专门、权威的探讨。

10. 网络直复性营销

网络直复性营销是指生产厂家通过网络，直接发展分销渠道或直接面对终端消费者销售产品的营销方式。例如，企业对消费者的电子商务模式（business to customer，B2C）、企业间的商务活动（business to business，B2B）等。

11. 网络视频营销

网络视频营销是指企业将各种视频短片以各种形式放到互联网上，达到宣传企业品牌、产品及服务信息目的的营销手段。网络视频广告的形式类似于电视视频短片，它具有电视短片的各种特征。

12. 网络图片营销

网络图片营销就是企业把设计好的有创意的图片，在各大论坛、博客和即时聊天工具等进行传播或通过搜索引擎自动抓取，最终传播企业品牌、产品和服务等信息，达到营销的目的。

13. 网络软文营销

网络软文营销又称网络新闻营销，通过门户网站、地方或行业网站等平台传播一些具有阐述性、新闻性和宣传性的文章，包括一些网络新闻通稿、深度报道、案例分析等。网络软文营销把企业、品牌、人物、产品、服务、活动项目等相关信息以新闻报道的方式，及时、全面、有效、经济地向社会公众进行广泛传播的新型营销方式。

14. RSS 营销

RSS（rich site summary，丰富站点摘要）营销又称网络电子订阅杂志营销，是指利用 RSS 这一互联网工具传递营销信息的网络营销模式。RSS 营销的特点决定了其比其他邮件列表营销具有更多的优势，是对邮件列表的替代和补充。

15. SNS 营销

SNS（social networking services，社会性网络服务）营销是利用 SNS 网站的分享和共享功能，在六维理论[①] 基础上实现的一种营销。通过病毒式传播，让企业的品牌、产品和服务等信息被更多的人知道。

子任务2 撰写网络营销策划书

工作任务

8~10 人组成一个小组，合作完成网络营销策划书任务。首先根据要求查找相关资料制定策划目录；其次利用课余时间进行淘宝网络购物调研，整理调研结果；最后撰写一份注册淘宝网店的网络营销策划书。

知识准备

1. 网络营销实施的过程

网络营销实施过程如下。

①通过确定合理的目标，明确界定网络营销的任务。

②根据营销任务，确定营销活动的内容。

③申请域名，创建全面反映营销活动内容的网页。

④与互联网连接。

⑤发掘信息资源，广泛收集网上信息。

⑥树立网上企业形象。

⑦开展网上市场调研。

⑧在网上推销产品与服务。

⑨与客户沟通，通过网络收集订单。

① 六维理论即管理的 6 个维度，包括文件管理、信息管理、知识管理、艺术管理、权变管理、整合管理。

⑩将上述信息反馈给企业决策和生产部门。

⑪通过网络与分销商联系。

⑫促进在线销售。

⑬使网络营销与企业管理融为一体，形成网络营销集成。

2. 网络营销策划书的组成部分

网络营销策划书的组成部分主要包括：

①网络营销策划书的封面。

②网络营销策划书的正文。其主要包括摘要、策划目的及对策划内容的简要说明等。

③网络营销策划目录。其是指策划书正文前所载的目次。

④网络营销策划前言。其包括策划经过的说明；策划内容的详细说明；策划实施步骤及各项具体分工（时间、人员、费用、操作等）；策划的期望效果与预测效果；策划中的关键环节；策划实施中应注意的事项。

3. 网络营销策划书的附录

网络营销策划书的附录包括可供参考的文献与案例；如有第二、第三备选方案，列出其概要；其他与策划内容相关的事宜。

工作步骤

第一步：制定开设网店的方案。明确经营产品及采用的网络营销策略，了解顾客需求，掌握顾客的购买时间，制定网店方案。

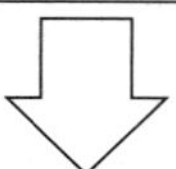

第二步：利用网络在淘宝网上注册一家网店。依据网店方案进行网店注册。

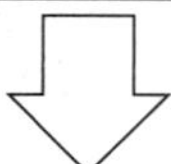

第三步：撰写一份网店的网络营销策略分析报告。分析多种网络营销策略手段，选择适合自己淘宝网店的网络营销策略，并撰写一份网络营销策略分析报告。

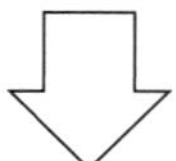

第四步：撰写网店网络营销策划书。依据淘宝网购物调研结果撰写网络营销策划书，网络营销策划书一般包括策划内容的详细说明，策划实施步骤及各项具体分工（时间、人员、费用、操作等）策划的期望效果与预测效果。

工作评价与反馈

任务	存在的问题	改进措施
收获与感悟：		
指导教师评语： 教师签名：		

项目小结

市场营销主要是以满足人的需求为目的的一种交换活动。企业作为交换体系中的一员，必须以顾客的存在为前提，本项目主要让学生学会如何制订合理的营销计划、市场推广计划，如何选择及运用恰当的广告策略、营销渠道策略及网络营销策略。

巩固与提高

一、单项选择题

1. 采用无选择（差异）性营销战略的优点是（　　）。

A. 市场占有率高　　B. 成本的经济性高

C. 市场适应性强　　D. 需求满足程度高

2. 集中性市场策略尤其适合（　　）。

A. 跨国公司　　B. 大型企业

C. 中小型企业　　D. 超大型企业

3. 市场细分是 20 世纪 50 年代中期美国市场营销学家（　　）提出的。

A. 基恩・凯洛西尔　　B. 鲍敦

C. 温德尔・史密斯　　D. 菲利普・科特勒

4. 下列选项不属于消费者市场细分依据的是（　　）。

A. 地理细分　　B. 人口细分

C. 最终用户　　D. 行为细分

二、判断题（以下说法是否正确，若有错误请改正）

1. 产品差异化营销是针对各种不同的消费需求设计的。（　　）

2. 市场细分是选择目标市场的目的和归宿。（　　）

3. 与产品市场生命周期阶段相适应，新产品在导入阶段可采用无选择（差异）性营销策略。（　　）

4. 分销渠道一般是指参与了商品所有权转移或帮助交易达成的一系列中间商。（　　）

5. 运输与储存是产品实体分销的主要内容。（　　）

三、实训题

1. 实训一：情境模拟

爱华商场召开中层以上管理人员会议，发言内容如下：

同志们，商场目前正面临一场严峻的挑战。一、最近公安局已将商场所处地段划为汽车禁行区，该措施推行后，原来用汽车来店进货的集团单位已不再露面；二、半个月前，距商场约 600 米的另一条大街上，一家新的以经营高档商品为主的豪华商场开业，抢夺了我们大量生意；三、半年多来，全市小商、小贩越来越活跃，已成为商场原有市场的“蚕食者”，这次会议主要研究应变对策，现在请商场主管经营的副总经理先谈谈意见。

（1）实训项目

模拟商场主管经营的副总经理讲话，讲话要点如下：

①针对交通管制，可采取送货上门，稳住老客户，并通过送货上门这一优惠条件，吸引更多新客户，变不利为有利。

②针对竞争对手以经营高档商品为主的特点，可考虑调整经营结构，适当增加中、低档商品经营，抢占中、低档商品市场；在高档商品经营上，设法减少进货环节，进行联购分销，在价格、服务上与其竞争等。

③针对小商、小贩越来越活跃的情况，可实行零售兼营批发，通过一定的优惠让利办法，把他们吸引过来，变竞争对手为服务对象。

（2）实训目标

训练学生运用语言能力。

（3）实训要求

热情自信、语言得体、内容完整、表情和站姿自然，反复训练，达到声情并茂的境界。

2. 实训二：案例分析与情境模拟

詹佳是汇金文化用品公司业务销售员，他刚跨入美味食品公司行政经理罗亚的办公室。当他走进办公室时，年近 60 岁的罗亚正坐在一张很大的皮质沙发上悠闲地看报纸，两腿交叉着。

詹佳：（走近罗亚，伸手）早上好，罗经理。很高兴见到你，今天您看上去特别精神？

罗亚：是的。你迟到了。

詹佳：刚才地铁出现了故障，害得我迟到了，不过只是 5 分钟。

罗亚：（用手指摸了摸自己的鹰钩鼻，双臂抱得更紧了）那么好吧，我能为你做什么？

詹佳：我们公司刚进口了一批全新的文具，我想你们可能用得上。

罗亚：我就实话实说了，我们刚与红星文具社（汇金公司的竞争者）签了一份订单。

詹佳：（刚要从公文包中拿出产品样本的手在颤抖，音调变高，声音变得结结巴巴）哦，听，听到这个消息太遗憾了。我只是迟到了 5 分钟，我们在电话中都已经谈妥了，你们应该等着我来的，我们公司的定价比他们要低 10%~15%。

罗亚：（突然松开交叉的手臂和大腿，手托着下巴，身体向前倾斜着）是吗？

詹佳：（自说自话地站起身来，眼睛紧盯着天花板，整了整藏青色西装）对不起，我想我已经错过了一次机会，既然你们已经下了订单，那么，下次我们再谈吧，好吗？

不等罗亚回答，詹佳有礼貌地道了一声再见，径直走出罗亚的办公室。当詹佳离开时，罗亚刚站起的身子又重重地跌坐在沙发上，显得有些惘然若失。

（1）实训项目

案例分析和情境模拟。

（2）实训目标

训练学生如何接近目标顾客。

（3）案例分析

主要探讨以下两个问题：

①詹佳在他的非语言行为中犯了什么错误？

②詹佳是否识别出了罗亚的非语言行为暗示？

（4）情境模拟

如果你是詹佳，你会如何与罗亚沟通？两名学生分别扮演詹佳与罗亚。

（5）成果与检测

①由组长根据各成员在实训过程中的表现进行评估打分。

②指导教师根据各成员表现进行讲评。

3. 实训三：调查评析

（1）实训项目

手机市场价格策划。

（2）实训目标

①通过对手机市场价格的评析，加深学生对各种价格方法及策划的理解。

②进一步了解价格制定、修订和变动的原因及其策略。

③初步培养学生价格策划能力。

（3）实训内容

①手机市场价格策划状况调查。调查对象包括本地的手机专卖店、手机商店、百货商店手机柜、网店等。调查内容为某一品牌手机的价格及其销售情况。调查方式包括上网点击、观察调查、深入访谈等。

②对某一品牌手机市场价格策划进行评析。评析主要针对手机品牌名称、档次高低、进价依据、顾客反映、顾客流量、价格策划、销售情况等。

（4）实训组织

①选择学生比较熟悉或正在使用的某一品牌手机（如苹果、华为、三星、OPPO 等）为调查对象。

②将学生分成若干小组，制定调查表或访谈提纲，分头进行调查与观察。

③以小组为单位汇总调查结果并进行讨论。

（5）成果与考核

学生撰写某一品牌手机价格策划评析报告，教师负责批阅并全班交流。

项目 6 财务管理

项目导学

创业需要成本，需要一定量的启动资金，因此创业者要学会制订合理的财务计划，选择最优的筹资方式筹集创业资金，同时将资金投放到合理的投资项目上。而作为初创业的管理者，还要培养财税思维，掌握企业筹资、投资、运营过程中必备的财税知识，读懂财务专用词汇，认识三张主要报表，了解税收对企业经营活动的影响，以便及时了解企业的财务信息。因此，要想解决如何制订财务计划，如何筹集企业需要的资金和合理分配及运用资金，如何以尽可能少的资金取得较大的经济效益等问题，就需要管理者充分利用相关的财务管理知识，提高企业经营管理水平和经济效益。

学习目标

1. 认知目标：理解企业六大要素的含义及其数量上的关系；读懂企业资产负债表、利润表、现金流量表；掌握成本性态分类；掌握各种筹资方式的优缺点。

2. 技能目标：会计算创业启动资金，能进行成本估算，会进行盈亏预测；能够选择合适的筹资渠道和方式筹集企业所需要的资金；会运用相关的评价指标进行项目投资的可行性分析。

3. 情感目标：具有自学能力和终身学习能力；具有独立思考、逻辑推理、信息加工和创新能力；具有正确的就业观和创业意识。

任务 1 认识“三张表”

情境导入

财务信息的认知途径

大学毕业的小张通过银行贷款等途径筹集 150 000 元资金自主创业经营一家小型餐饮店。经营过程中，取得营业收入 42 000 元，发生营业成本 2 400 元，销售费用 200 元，管理费用 800 元，财务费用 430 元，税金及附加费 135 元，营业外收入 1 600 元，营业外支出 1 000 元等，同时产生了一定的现金流入及流出量，资产也随着经营不断发生变化。经过一段时间的经营，小张想全面了解餐饮店的盈利情况、财务状况及现金收支情况，以便加强餐饮店的财务管理，提高经济效益。

问题思考：

通过何种方式可以及时了解企业在某一时点的财务状况信息及某一时期的盈利情况、现金收支情况？

任务要求

对创业经营过程中涉及的财务数据进行整理分析，形成报表数据，认识由财务数据计算分析填列形成的“三张表”（资产负债表、利润表和现金流量表）的结构、内涵、作用，满足不同信息者了解财务信息的需求，帮助企业加强管理，提高经济效益。

子任务 1 认识资产负债表

工作任务

对于给定的企业资产负债表，能够理解其涉及的会计要素含义；看懂资产负债表的结构，理解各部分项目内涵；了解资产负债表数据来源；明确资产负债表的主要作用。

知识准备

1. 资产负债表的含义

资产负债表是反映企业在某一特定日期财务状况的会计报表，是企业经营活动的静态体现，可以反映资产、负债、所有者权益之间的内在关系，即“资产 = 负债 + 所有者权益”。

2. 会计要素

为了进行会计核算，应对会计所核算和监督的内容进行分类。会计要素是指按照交易或者事项的经济特征所做的基本分类，是会计核算对象的具体化。它是会计确认和计量的依据，也是确定财务报表结构和内容的基础。

我国《企业会计准则》规定，会计要素包括资产、负债、所有者权益、收入、费用、利润 6 项基本要素。其所属种类和状态如表 6–1 所示。

表 6–1 会计要素所属种类和状态

会计要素	分类	状态
资产	反映财务状况的会计要素	静态要素（时点要素）
负债		
所有者权益		
收入	反映经营成果的会计要素	动态要素（时期要素）
费用		
利润		

（1）资产

资产是指由企业过去的交易或者事项形成的、企业拥有或者控制的、预期会给企业带来经济利益的资源。

在有些情况下，资产虽然不为企业所拥有，即企业并不享有资产的所有权，但企业控制了这些资产，同样表明企业能够从资产中获取经济利益，符合会计对资产的定义。例如，某企业以融资租赁方式租入一项固定资产，尽管企业并不拥有其所有权，但是如果租赁合同规定的租赁期相当长，接近于该资产的使用寿命，企业控制了该资产的使用及其所能带来的经济利益，应当将其作为企业资产予以确认、计量和报告。

（2）负债

负债是指由企业过去的交易或者事项形成的、预期会导致经济利益流出企业的现时义务。

现时义务是指企业在现行条件下已承担的义务。未来发生的交易或者事项形成的义务不属于现时义务，不应当确认为负债。如企业未来发生的承诺、签订的合同等交易或事项不能形成负债；企业购买原材料形成的应付账款、企业向银行借入款项形成的借款可以确认为负债。

（3）所有者权益

所有者权益是指企业资产扣除负债后，由所有者享有的剩余权益。公司的所有者权益又称为股东权益。所有者权益反映了所有者对企业资产的剩余索取权，是企业资产中扣除债权人权益后应由所有者享有的部分。

资产、负债、所有者权益三要素之间的数量关系：

资产 = 负债（债权人权益）+ 所有者权益

上述等式为财务状况等式，亦称为基本会计等式和静态会计等式，是用以反映企业某一特定时点资产、负债和所有者权益三者之间平衡关系的会计等式。这一等式是复式记账法的理论基础，也是编制资产负债表的依据。

3. 资产负债表的结构

账户式资产负债表分为左右两部分，左边列示资产项目，右边列示负债和所有者权益项目。资产项目按其构成及变现能力分为流动资产和非流动资产两大项，每项又可分为若干具体项目；负债项目按债务清偿的时间顺序分为流动负债和非流动负债两大项，并在资产负债表中进行列示，在流动负债和非流动负债类别下再进一步按性质分项列示；所有者权益项目依次包括实收资本、其他权益工具、资本公积、盈余公积、其他综合收益项目以及未分配利润。

4. 资产负债表的编制

资产负债表主体部分的各项都列有“期末余额”和“上年年末余额”两个栏目，其中“上年年末余额”栏内各项数字，应根据上年年末资产负债表的“期末余额”栏内所列数字填列。如果本年度资产负债表项目名称和内容与上年度不一致，应对上年年末资产负债表的项目名称和数额按照本年度的规定进行调整，填入资产负债表“上年年末余额”栏内。资产负债表的“期末余额”栏内各项数额应根据总分类账和明细分类账的期末余额填列。资产负债表的格式如表 6–2 所示。

表 6–2　资产负债表　　会企 01 表

编制单位：　　＿＿＿＿年＿＿月＿＿日　　单位：元

资产	期末余额	上年年末余额	负债和所有者权益（或股东权益）	期末余额	上年年末余额
流动资产：		略	流动负债：		略
货币资金	2 000 000		短期借款	500 000	
交易性金融资产			交易性金融负债		
衍生金融资产			衍生金融负债		
应收票据	12 000 000		应付票据	300 000	
应收账款	550 000		应付账款	50 000	
应收款项融资			应付职工薪酬	800 000	
预付款项			预收款项		
其他应收款			其他应付款		
存货	12 750 000		应交税费		
合同资产			合同负债		
持有待售资产			持有待售负债		

续表

资产	期末余额	上年年末余额	负债和所有者权益（或股东权益）	期末余额	上年年末余额
一年内到期的非流动资产			一年以内到期的非流动负债	50 000	
其他流动资产			其他流动负债		
流动资产合计	27 300 000		流动负债合计	1 700 000	
非流动资产：			非流动负债：		
债券投资			长期借款	1 500 000	
其他债券投券			应付债券		
长期应收款			其中：优先股		
长期股权投资			永续债		
其他权益工具投资			长期应付款		
其他非流动金融资产			预计负债		
投资性房地产			递延收益		
固定资产	20 000 000		递延所得税负债		
在建工程	900 000		其他非流动负债		
生产性生物资产			非流动负债合计	1 500 000	
油气资产			负债合计	3 200 000	
无形资产	5 000 000		所有者权益（或股东权益）：		
开发支出			实收资本（或股东）	50 000 000	
商誉			其他权益工具		
长期待摊费用			其中：优先股		
递延所得税资产			永续债		
其他非流动资产			资本公积		
非流动资产合计	25 900 000		减：库存股		
			其他综合收益		
			专项储备		
			盈余公积		
			未分配利润		
			所有者权益（或股东权益）合计	50 000 000	
资产总计	53 200 000		负债和所有者权益（或股东权益）总计	53 200 000	

5. 资产负债表的主要作用

①从总体上反映企业的资产总额以及资产的来源情况。

②揭示企业的资产结构，通过资产和负债的对比分析，反映企业的偿债能力。

③反映所有者在企业中持有的权益以及权益的构成情况。

④通过前后各期资产负债表的数据分析，反映企业财务状况的变化趋势。

子任务 2 认识利润表

工作任务

对于给定的企业利润表，能够理解其涉及的会计要素的含义；看懂利润表的结构，理解各部分项目内涵；了解利润表数据来源；明确利润表的主要作用。

知识准备

1. 利润表的含义

利润表又称损益表，是反映企业一定时期经营成果的财务报表。利润表属于动态会计报表，它以“收入－费用＝利润”的会计等式为编报依据，分别列示收入、费用、利润三大会计动态要素的有关项目，反映企业利润成果的形成过程。

（1）收入

收入是指企业在日常经营活动中所形成的、会导致所有者权益增加的、与所有者投入资本无关的经济利益的总流入。例如，工业企业制造并销售产品、商业企业销售商品、保险公司签发保单、咨询公司提供咨询服务、软件企业为客户开发软件、安装公司提供安装服务、商业银行对外贷款、租赁公司出租资产等形成的收入，均属于企业的日常活动形成的收入。

（2）费用

费用是指企业在日常活动中发生的、会导致所有者权益减少的、与向所有者分配利润无关的经济利益的总流出。费用有狭义和广义之分。广义的费用泛指企业各种日常活动发生的所有耗费；狭义的费用仅指与本期营业收入相配比的那部分耗费。费用包括成本费用和期间费用。成本费用包括主营业务成本、其他业务成本、税金及附加等；期间费用主要包括销售费用、管理费用、财务费用。

（3）利润

利润包括收入减去费用后的净额、直接计入当期损益的利得和损失等。利润有营业利润、利润总额和净利润之分。

在一定的会计期间内，企业获得的总收入扣除相关的总费用就形成了企业的利润。用公

式表示为

$$收入-费用=利润$$

该等式为经营成果等式，亦称动态会计等式，是用以反映企业一定时期收入、费用和利润之间恒等关系的会计等式。这一等式反映了利润的实现过程，是编制利润表的依据。

2. 利润表的结构和编制

利润表常见的格式有两种，即单步式利润表和多步式利润表，我国现行的利润表一般采用多步式结构。

多步式利润表依据利润构成要素，将收入与相关成本、费用、支出在表中分别对应列示，相互配比，计算相关利润指标，即从营业收入开始逐步计算营业利润、利润总额、净利润。

利润表反映企业在一定会计期间内利润（亏损）的实现情况，表中的每一个项目分设有“本期金额”和“上期金额”栏目。“上期金额”栏内各项数字，根据上期利润表的“本期金额”直接填列。如果本年度利润表的项目名称和内容与上年度不一致，应按照本年度的规定对上年利润表的项目名称和金额进行调整。“本期金额”栏内各项数字主要根据各损益类账户的发生额分析填列。利润表的格式如表 6–3 所示。

表 6–3 利润表

会企 02 表

编制单位： ________年____月____日 单位：元

项目	本期金额	上期金额
一、营业收入	4 200 000	略
减：营业成本	2 240 000	
税金及附加	5 780	
销售费用	20 000	
管理费用	332 000	
研发费用	200 000	
财务费用	43 000	
其中：利息费用		
利息收入		
加：其他收益		
投资收益（损失以“–”号填列）	130 000	
其中：对联营企业和合营企业的投资收益		
以摊余成本计量的金融资产终止确认收益（损失“–”号填列）		
净敞口套期收益（损失以“–”号填列）		
公允价值变动收益（损失以“–”号填列）	155 000	
信用减值损失（损失以“–”号填列）		

续表

项目	本期金额	上期金额
资产减值损失（损失以“–”号填列）	–17 960	
资产处置收益（损失以“–”号填列）		
二、营业利润（亏损以“–”号填列）	1 626 260	
加：营业外收入	160 000	
减：营业外支出		
其中：非流动资产处置损失		
资产处置收益（损失以“–”号填列）	–39 400	
三、利润总额（亏损以“–”号填列）	1 748 860	
减：所得税费用	486 715	
四、净利润（净亏损以“–”号填列）	1 260 145	
……		

净利润的计算步骤如下。

第一步：计算营业利润，其公式为

营业利润 = 营业收入 – 营业成本 – 税金及附加 – 销售费用 – 管理费用 – 研发费用 – 财务费用 ± 资产（信用）减值损失 ± 公允价值变动收益 ± 投资收益 ± 资产处置收益 + 其他收益

“税金及附加”项目，反映企业经营业务应负担的消费税、城市建设维护税、资源税、土地增值税和教育费附加、印花税等相关税费等。

“研发费用”项目，反映企业进行研究与开发过程中发生的费用支出，该项目应根据管理费用项目下“研发费用”明细科目的发生额进行分析填列。

对于科技型中小企业研发费用投入一般不低于营业收入的 2%，同时，近年来国家为激励中小企业加大研发投入，支持科技创新，进一步加大了科技型中小企业研发费用税前扣除比例，未形成无形资产的加计扣除 75%，形成无形资产的按 175% 摊销。国家推出的一系列普惠性税收减免政策，进一步支持了小微企业发展，税务部门积极落实各项惠及中小企业的减税降费政策，优化服务，为中小企业发展再添动能。

第二步：计算利润总额，其公式为

利润总额 = 营业利润 + 营业外收入 – 营业外支出

第三步：计算净利润，其公式为

净利润 = 利润总额 – 所得税费用

“所得税费用”项目，反映企业应从当期利润总额中扣除的所得税。

3. 利润表的主要作用

①反映企业一定会计期间收入、费用、利润的数额和构成情况。

②用于报表使用者了解、分析、评价企业的经营成果及获利能力。

③用于分析、评价、预测企业未来的利润和现金流量。

④用于评价、考核企业管理人员的绩效以及对未来的决策。

子任务 3 认识现金流量表

工作任务

对于给定的企业现金流量表，能够理解其各项目的含义，看懂其结构；掌握各部分数据的来源，了解其主要作用。

知识准备

1. 现金流量表的含义

现金流量表是反映一定会计期间现金和现金等价物流入和流出的报表，是反映企业财务状况变动情况的动态报表。

（1）现金

在现金流量表中现金是一个广义的概念，具体包括以下几个项目。

①库存现金：指存放于企业财会部门，由出纳人员经管的货币。

②银行存款：即企业存在银行或其他金融机构的随时可以用于支付的存款。

③其他货币资金：指企业存在银行的有特定用途的资金或在途中尚未收到的资金，如外埠存款、银行汇票存款、银行本票存款、信用证保证资金、信用卡、在途货币资金等。

④现金等价物：指企业持有的期限短、流动性强、易于转换为已知金额的现金、价值变动风险很小的债券投资等。

（2）现金流量

现金流量是指一定时期内企业现金和现金等价物的流入和流出。按经营业务发生的性质可将现金流量分为以下三大类。

①经营活动产生的现金流量。经营活动是指企业投资活动、筹资活动以外的所有交易和事项，主要包括销售商品或提供劳务、购买商品或接受劳务、收到返还的税费、经营性租赁、支付工资、支付广告费用、缴纳的各项税款等。

②投资活动产生的现金流量。投资活动是指企业长期资产的购建和不包括在现金等价物范围内的投资及其处置活动，主要包括取得和收回投资、购建和处置固定资产、购买和处置

无形资产。

③筹资活动产生的现金流量。筹资活动是指导致企业资本及债务规模和构成发生变化的活动，主要包括发行股票、分派现金股利、取得和偿还银行借款、发行和偿还公司债券等。

2. 现金流量表的结构

我国企业现金流量表采用报告式结构，表中分类反映经营活动产生的现金流量、投资活动产生的现金流量和筹资活动产生的现金流量，最后汇总反映企业一定期间现金及现金等价物的净增加额。

3. 现金流量表的编制

现金流量表的编制方法比较复杂，一般有直接法和间接法两种。直接法是指通过现金收入和现金支出的主要类别列示各类现金流量，一般以利润表中的营业收入为起点调整有关项目的增减变动，计算现金流量；间接法是指以净利润为起点调整相关项目，将以权责发生制为基础计算的净利润调整成为以收付实现制为基础计算的经营活动产生的现金流量净额。

我国《企业会计准则》要求企业正表部分按直接法编制，并在补充资料部分按间接法将净利润调整为经营活动现金流量的信息。

采用直接法具体编制现金流量表时，可以采用工作底稿法或 T 形账户法（T-account method），也可以根据有关会计科目的记录分析填列。工作底稿法是以工作底稿为手段，以利润表和资产负债表数据为基础，结合有关会计科目的记录，对现金流量表的每一项目进行分析并编制调整分录，从而编制出现金流量表的一种方法。T 型账户法（T-account method）是以 T 型账户为手段，以利润表和资产债表数据为基础，对每一项目进行分析并编制调整分录，从而编制出现金流量表。

现金流量表的格式如表 6-4 所示。

表 6-4　现金流量表

会企 03 表

编制单位：　　　　　　______年____月　　　　　　单位：元

项目	本期金额	上期金额
一、经营活动产生的现金流量：		略
销售商品、提供劳务收到的现金	7 826.65	
收到的税费返还		
收到其他与经营活动有关的现金	161.75	
经营活动现金流入小计	7 988.40	
购买商品、接受劳务支付的现金	4142.60	
支付给职工以及为职工支付的现金	129.10	
支付的各项税费	709.20	
支付其他与经营活动有关的现金	1 288.64	
经营活动现金流出小计	6 269.54	

续表

项目	本期金额	上期金额
经营活动产生的现金流量净额	1718.86	
二、投资活动产生的现金流量：		
收回投资收到的现金	2.59	
取得投资收益收到的现金	41.25	
处置固定资产、无形资产和其他长期资产收回的现金净额	0.06	
处置子公司及其他营业单位收到的现金净额	21.51	
收到其他与投资活动有关的现金	321.99	
投资活动现金流入小计	387.40	
购建固定资产、无形资产和其他长期资产支付的现金	35.11	
投资支付的现金	965.04	
取得子公司及其他营业单位支付的现金净额	64.73	
支付其他与投资活动有关的现金	90.24	
投资活动现金流出小计	1 155.12	
投资活动产生的现金流量净额	−767.72	
三、筹资活动产生的现金流量：		
吸收投资收到的现金	546.09	
取得借款收到的现金	298.20	
收到其他与筹资活动有关的现金		
筹资活动现金流入小计	844.29	
偿还债务支付的现金	981.20	
分配股利、利润或偿付利息支付的现金	918.84	
支付其他与筹资活动有关的现金		
筹资活动现金流出小计	1 900.04	
筹资活动产生的现金流量净额	−1 055.75	
四、汇率变动对现金及现金等价物的影响		
五、现金及现金等价物净增加额		
加：期初现金及现金等价物余额	7 084.14	
六、期末现金及现金等价物余额	6979.53	

4. 现金流量表的主要作用

①可以反映企业偿还债务及支付企业所有者投资报酬的能力。

②可以反映企业现金收支产生差异的原因。

③可以反映企业未来获取现金的能力。

④可以反映企业当期的现金与非现金投资事项对企业财务状况的影响。

⑤能够提供不涉及现金收支的重大投资和筹资活动信息。

总的来讲，现金流量表能够反映出企业是否有足够的现金流来满足企业日常的生产经营活动，以及是否能够满足企业的投资需求，企业获取现金的能力如何。现金流量表还能够使企业经营管理者在一定程度上预测企业未来现金流量的情况。

工作步骤

第一步：理解“三张表”涉及的会计要素的含义。资产、负债、所有者权益、收入、费用、利润 6 项要素反映的经济内容各不相同，但在数量上存在一定的关系；现金流量表中“现金”包括库存现金、银行存款、其他货币资金和现金等价物。

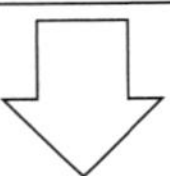

第二步：看懂“三张表”的结构。账户式资产负债表分为左右两部分，左边列示资产项目，右边列示负债和所有者权益项目；利润表常采用多步式结构，即从营业收入开始通过分步计算得到营业利润、利润总额、净利润 3 项主要利润指标；现金流量表采用报告式结构，分类反映经营、投资及筹资活动产生的现金流量，最后汇总反映企业一定期间现金及现金等价物的净增加额。

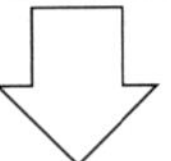

第三步：读懂“三张表”的数据来源。资产负债表主体部分的“期末余额”栏内各项数额根据总分类账和明细分类账的期末余额填列；利润表“本期金额”栏内各项数字主要根据损益类账户的发生额分析填列；现金流量表数据以利润表中的营业收入为起点调整有关项目的增减变动。

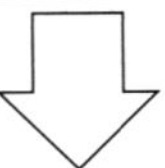

第四步：了解“三张表”的主要作用。资产负债表揭示企业的资产结构，反映企业的偿债能力；利润表用于报表使用者了解、分析、评价企业的经营成果及获利能力；现金流量表提供不涉及现金收支的重大投资和筹资活动信息。

工作评价与反馈

任务	存在的问题	改进措施

收获与感悟：

指导教师评语： 教师签名：

任务2 制订财务计划

情境导入

大学生创业项目账务预算

小明毕业后欲加盟一家蛋糕店，所需各项支出如下：房租9 000元（6个月），装潢费2 500元，加盟费10 000元，保证金3 000元，开办费1 000元；和面机2 200元，压面机1 600元，冰柜3 000元，工作台1 000元，烤箱3 350元；第一个月预计销售收入22 000元，使用面粉2 460元/月，馅料9 120元/月，包装费1 500元/月（后期面粉、馅料、包装费用和销售收入同比例变化）；每月水电费300元，员工工资5 000元/月，工商税务费300元/月。

问题思考：

按3个月测算，计算蛋糕店需多少启动资金？如何进行成本估算？每月卖出多少块蛋糕才不会亏本？若每月销售6 000块蛋糕，月利润为多少？若想每月获利2 000元，必须卖出多少块蛋糕？

任务要求

能够根据情境导入案例进行创业项目启动资金和成本估算，并在本量利分析的基础上进行盈亏预测，编制创业项目的财务计划。

工作任务

通过对创业项目所需资金进行简单分类，估算创业启动资金；对实现产品销售和维持一般管理业务所发生的各项费用进行成本估算；确定使企业既不亏损又不盈利的保本点，并在保本分析的基础上分析销售量变动对利润的影响，确定目标利润，进行项目盈亏预测；最后编制创业项目财务计划。

知识准备

1. 财务计划的含义

账务计划是指企业以货币形式预计计划期内资金的取得与运用、各项经营收支及财务成果的书面文件。它是企业经营计划的重要组成部分，是进行财务管理、财务监督的主要依据。财务计划是在生产、销售、物资供应、劳动工资、设备维修、技术组织等计划的基础上编制的，其目的是为了确立财务管理上的奋斗目标，在企业内部实行经济责任制，使生产经营活动按计划协调进行，挖掘增产、节约潜力，提高经济效益。

2. 财务计划的编制程序

①由企业最高管理当局根据财务决策提出一定时期的经营目标，并向各级、各部门下达规划指标。

②各级、各部门在规划指标范围内，编制本部门预算草案。

③由财务部门或预算委员会对各部门预算草案进行审核、协调，汇总编制总预算并报企业负责人、董事会批准。

④将批准的预算下达各级、各部门执行。

3. 财务计划的内容

（1）现金流量计划

现金流量计划是指规定企业在一定时期内的现金收入、现金支出以及组织现金供应的计划。现金流量计划概括了企业在预算期内现金收入和现金支出的情况，是企业财务管理人员了解现金供应和支出情况，判断现金是溢余还是短缺，做出合理投资和筹资决策的依据。

（2）资本支出计划

资本支出计划是关于企业长期投资和资产购入、改造的计划。资本支出计划的目的是通过各个长期投资计划风险与收益的对比分析，配合可运用的资金，从众多投资方案中选出最佳方案。

（3）利润计划

利润计划是指根据企业经营决策、投资决策的需要对企业在一定时期内的收入、成本和净利润做出的规划。它是企业利润总额预测的具体化，可以为预测未来一定时间内的成本、收入、利润等提供资料。

（4）资产负债计划

资产负债计划（预计资产负债表）是提供一定时间的资产、负债和所有者权益情况，以反映企业预计财务状况的一种报表。现金流量计划和利润计划都是编制预计资产负债表的重要资料，其基本公式为

$$资产 = 负债 + 所有者权益 + 应筹资金$$

根据公式可知，应筹资金是资产预计数与所有者权益和负债预计数之和的差额，只有把应筹资金加到负债与所有者权益之中资产负债表左右两边才能得以平衡。

4. 成本性态及本量利分析

（1）成本性态

成本性态是指成本总额与特定的业务量之间在数量方面的依存关系，又称成本习性。其中，成本总额是指为取得营业收入而发生的营业成本费用，包括全部生产成本和销售费用，管理费用及财务费用等。成本按其性态分类，可分为变动成本、固定成本和混合成本三大类。

1）变动成本

①含义：变动成本是指在一定时期和一定业务量范围内，总额随着业务量的变动而发生正比例变动的成本。

②内容：变动成本一般包括企业生产过程中发生的直接材料、直接人工费用，制造费用中的产品包装费、燃料费、动力费等，按销售量多少支付的推销佣金、装运费等。

③特点：单位变动成本的不变性和总额的正比例变动性。

2）固定成本

①含义：固定成本是指在一定时期和一定业务量范围内，总额不受业务量变动的影响而保持不变的成本。

②内容：固定成本一般包括固定性制造费用（如按直线法计提的固定资产折旧费、劳动保护费、办公费等）、固定性销售费用（如销售人员工资、广告费等）、固定性管理费用（如租赁费、管理人员的工资、财产保险费等）。

③特点：单位固定成本的反比性和固定成本总额的不变性。

3）混合成本

①含义：混合成本是指成本总额随着业务量的变动而变动，但不与其成正比例变动的成本。

②内容：混合成本包括企业的电话费、机器设备的维护保养费等。

③特点：混合成本变动幅度与业务量的变动并不保持严格的比例关系。

（2）本量利分析

本量利分析法是通过分析生产成本、销售利润和销售量（或产量）这三者的关系，掌握盈亏变化的规律，用以指导企业选择能够以最小的成本生产最多产品并可使企业获得最大利润的经营方案。其中涉及保本分析和保利分析。保本分析是本量利分析最基本的内容，主要确定使企业即不亏损又不盈利，正好保本的销售量，即保本点（保本量）。达到保本点是企业获利的基础，也是企业经营安全的前提。保利分析是在保本分析的基础上进行的，主要确定在单价和成本水平既定的情况下，为确保事先确定的目标利润能够实现而应当达到的销售量，即保利点（保利量）。

①利润的计算公式为

$$\begin{aligned}\text{利润} &= \text{销售收入} - \text{总成本}\\ &= \text{单价} \times \text{销售量} - (\text{单位变动成本} \times \text{销售量} + \text{固定成本})\\ &= \text{销售量} \times (\text{单价} - \text{单位变动成本}) - \text{固定成本}\end{aligned}$$

可表示为

$$P=x(p-b)-a$$

式中，P 为利润；p 为单价；x 为销售量；b 为单位变动成本；a 为固定成本。

②保本量的计算公式为

$$\text{保本量} = \frac{\text{固定成本}}{\text{单价} - \text{单位变动成本}}$$

可表示为

$$x_0=\frac{a}{p-b}$$

③保利量的计算公式为

$$保利量=\frac{固定成本+目标利润}{单价-单位变动成本}$$

其中：x_0 表示保本量。

可表示为

$$x_1=\frac{a+TP}{p-b}$$

其中：x_1 表示保利量；TP 表示目标利润。

5. 制订财务计划的典型案例分析

以情景导入案例为例进行分析。

（1）计算启动资金

启动资金包括以下几个方面：

①固定资产投资：11 150 元（和面机 2 200 元、压面机 1 600 元、冰柜 3 000 元、工作台 1 000 元、烤箱 3 350 元）。

②待摊销费用：16 500 元（装潢费 2 500 元、加盟费 10 000 元、保证金 3 000 元、开办费 1 000 元）。

③固定费用支出：7 100 元（水电费 300 元、员工工资 5 000 元、工商税务费 300 元、租金 1 500 元）。

④变动费用支出：第一个月的流动资金 13 080 元。其中，包装费 1 500 元、面粉 2 460 元、馅料 9 120 元。第二个月和第三个月的流动资金分别为 14 388 元和 15 827 元。（后期变动费用和销售收入同比例变动，假设每月销售收入增长 10%，第一个月预计销售收入 22 000 元，第二个月和第三个月预计销售收入分别为 24 200 元和 26 620 元。）

启动资金为 78 045 元，计算公式为

启动资金 = 固定资产投资 + 待摊销费用支出 + 固定费用支出 + 变动费用支出

=11 150+16 500+7 100+（13 080+14 388+15 827）

=78 045（元）

（2）进行成本估算

成本估算主要是对销售及管理费用的预算。假定固定资产按直线法摊销，预计使用 5 年，无残值，固定费用按 5 年平均摊销。蛋糕店销售及管理费用预算，如表 6–5 所示。

表 6-5 蛋糕店销售及管理费用预算

2019 年度　　　　单位：元

项目		变动费用率	收入及费用 / 天		
			第一个月	第二个月	第三个月
预计销售收入			22 000	24 200	26 620
固定资产折旧			186	186	186
固定费用摊销			275	275	275
固定销售及管理费用	水电费		300	300	300
	员工工资		5 000	5 000	5 000
	租金		1 500	1 500	1 500
	工商税务费		300	300	300
	小计		7 100	7 100	7 100
变动费用	包装费	6.82%	1 500	1 650	1 815
	面粉	6.82%	2 460	2 706	2 977
	馅料	6.82%	9 120	10 032	11 035
	小计		13 080	14 388	15 827
合计			20 641	21 949	23 388

（3）盈亏预测

对情境导入案例进行分析，进行盈亏预测，具体内容如下。

每月固定成本 7 561 元 = 租金 1 500 元 + 员工工资 5 000 元 + 水电费 300 元 + 工商税务费 300 元 + 固定资产折旧费 186 元 + 固定费用摊销 275 元

单价暂定为 4 元，根据上述资料可得出第一个月的单位变动成本为 2.38 元。则保本量为

$$保本量 = \frac{7\ 561}{4-2.38} \approx 4\ 688（块）$$

即每月卖出约 4 668 块蛋糕才不会亏本。

目标利润为 2 000 元，则保利量为

$$保利量 = \frac{7\ 561+2\ 000}{4-2.38} \approx 5\ 902（块）$$

即若想每月获利 2 000 元，必须约卖出 5 902 块蛋糕。

若每月销售 6 000 块蛋糕，月利润为

$$\begin{aligned} 利润 &= 销售收入 - 总成本 \\ &= 单价 \times 销售量 -（单位变动成本 \times 销售量 + 固定成本） \\ &=4 \times 6\ 000-（2.38 \times 6\ 000+7\ 561） \\ &=2\ 159（元） \end{aligned}$$

工作步骤

第一步：计算创业项目启动资金。将项目所需资金分为固定费用和变动费用，然后对所需资金进行估算。

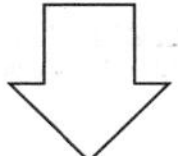

第二步：进行创业项目成本估算。此步骤主要是进行销售及管理费用预算，即为了实现产品销售和维持一般管理业务所发生的各项费用预算。以销售及管理费用预算为基础，按照成本性态分类可分为变动销售及管理费用和固定销售及管理费用。

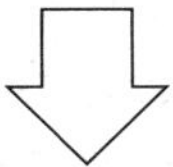

第三步：项目盈亏预测。该步骤重点进行本量利分析。保本分析主要确定使企业既不亏损又不盈利的保本点，达到保本点是企业获利的基础，也是企业经营安全的前提；保利分析在保本分析的基础上进行，主要分析销售量变动对利润的影响，确定目标利润。

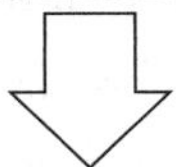

第四步：编制创业项目的财务计划。根据前期工作完成创业项目财务计划的编制。

工作评价与反馈

任务	存在的问题	改进措施
收获与感悟：		
指导教师评语： 教师签名：		

任务 3 筹资策略分析

情境导入

白云山投资有限公司的筹资策略

小王的白云山投资有限公司现要扩大投资规模，并被允许跨区经营。这对小王的公司来说是一个机遇也是一个挑战，公司现总投资额为 800 万元，按政府要求 2020 年的经营额要增长 50% 以上。公司的营业额在 300 万元左右，一下增长这么多，小王心里没底，而且营业额越多，相应的流动资产需求也越多，说不定还需要增加固定资产。不管怎样，小王想知道一个较为确切的答案：到底需要多少资金才能支撑公司营业额增长 50% 以上。据财务人员初步测算，为实现这一目标，公司需新增生产线一条，价值 48 万元。据历年财务数据分析，公司流动资产和流动负债随销售额同比率增减，公司的销售净利率保持在 10%，并按照净利润的 40% 发放现金股利。

另外，资金的来源也让小王发愁。经管理咨询公司介绍，筹集资金的方式有很多种，既可以选择用增加负债的方式筹集，如向银行借款、发行债券、融资租赁等，也可以选择用增加权益资金的方式筹集，如吸收投资人直接投资、发行股票、增加留存收益等。开业几年来，白云山投资有限公司顺应了时代发展趋势，牢牢抓住了企业资本扩张的每一次机遇，并在资本营运上大胆探索，适度负债，合理安排和调整资本结构，保持了企业良好的财务状况。

问题思考：

白云山投资有限公司的筹资方式都有哪些特点？到底选择哪种或者哪几种筹资方式可以使筹资成本最低、资本结构最佳，从而对公司最有利呢？

任务要求

了解筹资的概念和分类，根据销售百分比法计算公司的筹资需要量；分析每种筹资方式的优、缺点并计算其筹资成本；利用比较综合资本成本法或每股利润无差别点分析法确定公司的最佳资本结构。

子任务 1 预测企业的筹资金额

工作任务

确定本任务情境导入案例中白云山投资有限公司需要筹集多少资金才能够满足营业额增长 50%。

知识准备

1. 筹资的概念

筹资是指公司根据其生产经营、对外投资及调整资金结构的需要，通过一定的渠道，采用适当的方式，获取所需资金的行为。筹资是企业的主要财务活动之一，在企业经营管理中有不可替代的地位。它既是保证企业正常生产经营的前提，又是企业谋求发展的基础。筹资工作做得好，不仅能降低资本成本，给经营或投资带来较大的可行性和有利空间，而且能降低财务风险，增加企业的经济效益。

2. 筹资的分类

筹资可按不同的标准来分类，其中按所筹资金的使用期限和来源渠道进行分类较常用。

（1）按所筹资金使用期限分类

按照所筹资金使用期限分类，筹资可分为短期筹资和长期筹资。

①短期筹资是指所筹资金的使用期限在 1 年以内或超过 1 年的一个营业周期以内的筹资。短期筹资通常采用商业信用、短期借款、短期融资券、应收账款转让等方式进行。

②长期筹资是指所筹资金的使用期限在 1 年以上或超过一个营业周期以上的筹资。长期筹资通常采用吸收直接投资、发行股票、发行债券、长期借款、融资租赁和利用留存收益等方式进行。

（2）按所筹资金来源渠道分类

按照所筹资金来源渠道分类，筹资可分为权益性筹资和负债性筹资。

①权益性筹资又称自有资金筹资，主要通过发行股票、吸收直接投资、内部积累等方式进行资金筹集。

②负债性筹资又称借入资金，主要通过发行债券、银行借款、融资租赁等方式进行资金筹集。

3. 企业资金需要量的预测

企业资金需要量的预测有很多方法，在此主要介绍销售百分比法。所谓销售百分比法，是指以未来销售收入变动的百分比为主要参数，考虑随销售变动的资产负债项目及其他因素对资金需求的影响，从而预测未来需要追加的资金量的一种定量计算方法。

销售百分比法有两个基本假设：一是部分资产和负债随销售的变化而成正比例变化，其他资产和负债固定不变；所有者权益中除留存收益变动外，其他项目不变。二是假设未来的销售额已知。应用销售百分比法预测资金需要量的步骤如下。

第一步，确定随销售额变动而变动的资产和负债项目。

第二步，计算变动性项目的销售百分比，其计算公式为

$$变动性项目的销售百分比=\frac{基期变动性资产或负债}{基期销售额}\times 100\%$$

第三步，确定需要增加的资金数额，相关计算公式为

$$需要增加的资金数额=增加的资产-增加的负债$$

$$增加的资产=增量收入\times\begin{matrix}基期变动资产\\占基期销售额百分比\end{matrix}+\begin{matrix}非变动资产\\项目增加额\end{matrix}$$

$$增加的负债=增量收入\times基期变动负债占基期销售额百分比$$

第四步，根据有关财务指标的约束，确定对外筹资的数额，相关计算公式为

$$增加的留存收益=预计销售额\times销售净利率\times留存收益率$$

$$外部筹资需要量=增加的资产-增加的负债-增加的留存收益$$

在情境导入案例中提到的白云山投资有限公司，其 2019 年的资产负债简表如表 6–6 所示。

表 6–6　白云山投资有限公司 2019 年资产负债简表

2019 年 12 月 31 日　　　　单位：万元

资产		负债和所有者权益（或股东权益）		
货币资金	100	负债	应付账款	250
应收账款	200		应交税费	50
存货	300		长期负债	100
固定资产	550	所有者权益（或股东权益）	实收资本	600
无形资产	50		留存收益	200
资产总计	1 200	负债和所有者权益（或股东权益）总计		1 200

为了确定该公司的筹资规模，首先需要确定随销售额变动而变动的资产负债项目。流动资产和流动负债随销售额变动而变动，所以随销售额变动的资产项目包括货币资金、应收账款、存货，共 600 万元，另外，固定资产需增加 48 万元；随销售额变动的负债项目包括应付账款、应交税费，共 300 万元。

其次，计算基期变动性项目占基期销售额的百分比：

$$基期变动性资产占基期销售额的百分比=\frac{600}{300}\times 100\%=200\%$$

$$基期变动性负债占基期销售额的百分比 = \frac{300}{300} \times 100\%=100\%$$

再次，计算需要增加的资金数额：

增加的资产 =300 × 50% × 200%+48=348（万元）

增加的负债 =300 × 50% × 100%=150（万元）

需要增加的资金数额 =348−150=198（万元）

最后，确定对外筹资的数额：

增加的留存收益 =300 ×（1+50%）× 10% ×（1−40%）=27（万元）

对外筹资的数额 =198−27=171（万元）

子任务 2 计算筹资成本

工作任务

根据企业常用的筹资方式，分析每种筹资方式的优、缺点并计算其筹资成本，为白云山投资有限公司选用筹资方式确定参考标准。

知识准备

1. 企业常用的筹资方式

（1）权益资金的筹集

1）吸收直接投资

吸收直接投资（以下简称吸收投资）是指企业按照“共同投资，共同经营，共担风险，共享利润”的原则吸收国家、企业单位、个人、外商投入资金的一种筹资方式。吸收投资和发行股票都是向企业外部筹集资金的方式，发行股票有股票这种有价证券作为中介，而吸收投资则不以证券为中介。吸收投资是非股份制企业筹集自有资金的基本方式。

企业通过吸收投资方式筹集的资金主要有以下 4 种。

第一种，吸收国家投资，主要是国家财政拨款，由此形成国家资本金；

第二种，吸收企业、事业等法人单位的投资，由此形成法人资本金；

第三种，吸收城乡居民和企业内部职工的投资，由此形成个人资本金；

第四种，吸收外国投资者和我国港、澳、台地区投资者的投资，由此形成外商资本金。

吸收投资这种筹资方式，筹集到的资金既可以是现金或实物投资，又可以是工业产权和非专利技术投资、土地使用权投资等。

吸收投资筹资的优、缺点如下。

①优点：一是有利于增强企业信誉。吸收投资所筹集的资金属于自有资金，能增强企业的信誉和借款能力，对扩大企业经营规模、壮大企业实力具有重要作用。二是有利于尽快形成生产能力。吸收投资可以直接获取投资者的先进设备和技术，有利于尽快形成生产能力、尽快开拓市场。三是有利于降低财务风险。吸收投资可以根据企业的经营情况向投资者支付报酬，比较灵活，所以财务风险较小。

②缺点：一是资金成本较高。因为向投资者支付的报酬是根据其出资的数额和企业实现利润的多寡来计算；二是企业控制权容易分散。投资者在投资的同时，一般都要求获得与投资数量相适应的经营管理的权利，这是外来投资的代价。

2）股票

股票是股份公司为筹集自有资金而发行的有价证券，是持股人拥有公司股份的认股凭证。它证明持股人在股份公司中拥有的所有权。股票持有者为公司的股东，股东按照企业组织章程参加或监督企业的经营管理，分享红利，并依法承担以购股额为限的企业经营亏损的责任。

股票按股东权利和义务的不同分为普通股和优先股。普通股是公司发行的具有管理权而股利不固定的股票。普通股符合一般股权的基本标准，是公司资本结构中基本的部分，普通股的最大特点是股利不固定，随着公司盈利的多少而有起伏。优先股是较普通股有某些优先权利同时也有一定限制的股票。其优先权利表现在：第一，优先获得股利。优先股股利的分发通常在普通股之前，其股利率是固定的。第二，优先分配剩余财产。当公司解散、破产时，优先股剩余财产的求偿权虽位于债权人之后，但位于普通股之前。第三，优先股股东在股东大会上无表决权，在参与公司经营管理上受到一定限制，仅对涉及优先股权利的问题有表决权。

发行股票筹资的优、缺点如下。

①优点：一是没有固定利息负担。股利的分配根据公司经营情况而定，情况不好可以少支付或不支付。二是没有固定到期日，不用偿还。三是筹资风险小，没有到期偿付的风险。四是能增加总价值公司的信誉。 五是筹资限制较少。

②缺点：一是资金成本较高。一般来说，股票筹资的成本要大于债务资金的成本，股票投资者要求有较高的报酬，而且股利要从税后利润中支付，而债务资金的利息可在税前扣除。另外，普通股的发行费用也较高。二是容易分散控制权。当企业发行新股时，出售新股票，引进新股东，会导致公司控制权的分散。另外，新股东分享公司未发行新股前积累的盈余会降低普通股的净收益，从而可能引起股价的下跌。

3）留存收益

留存收益筹资是指企业将留存收益转化为投资的过程，将企业生产经营所实现的净收益留在企业，而不作为股利分配给股东，其实质为原股东对企业追加投资。

留存收益筹资的优、缺点如下。

①优点：一是不发生实际的现金支出。不同于负债筹资，不必支付定期的利息，也不同于股票筹资，不必支付股利。同时，还免去了与负债、权益筹资相关的手续费、发行费等开支。但是这种方式存在机会成本，即股东将资金投放于其他项目上的必要报酬。二是保持企

业举债能力。留存收益实质上属于股东权益的一部分，可以作为企业对外举债的基础。先利用这部分资金筹资，减少了企业对外部资金的需求，当企业遇到盈利率很高的项目时，再向外部筹资，而不会因企业的债务已达到较高的水平而难以筹到资金。三是企业的控制权不受影响。增发股票，原股东的控制权会被分散。发行债券或增加负债，债权人可能对企业施加限制性条件。而采用留存收益筹资则不会存在此类问题。

②缺点：一是期间限制。企业必须经过一定时期的积累才可能拥有一定数量的留存收益，从而使企业难以在短期内获得扩大再生产所需资金。二是与股利政策的权衡。如果留存收益过高，现金股利过少，则可能影响企业的形象，并给今后进一步的筹资增加困难。利用留存收益筹资需要考虑公司的股利政策，不能随意变动。

（2）负债筹资

1）银行借款

银行借款是企业根据借款合同向银行或非银行金融机构借入的需要还本付息的款项。

按借款期限，银行借款分为短期借款（1 年以内）和长期借款（1 年以上）；按担保条件，银行借款分为信用借款、担保借款和票据贴现；按借款用途，银行借款分为基本建设借款、专项借款和流动资金借款。

银行借款筹资的优、缺点如下。

①优点：筹资速度快，因不需印刷证券、报请批准等，一般可以迅速筹集到资金，满足需求；筹资成本低，借款利率低，且不需支付发行费用；借款灵活性大，企业与银行可以直接商谈借款合同条款。

②缺点：筹资数额不可能很多；银行会提出对企业不利的限制性条款；筹资风险高，特别是在带有诸多附加条件情况下会加剧筹资风险。

2）发行债券

债券是企业依照法定程序发行的、约定在一定期限内还本付息的有价证券。债券按照不同的标准分类不同。按是否记名分为记名债券和无记名债券；按发行的保证条件分为信用债券、抵押债券和担保债券；按还本的期限分为短期债券和长期债券；按是否可转换为普通股股票分为可转换债券和不可转换债券。

发行债券筹资的优、缺点如下。

①优点：一是资金成本低。与股票相比，债券的发行费用较低，债券的利息允许在所得税前支付，发行公司可享受税收收益，所以公司实际负担的债券成本一般低于股票成本。二是具有财务杠杆作用。无论发行公司的盈利多少，债券持有人一般只收取固定的利息，而更多的收益可用于分配给股东或用于公司经营，从而增加股东和公司的财富。三是保障股东控制权。债券持有人无权参与发行公司的管理决策，因此，发行债券不会像增发新股那样分散股东对公司的控制权。

②缺点：一是财务风险高。债券有固定的到期日，并需定期支付利息。利用债券筹资要承担还本付息的义务。在企业经营不景气时，向债券持有人还本付息无异于雪上加霜，会给

企业带来更大的困难，甚至导致企业破产。二是限制条件多。发展债券的契约书中往往规定一些限制条款。这种限制比优先股及长期借款要严得多，这可能会影响企业的正常发展和以后的筹资能力。三是筹资额有限。利用债券筹资在数额上有一定限度，当公司的负债超过一定程度后，发行债券筹资的成本会迅速上升，有时甚至难以发行出去。

3）融资租赁

融资租赁是一种以融资为目的的租赁方式。承租企业按照合同在租赁资产寿命的大部分时间内可以使用资产。出租人收取租金，但不提供保养、维修等服务。承租人在租赁期间对资产有实际控制权，纳入本部门资产管理，计算折旧，租赁期满后通常归企业所有。

融资租赁筹资的优、缺点如下。

①优点：一是迅速获得所需资产。融资租赁集融资与融物于一身，一般要比先筹措现金再购置设备迅速，可使企业尽快形成生产经营能力。二是限制条件较少。企业运用股票、债券、借款等筹资方式，都会受到相当多的资格条件的限制，相比之下，融资租赁筹资的限制条件较少。三是免遭设备过时的风险。随着科学技术的不断进步，设备陈旧过时的风险很高，而多数租赁合同规定这种风险由出租人承担，因此承租企业可免遭这种风险。全部租金在整个租期内分期支付，可适当降低不能偿付的风险。租金费用可在所得税前扣除，承租企业能享受税收利益。

②缺点：一是资金成本高。融资租赁的租金通常比举借银行借款或发行债券所负担的利息高得多，而且租金总额通常要高于设备价值的 30%。二是承租企业在财务困难时期，支付固定的租金也将构成一项沉重的负担。另外，采用融资租赁筹资方式如不能享有设备残值，也将被视为是承租企业的一种机会损失。

除了以上筹资方式外，还有天使投资、风险投资、大学生创业贷款等多种创业融资渠道。

2. 常见资本筹集方式个别资本成本的计算

资本成本是企业为筹集和使用资金而付出的代价，包括筹资费和用资费两部分。筹资费是企业在筹集资金过程中为获取资金而付出的代价，如借款手续费、发行有价证券支付的佣金、印刷费、广告费、注册费等发行费用，通常是在筹集资金时一次性支付，在使用资金期限内不再发生，可以视为筹资额的一项扣除。用资费是企业在使用资金的过程中付出的代价，如向股东支付股利、向债权人支付利息等，在使用资金期间会反复发生，是资本成本构成的主要内容。

资本成本通常用相对数表示，即资本成本率，其计算公式为

$$K=\frac{D}{P-F}=\frac{D}{P(1-f)}$$

式中，K 为资本成本率；D 为用资费；P 为筹资额；F 为筹资费；f 为筹资费用率。

不同的筹资方式，其成本也不尽相同，因而只有掌握其成本的计算，才能更好地进行筹资决策。

3. 综合资本成本的计算

企业可以从多种渠道、用多种方式筹集资金，综合资本成本就是指一个企业各种筹资方式的平均资本成本。它是以各种资本所占的比重为权数，对各种资本成本进行加权平均计算

出来的，所以又称为加权平均资本成本，其计算公式为

$$K_{\mathrm{w}}=\sum_{j=1}K_jW_j$$

式中，K_{w} 为综合资本成本；K_j 为个别资本成本；W_j 为各种筹资方式筹资额占筹资总额的比重。

子任务 3 确定最佳资本结构

工作任务

利用比较综合资本成本法或每股利润无差别点分析法确定白云山投资有限公司的最佳资本结构。

知识准备

1. 资本结构的概念

资本结构是指企业各种来源的长期资金的构成和比例关系。资本结构是否合理会影响企业资本成本的高低、财务风险的大小及投资者的收益，是企业筹资决策的核心问题。企业资金来源多种多样，但总的来说可分为权益资本和负债资本两类，因此，资本结构问题主要是负债资本比率问题，即负债在企业全部资本中所占的比重。适当增加负债，可以降低企业资本成本，但当企业负债比率太高时，会给企业带来财务风险。为此，企业必须权衡财务风险和资本成本的关系，确定最佳资本结构。

2. 资本结构的优化

资本结构的优化意在寻求最佳资本结构。最佳资本结构是指在一定条件下使企业资本成本最低、企业价值最大的资本结构。确定最佳资本结构的方法有比较综合资本成本法和每股利润无差别点分析法。

（1）比较综合资本成本法

比较综合资本成本法是通过计算和比较各种可能的筹资组合方案的综合资本成本，选择综合资本成本最低的方案为最佳资本结构方案，即能够降低平均资本成本的资本结构，就是合理的资本结构。这种方法侧重于从资本投入的角度对筹资方案和资本结构进行分析。

比较综合资本成本法的操作步骤如下：

①确定不同筹资方式的资本结构。

②计算不同方案的综合资本成本。

③根据计算的综合资本成本选择资本成本最低的结构即为最佳资本结构。

企业资本结构决策分为初次利用债务筹资和追加筹资两种情况。前者称为初始资本结构

决策，后者称为追加资本结构决策。

比较综合资本成本法将资本成本的高低作为选择最佳资本结构的唯一标准，简单实用，因而常常被采用。

（2）每股利润无差别点分析法

所谓每股利润无差别点，是指不同筹资方式下每股利润相等时的息税前利润，这一点是两种资本结构优劣的分界点。每股利润无差别点分析法是通过计算各筹资方案的每股利润无差别点，并进行比较选择最佳资本结构筹资方案的方法。根据每股利润无差别点，可以判断什么情况下用债务筹资，什么情况下用权益筹资，从而来安排和调整资本结构。

上述的两种优化资本结构的方法都具有一定的局限性。首先，它们都是从有限个方案中选出最优方案，因此，只能是“较优”，而不是“最优”。其次，它们与财务管理总目标——股东权益最大化不可能完全一致。因此，企业应根据实际情况选择合适的方法，以便做出恰当的选择。

工作步骤

第一步：确定随销售额变动而变动的资产和负债项目。以白云山投资有限公司为例，流动资产项目为货币资金、应收账款、存货。对于固定资产，若假定基期已经饱和，那么增加销售必须追加固定资产投资，如果无法确定固定资产具体的增加额，可以认为与销售额增长成正比，计入随销售额变动而变动的资产项目中。

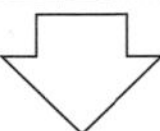

第二步：应用销售百分比法预测筹资需要量。计算白云山投资有限公司基期变动性项目占销售额百分比，进一步确定需要增加的资金数额和对外筹资的数额。

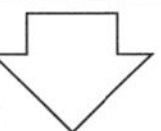

第三步：选择筹资方式，并计算其个别资本成本。充分分析各种筹资方式的优、缺点，根据资金规模适当、筹资及时、筹资方式经济、来源合理等原则，确定多个可供选择的筹资方案，以便有效地组织资金的供应。计算各种筹资方式的个别资本成本，为白云山投资有限公司选用最佳资本结构确定参考标准。

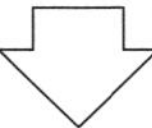

第四步：计算各备选筹资方式的综合资本成本。以个别资本所占的比重为权数，对个别资本成本进行加权平均计算得出各备选方案的综合资本成本。

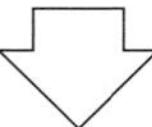

第五步：确定最佳资本结构。选择综合资本成本最低的结构作为白云山投资有限公司最佳资本结构。

工作评价与反馈

<table>
<tr><td>任务</td><td>存在的问题</td><td>改进措施</td></tr>
<tr><td></td><td></td><td></td></tr>
<tr><td colspan="3">收获与感悟：</td></tr>
<tr><td colspan="3">指导教师评语：

教师签名：</td></tr>
</table>

项目小结

目前，各地纷纷建立大学生创业园、创业基地，出台了一些优惠政策，吸引了众多大学生进行创业。大学生创业者不仅需要技术出类拔萃，还需要了解一定的财税知识，具备制订财务计划、筹措企业资金的能力。本项目主要介绍了创业必备的财税基础知识、财务计划的制订、筹资管理等基础知识，对大学生建立基本的财务管理理念，锻炼创业能力具有重要的作用指导。

巩固与提高

一、单项选择题

1. 企业筹措和集中资金的财务活动是指（　　）。

   A. 分配活动　　　　B. 投资活动

   C. 决策活动　　　　D. 筹资活动

2. 负债是指企业过去的交易或者事项形成的，预期会导致经济利益流出企业的（　　）。

   A. 现时义务　　　　B. 潜在义务

   C. 过去义务　　　　D. 未来义务

3. 下列各项中应确认为企业资产的是（　　）。

   A. 计划明年采购的大型设备

   B. 腐烂变质的存货

   C. 融资租出的固定资产

   D. 经营出租的固定资产

4. 某增值税小规模纳税企业本期购入原材料并验收入库，其采购取得的专用发票注明原材料价格20 000元，增值税2 600元；该企业当期产品销售额（含税）20 600元，增值税征收率为3%，则该企业当期应该交纳的增值税为（　　）元。

   A. 2 800　　　　B. 618

   C. 2 782　　　　D. 600

5. 债券的资本成本率一般低于股票的资本成本率，其主要原因是（　　）。

   A. 债券的筹资费用较少　　　　B. 债券的发行量少

   C. 债券的利息率固定　　　　D. 债券利息在税前支付

6. 最关心企业偿债能力的应该是（　　）。

   A. 投资者　　　　B. 经营者

   C. 债权人　　　　D. 所有利益相关者

二、多项选择题

1. 成本按性态分类可以划分为（　　）。

A. 固定成本　　B. 变动成本

C. 混合成本　　D. 半变动成本

2. 下列各项中，属于反映企业财务状况的会计要素有（　　）。

A. 资产　　B. 负债

C. 收入　　D. 费用

3. 最佳资本结构的判断标准是（　　）。

A. 企业价值最大　　B. 加权平均资本成本最低

C. 资本规模最大　　D. 筹资风险最小

三、判断题（以下说法是否正确，若有错误请改正）

1. 现金净流量是指一定期间现金流入量和现金流出量的差额。（　　）

2. 发行普通股所筹集的资金在公司存续期间不需要偿还，所以也没有成本。（　　）

3. 企业负债占销售额的比重越大，外筹资金需要量就会越小。（　　）

四、实训题

1. 某公司创建时，拟筹资 5 000 万元，现有下表所示的两个筹资方案可供选择。

筹资方案资料

筹资方式	资本成本	A 方案 / 万元	B 方案 / 万元
长期借款	10%	1 000	1 500
实收资本	14%	4 000	3 500
合计	—	5 000	5 000

根据上述资料，分别计算 A、B 筹资方案的加权平均资本成本，并比较其大小，从而确定最佳资本结构方案。

2. 小张毕业后考虑开一家蛋糕店，估计每周的固定成本为 1 200 元，而每块蛋糕的材料等变动成本为 6 元，每块蛋糕售价 10 元，问：

（1）小张每月必须卖出多少块蛋糕才能不会亏本？

（2）若每月销售 10 000 块蛋糕，月利润为多少？

（3）若想每月获利 20 000 元，每月必须卖出多少块蛋糕？

项目 7 企业经营环境营造

项目导学

在创业的过程中，企业经营环境的营造对于新创企业尤为重要。营造良好企业经营环境的目的就是保障新创企业的生存，促进新创企业的发展，使其尽早尽好地融入社会发展的大环境中。企业经营环境的营造主要包含两个方面：协调公共关系和塑造企业形象。通过公共关系的协调与维护，为企业创造良好的生存与发展环境。塑造企业形象，是企业通过对自身的深入了解，并基于对自身未来发展的明确定位，而进行的主动性的、整体性的、建设性的企业形象构建。塑造企业形象和协调公共关系之间是本体与外界的关系，只有具有明确清晰的本体形象定位，才会有协调公共关系的出发点和基调。协调公共关系和塑造企业形象，都是企业实现生存、发展和扩张的基础。

其中，协调公共关系包括：与政府行政管理部门的关系、与社会团体的关系、与新闻媒体的关系。

塑造企业形象包括 3 个基本要素，即 MIS（mind identity system，理念识别系统）、BIS（behavioral identity system，行为识别系统）、VIS（visual identity system，视觉识别系统）。

学习目标

1. 认知目标：了解企业经营环境营造对创业所产生的影响；了解企业经营环境营造两个方面的内涵及其分别包括的 3 个分支。

2. 技能目标：学会在创业过程中运用本项目所学知识，解决企业经营环境营造的相关问题。

3. 情感目标：认识到企业经营环境营造在企业发展期间，尤其是创业期间的重要性。

任务1 与政府部门建立关系

情境导入

阿里巴巴集团与浙江省战略合作启示

1. 浙江省与阿里巴巴集团的战略合作历程

作为阿里巴巴集团的总部所在地，浙江省杭州市在加强与阿里巴巴集团合作方面做了大量的工作。2000 年以来，杭州市把推进经济和社会信息化作为建设“天堂硅谷”的主要内容，积极开展国家信息化试点城市、流通领域电子商务试点城市、电子政务试点城市等工作，并在全国最早提出打造“中国电子商务之都”。2011 年，电子商务成为杭州市重点扶持发展的“十大产业”，杭州市通过直接财政补助、优化服务、设立企业荣誉等措施，为电子商务人才引进、技术创新和网络经济的迅速发展提供了宽松的政策环境。杭州市较为成熟的电子商务发展环境为阿里巴巴集团的快速发展提供了有力支撑。

浙江省中小企业众多，一直以来是阿里巴巴集团推广电子商务的重要市场。国际金融危机期间，浙江省经信委、商务厅等部门先后与阿里巴巴集团合作实施“万家企业电子商务推进工程”和“浙江省外贸出口企业网上展示实样寄送电子商务应用促效工程”，浙江省财政支持阿里巴巴集团开发“浙江电子商务专区”与“浙江企业日本网上展示电子商务专区”。杭州、余杭、嵊州、绍兴、诸暨、普陀等市县区也纷纷与阿里巴巴集团合作，通过“政府补一点、企业出一点、阿里让一点”的合作模式，建设“特色产业集群电子商务专区”。2012 年，浙江省政府办公厅专门出台文件，从财政、税收、融资等领域支持阿里巴巴集团与义乌小商品城按照“优势互补、合作共赢”的原则，在市场拓展、商品采购、物流配送、产业园区以及人才培训等领域开展战略合作。

淘宝网的快速崛起，使网络创业成为时尚，在杭州市乃至浙江全省涌现了一批草根网商和大学生网商。杭州市在 2006 年提出“创业在杭州”，从创业资助、创业平台建设、创业风险引导基金、创业实训、创业激励等多个方面，强化政府在推动网上创业促进就业方面的引导作用，不断扩大网上创业群体。2009 年，杭州市出台全国首个扶持网上创业就业的文件，明确开网店也算就业，最高可获 20 万元资助。浙江省教育厅也出台政策明确高校毕业生在淘宝网店的信用等级在 3 颗钻以上的，可以认定为自主创业，除了可享受普通高校毕业生就业同等待遇，还可以享受到各项由自主创业带来的贷款、招工等优惠政策。

随着阿里巴巴集团网络交易平台规模的不断扩大，浙江省各级政府部门与相关机构越来越重视与阿里巴巴集团的战略合作。2013 年 12 月，杭州市政府与阿里巴巴集团签署战略合作协议，围绕阿里巴巴西溪区（淘宝城）、西溪谷园区、滨江园区和国家跨境电子商务试点城市产业园区、“菜鸟网络”、阿里云和大数据业务、阿里巴巴集团网络信用体系和杭州公共信用体系等领域，共同打造电子商务服务业、互联网金融产业、现代智能物流、跨境电子商务、云计算和大数据等产业集聚区。杭州市政府成立战略合作协调推进小组，在资源要素保障、基础设施配套、鼓励研发创新、新业务应用推广、研发教育等方面加强服务，强化阿里巴巴集团在全球电子商务领域的领军地位和对杭州相关产业发展的龙头带动作用，推进杭州打造“全国电子商务中心”和“国际电子商务中心”。

2011 年以来，浙江省通过成立浙江省电子商务工作领导小组，召开全省电子商务大会，编制《浙江省电子商务产业“十二五”发展规划》，建设“智慧浙江”，明确电子商务服务业的战略性新兴产业地位等一系列措施，围绕“电商换市”战略，出台全省电子商务行业统计监测、电子商务拓市场、电子商务进万村、跨境电子商务试点、电子商务产业基地、电子商务配套设施建设、电子商务追溯体系建设、金融领域支持电子商务、电子商务领域专利保护级、电子商务人才培训和认证等一系列政策，不断完善电子商务产业政策及监管与服务体系，努力把浙江打造成为“国际电子商务中心”。2014 年 4 月，浙江省政府与阿里巴巴集团签订全面战略合作协议，围绕阿里巴巴在浙江的电商平台、菜鸟物流等重点项目建设，发展阿里云及大数据产业，扩大浙货网络销售，发展跨境电子商务和农村电子商务，打造创新金融服务中心，推进居民生活服务智能化，建设智能物流骨干网络，推进政府采购电商化，构建浙江诚信体系等 10 个方面内容，进一步提升浙江（杭州）作为阿里巴巴集团全球总部的优势地位，加快产业转型升级，打造浙江经济升级版。

2. 浙江省与阿里巴巴集团开展战略合作的主要成效

浙江省与阿里巴巴集团开展战略合作，增强了浙江电子商务在全国的优势地位，加速了全省经济社会的转型升级，形成双赢，乃至多赢的局面。2008 年，中国电子商务协会授予杭州市“中国电子商务之都”称号。2010 年国务院批准实施的《长江三角洲地区区域规划》明确将杭州定位为全国电子商务中心。目前，阿里巴巴集团已经成为浙江省发展创新型经济的一艘旗舰，是浙江省推进创新驱动发展的一面旗帜，是浙江省企业服务社会的一个标杆，是浙江省提升国际化水平的一张金名片，在全省经济社会发展中的地位越来越重要。

阿里巴巴集团对浙江省的贡献主要体现在税收和就业上。2013 年，阿里巴巴集团日均纳税超 2 000 万元，全年纳税超过 70 亿元，成为浙江省除烟草公司外，纳税总额最大的企业。从就业角度来看，2013 年，阿里巴巴集团员工数量达 2.5 万人，其中省内员工约 2 万人。依托阿里巴巴网络交易平台，浙江网商迅速崛起。目前，浙江淘宝网商数量超过 80 万，网商数量在全国淘宝网商的比重超过 10%，网店数量居全国第一。天猫浙江网商数量超过 1 万家，约占天猫网商总数的 1/6。仅淘宝和天猫就为全省贡献直接就业岗位 78.4 万个，间接就业岗位 222 万个。

阿里巴巴集团的网络交易平台已经成为推动浙江省企业开拓市场、提升品牌的重要渠道。2012 年，淘宝、天猫等网上市场销售的浙货达 2 118 亿元，全省淘宝网上交易实现地区间出超 866 亿元。

3. 浙江省与阿里巴巴集团开展战略合作的总结与启示

企业与区域发展之间存在着复杂的互动反馈机制。浙江省中小企业发达，民间资本充裕，社会需求旺盛，具有明显的市场优势。阿里巴巴集团的网络交易平台与浙江省传统的专业市场在性质上有相似之处，这一独具中国特色的商业模式创新出现在浙江省，充分体现了浙江省经济发展环境对阿里巴巴集团发展的影响力。与此同时，浙江省各级政府对民营经济和电子商务等新经济模式的开明态度与良好的服务意识，使浙江成为阿里巴巴集团快速发展的沃土。所谓一方水土养一方人，阿里巴巴集团坚持以杭州作为总部，是有着深刻的经济、社会和文化背景的。

阿里巴巴集团发展的意义不仅仅在于企业本身的发展壮大，更在于见证了电子商务的经济社会影响力。“21 世纪要么电子商务，要么无商可务”，电子商务的快速发展，改变了传统经济发展模式和社会生活方式，为传统产业转型升级和发展战略性新兴产业提供了重大机遇。电子商务服务业是技术密集、资金密集、信息密集、创新密集的战略性新兴产业，发展快、带动强、潜力大。加快发展电子商务服务业，抢占未来竞争的战略制高点，对于扩消费、稳增长、调结构、促转型、增就业、惠民生等都具有重要意义。因此，当时浙江省省长李强指出，支持阿里巴巴发展，就是支持浙江发展。

作为阿里巴巴集团的总部所在地，浙江省杭州市在促进阿里巴巴与地方经济联系方面做了大量的工作，取得了显著成效。但是第三方网络交易平台的性质决定了阿里巴巴集团的经济社会联系与影响力是全国性乃至全球性的。阿里巴巴集团的崛起，吸引了上海、广东、重庆、四川、海南等省市领导纷纷上门招商。随着阿里巴巴集团全国布局的展开，阿里巴巴集团与浙江省的战略合作优势也面临着各种挑战。

电子商务的快速发展也对传统的监督管理与配套服务体系提出了新的要求。基于庞大的市场规模，阿里巴巴集团的一举一动都有着巨大的经济社会影响力，加强与优化对阿里巴巴集团的监管、管理与服务成为各级政府部门的重要职责。经济社会的信息化是一个巨大的系统工程，需要政府（各部门）与企业之间的协同创新。在社会主义市场经济条件下，政府与企业之间既有矛盾，又有合作。从长远来看，政府与企业应该求同存异，构建平等、合作的伙伴式关系，才能实现双赢乃至多赢。完善电子商务国家治理体系，理顺电子商务领域的多头管理格局，优化政府与企业的沟通合作机制，对于推进我国国民经济与社会的信息化和加快建设“网络强国”具有重要意义。

问题思考：

市场经济条件下，企业与政府建立良好的关系，对企业、政府、社会而言分别有哪些好处？

任务要求

3~5 人组成一个团队，根据自己现有的知识，并结合本书的相关知识，了解企业的业务范围及其相关的政府行政管理部门，确定并构建二者之间的关系。

最后，每个团队派代表向教师和其他团队同学进行展示汇报，展示汇报内容为所在团队完成任务整个过程中的整体情况和任务完成的成效。其他团队和教师可以对展示汇报进行提问和评价。

假设你所在的团队就是一家新创办的提供无人机服务的企业，企业在业务开展过程中面临需要与所在地相关政府行政管理部门建立良好关系的问题，此时企业需要如何做？

子任务 1 了解企业业务领域

工作任务

企业在建立任何外向关系之前，应首先对自身可能的业务范围进行了解，这样基于自身业务开展的需要所建立的外向关系，才是有效的。团队经过讨论，将提供无人机服务的企业可能开展的业务范围梳理出来，只要符合提供无人机服务的企业的设定，就可将其填写在图 7–1 中，完成图 7–1 中内容的填写（对图中栏框数量，可根据实际情况予以调整）。

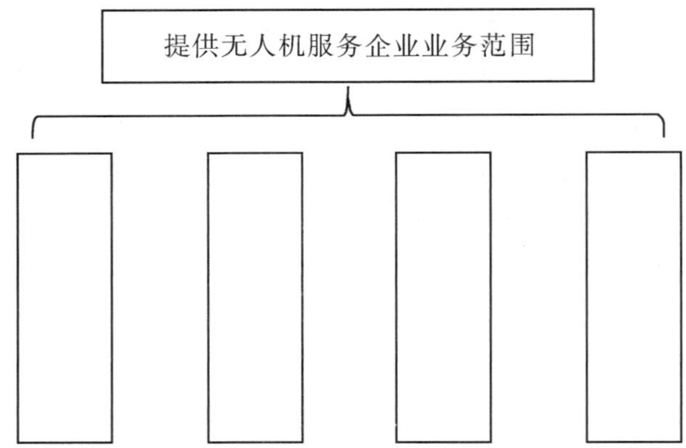

图 7–1 提供无人机服务企业业务范围

知识准备

业务，通俗来说就是各行业中需要处理的事务，但通常倾向于指销售的事务，因为任何公司单位最终仍然是以销售产品、销售服务、销售技术等为主。业务最终的目的是“售出产品，换取利润”，所以通常会把业务员等同于销售员，也是基于这个原因。业务就是进行或处理商业上相关的活动。业务也是销售渠道，是指厂家与销点之间的关系，是产品从生产者向消费者转移所经过的通道和途径，而业务员在这中间起着非常关键的作用，业务员的工作直接影响到厂家、销点、消费者这三者之间的关系。

随着电子商务的健康发展，各项基础设施的完善，根据国内中小企业的需求而建立的基于电子商务的一种新兴业务模式称为电子业务。

作为生产企业，只需将生产出的产品通过多业网（国内最大规模的市场开发平台）以发布业务的形式进行展示，利用强大的后台管理系统即可实现远程管理业务员、控制产品交易流程等操作，足不出户也可实现各地市场开发的目的。

作为业务员，可以根据自身的地理位置、擅长行业、交际圈等在网上申请应聘为公司业务员，为企业开发本地市场，获取丰厚的收入。

例如，阿里云的业务范围包括弹性计算、数据库、存储、网络、大数据、人工智能、云安全、互联网中间件、云通信等；钢厂的业务范围包括建筑领域、汽车钢领域、管材领域、不锈钢领域、合金钢领域等。

子任务 2 了解政府行政管理部门

工作任务

想要与政府行政管理部门建立良好关系，除了要对自身有清晰的了解之外，还需要对政府行政管理部门有所了解，这样才能做到有的放矢。团队通过查阅相关网站或资料，了解政府行政管理部门属性、职能等相关知识，经过讨论，将所了解的与提供无人机服务企业业务相关的政府行政管理部门梳理出来，只要经过小组讨论认为相关的部门，就可将其填写在图 7–2 中，完成图 7–2 中内容的填写（对图中栏框数量，可根据实际情况予以调整）。

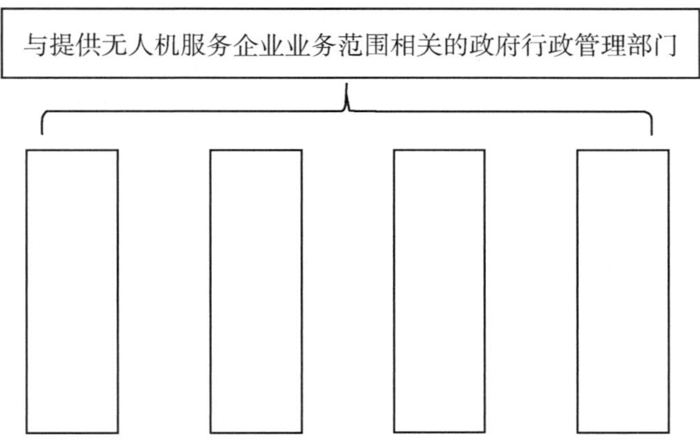

图 7–2　与提供无人机服务企业业务范围相关的政府行政管理部门

知识准备

我国行政机关包括中央行政机关和地方行政机关两级。中央行政机关由国务院、国务院组成部门、国务院直属机构等组成。地方行政机关包括地方各级人民政府、县级以上人民政府组成部门、县级以上人民政府的直属机构和特设机构以及各级人民政府的派出机构。特别提醒，公安局的地位比较特殊，既是一级行政机关，又是司法机关，根据其行使的具体职能确定。

目前我国行政机关垂直管理的形式主要有两类：一类是中央垂直管理，即在全国范围内实行垂直领导体制的行政部门，如海关、金融、国税、外汇管理等。另一类是省以下垂直管理，如工商行政管理、质量技术监督、食品药品监督管理等。

政府工作部门是按照一定标准对政府工作进行分解和分类，并以此为依据建立的负责政府某一方面事务的机构。主要有国务院所属工作部门和地方政府所属工作部门两大部分。地方人民政府工作部门，在接受同级政府领导的同时，在业务上接受上级政府工作部门对口或对应机构的指导。政府各工作部门在同级政府的统一领导下工作，相互间具有配合、协调及一定的制约关系。

政府职能机构是在政府统一领导下，负责领导和管理某一方面行政事务并相对独立行使该方面国家行政权力的机关。它主要指政府组成机构和政府直属机构。政府组成机构是政府职能机构的主体部分，是在对政府的总体职能进行基本划分的基础上，本着分工合理、职责明确、组织精干和提高效率的原则，由法律规定设置的。例如，某市人民政府组成机构，其设置情况，如图 7–3 所示。

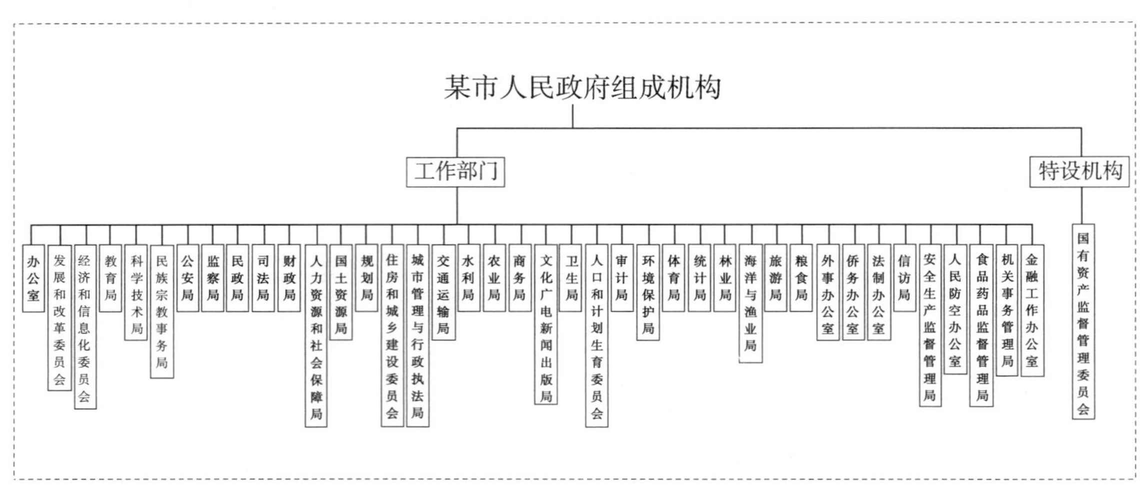

图 7–3　某市人民政府机构设置情况

子任务 3 构建企业与政府行政管理部门的关系

☆ 工作任务

确定了企业的业务范围，也找到了与企业业务相关的政府行政管理部门，那么接下来就要确定两者之间的对应关系，也就是说找到企业某一业务与对应政府行政管理部门之间存在的联系。

例如，一家研发生产 5G 网络设备的企业，其业务范围中有向工业互联网企业提供 5G 网络设备的业务，而且与工业互联网及其网络设备装备相关的政府行政管理部门就是各工业和信息化部门（如南京市工业和信息化局），那么这家企业在开展工业互联网 5G 网络设备这一业务过程中将会与工业和信息化部门之间建立联系，或者说，企业为了更好地开展工业互联网 5G 网络设备这一业务，其能够从工业和信息化部门得到支持和帮助。

请各个团队整理前期了解的提供无人机服务企业的业务范围和相关政府行政管理部门，构建各业务与相关政府行政管理部门的关系，并完成图 7–4 中内容的填写（对图中栏框数量，可根据实际情况予以调整）。

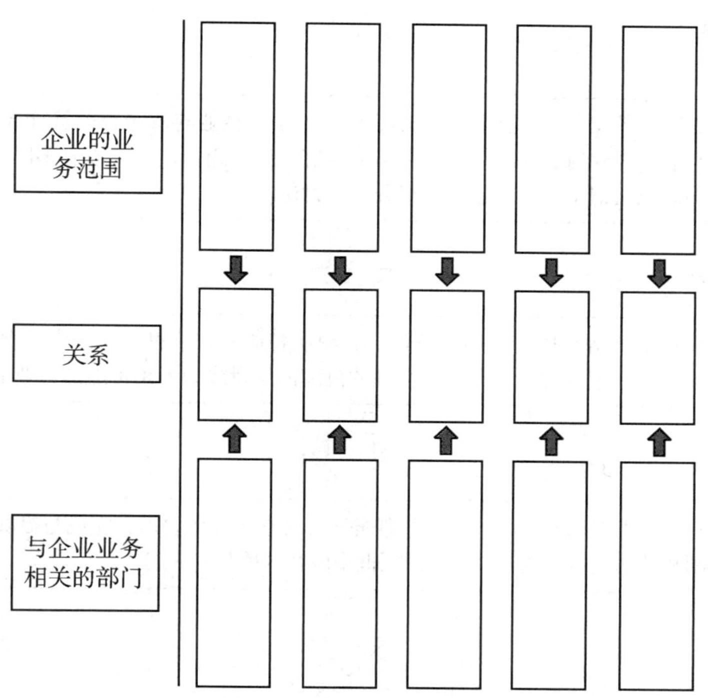

图 7–4 提供无人机服务企业业务与政府行政管理部门的关系

知识准备

政府行政管理部门为企业提供服务既是市场经济条件下政府行政管理部门必须履行的职能，又是在经济全球化过程中对政府行政管理部门提出的一项基本要求，同时也是政府行政管理部门转变职能的根本标志之一。

根据我国实际情况，政府行政管理部门能够从以下3个方面为企业提供帮助。

1. 政策引导

通过深入调查和严格的咨询论证制定利于企业发展的政策。

2. 资金支持

①对已经出台的各项促进企业发展的资金支持政策的落实情况进行及时跟踪和监控。

②根据形势发展和情况变化完善已有的资金支持政策。

③积极支持和引导民间资本流入企业生产经营、新技术研发、项目建设等环节。

3. 信息服务

为企业发展提供及时有效的政策法规信息及科学技术信息。同时，为企业发展提供国内、外市场动态和社会需求信息。

工作步骤

第一步：分析、讨论案例。主要讨论市场经济条件下，企业与政府行政管理部门建立良好的关系，对企业、对政府、对社会分别带来哪些好处？小组内成员可以有不同意见和想法，并将这些不同的想法记录下来，逐一进行分析、讨论。

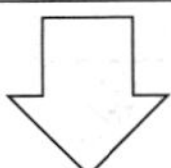

第二步：了解企业业务范围。按照情境设定，团队各成员充分思考，完成提供无人机服务企业业务范围图栏框中内容的填写。在合理的范围内尽量多地列出可能的企业业务范围。

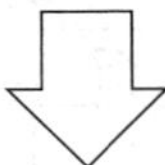

第三步：了解政府行政管理部门。了解该任务子任务2的任务要求，完成与提供无人机服务企业业务范围相关的政府行政管理部门图栏框中内容的填写。

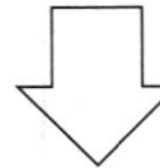

第四步：构建企业业务与政府行政管理部门的关系。了解该任务子任务 3 的任务要求，整理分析子任务 1 和子任务 2 中列出的企业业务范围和政府行政管理部门的对应关系，完成提供无人机服务企业业务与政府行政管理部门的关系图栏框中内容的填写。在合理范围内每个企业业务可以对应不止一个政府行政管理部门。

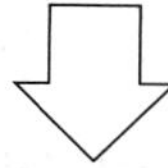

第五步：展示汇报。每个团队派代表向教师和其他团队同学进行展示汇报。

工作评价与反馈

任务	存在的问题	改进措施
收获与感悟：		
指导教师评语： 教师签名：		

任务2 与社会团体建立关系

情境导入

首届中国新能源物流车应用大赛

随着新能源汽车产业的技术进步和城市环保压力，物流业相关主管部门着力推动物流行业的新旧动能转换，倡导发展绿色物流。目前，我国新能源物流车主要应用于城市配送场景，但在运营过程中，仍存在路权、里程、充电问题等行业痛点，也存在市场品牌繁多、产品质量参差不齐、使用成本高等应用困惑；同时，各地城市配送相关部门也面临绿色运力认知度不足、操作不规范、推广困难等难题。

新能源汽车产业正由政策驱动转向政策市场双轮驱动，那么，新能源汽车“在哪用、谁来用、怎么用”将是激发市场活性的核心问题。为此，北京新能源汽车产业协会、北京物流与供应链管理协会、北京市道路运输协会决定共同举办“首届中国新能源物流车应用大赛”，开展城市绿色货运配送示范活动，旨在实践城市运力新能源化并探索未来运力，通过实测新能源物流车运营数据，核算油电差和运营成本，检测运营质量，解决行业痛点问题。

1. 活动目的

推动京津冀交通运输业能源清洁化、城市运力绿色化，促进城市绿色运力落地，促进新能源汽车供给端、市场需求端、政策端等产业链核心因素的协同、融合，促进产业健康发展，促进产业文化交流，促进商业模式创新；促进新能源汽车市场供需对接，实现市场培育、品牌宣传、广泛获客，激发客户购车意愿，创造订单和集采的目标。

2. 组织机构

主办单位：北京新能源汽车产业协会、北京物流与供应链管理协会、北京市道路运输协会。

联合主办：中国新能源汽车推广应用联盟、北京中城新能源物流有限公司。

支持单位：北京市新能源汽车发展促进中心、北方工业大学汽车产业创新研究中心、中国新能源物流车应用大赛专家委员会。

承办单位：中国新能源汽车推广应用网、北京中集通达供应链管理有限公司。

官方媒体：中国新能源汽车推广应用网。

媒体支持：中央电视台、北京电视台、腾讯网、新浪网、网易、搜狐网、凤凰网、新华网、中华网、中国网络电视台、TOM汽车吧、中国广播网、中国网、光明网、中国日报网、北京交通台、第一电动车网、电动GO、新能源汽车网、第一物流网。

北京新能源汽车产业协会成立于2009年3月，是在北京市民政局注册的非营利性质的社会团体，并具有独立法人资格，业务主管部门为北京市经信委。

北京新能源汽车产业协会最高权力机构为会员大会，下设理事会、监事会、秘书处、专家委员会等组织，其中秘书处包括对外联络部、技术开发与合作部、市场推广部、产业研究部、宣传部及财务部六个部门，专家委员会含有首席专家和整车集成组、能源组、电机组、发动机组、传动组、电动辅助系统组、测试验证组七个专家组。

北京新能源汽车产业协会整合了国内新能源领域的优势资源，成员覆盖新能源汽车全产业链的众多成员，包括北汽集团、福田汽车、北汽新能源、中信国安盟固利、普莱德、清华大学、北京理工大学、北京交通大学、北京公交等近百家单位，是中国首家以实现新能源汽车全产业链协同发展为目标的协会。

作为我国第一家新能源汽车产业协会，北京新能源汽车产业协会始终坚持以技术标准为主线，以科技创新为动力，以品牌传播为突破，整合新能源产业链上的研发、设计、制造、零部件供应和终端用户等资源，利用对外交流、联谊活动、行业调研、展览展评、行业协调、行业自律、咨询服务、技术开发、编辑专刊等活动，推动新能源行业的技术进步和产业化能力提升。

问题思考：

由北京新能源汽车产业协会等主办的“首届中国新能源物流车应用大赛”对于参与的新能源汽车企业的发展有何作用？

任务要求

3~5 人组成一个团队，根据自己现已掌握的知识，并结合本书的相关知识，完成各子任务。了解企业所涉及行业，并进行业分类；找到各行业对应社会团体；了解企业与社会团体构建关系的渠道。通过梳理整个任务过程，总结形成能够指导现实业务操作的有效方法和模式。

最后，每个团队派代表向教师和其他团队同学进行展示汇报，展示汇报内容为所在团队在完成任务整个过程中的整体情况和任务完成的成效。其他团队和教师可以对展示汇报进行提问和评价。

假设你所在的团队就是一家通过废物利用制作手机壳的企业，企业在业务开展过程中需要与社会团体建立良好关系，此时企业需要如何做？

子任务 1 了解企业所涉及的行业

工作任务

社会团体多以行业划分，所以在与社会团体构建关系之前，必须了解企业所属行业的相关情况。一般情况下，某一企业可能不仅仅只属于一类行业，例如，新能源汽车企业既属于汽车行业，又属于新能源行业，甚至还涉及节能减排领域等。所以企业的行业属性具有多元性，这也正符合企业参与社会团体活动的多元化，对于企业发展是有利的。

假如你所在团队企业主要研发、设计、生产、销售通过废物利用制作的手机壳，那么请你们团队根据企业所涉及行业分类完成图 7–5 中内容的填写（在合理范围内尽可能多地列出企业所属分类及细分，可根据实际情况对图中栏框数量予以调整）。

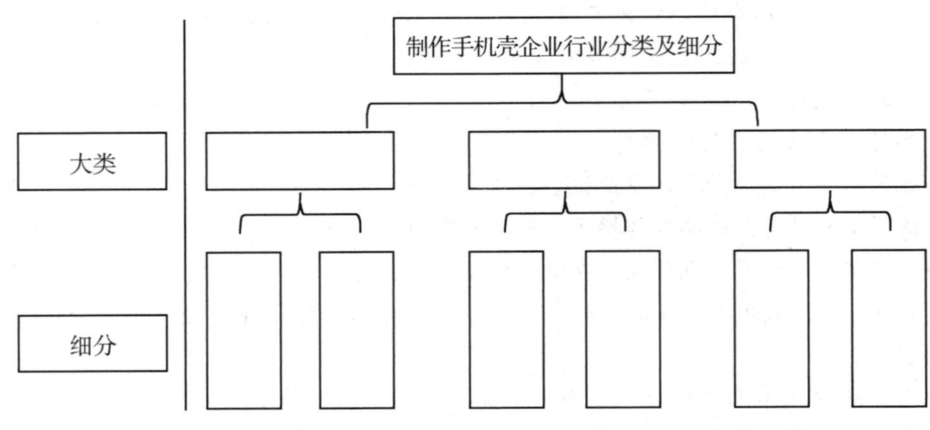

图 7–5　制作手机壳企业行业分类及细分

知识准备

行业分类是指对从事国民经济中同性质的生产和经营的单位或者个体组织结构体系的划分，如林业、采矿业、制造业等。

行业分类具有结构性。行业结构可以解释行业本身所处的发展阶段及其在国民经济中的地位，用来分析影响行业发展的各种因素以及判断对行业的影响力度，预测并引导行业的未来发展趋势，判断行业投资价值，揭示行业风向，为各组织机构提供投资决策或投资依据。

根据国家标准《国民经济行业分类》（GB/T 4754—2017），行业分类中大门类包括：农、林、牧、渔业，采矿业，制造业，电力、热力、燃气及水生产和供应业，建筑业，批发和零售业，交通运输、仓储和邮政业，住宿和餐饮业，信息传输、软件和信息技术服务业，金融业，房地产业，租赁和商务服务业，科学研究和技术服务业，水利、环境和公共设施管理业，居民服务、修理和其他服务业，教育，卫生和社会工作，文化、体育和娱乐业，公共管理、社会保障和社会组织，国际组织。一般，每个行业的大门类可分为若干大类，大类又可分为若干中类，中类又可细分为若干小类。如采矿业这一门类可分为煤炭开采和洗选业、石油和天然气开采业、黑色金属矿采选业、有色金属矿采选业等大类，其中有色金属矿采选业这一大类又可分为常用有色金属矿采选、贵金属矿采选等中类，常用有色金属矿采选这一中类又可细分为铜矿采选、铅锌矿采选、镍钴矿采选等小类。

子任务 2 寻找对应的社会团体

工作任务

梳理清楚了企业所属行业大类和细分小类之后，就需要据此寻找与之匹配的各类社会团体。例如，新能源汽车属于高端制造业、汽车行业、新能源行业等，在细分行业中可能又属于纯电动汽车行业、混合动力汽车行业、燃料电池电动汽车行业、其他新能源汽车行业等。接下来，就可以分别根据这些行业类别寻找对应的社会团体。例如，根据高端制造业就可以找到中国装备制造行业协会，根据燃料电池电动汽车行业就可以找到国际氢能燃料电池协会。

接下来，各团队进行研究讨论，分析团队所在的利用废物制作手机壳的企业所属行业情况，找出与其行业分类相对应的社会团体，并完成图 7-6 中内容的填写（在合理范围内尽可能多地列出企业所属行业，对图中所设栏框数量，可根据实际情况予以调整）。

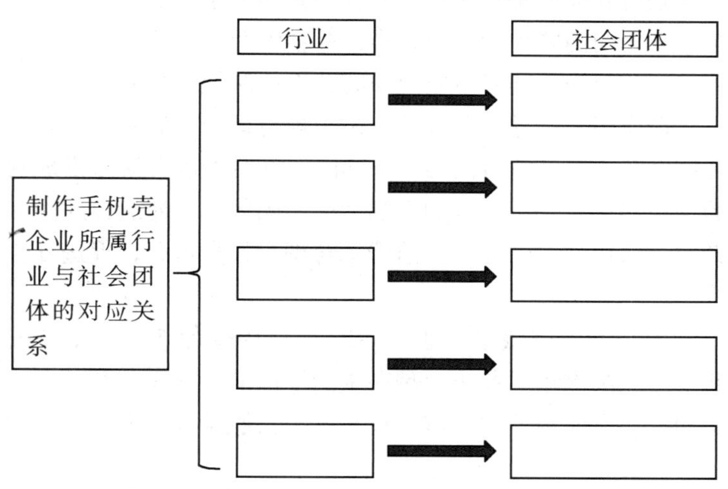

图 7-6　制作手机壳企业所属行业与社会团体的对应关系

知识准备

社会团体是指为一定目的由一定人员组成的社会组织，可分为以营利为目的和以非营利为目的两类社会团体。前者如合作社、公司等；后者如政治组织、宗教组织、科技组织、文化组织、艺术组织、慈善组织等社会群众团体。成立社会团体除需要一定数量的人员组成之外，还要制定章程，到有关机关登记，有的还须依法申请许可，等等。

社会团体是当代我国政治生活的重要组成部分。我国目前的社会团体都带有准官方性质。《社会团体登记管理条例》规定，成立社会团体，应当经其业务主管单位审查同意。业务主管单位是指国务院有关部门和县级以上地方各级人民政府有关部门、国务院或者县级以上地方各级人民政府授权的组织。社会团体实际上附属在业务主管部门之下。我国的社会团体是社会组织的一种。我国的一些社会团体如下。

①中华全国学生联合会。中华全国学生联合会简称“全国学联”，是全国高等和中等学校学生的联合组织，是我国大中学生自己的群众组织，1919 年 6 月在上海成立。

②中国侨商投资企业协会。中国侨商投资企业协会是经国务院同意，民政部批准成立的由华侨、外籍华人、香港澳门同胞境内投资企业和地方侨商组织、知名侨资企业家组成的全国性非营利社会团体。国务院侨办是该协会的主管部门。该协会接受民政部的业务指导和监督管理，其主要任务是反映侨资企业要求，加强侨资企业与政府的联系，促进侨资企业之间的合作，帮助解决侨资企业经营中遇到的困难，维护侨资企业的合法权益，引导侨资企业规范经营和行业自律等。

③中国社会组织促进会。中国社会组织促进会是民政部主管、由中国社团研究会更名的全国性社会团体。其宗旨和使命是动员和依靠社会各界力量，加强社会组织管理与发展的理论研究，密切社会组织之间的联系和交流，推进社会组织的自律与诚信，扩大我国社会组织与国际社会组织的交往与合作，同时争取政府有关部门和社会各界的支持，在政府和社会组织之间发挥桥梁、纽带作用，引导和促进社会组织规范运作、健康发展。

④中国消费者协会。中国消费者协会于 1984 年 12 月经国务院批准成立，是对商品和服务进行社会监督的保护消费者合法权益的全国性社会团体。该协会以对商品和服务进行社会监督，保护消费者的合法权益，引导广大消费者合理、科学消费，促进社会主义市场经济健康发展为宗旨。

⑤中国汽车工业协会。中国汽车工业协会成立于 1987 年 5 月，是经民政部批准的社团组织，地址设在北京。中国汽车工业协会是在中国境内从事汽车、摩托车、零部件及汽车相关行业生产经营活动的企事业单位和团体，在平等、自愿基础上依法组成的全国性工业行业协会。

⑥中国钢铁工业协会。中国钢铁工业协会是我国钢铁行业全国性行业组织。

⑦中国互联网协会。中国互联网协会成立于 2001 年 5 月 25 日，由国内从事互联网行业的网络运营商、服务提供商、设备制造商、系统集成商以及科研、教育机构等 70 多家互联网从业者共同发起成立。

子任务 3 了解企业与社会团体构建关系的渠道

工作任务

清楚了企业所属的行业及细分行业，并找到了与之相对应的社会团体，接下来就要了解企业与社会团体构建关系的渠道都有哪些，换句话说就是要弄清楚企业如何能够与社会团体更高效地构建关系。不同性质的社会团体具有不同的特性，企业与之构建关系的渠道自然也就会有区别。请各团队进行研究讨论，利用现有的和能查找到的知识，分析团队所在制作手机壳企业与相对应社会团体构建关系的渠道，完成图 7-7 中内容的填写（在合理范围内每个社会团体可以对应不止两个渠道，对图中栏框数量，可根据实际情况予以调整）。

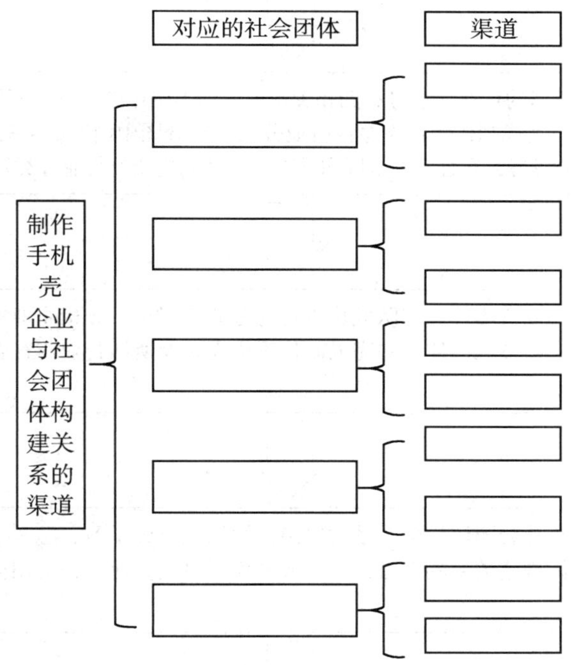

图 7-7　制作手机壳企业与社会团体构建关系的渠道

知识准备

根据性质和任务不同，社会团体可以分为学术性、行业性、专业性和联合性 4 类。

①学术性社会团体可分为自然科学类、社会科学类及自然科学与社会科学的交叉科学类 3 种，一般以学会、研究会命名。

②行业性社会团体，主要是指经济性团体，一般以协会命名。

③专业性社会团体一般是非经济类的，主要由专业人员组成或以专业技术、专门资金为基础，为从事某项事业而成立的团体，多以协会命名。

④联合性社会团体主要是人群的联合体或学术性、行业性、专业性团体的联合体，一般以联合会、联谊会、促进会命名。

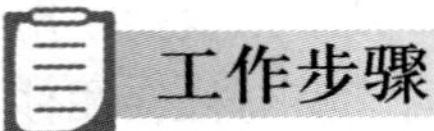

工作步骤

第一步：分析、讨论情境导入案例。思考：由北京新能源汽车产业协会等主办的“首届中国新能源物流车应用大赛”对于参与的新能源汽车企业的发展有何作用？小组内各成员可以有不同意见和想法，并将这些不同的想法记录下来，逐一进行分析、讨论。

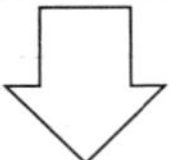

第二步：了解企业所属的行业。通过查阅相关资料或学习书中知识点，了解团队所在手机壳制作企业所属行业；完成制作手机壳企业行业分类及细分图中内容的填写。按照情境设定，团队各成员进行充分思考，在合理的范围内尽可能多地列出企业行业分类及细分。

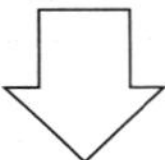

第三步：寻找对应的社会团体。团队成员进行充分研究讨论，分析企业所属行业情况，并找出与其各行业对应的社会团体，并完成制作手机壳企业所属行业与社会团体的对应关系图框中内容的填写。

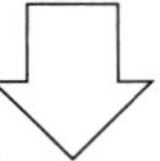

第四步：了解企业与社会团体构建关系的渠道。团队成员经学习、思考了解制作手机壳企业与相对应社会团体构建关系的渠道，并完成制作手机壳企业与社会团体构建关系的渠道图中内容的填写。

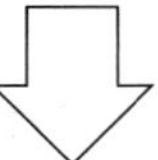

第五步：展示汇报。每个团队派代表向教师和其他团队同学进行展示汇报。

工作评价与反馈

任务	存在的问题	改进措施
收获与感悟：		
指导教师评语： 教师签名：		

任务 3 与新闻媒体建立关系

情境导入

格力董事长董明珠都抢过哪些头条

身为格力电器董事长，年过 60 岁的董明珠从来不缺媒体关注度，2016 年的“三八”妇女节，董明珠高调地开了个发布会宣布“董明珠自媒体”上线，分别在微博、微信和今日头条三大平台上开通账号，并且精心录制了视频，为了宣扬“中国造”格力，董明珠确实很拼。

从和雷军的“10 亿巨赌”到“格力开机画面”等事件，回想下近几年，尤其是替代成龙正式成为格力代言人之后，董明珠就像开了挂似的，制造话题，抢占头条，这位“霸道女总裁”可谓深谙营销之道，其中的亮点和槽点，都带着铿锵有力的董氏风格。

1. 成为格力代言人

“请代言人费用超千万，宁愿把省下的钱花在制作成本上。”2014 年 3 月，董明珠接替成龙成为格力的代言人，并且携手万达集团董事长王健林共同出镜格力新广告片。毕竟不花钱，况且比起成龙大哥的一句“好空调格力造”，可以让董明珠在广告片之外具有更大的自由发挥余地。

2016 年两会上，董明珠重提代言这个事，同时不忘把成龙大哥带上，给话题增加了槽点和娱乐性，不得不说董明珠很有“心机”。

早在 2013 年 12 月，在第十四届中国经济年度人物评选颁奖现场，小米董事长雷军与董明珠发生激烈交锋。双方打赌看 5 年之后小米的营业额能否超过格力集团，输的一方将给对方 10 亿元。

“10 亿巨赌”无疑成为当年颁奖典礼的最大亮点，而且在争辩过程中，董明珠还巧妙地将马云和王健林也拉进了“赌局”。几位大佬难得齐聚一堂，对赌事件不仅使董明珠轻松上头条，并引发了一场关于传统产业与互联网新经济之间的争论。

2. “破格行动”

2014 年，董明珠几乎是伴随着媒体“和雷军谁赢谁输”的提问走过来的。但在年底的时候话题有了转变，董明珠几句话就把国内其他六大主流空调品牌美的、志高、海尔、海信、奥克斯、长虹全部得罪了，加上苏宁和小米一共就是 8 家企业。结果 2014 年 12 月 29 日，苏宁联手国内其他六大主流空调品牌发起声势浩大的“破格行动”，把矛头直指格力。对董明珠各种形式的调侃立即引起了国内所有媒体的聚焦，在世界广告史上如此能拉仇恨引发媒体广泛关注的代言人，也是绝无仅有。

3. “开机画面必须是我”

到了 2015 年，董明珠开始不遗余力宣传格力手机。网友曝出格力手机的开机画面竟是格力集团董事长董明珠的问候语。更神奇的是，除了这个“惊喜”，还有董明珠的头像和亲笔签名。

当网友们听到董明珠称“格力手机开机画面必须是我”的时候，纷纷忍不住吐槽：简直吓死宝宝了。但却竟有种一本正经胡说八道的喜感。后来“预设 99 张照片不能删”，虽然不是真的，却激发了网友们吐槽的热情。

4.“让世界爱上中国造”

2015 年 9 月，董明珠和刘强东“合体”广告“让世界爱上中国造”惊现朋友圈和央视黄金时段。要知道，自从腾讯开放朋友圈广告投放以来，在里面推广的品牌其实是很多的。但格力愣是靠这样一个“画面醉人”的 H5（HTML5，制作网页的标准计算机语言）在朋友圈引起了很大的反响，大家热情高涨地截图转发和 UGC（user generated content，用户生成内容）。随后，老搭档万科也过来鼎力支持，这次董明珠不是一个人在战斗。

虽经历无数的流言蜚语，但不管外界如何评论，董明珠面不改色，并且很好地完成了制造话题的“KPI（key performance indicator，关键绩效指标）”，从“传统企业大佬”的形象脱胎为“会玩，充满个性”的 social（社会的）新星。

再回头来看董明珠近几年高调的自媒体行动，无疑是想用个人品牌来驱动企业发展。从表现内容上来看，也是经过了精心的筹划。而“让世界爱上中国造”的民族旗号，无疑能够拉拢一大帮中国企业家一起站台。

未来的企业都应当是媒体公司，不能发声就意味着“失声”。董明珠作为格力的灵魂，六十多岁能够豁出去站台，值得每一个企业人思考。从某种程度上，一个优秀的企业领导人站台，要比花大把费用请明星有效得多。实际上，董明珠如今已经自带明星效应了。

问题思考：

格力集团是如何利用媒体做宣传的？你身边有哪些类似的案例？

任务要求

3~5 人组成一个团队，根据自己已掌握的知识，并结合本书中的相关知识，了解企业目标客户范围及新闻媒体的相关知识；确定企业目标客户范围，并选择合适的新闻媒体与之匹配；待所有子任务全部完成之后，重新梳理整个任务过程，总结形成能够指导现实业务操作的有效方法和模式。

最后，每个团队派代表向教师和其他团队同学展示汇报所在团队在完成任务整个过程中的整体情况和任务完成的成效。其他团队和教师可以对展示汇报进行提问和评价。

假设你所在的团队是一家生产高档女士化妆品企业的高层管理团队，该企业在业务开展过程中面临需要与新闻媒体建立良好关系的问题，此时作为这家企业高层管理团队的你们需要如何做？

子任务 1　确定目标客户的范围

工作任务

新闻媒体是当代主流信息咨询传播渠道之一。每人、每天都会从各种各样的新闻媒体获取海量的信息，从某种意义上说，每个人在日常生活中都离不开新闻媒体，而且新闻媒体对人们的认知和思想都有广泛和深入的影响。企业可以借助新闻媒体这一信息咨询传播渠道达到宣传企业知名度、开拓潜在市场、强化市场竞争地位等目的。确定目标客户范围是企业与新闻媒体构建关系的首要基础，因为不同新闻媒体的受众范围不同，只有清楚了自己的目标客户在哪，才能有的放矢地与相应的新闻媒体合作，以便高效、精准地投放广告。例如，销售年轻白领时装的企业就不应该与受众为儿童或老年人的新闻媒体合作，因为双方的受众不同；销售户外装备的企业就不应该与就业或者育儿领域的新闻媒体合作。

团队经过调研分析确定生产高档女士化妆品企业的目标客户范围，完成图 7–8 中内容的填写（在合理范围内尽可能多地列出目标客户范围，对图中栏框数量，可根据实际情况予以调整）。

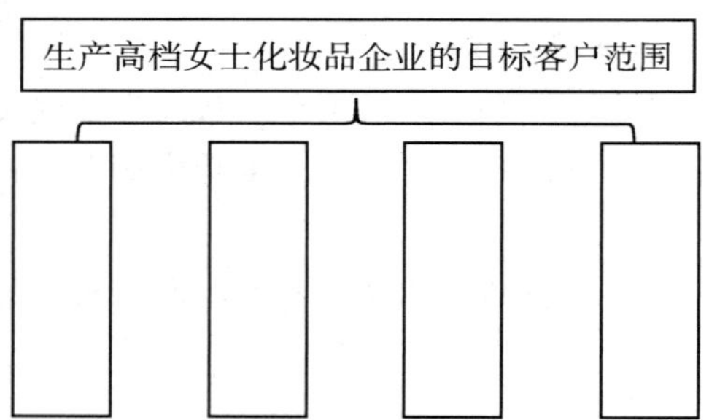

图 7–8　生产高档女士化妆品企业的目标客户范围

知识准备

目标客户即企业或商家提供产品、服务的对象。确定目标客户范围是市场营销工作的前端，只有确立了目标客户范围，才能展开有效且具有针对性的营销事务。目标客户范围调查研究包括：需求动机调查，如消费者的购买意向、影响消费者购买动机的因素、消费者购买动机的类型等；购买行为调查，如不同消费者的不同购买行为、消费者的购买模式、影响消费者购买行为的社会因素及心理因素等。

在初步确定目标客户群体时，可以通过分析企业产品和服务可触及人群的可支配收入水平、年龄分布、地域分布、购买类似产品的支出等统计数据将所有的消费者进行初步筛分，过滤掉因经济能力、地域限制、消费习惯等因素不可能为企业创造销售收入的消费者，保留可能形成购买的消费群体，并对可能形成购买的消费群体进行一维分解。分解的标准可以依据年龄层次，也可以依据购买力水平，还可以依据有理可循的消费习惯。由于这种分析方法更趋于定性分析，经过筛选保留下的消费群体的边界可能是模糊的，需要做进一步的细化与探索。

例如，某小区周边的一家健身俱乐部，将它的客户按照年龄分为 5 类，分别为：20 岁及以下人群、21~35 岁人群、36~50 岁人群、51~65 岁人群、66 岁及以上人群。在这 5 类人群中，经过经营数据分析可知，来这家健身俱乐部健身频次从高往低依次是：36~50 岁人群、21~35 岁人群、51~65 岁人群、20 岁及以下人群、66 岁及以上人群。其中 20 岁及以下人群和 66 岁及以上人群与其他 3 类人群相比健身频次非常低，所以对于这家健身俱乐部来说，36~50 岁人群，21~35 岁人群，51~65 岁人群这 3 类人群是其目标客户，那么这家健身俱乐部在健身套餐制定、营销手段选择、新闻媒体合作方面就能进行高效、精准的选择。

子任务 2 了解新闻媒体

工作任务

根据前期的调研分析，了解与化妆品企业相关的新闻媒体，请将企业所在区域内有一定影响力的新闻媒体进行结构化梳理，并完成图 7-9 中内容的填写（对图中所设栏框数量，可根据实际情况予以调整）。

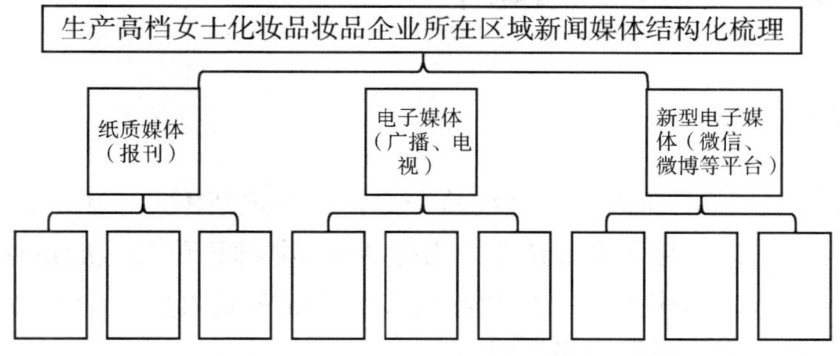

图 7-9 生产高档女士化妆品妆品企业所在区域新闻媒体结构化梳理

知识准备

1. 新闻媒体的定义

新闻媒体，即媒介公众，指新闻传播机构及其工作人员，如报社、期刊社、广播电台、电视台及其编辑和记者。新闻媒体是组织与公众联系的最主要渠道，也是组织较为敏感、重要的公众之一。新闻媒体传递信息迅速，影响力大、威望高，它可以左右社会舆论，影响、引导民意，对社会的经济、政治局势的变化具有不容忽视的作用。因此，它被看作是立法、司法、行政三大权力之后的“第四权力”，任何组织和个人都不能轻视新闻媒体这一重要舆论工具。

2. 与新闻媒体建立良好关系的意义

随着社会经济的不断进步和发展，当前已经进入了一个大众传播过度的时代。企业需要在传播理念、传播模式和传播内容上进行创新，对现有信息源进行深度和广度上的强加工和强输出。现代企业在重构社会理念、公众形象、品牌策略上如果能够充分借助新闻媒体的力量，不仅能够扩大企业和企业产品的知名度，消除已有的公共关系危机，而且能增强企业的公信力、美誉度，提高广告的可读性与可信度，这也是突破广告传播瓶颈的唯一选择。企业与新闻媒体构建良好的关系具有以下两方面的好处。

（1）有利于形成良好的公众舆论

新闻媒体是塑造企业形象的“把关人”。公共关系的重要任务之一就是为企业创造良好的公众舆论环境，争取舆论的理解与支持。因此与“把关人”建立良好关系，有助力企业形成良好的公众舆论环境。

（2）良好的媒介关系是运用大众传播手段的前提

新闻媒体是企业与外界沟通的中介，大众传播媒介一般不是由企业内部公关人员掌握和控制的，通过大众传播媒介开展公关活动必须借助新闻媒体才能实现，因此，与新闻媒体建立广泛而良好的关系，是成功运用大众传播媒介的必要前提。

子任务 3　选择恰当的新闻媒体

☆ 工作任务

各团队经过前期对生产高档女士化妆品企业目标客户范围的了解，以及对当地有影响力的新闻媒体结构化梳理，接下来要选择恰当的新闻媒体来匹配相应的目标客户，并完成图 7-10 中内容的填写（对图中栏框数量，可根据实际情况予以调整），在匹配的过程中，可以参考影响范围、媒体类型、投资回报等因素。

知识准备

选择新闻媒体需要考虑以下几个方面因素。

1. 目标市场的媒体习惯

有针对性地选择目标对象易于接收的新闻媒体，是增强广告效果的有效方法。例如，对

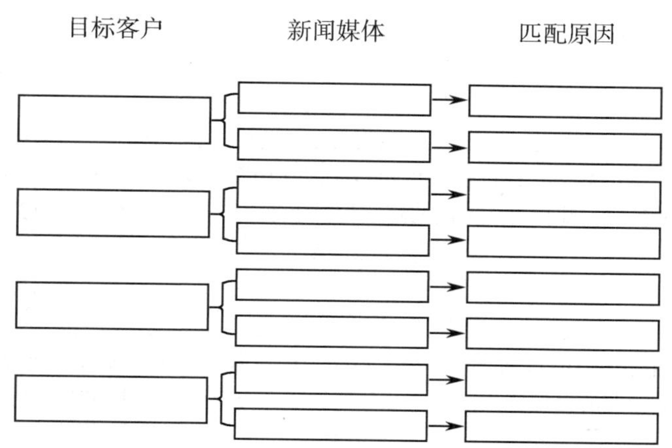

图 7-10 生产高档女士化妆品企业目标客户与新闻媒体的对应关系

于学龄前儿童，新型电子媒体、电视是最有效的新闻媒体。所以，生产或销售玩具的企业，在把学龄前儿童作为目标客户的情况下，绝不应选择在杂志上做广告，而是选择在电视或儿童媒体平台上做宣传。

2. 产品

选择新闻媒体应当根据企业所推销的产品或服务的性质与特征而定。因为各类新闻媒体对产品展示形成的可信度、关注度与吸引力等各方面具有不同的特点。例如，工业品与消费品，前者是技术性能较高的复杂产品，后者是较普通的产品，应选择不同的新闻媒体进行宣传。

3. 推广宣传的内容

推广宣传的广告信息内容会制约新闻媒体的选择。如果广告信息内容是宣布明日的销售活动，报纸、电视、广播媒体最及时，而如果广告信息内容中有大量的技术资料，则宜登载在专业杂志或邮寄广告媒体上。

4. 传播范围

选择新闻媒体必须将媒体所能触及的范围与企业所要求的信息传播范围相适应。如果企业产品是行销全国的，则宜在全国性报纸或中央电视台、中央人民广播电台上做广告，而在某一地区或城市销售的产品，则可选择地方性报纸、电台等传播媒体。

5. 成本

成本也是选择新闻媒体需要考虑的因素。依据各类媒体成本选择新闻媒体，最重要的不是绝对成本数字的差异，而是媒体成本与广告接收者之间的相对关系，即千人成本。在比较千人成本之后，再考虑媒体的传播速度、传播范围、记忆率等因素，择优确定新闻媒体，这样可以收到较好的广告宣传效果。

工作步骤

第一步：分析、讨论案例。讨论格力集团是如何利用新闻媒体做宣传的。小组内各成员可以有不同意见和想法，并将这些不同的想法记录下来，逐一进行分析、讨论。

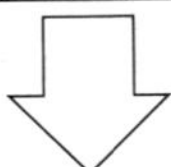

第二步：确定目标客户的范围。按照情境设定，团队各成员进行充分调研分析，确定生产高档女士化妆品企业的目标客户范围，在合理的范围内充分地列出可能的企业目标客户。

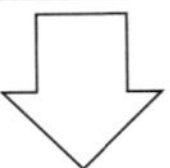

第三步：了解新闻媒体。带着任务要求中的要点，学习知识准备内容，完成生产高档女士化妆品企业所在区域新闻媒体结构化梳理图框中内容的填写。

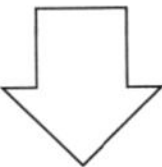

第四步：选择恰当的新闻媒体。根据前期确定的目标客户范围和了解的新闻媒体，为生产高档女士化妆品企业选择恰当的媒体，并完成其对应关系图框中内容的填写。

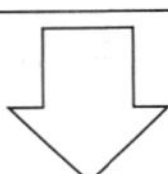

第五步：每个团队派代表向教师和其他团队同学进行展示汇报。

工作评价与反馈

任务	存在的问题	改进措施
收获与感悟：		
指导教师评语： 教师签名：		

任务 4 企业识别系统

情境导入

案例一 阿里巴巴：让天下没有难做的生意

2016 年 3 月 21 日，注定被记入电商史册。阿里巴巴集团 2016 年电商交易额（gross merchandise volume，GMV）突破 3 万亿元，直逼全球零售巨无霸企业沃尔玛。沃尔玛达到这个业绩花了 54 年，而阿里巴巴集团的电商业务只不过经历了 13 年。

阿里巴巴集团的价值观：从“独孤九剑”到“六脉神剑”。

阿里巴巴集团的使命：让天下没有难做的生意。

阿里巴巴集团的愿景：要活 102 年。

围绕企业的使命，其价值观体系也逐渐从最早的“独孤九剑”精简为现在的“六脉神剑”——客户第一、团队协作、拥抱变化、敬业、诚信和激情。

“时至今日，阿里巴巴对价值观的念念不忘也不断有着回响。在阿里内部，每年都会尝试一些新的业务，每年也都会有员工放弃已经舒适习惯的原工作，扎根到新的业务中去吃苦和创造。”阿里巴巴集团副首席人才官蒋芳说。

目前，阿里巴巴集团的各项业务总额相当庞大，涉及大众生活的方方面面，但是如此繁多的业务却无一不以“让天下没有难做的生意”这一使命为宗旨。我们最熟知的淘宝，是目前全球最大的 B2C（business to consumer，企业对消费者）电子商务平台，也从 B2C 层面充分体现了阿里巴巴集团的使命。支付宝是阿里巴巴集团旗下的支付工具，目前连水、电、暖气费，公交地铁等与大众生活息息相关的各种场景均可以通过支付宝进行实时在线支付，它也无不体现了“让天下没有难做的生意”这一使命。

问题思考：

从企业的角度，你认为“让天下没有难做的生意”这一使命对阿里巴巴集团的发展起到了什么作用？你认为企业可以没有使命吗？

案例二 华为的全员持股制度

有一种说法：华为是一家全员持股公司，任正非只占有 1.4% 的股份。但这种说法并不十分准确。根据公开的资料显示，截至 2018 年，华为共拥有员工 18.8 万人，员工持股计划参与人数为 96 768 人。我们可以通过国家企业信用信息公示系统查询相关信息。华为只有一个股东，那就是企业法人华为投资控股有限公司。我们在继续查询华为投资控股有限公司的信息时，发现华为投资控股有限公司有两个股东，一个是自然人任正非，另一个是其他投资者华为投资控股有限公司工会委员会。

从这里可以看出，华为实际上是通过工会实行全员持股制度。

那么华为 30 多年的发展，它在股权激励、股权结构以及制度上的演变是怎么样展开的呢？它有什么特点，我们能从中获得什么启示，也许能从下文中寻找到答案。

1. 华为早期的股权激励

华为成立于 1987 年，刚开始注册资本为 2 万元，任正非与另外 5 位投资人平分股份。

3 年后，1990 年，华为开始推出员工持股计划。员工开始以每股 1 元的价格购入公司股票。当时每个持股员工手中都有华为所发的股权证书，并盖有华为资金计划部的红色印章。

1997 年，华为的注册资本就到了 7 005 万元，增量全部来源于员工购买的股份。其中 688 名华为公司员工总计持有 65.15% 的股份，而其子公司华为新技术公司的 299 名员工持有余下的 34.85% 股份。

同年，华为对公司的股份结构进行改制。公司股东变成了 3 个，分别是华为新技术公司、华为新技术公司工会以及华为技术有限公司工会，它们分别持有华为 5.05%、33.09%、61.86% 的股份。

华为公司股东会议决定，两家公司员工所持的股份分别由两家公司工会集中托管，并代行股东表决权。

1999 年，华为技术有限公司工会以现金方式收购了华为新技术公司所持的 5.05% 股份，同时收购了华为新技术公司工会所持有的 21.24% 股份。

至此，华为的两家股东——深圳市华为技术有限公司工会和华为新技术公司工会分别持有 88.15% 和 11.85% 的股份。

2000 年，华为公司董事会决定，将华为新技术公司工会持有的 11.85% 的股权并入到华为技术有限公司工会，任正非作为自然人独立股东的地位第一次得到确认。华为将任正非所持有的 3 500 万元股份单独剥离，并在工商局注册登记，他单独持有 1.1% 的股份，其余股份全部由华为技术有限公司工会持有。

那时，华为员工的薪酬由工资、奖金和股票分红组成，这 3 部分收入几乎相当。其中股票是在员工进入公司一年以后依据员工的职位、季度绩效、任职资格状况等因素进行派发，一般用员工的年度奖金购买。

2. 虚拟股票的推出

2000 年，互联网泡沫破灭，IT（internet technology，互联网技术）企业遇到了前所未有的困难。在这个时候，也就是 2001 年华为推出了虚拟股票期权计划。所谓的“虚拟股票”是指公司授予激励对象的一种虚拟股票，激励对象可以据此享受一定数量的分红权和股价升值权，但是没有所有权，没有表决权，不能转让和出售，在离开企业时股权自动失效。

推出虚拟受限股份之后，华为员工所持有的原股票被逐步消化吸收转化为虚拟股份。具体操作方法是，由实体股东（控股工会）按照当年每股净资产购买真实股票，控股工会再发行等比例虚拟股出售给华为员工。本质上类似于工会代持。

华为规定根据公司的评价体系，员工获得一定额度的期权，期权的行使期限为 4 年，每年兑现额度为 1/4。假设某员工在 2001 年获得 100 万股，当年股价为每股 1 元，其在 2002 年逐年行使期权，兑现差价（假设 2002 年股价上升为 2 元，则可获利 25 万元）。当然，也可以留待以后兑现，或放弃行权。

2003 年，华为投资控股有限公司成立，并成为华为技术有限公司的股东。

随着时间的推移，老员工积累股份太多，分红收益太大。公司内部部分老员工坐享股票带来的丰厚收益，出现堕怠，失去了奋斗精神，进而导致新老员工收入明显失衡。

2008 年，华为微调了虚拟股制度，实行岗位饱和配股。根据级别设置配股上限，达到配股上限后，就不再参与新的配股。

不同工作级别匹配不同的持股量，比如级别为 13 级的员工，持股上限为 2 万股，14 级为 5 万股。这一规定使得手中持股数量巨大的华为老员工配股受到了限制，但是有利于激励新员工。

3. TUP 的推出

随着公司的发展，华为的外籍员工越来越多，而外籍员工无法参与虚拟受限股。另一方面，由于股票价格逐步升高，而银行不能贷款，入职 2~3 年有能力的员工没钱配股，无法捆绑利益。而这个时间段内优秀员工的离职给企业造成重大损失，因为员工入职 2 年内属于投入期，之后才能对企业产生回报。

从 2013 年起华为为外籍员工推出的 TUP（time unit plan，时间单位计划）使外籍员工也可以分享利润。2014 年起，该计划也开始对国内员工推出。

和股票相比，TUP 不用员工花钱买，但是不像股票可以一直享受分红，TUP 只能拿 5 年收益，没有工作成果就没了，激励性更强。

假如 2014 年给你配了 5 000 股，当期股票价格为 5.42 元，规定当年（第一年）没有分红权。

2015 年（第二年），可以获得 5 000 × 1/3 分红。

2016 年（第三年），可以获得 5 000 × 2/3 分红。

2017 年（第四年），可以全额获得 5 000 股的分红。

2018 年（第五年），在全额获取分红权的同时可进行股票值结算，如果当年股价升值到 6.42 元，则第五年你能获得的回报是：2018 年分红 +5 000 ×（6.42−5.42）。同时对这 5 000 股进行权益清零。

根据上述内容，我们可以看出，华为的股权激励制度就像一些专家所说的，它不是股份制，而是分享制。从早期的员工持股，到后来的虚拟股、TUP。在全员持股的说法之下，华为所实行的就是一种员工分红激励手段。任正非微不足道的个人持股不但不影响他的权威性和控制力，相反，员工的主动性、积极性和公司的凝聚力、竞争力都得到了强化、提高。正是这些奋斗者们的努力拼搏才换来了华为现在的成就。因此，不得不说，华为的这套股权激励制度也是它成功的保障。

问题思考：

从企业的角度，你认为华为的全员持股制度有什么特点？并从中能获得什么启示？

案例三　红旗汽车推出全新 LOGO，替换拥有 54 年历史的葵花标

2018 年 1 月 8 日，迎来出车 60 周年之际的红旗汽车品牌战略发布会在北京人民大会堂举行。这个让无数国人为之骄傲的国产品牌这些年一直走在复兴之路上。发布会上，红旗公布了全新的 LOGO（商标），并解读了未来车型设计语言以及未来的品牌战略。

红旗汽车原有的金葵花标诞生于 1964 年，由轿车厂技术员艾必瑶设计。自 1965 年起，它就已经应用在 CA770 三排座红旗高级轿车方向盘的中心部位。至今，金葵花标一直作为红旗高级轿车形象的重要组成部分。

而全新推出的品牌标识则采用了“箭翎”样式设计，将出现在红旗未来车型的车首、车尾、方向盘和轮毂上，逐步取代现款车型使用的金葵花标。“箭翎”的设计也像两面飞扬的旗帜，寓意着“旗开得胜”。

此外，发布会上开正式发布了一款豪华双门 Coupe 型跑车的设计方案。这款车代表了红旗品牌的最新设计语言，设计理念为“尚、致、意”。该款车型的车前脸采用了大面积的直瀑式格栅设计，设计理念来自高山瀑布，发布会现场相关负责人对该设计的解读也是满满的中国色彩。

发布会现场中国第一汽车集团有限公司董事长徐留平为大众解读了新红旗的设计语言“尚、致、意”的寓意，认为其很好地演绎了“中国式新高尚精致主义”。其中所谓的新高尚，是指在中国传统优秀文化基础上融入中国先进文化内涵的高尚道德情操。

据了解，在红旗全新的品牌战略布局中，红旗将推出 4 种车系，分别为 L 系、S 系、H 系、Q 系，其中 L 系为新高尚至尊车、S 系为新轿跑车、H 系为主流型车、Q 系为商务型车。

此外，一汽红旗还宣布在 2025 年前将推出 17 款车型，并有 3 个阶段的销量目标：2020 年，目标年销量要达到 10 万台；2025 年，目标年销量达到 30 万台；2035 年，目标年销量达到 50 万台。

对于新能源车方面，红旗将以全部电动化作为驱动动力，在 2018 年推出了首款纯电动汽车、2019 年燃料电池车开始批量运行、2020 年将推出巡航里程达 600 km 的 FME 平台系列电动汽车、2025 年将推出 15 款电动车型。智能驾驶方面，红旗 2019 年推出 L4 级别自动驾驶车小批量线下运行，2025 年实现 L5 级别的全自动驾驶。

2017 年 9 月，红旗宣布了近 60 年来首位品牌代言人靳东，加上如今的 LOGO 换新和战略升级，可见，红旗正大步地改善其产品力，积极地扭转消费者对品牌和产品的固有印象。就像徐留平董事长所说：“未来的红旗，要打造成上至主席下至普通百姓都能够喜欢的车。”

问题思考：

从企业的角度，结合实际，你认为红旗汽车更换 LOGO 对红旗集团的发展起到了什么作用？同时，你认为企业可以没有 LOGO 吗？企业可以一直沿用一个 LOGO 吗？

任务要求

1. 思考使命、精神、企业文化等对于企业发展的作用，了解如何能够合理运用理念识别系统（MIS）策略构建企业良好形象，从而促进企业长期、健康、稳定地发展。

2. 思考企业管理制度、股权激励制度、市场营销规划等制度建设对于企业发展的作用，了解如何能够合理运用行为识别系统（BIS）策略，构建企业最佳管理、营销环境。

3. 思考企业和产品的 LOGO 对于企业或产品发展的作用，如何能够合理运用视觉识别系统（VIS）方案实现企业良好的品牌宣传效果。

子任务 1 制定 MIS 方案

工作任务

讨论情境导入案例一中 MIS 是如何在企业经营发展中发挥作用的。假如你所在的团队是新创办的一家人工智能科技企业的管理团队，你们应该为企业制定一个什么样的 MIS 方案，请制定你们的 MIS 方案，完成图 7-11 图框中内容的填写（在合理范围内尽可能多地列出初选 MIS 方案，对图中所设栏框的数量，可根据实际情况予以调整）并说明理由。

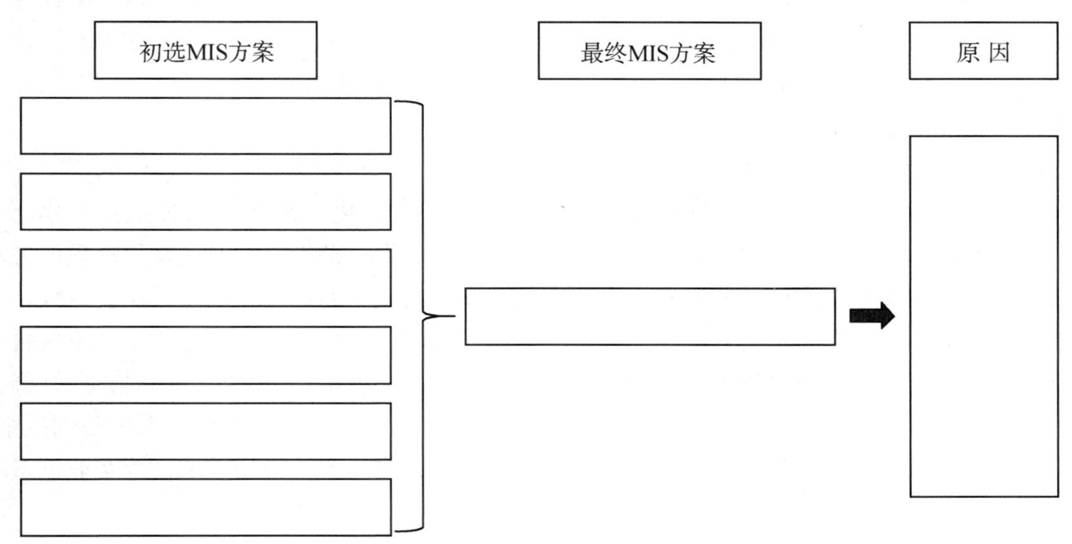

图 7-11 人工智能科技企业 MIS 方案制定

知识准备

1. 企业识别系统的含义

企业识别系统（corporate identity system，CIS）。作为一种朴素的社会现象，可以说古已有之，如古代军队统一着装，这多少带有些 CIS 色彩。但是作为一种科学的经营策略，CIS 最早出现在 20 世纪初，而得以广泛推广则是 20 世纪 50 年代的事情了。当时美国的 IBM 公司率先推行了以统一视觉形象为中心的 CIS：提出“IBM 意味着服务”的经营理念，开展“24 小时限时售后服务”制度，设计全新的“IBM”标志。推行 CIS 方案后，IBM 公司获得了巨大的发展：20 世纪 60 年代的年营业收入迅速上升为 60 多亿美元，70 年代的年营业收入飞跃到 200 多亿美元，80 年代的年营业收入高达 600 多亿美元。由于 IBM 公司的成功，美国企业纷纷看好 CIS 的商业效用。所以，20 世纪 60—70 年代美国企业界出现了第一个 CIS 热潮。此后，CIS 作为一种经营思想和策略，传向欧洲各国、日本等。CIS 由于其特殊的功效，而成为现代市场经济条件下一种全新而极其重要的策略。国外专家研究现代企业发展认为：20 世纪 70 年代是商品质量的竞争，80 年代是营销与服务的竞争，90 年代则是品牌形象的竞争，而品牌形象竞争集中体现为 CIS 的竞争。

CIS 的内容包括强化 CIS 意识、发展 CIS 文化、完善 CIS 技术的基础，这也是在公共关系工作中科学运用 CIS 的前提。CIS 就是将企业理念和企业文化通过统一的视觉识别设计，予以视觉化、规范化、个性化和系统化，通过整合营销传播（integrated marketing communication，IMC），使公众产生一致的认同感和价值观，从而创造出最佳的经营环境。

CIS 包括 3 个基本要素，即 MIS、BIS、VIS。CIS 在吸收了现代营销观念中“公众至上”等思想的基础上，提出了一整套以文化为中心、力求全方位整合的主张，这主要体现在 MIS、BIS 和 VIS 三者的有机统一上，在操作上它表现为整合性。也就是说，在 CIS 的构成要素中，MIS 具有指导作用，规范着 BIS 和 VIS，BIS 和 VIS 则分别从管理制度、视觉宣传作品两个角度反映了 MIS。

CIS 系统架构如图 7–12 所示。

从图 7–12 可以看出，企业的所有方面都受制于企业文化，都在反映着企业文化。这样，在 CIS 的指导下，企业的所有行为尤其是市场运用行为，都带有浓厚的文化特色，力求创立“文化美的企业、文化美的经营、文化美的公众、文化美的社会”四联机制。这样，企业的市场行为不仅可以满足公众的功能性需求，而且可以满足公众的心理性需求；不仅可以淡化纯商业色彩，而且可以渲染商业领域中的文化氛围，在展示企业文化的同时，向社会输出了一种全新的文化形式，从而创造出良好的消费文化氛围。公众在文化氛围中受到感染，就会产生出“以消费某种牌号、某种商品为荣”的心态，进而增加市场需求，为企业创造出良好的宏观经营环境。

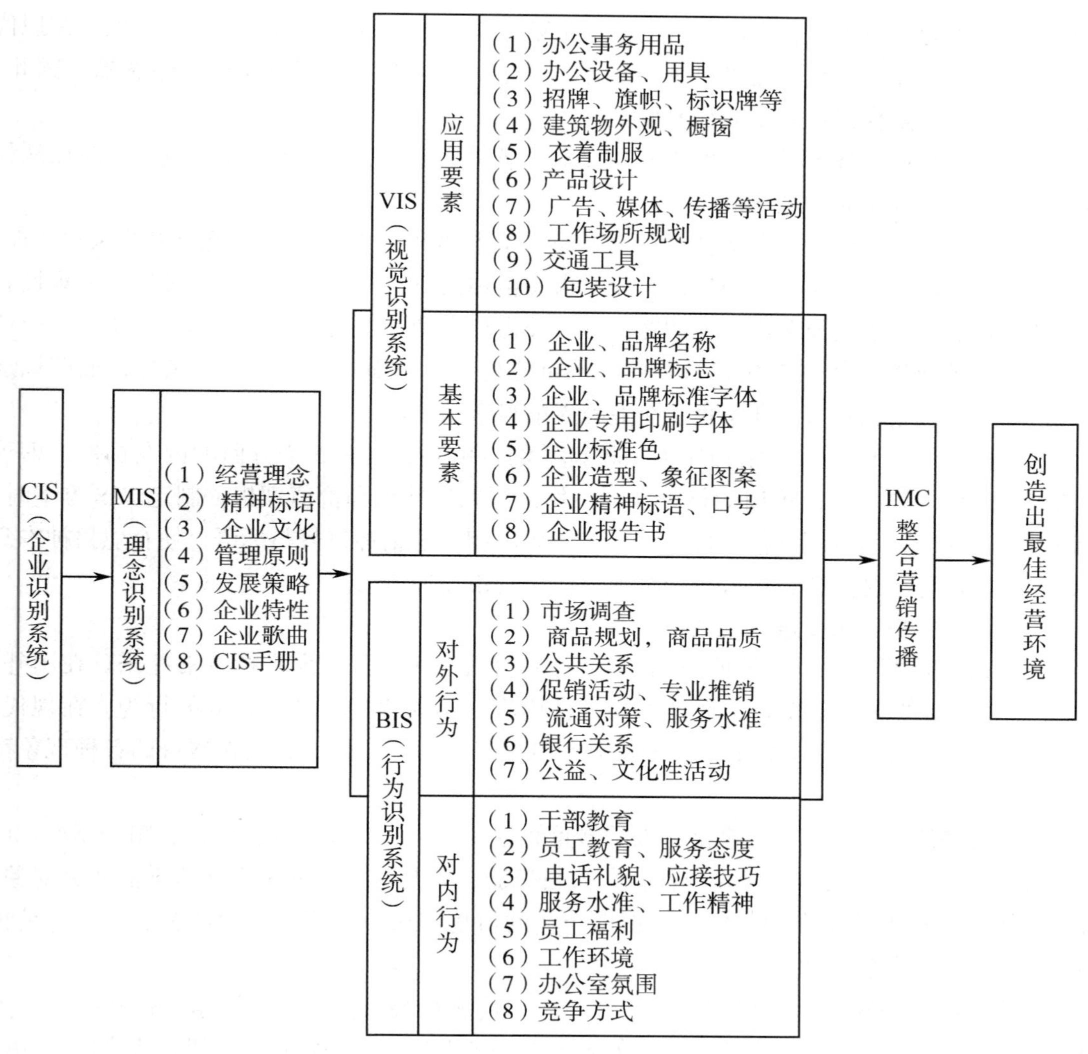

图 7-12　CIS 系统架构

2. MIS 的定位

企业 MIS 主要由经营理念、精神标语两个方面构成。经营理念是社会组织根据自身的特性和历史高度概括出来的经营思想，社会组织所追求的哲学境界、思想境界、文化风格，一般表现为精神标语。

企业既需要科学精神，又需要人文精神。企业 MIS 可以从科学精神和人文精神两个角度进行定位。

（1）从科学精神角度进行定位

社会的进步取决于科学技术的发展。在人类发展历史上，曾多次出现过“科学救国、技术救国”的思想。对于企业来说，科学技术是第一生产力，是企业的立业之本。虽然在现代市场竞争中，技术优势已不是企业制胜的唯一法宝，但是始终是最基本的竞争武器。因此，谋求技术优势总是现代企业家的首要战略。

为了创造企业的技术优势，形成重视技术、强调革新、不断拓新的企业氛围，应该从科学精神角度来定位企业的理念文化。

从理论上讲，科学精神是人类理性化认识、解释各种自然现象和人类现象的探索精神，它以物为尺度，追求真实、崇尚理性，相对人文精神而言，具有解构性、真理性、客观性和积累性的特点。由于物质世界本身的宽泛性，使得科学精神也变得丰富多彩。对于一个企业来说，在企业 MIS 的策划与构建过程中，不可能也无须全面吸纳人类科学精神，而应该选择适当角度，确定出具有行业特色、企业特点的科学精神。

具体而言，企业的科学精神作为一种特殊的价值观，具有 5 个方面的内在构件，即价值认识、价值取向、实现价值的行为准则、价值评判的准绳和价值理想。制定 MIS 方案时，应该围绕这 5 个方面分别进行指标设计，并提炼出相应的精神口号与标语，使企业精神本身体系化、指标化、规范化，形成企业文化一体化的市场冲击力。

（2）从人文精神角度进行定位

人文精神是相对科学精神而言的。在我国古代，“人文”一词是指诗书礼乐。在国外，“人文”一词的内涵比较庞杂，设计的指标性内容包括人道、仁慈、慈爱的行为。在现代，“人文”一词的内涵大为拓宽了，凡是相对于自然科学而存在的、有关人本身的各种现象都属于“人文景观”。

人文精神涉及的内容十分丰富。人的多重属性，如自然属性、社会属性、精神属性，以及人的多重关系，如人与人、人与社会、人与机器、人与自然，都是人文科学的研究对象，当然也是人文精神的基本构成指标。根据企业的市场需求，在策划、设计企业的人文精神时，可以从以下 4 个角度来定位。

①从人与人的相互关系角度进行定位。人是构成社会最为基本的因素。构建一个人人平等、互尊互爱的人际关系网络，是人们内心的一种渴望。从一定意义上讲，人文精神的根本任务就是协调、处理人与人的相互关系。为了接近公众，使公众对企业产生好感，企业应该本着团结友爱精神、集体主义精神和革命人道主义精神，策划具有独特意义的企业人文理念。这不仅可以提高企业文化的感染力，增强商品的市场冲击力，而且还可以强化企业的文化色彩。

②从人与社会的关系角度进行定位。人与动物的区别就在于人的社会性。人既然是社会性动物，处理好人与社会的关系便构成了人类社会的重要内容。基于这种背景，企业应该在尊重个人利益的基础上，本着个人利益服从集体利益、国家利益的原则，提出具有鲜明民族特色、社会特点的企业理念，指导企业在为国家、为社会做贡献的同时，追求合法的商业利益。

③从人与自然的关系角度进行定位。人类生存在大自然之中，从 20 世纪 60—70 年代开

始，人们就十分重视自然保护问题，谋求人类社会、经济与自然环境的协调发展。因此，在现代社会，如何处理人与自然的关系就成为一个全新的课题。这为策划 MIS 方案提供了一个绝好的入口。企业应该以绿色文明、环境保护文化为指导思想，涉及意在保护自然的企业理念文化，勾画出保护自然、珍惜地球、人与大自然和谐发展的美丽画面。

④从人与机器的关系角度进行定位。人与机器的关系是现代文明需要重点研究的课题之一。现代科学技术成果在许多领域中的运用，虽然提高了劳动生产率，但是也使人类付出了代价，人成为机器的一个“零配件”，服从于机器的需要，出现了异化现象。在这种背景下，如何处理好人与机器的关系，便成为企业经营管理中需要解决的一个重要问题。从人与机器的关系角度进行企业理念定位，本着以人为本的原则，策划出人与机器和谐化、机器服从于人的企业理念文化，对于强化企业的文化品位具有重要的作用。

3. MIS 方案的策划

MIS 的构成项目主要包括两个方面，即经营理念和精神标语。

经营理念是 MIS 的核心。在 MIS 中，企业经营理念的确定具有至关重要的作用。经营理念是一种简化了的经营思想，包括经营宗旨、经营方针和经营价值观 3 个方面，反映了企业最高经营决策者的世界观与方法论，是企业文化的一种体现。企业所有的经营方式、经营策略都围绕经营理念而展开。可以说，经营理念是企业发展的导向仪。在 CIS 策划中，要善于观察社会，积极思索人类、社会与环境的哲学问题，并归纳、提炼自己的思想火花，以确定企业的经营哲学。

建立了经营哲学理念之后，就可以确定企业的精神标语。精神标语是经营哲学、经营理念的具体展现，是企业最高经营决策者追求理想境界的简化描述。有时精神标语以口号的形式表现，有时则以经营准则、企业纲领、企业箴言之类的形式表现，像“座右铭”“守则”一样规范着员工的思想与言行。策划企业的精神标语时，从内容上应涵盖最高经营决策者的理想追求与企业目标，符合行业特性；从形式上应谋求特色和文化感召力，力求直观而规范、简短而朴实，做到意蕴丰富而又朗朗上口，以便员工记诵，充分发挥 MIS 的文化渲染作用和教育规范作用。

子任务 2 制定 BIS 方案

☆ 工作任务

讨论情境导入案例二中 BIS 是如何在企业经营发展中发挥作用的。你们作为人工智能科技企业的管理团队，应该为企业制定一个什么样的 BIS 方案，请在图 7–13 中填写你们的方案并说明理由（在合理范围内尽可能多地列出初选 BIS 方案，对图中所设栏框的数量，可根据实际情况予以调整）。

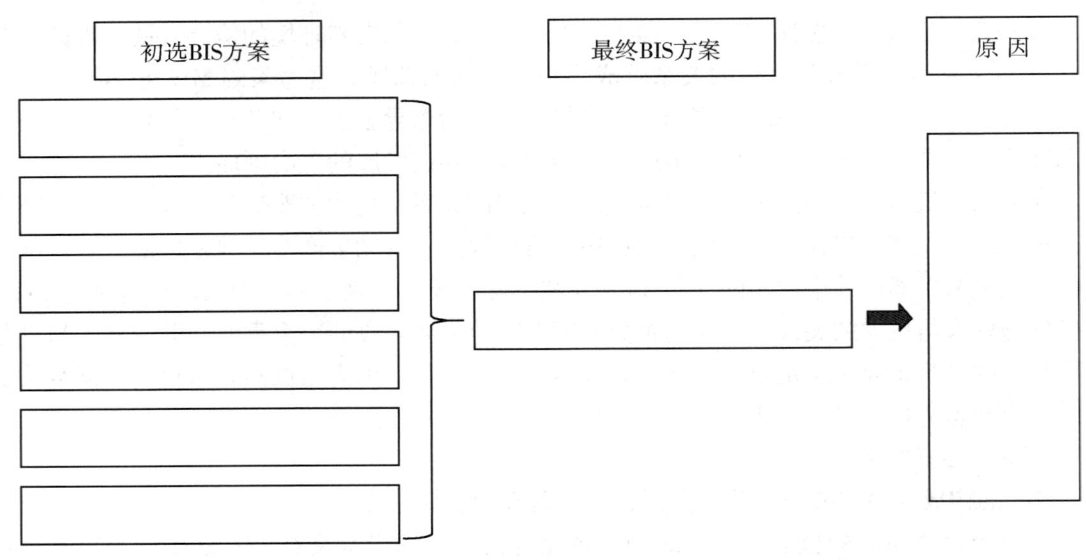

图 7-13　人工智能科技企业 BIS 方案制定

知识准备

1. BIS 的规划

BIS 表现为岗位管理制度。制定 BIS 方案就是从制度方面围绕 MIS 来设计管理企业职能行为、企业公益行为、员工行为的基本制度，然后通过教育、培训使员工全面遵循 BIS 要求，以此来塑造企业的行为形象，直观展示 MIS 的文化境界和企业风貌。如果说，MIS 带有较强的抽象性的话，那么 BIS 则直接以员工具体、实在的举止形象作用于公众，在塑造企业整体形象中具有特殊意义。MIS 规划的内容、提出的理想追求无论多么动听，如果缺乏员工相应的行为展示，那也是没有说服力的，当然也不可能产生形象效用。

2. BIS 的构成

BIS 是一个系统工程，由多个元素构成。从行为发生地来说，企业行为分为内部行为和外部行为。从属性上看，企业行为分为职能性行为和非职能性行为。其中，职能性行为主要是指企业为创造利润而必须履行的行为，包括生产管理行为和市场经营行为两大类。生产管理行为可以说是一种内部性企业行为，它们是围绕企业的生产工作而演绎出来的，主要有市场调查、科研开发、产品生产、质量管理、人力资源管理与开发等；市场经营行为的发生地主要是在市场，是一种外部性企业行为，以占领市场、赢得顾客为中心，其需要解决的关键问题是销售商品，主要有市场营销、广告宣传、公共关系、接待、竞争、服务和危机管理等。非职能性行为是企业出于社会责任心和人类爱心而选择的公益性行为，这种行为虽然不能为企业创造利润，但是能够有效地塑造良好形象，影响公众的购买心理和消费心理，为企业占领更大的市场、赢得更大的利润奠定市场基础。企业 BIS 的各个要素彼此影响、相互作用，构成一个有机整体。

子任务 3 制定 VIS 方案

工作任务

讨论情境导入案例三中 VIS 是如何在企业经营发展中发挥作用的。作为人工智能科技企业的管理团队，你们应该为企业制定一个什么样的 VIS 方案，请在图 7-14 中填写你们的方案（在合理范围内尽可能多地列出初选 VIS 方案，对图中所设栏框数量，可根据实际情况予以调整）并说明理由。

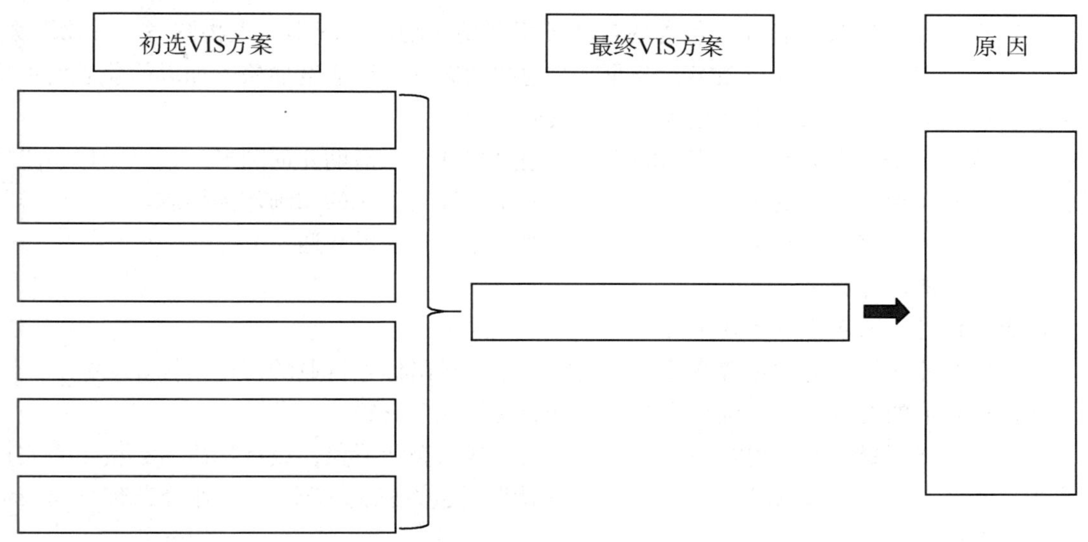

图 7-14 人工智能科技企业 VIS 方案制定

知识准备

VIS 作为一个整体主要包括标志、标准字和标准色 3 个基本要素，它们在形态、功效上是存在鲜明差异的，因此，其设计模式、技巧也不尽相同。

1. 标志

（1）标志的设计

标志是社会组织根据自身特性，借助线条和颜色组合，用以表示某种寓意并区别于其他社会组织的图案或字体。企业标志经过法律注册后，便成为具有法律意义的商标。现代公众在消费方面存在鲜明的品牌意识，标志成为引导公众购买商品的重要符号。设计意境美好、寓意深刻、色调鲜明的标志，对企业开拓公众市场具有特殊的促进作用。

（2）标志的基本形态

从理论上讲，任何图案、符号都可以加工为企业的标志。但是，由于标志强调实用功能，力求表意化、注目化和市场化，企业期望通过标志符号表达企业经营项目、引起公众注意及开拓公众市场，因此比较注重标志的形态设计。标志的形态常见的有3类，即文字符号、图案符号和几何符号。

文字符号是直接用企业名称的中文、英文符号作为标志的创作素材，进行适当艺术化加工后所形成的标志，如“SONY”标志。这种标志就其实质而言，是企业名称及其第一个词、字、字母的简化或变形，可以有效地提高企业知晓度，其常见的形式有单字型（如“雄”牌标志）、词组型（如“永久”标志）、单字母型（如“V”牌标志）、双字母型（如“KK”标志）、多字母型（如“YKK”标志）等。

图案符号是根据公司名称所包含的自然环境造型、动植物图案、人物图案、矿物图案、产品经典原料图案、典型客户图案、企业所在地的图案等进行适度抽象、加以简化后所形成的标志，如“熊猫”标志，主要是取材于“熊猫”图案。

几何符号是企业根据行业、产品的性能、用途与理念，借助几何图形，如三角形、正方形、圆形、椭圆形等加以变化组合，艺术化地创作某种寓意化的图画作为标志。这种标志具有简洁、明快的特点，富有个性、艺术感强，因而深受企业界欢迎。

（3）标志的设计程序

标志的设计一般包括以下几个环节：

①分析企业所属行业的传统文化、代表性文化，找出标志行业的特色指标。

②审视企业的经营理念，确定出企业自身的文化理念形象。

③提取创作素材。为了更好地接近公众生活、展示企业形象，设计标志时，要本着实用的原则，善于从公众的实际生活、心理需要（特别是公众情感需要）、企业经营理念与行业文化中提取创作素材。

④进行创作设计，把素材简化、抽象为某种图形、图案。

⑤对图案、图形进行着色，以强化标志的视觉影响力。

（4）标志设计的基本要求

标志设计是一项技巧性很强的工作，在操作中应该遵循以下基本要求。

①独特。标志应在主题创意、创作题材及图案形式、色调组合等方面均区别于其他行业、企业，新颖独特，鲜明而有感染力。例如，中国银行的“中”型标志，取材于我国古钱币的图形，使人从直觉上便能识别出这是与钱有关系的单位，便自然而然想到银行。

②简洁。标志设计应力求单纯、简练、概括、明快，一目了然，以便公众识别和记忆。例如，“李宁”运动品牌标志，以“李宁”的英文首字母“L”为设计定位，这既代表“李宁”，又似一只运动鞋、一条飘逸的领带，寓意这是一个与体育运动、服装有关的企业。“L”被强调、渲染、夸张后，显示出一种力量与气势。“L”下面设计了一排以李宁名字的拼音字母组成的斜体空心字和“L”相呼应，便于公众识别和记忆。这个标志个性强、时代

色彩浓，对“李宁”牌系列产品的市场促销，起到了很好的促进作用。

③准确。标志设计应做到寓意准确、名实相符，让公众从标志中直接分辨出企业的经营内容和服务项目。

④美观。标志应该具有一定的艺术气息，造型美观、巧妙精致，满足人的审美要求，尤其是要符合公众色彩心理、线条心理要求，给公众以美的享受。

⑤合法。标志的主题、题材和表现形式都要符合法律、宗教等社会文化的要求，包括国家法律、国际商业法律等。

⑥实用。标志设计要符合企业理念的要求，突出标志对企业形象的宣传与展示作用。

⑦稳定。标志不能经常更换，应有一定的持续性，以便持久地影响公众，形成标志在市场宣传方面的规模效应。

⑧通俗。标志是一种大众设计艺术，只有取得公众的认同，才能产生实际意义。因此，在设计标志时，应该面向大众，遵循通俗化设计原则，以最大限度地扩大公众范围。

2. 标准字

在现代消费市场上，对于企业来说，知名度意味着市场占有率，代表着企业及其产品受欢迎的程度。企业有了一流的产品，还应该策划、设计与产品、公众消费心理相吻合的、稳定化的名称，即标准字。企业标准字的策划与设计包括两个方面的工作：一是确定企业名称，二是设计字形。

（1）企业名称的确定

确定企业名称，常见的方法主要有以下 6 种。

①行业法。行业法是指从行业文化、行业典故中提取字眼作为企业、公司的名称，如百草堂药店。

②地理法。地理法是指直接用企业、公司所在地的名字或简称、地理特征来给企业命名，如青岛啤酒。

③信念法。信念法是指从企业经营理念、经营宗旨、企业文化中提取字眼来确定企业的名称，如百度。

④创始人法。创始人法是指直接用企业、公司创始人的姓氏、姓名，或者为企业、公司发展做出过特别贡献的员工的姓氏、姓名来作为企业、公司的名称，如松下电器、迪士尼乐园。

⑤产品法。产品法是指直接用已经具有市场知名度的产品名称来做企业的名称，如春兰集团。

⑥文字法。文字法是指选择富有个性色彩、吉利祥和、联想美丽的汉字、数字、外文及字母进行适当组合、处理后，作为企业的名称，如长虹电器。

（2）字形的设计

企业名称确定后，就要确定书写字体，即进行字形设计。字形设计的内容除了企业、品牌名称字形的设计外，还有诸如精神标语、口号等的字形设计。应该说，凡是企业常用的、用于宣传的文字字形，都应该规范其书写字体。

从一定意义上讲，字形设计就是选择标准字体或规范字形书写等内容。可供选择的字形有很多种，汉字主要有楷书、草书、隶书、行书等，在此基础上，又演化出印刷体和美术体，字形比较丰富。

设计企业标准字字形时，应该充分考虑企业的行业特性和产品的主要特色。选择字体时，应该注意每一种字体的结构和形态特点，在此基础上，借助象征、寓意手法对字形进行简化、变形或夸张等艺术处理，加以布局、组合后，使字体大小、字形方圆、线条粗细等呈现出艺术的美感，从而恰到好处地展现企业的风采。

3. 标准色

（1）标准色的设计

标准色是企业视觉形象体系中最具有视觉效果的部分。因此，根据色彩原理和公众的色彩心理，设计好富有企业个性的标准色就成为 CIS 策划中的重要任务。

标准色的设计不是单纯的艺术用色，比较强调视觉效果和市场促销效果，在具体操作中，应该遵循以下原则。

①突出企业风格，直接用色彩、色调展现企业的行业性质、经营宗旨、服务方针等企业文化内容。

②制造色调差别，以特色化的色彩组合方式来展示企业的独特个性。

③符合公众色彩心理需要。

④符合国际化潮流。在国外，企业一般都有自己的企业色。所谓企业色，就是用标准色号把企业常用的主色和辅色按照一定的面积百分比和色彩技术参数固定下来。在通常情形下，主色以 1~2 个高纯度色为多见，辅色由 1~3 个或更多低纯度色或白色构成。

（2）标准色的设计策略

标准色的设计是一项策略性很强的工作。为了提高企业标准色的市场刺激效应，应该讲究设计策略。在设计标准色方面常用的策略有以下几种。

①鲜明化策略，即选用的色彩多以高亮度色彩为主，有些色彩亮度比较低，则采用提高纯度的方法来强化标准色的视觉效果。

②专业化策略，即选用与原料色彩、产品色彩相同的色彩，进行组合和变形后作为企业标准色，以突出专业性。

③大手笔策略，即选用单一的大面积色彩，组合出大格调的色彩布局，来作为企业的标准色，以强化标准色的鼓动效果。

（3）标准色的设计步骤

标准色的设计具有很强的创意性和创造性，具体设计步骤如下：

①透视企业理念和企业文化，从文化的角度理解标准色的立意与主题，使标准色富有文化品位。

②解剖企业形象，根据公众对企业的期望形象和实际形象，理解标准色的设计意图，组

合色彩的布局。

③设计色彩，包括选择主体色彩、辅助色彩，进行颜色搭配、组合、对比，明确主体色彩与辅助色彩、背景色彩与标准色彩之间的面积比例，创作出具体的标准色作品。

④把标准色作品指数化、标准化，使企业标准色的构图成为可复制的设计图，以便批量化印刷。

⑤规定不可违章使用的色彩图案，并按章进行标准色管理。

⑥进行市场反馈调查，了解公众对企业标准色的基本评价，并进行适当修正，使企业标准色更加符合公众的心理需要，提高企业标准色的市场冲击力。

工作步骤

第一步：分析、讨论情境导入中的 3 个案例。3 个案例分别对应着 MIS、BIS、VIS 的运用。小组内各成员针对 MIS、BIS、VIS 对企业经营发展的作用逐一进行分析、讨论。

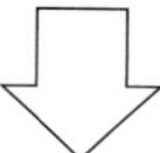

第二步：制定 MIS 方案。了解 MIS 含义、定位及构成项目，完成人工智能科技企业 MIS 方案制定图中内容的填写。

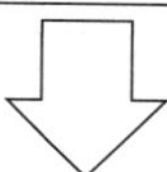

第三步：制定 BIS 方案。了解 BIS 的规划、构成，完成人工智能科技企业 BIS 方案制定图中内容的填写。

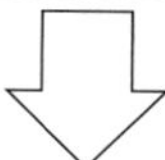

第四步：制定 VIS 方案。了解 VIS 的构成基本要素及各要素的设计策略、要求等，完成人工智能科技企业 VIS 方案制定图中内容的填写。

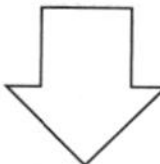

第五步：形成 CIS 系统架构。汇总、整理人工智能科技企业的 MIS、BIS、VIS 方案，形成 CIS 系统架构，并分析其对企业经营发展的作用。

工作评价与反馈

任务	存在的问题	改进措施

收获与感悟：

指导教师评语：

教师签名：

项目小结

随着社会的迅速发展和商业贸易的不断深入，公共关系的价值与意义逐渐被企业所认可和重视。在创业过程中，要与公众建立起良好的沟通关系，在社会公众心目中树立良好形象，赢得社会公众的信赖并取得市场竞争的主动权，为未来取得成功奠定良好的基础。

巩固与提高

一、多项选择题

1. 传播沟通对象中最具社会权威性的是（　　）。

A. 媒介公众　　B. 政府公众

C. 社区公众　　D. 名流公众

2. 新闻媒体主要包括（　　）。

A. 广播　　B. 电视

C. 报纸　　D. 网络

3. 影响企业与社会关系的主要因素包括（　　）。

A. 主体因素　　B. 客体因素　　C. 社会环境因素

D. 环境因素　　E. 人为因素

二、判断题（以下说法是否正确，若有错误请改正）

1. 在企业政府关系中，政府是主体，企业是客体。（　　）
2. 校企合作的目的是“互利双赢”。（　　）
3. 行业组织对企业只有积极的促进作用。（　　）
4. 顾客投诉会对企业产生不利的影响，因此企业要回避顾客投诉问题。（　　）

三、实训题

1. 在互联网上调查国内外的大型知名企业是如何与政府建立关系的？举 1~2 个例子。

2. 寻找身边大学生创业的例子，从至少 3 个方面分析他们是如何处理企业公共关系的，并写出调查报告和心得体会。

项目 8 制定企业合作与竞争策略

项目导学

企业都是以盈利为目的的，作为创业者，在建立并维护好企业与政府、行业组织、职业院校、新闻媒体和消费者的关系的同时，还应重视自身与上、下游企业，同行业企业，跨界企业之间的合作与竞争。创业者同上、下游企业建立良好的关系，可以优化上、下游成本，更好地进行质量控制，有助于合作创新的开展，使企业形成新的核心能力。上、下游企业的讨价还价能力会直接影响到企业的利润，因此企业和上、下游企业之间也存在竞争关系。此外，同行企业、跨界企业之间也应该形成良性的竞争与合作关系。竞合战略是企业适应市场需求变化的首要选择，能够为企业带来更多和更长远的收益。

学习目标

1. 认知目标：理解上、下游企业合作伙伴关系，竞合战略的概念；了解建立合作伙伴关系的主要目的及合作伙伴关系为企业带来的变革；会根据实际情况选择基本竞争战略；鉴别跨界合作伙伴与跨界竞争对手。

2. 技能目标：掌握整合企业与上、下游企业，同行企业，跨界企业关系的技能；掌握准确判断市场动向的技能；掌握运用网络信息技术的技能；掌握团队合作的技能。

3. 情感目标：具有创新精神，能够积极思考，形成持久的学习能力；形成良好的道德意识，能够承担相应的社会责任；逐步形成统筹全局的能力。

任务1 制定上、下游企业合作和竞争关系的实施方案

情境导入

美拜电子上、下游成本分析

深圳市美拜电子有限公司（以下简称美拜电子）是一家集锂电保护集成线路、方型锂离子电池、圆柱形锂离子电池、聚合物锂离子电池、动力电池等 24 V 以下电池的设计开发、生产和销售于一体的高新技术产业公司。在美拜电子建立之初的几年中，其供应链实施过程存在成本严重浪费的现象，许多方面的原因共同导致了其上、下游成本偏高。

①机会成本方面。当时美拜电子缺乏对上、下游企业的了解，更谈不上能够保持长久的合作关系。合作对象的频繁更替，相互之间不稳定的关系共同导致其上、下游活动中潜在的机会成本偏高。

②交易成本方面。在上游活动中，由于手机电池生产需要的原料比较多，造成了其与大量供应商保持交易的局面，导致了交易成本偏高。在下游活动中，由于美拜的电池大部分是销往国外，这会使产销地距离较远，销售环节也比较复杂，加之以推销员争取订单为主的销售模式，使得下游活动中的交易成本居高不下。美拜电子没有将网络应用于其与上、下游企业采购和销售活动的互动之中，这也大大增加了交易成本。

③运输成本方面。外销意味着较远的运输距离，这本身造成了其运输成本较高，加上美拜电子没有自己专门的运输车队，平时采购的一些样品大都采用特快专递，生产的产品在送往海关过程中每次使用的货车也不固定，这些都导致其运输成本偏高。

④购买成本方面。美拜电子在采购活动中，订单多是比较随机的，由于其在采购活动中缺乏统筹、合理的采购分析，原材料订购比较分散，订购活动频繁发生，企业不能享受集中购买带来的价格优惠，所以购买价格比同行竞争对手采购价格略高。

⑤服务成本方面。为吸引更多的下游企业（销售商）加入合作的行列，美拜电子不仅为他们耗资多次在国外开办展销，还承诺为到公司参观洽谈业务的客户提供全程的免费服务。另外，推销员的整体谈判能力不强，达成一项交易所要承诺和承担的服务条款比较多，使其服务成本偏高。

问题思考：

美拜电子针对上、下游成本可以采取哪些优化措施?

任务要求

利用网络和图书馆资源查询电子行业和美拜电子的相关情况，分析哪些企业是美拜电子

的上游企业，哪些是美拜电子的下游企业，绘制其上、下游关系网络图，并分析美拜电子同上、下游企业建立成功的合作伙伴关系的关键因素，以及如何加强美拜电子同上游企业和下游企业的战略合作关系。

工作任务

5~8 人组成一个小组，分组讨论美拜电子同上、下游企业之间的合作与竞争关系将会为企业带来哪些方面的益处并列出分析表格，并撰写美拜电子与上、下游企业的合作与竞争的实施方案。

知识准备

1. 上游企业和下游企业的概念

（1）上游企业

上游企业是指处于行业生产和业务初始阶段的企业和厂家，这些厂家主要生产下游企业所必需的原材料、辅助材料和初级产品，也可以称为供应商。

（2）下游企业

下游企业是指对原材料进行深加工和改性处理，并将原材料转化为生产和生活中实际产品的企业和厂家，还包括分销商、批发商、零售商等各种类型的购买企业产品的企业，可以统称为销售商。

对核心企业来说，分销商是它的下游企业，但对客户来说，分销商是它的上游企业。其供应链模型如图 8–1 所示。

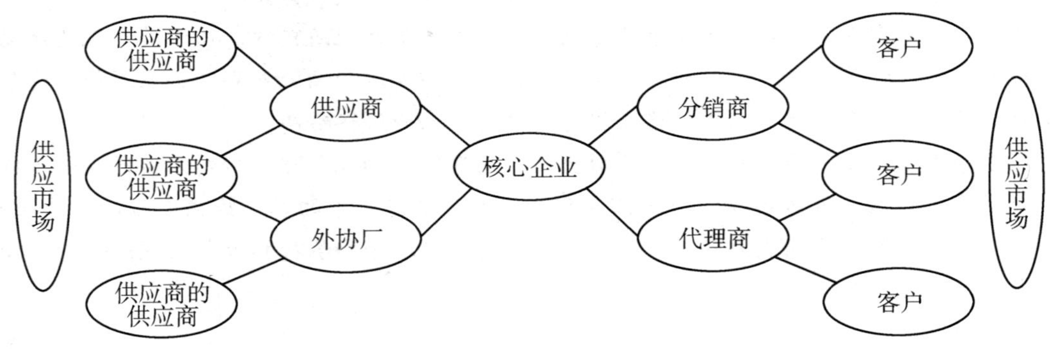

图 8–1　供应链模型

2. 与上、下游企业建立合作伙伴关系

上游企业和下游企业是相互依存的，各个行业的上、下游企业都应该建立合作伙伴关系。

（1）合作伙伴关系的概念

合作伙伴关系是上游企业与下游企业之间，以合作、信任为基础，在一定时期内的共享信息、共担风险、共同获利的协议关系。

企业与上、下游企业形成合作伙伴关系，就可以向上游企业适时发出物料需求指令，向下游企业适时发出供货指令，保证各个节点都能在正确的时间得到正确品种和数量的产品。

（2）成功建立合作伙伴关系的关键因素

①贡献。首先，贡献可能来自供应商与客户间创新能力的整合，成功建立合作伙伴关系可以提高生产力和附加价值，改善获利能力。其次，借助重新思考彼此合作的形态、重新设计组织界限赋予自己和合作伙伴更佳的生产力，为彼此做出贡献。

②亲密。合作伙伴关系归功于彼此间的高度信任，甚至可超越对公司内部同事的信赖。

③愿景。愿景是诱人的目标，它可以激励合作伙伴双方寻求互相合作的长远目标，在非常亲密的伙伴关系中，愿景可以彻底转变伙伴双方的组织，引导出在普通环境下无法达成的潜在机会。

（3）建立合作伙伴关系的主要目的

建立合作伙伴关系的主要目的是解决交易量小和信息不对称的问题。

关于解决交易量小的问题，企业在选择供应商时，可以精选几个在供货质量、供货价格、供货速度、供货服务等方面具有明显优势的上游供应商，与他们保持紧密的合作关系，这样可以避免谈判、签约、监督、约束等所发生的种种成本，从而降低交易成本。而且由于供应商数量减少，企业就可以向他们发出数量较大的订单，从而获得供货价格上的优惠和折扣，相应地降低购买成本。

信息不对称的问题可以通过企业之间的信息共享来解决。信息共享的实现可以降低企业之间的交易费用，减少营销的中间环节，增加与客户交易的机会，提高市场占有率，减少资金的占用，加快资金的周转，从而降低整个销售体系的成本。

（4）建立合作伙伴关系为企业带来的益处

与上游企业和下游企业建立合作伙伴关系，能为核心企业带来如下 3 个方面的益处。

1）帮助企业优化上、下游成本

企业上、下游成本指在企业与上游的原料或产品供应商、下游的销售商之间的运营和管理过程中发生的所有费用，主要包括机会成本、交易成本、运输成本、购买成本，其与核心企业的系统关系如图 8–2 所示。

机会成本是指把可能获取收益的已放弃方案，作为评价优选方案所付出的成本费用。

交易成本是指获得准确的市场信息所需要付出的成本以及谈判和经常性契约的成本。

运输成本是指为两个地理方位间的运输所支付的款项，以及与在途存货有关的行政管理和维持运输中的存货有关的费用。

购买成本包括购买前对所需产品的调查和确认费用、购买产品的费用和检查产品合格的费用以及残次品退回的成本费用。

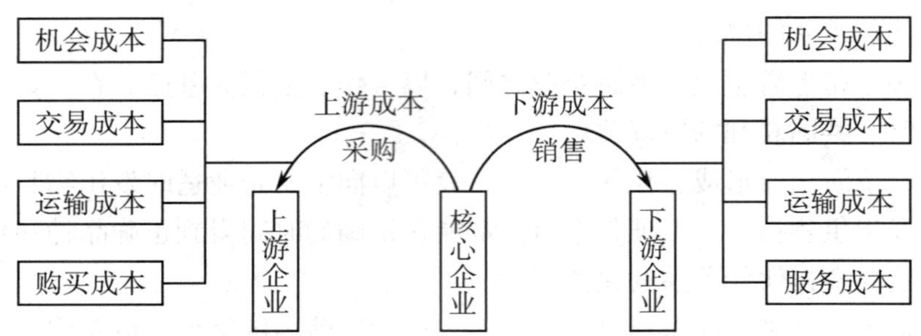

图 8-2 核心企业与上、下游成本的系统关系

服务成本是指核心企业与销售商交易中发生的服务活动所涉及的由企业承担的费用。

企业上、下游成本优化的具体措施主要有以下几个方面：

①建立供应商和销售商档案。企业要对供应商建立档案，使自己能灵活依据实际情况选择供应商。销售商档案可以使企业多角度地把握销售商的需求，全面透视销售商情况。

②运用网络信息技术。信息化使企业之间的交易突破由于技术瓶颈所导致的时间和空间限制，实时的信息交换可以大大降低企业的交易成本。采购业务的虚拟化将节省差旅费、人工费、手续费等大量的交易费用，从而降低采购成本。

③优化运输渠道。运输成本主要受到以下因素的影响：运输频率、距离、货物大小及运输工具容量、运输方式和运输速度。企业可根据上、下游企业对本企业产品的需求数量和供货时间来组织生产，降低装卸、运输、存储等费用，减少产品的非正常损坏及资金占用。

④确定经济订货批量。经济订货批量是企业基于自身库存成本最小化而确定的最佳采购数量，它是追求个体利益最大化的一种理想化模型。该模型是在供应方与采购方利益对立的模式下提出来的，一方所得必为另一方所失，双方不但没有实现自身利益的最大化，还可能导致两败俱伤。因此，上、下游企业应该着眼于共同利益，确定一个最佳的经济订货批量，制定相应的最优订货策略，以实现整体库存成本最优的共同目标。经济订货批量的确定如图 8-3 所示。

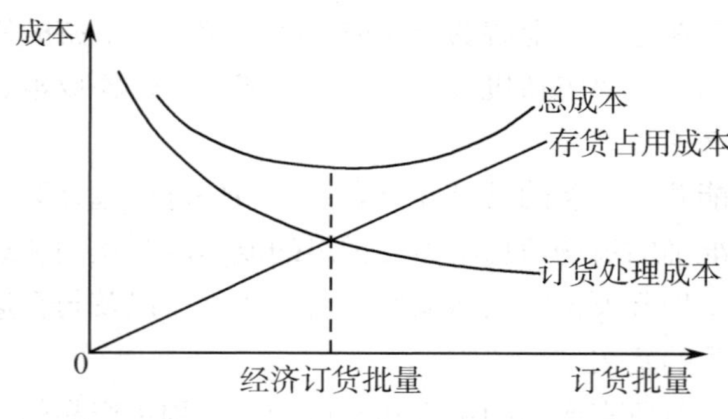

图 8-3 经济订货批量的确定

⑤建立高效的谈判团队。好的采购谈判团队可以对企业上游成本的控制起到重要作用；一支高效的销售谈判团队，可以使企业在最小的销售成本基础上获得产品销售的最大利润。

2）帮助企业更好地进行质量控制

受短期利益的诱惑，一些上游企业有时不顾契约的约束，产品以次充好，给下游企业和整个供应链造成损失。因此，在供应者与购买者之间建立亲密的合作伙伴关系、建立有效的信息共享平台是非常必要的，购买者能够清晰掌握供应者的生产情况和原料来源，从而更好地进行质量控制。作为回报，购买者应与供应者分享由于供应链协调运作所带来的效益。只有这样，才能使上、下游企业自觉维护整体利益，并在客观上使自己的利益最大化。

3）合作创新形成新的核心技术能力

随着技术的不断发展及竞争日益加剧，产品生命周期越来越短，对企业的创新要求也越来越高。对企业来说自主创新的风险也越来越高，企业难以承担。因此，企业之间通过分工合作的形式进行技术创新已成为未来一定时期内企业创新的必然趋势。

合作创新能为企业带来以下好处：

①合作创新可以让上、下游企业实现优势互补、资源共享。合作创新促进了企业之间信息与知识的交流，企业能掌握关键技术诀窍，实现连续的、动态的技术进步。

②合作创新可以分散企业的技术创新风险同时分摊创新成本。产业链中的企业，相互之间联合起来共同研究开发，就可以形成规模经济效应。

③合作创新可以提高产业链的竞争力。合作创新能缩短创新时间，加强企业与上、下游企业或消费者的关系，使创新能真正地满足市场需求，使产业链显现出强有力的竞争力。

④合作创新可以帮助企业突破市场壁垒进入新市场。合作创新可以更有效地共享信息、资源、经验。企业之间的资源互补可以帮助企业打破由于某些特殊资源形成的市场壁垒，进入新市场。

⑤合作创新可以激励企业增加创新投入。通过合作创新，合作方通过补贴来弥补创新投入者的投资。另外，合作企业之间的协调还可以减少研发的重复投资，减少资源浪费。

综上所述，企业通过建立长期稳定亲密的合作伙伴关系，共同研发、共同创新，能够使上、下游企业的核心技术能力互相交融，形成新的核心技术能力，如图 8–4 所示。

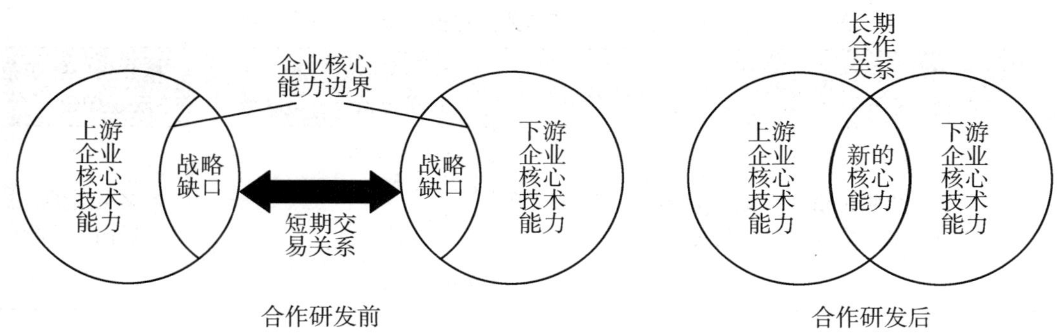

图 8–4 上、下游企业通过合作研发形成新的核心技术能力示意

3. 加强与上、下游企业的战略合作关系

加强核心企业与上、下游企业建立战略合作关系可以从以下几个方面入手：

①核心企业要运用云服务及大数据、通信技术和互联网平台，让商品及原料在产业上、下游，协作主体之间以最低的成本流动和变换，使各产业链从分散孤立到群体互助、从被动接受到积极参与，实现整个产业链的拉动式生产和柔性化供应。制造业的丰田、流通业的沃尔玛均已采用这种经营模式，并取得了令人瞩目的成绩。

②核心企业要建立战略合作联盟，实现资源共享和对接，与优质、可信赖的上、下游企业建立长期的资讯交流、订单交付、管理体制、人才培养、技术交流等联盟。核心企业要改变过去粗放、简单的加工模式，扮演好中央枢纽角色，串联好上、下游企业。核心企业要向有开发能力的厂家倾斜，不能一味注重低价格，如果核心企业一谈到降低成本方面的改善就要求供应商降价，而不从企业自身的管理、技术、质量、效益进行改善和创新，这样只会使企业的发展之路越来越窄，甚至会一步步走向破产的边缘。核心企业必须给予上、下游企业合理的利润，实现供应商、核心企业、客户多赢的局面。

③核心企业要拉动上、下游企业的创新意识，形成创新常态。核心企业要努力构建上、下游创新脉络，进一步梳理与整合整个产业链。通过互联网、电话沟通及面对面的沟通，把客户、设备供应商、原材料及辅料供应商串联起来，与上游原材料供应商共同开发新型材料，与设备厂家协同进行设备的改造，与辅料厂家协同开发新型辅料。通过核心企业的新产品开发，拉动上、下游企业的技术创新，促进行业技术的整体提升。

④核心企业要适当并购或参股上、下游企业。核心企业根据质量、技术、价格、服务指标来评判供应商水平的高低，供应商同时也以核心企业的生产管理水平、财务状况、客户资源来检验核心企业的能力。核心企业发展壮大后，可通过参股或并购的方式整合整个产业链。这样能很好地与上、下游企业对接，减少流通环节，降低成本，逐步成长为拥有全产业链的集团公司，做强、做精整个产业链。

4. 上、下游企业之间的竞争关系

上、下游企业的讨价还价能力会影响企业的盈利，因此企业和上、下游企业之间也存在竞争关系。上、下游企业讨价还价能力对核心企业竞争力的影响如表 8-1 所示。

表 8-1　上、下游企业讨价还加能力对核心企业竞争力的影响

上、下游企业	上、下游企业讨价还价目的	对核心企业的影响	影响核心企业讨价还价能力的因素	核心企业的防范措施
供应商	提高供货价格 降低供货质量	形成讲价威胁，使成本升高、利润降低	供应商的数量 转换成本 盈利能力 产品和服务质量对企业的影响程度	多渠道供应 后向一体化

续表

上、下游企业	上、下游企业讨价还价目的	对核心企业的影响	影响核心企业讨价还价能力的因素	核心企业的防范措施
客户	压低购入价格 提高购货质量	形成讲价威胁，影响销售额，使利润降低	客户的数量 资产的专用性 核心企业是否有替代产品	多用户 前向一体化

总之，如何处理好上、下游企业之间合作与竞争的关系，是创业之初必须面对的重要问题。在企业运营的过程中，与上、下游企业的合作是必不可少的，企业要谨慎地选择合作对象，积极主动地与上、下游企业联系、沟通，为上、下游企业留出合理的利润空间，遵守质量契约，持续创新，充分考虑到整体利益和长远利益，只有这样才能让企业保持长久的活力。

工作步骤

第一步：利用网络和图书馆资源查询电子行业和美拜电子的相关情况，分析美拜电子的上、下游企业有哪些，参照图 8-1 绘制上下游关系网络图。

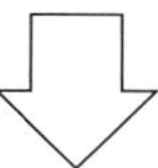

第二步：结合电子行业的特点，分析美拜电子同上、下游企业建立成功合作伙伴关系的关键因素，并列出分析表格。

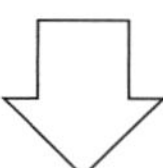

第三步：分组讨论美拜电子同上、下游企业之间的合作与竞争关系将会为企业带来哪些方面的益处，并列出分析表格。

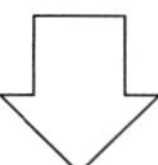

第四步：分析如何加强美拜电子同上游企业和下游企业的战略合作关系，采用分工协作的方式，撰写美拜电子与上、下游企业的合作与竞争的实施方案。实施方案一般包括目标、方法手段、预期效果、进度安排（绘制甘特图）、组织形式（绘制组织架构图）等内容。

工作评价与反馈

<table>
<tr><th>任务</th><th>存在的问题</th><th>改进措施</th></tr>
<tr><td></td><td></td><td></td></tr>
<tr><td colspan="3">收获与感悟：</td></tr>
<tr><td colspan="3">指导教师评语：

教师签名：</td></tr>
</table>

任务 2 同行企业竞合战略实施方案的制定

情境导入

苹果与英特尔、微软与苹果的竞合

1. 苹果与英特尔的竞合

多年来，苹果和英特尔老死不相往来。欧德宁之前的两任英特尔 CEO（chief executive officer，首席执行官）——葛鲁夫和贝瑞特对苹果不屑一顾，认为苹果的产品徒有光鲜的外表，在性能上根本无法与使用英特尔芯片的电脑相匹敌。苹果公司当然毫不退让，甚至还在电视上播出这样一则广告：一只蜗牛身上背着一块英特尔芯片，以此讥讽其运算速度之慢。

但是欧德宁上任后，两家公司的关系迅速解冻。就在欧德宁上任后仅一个月，双方宣布：苹果将推出使用英特尔芯片的 Macs 电脑及其他产品。欧德宁希望利用与苹果的关系促使个人电脑生产商加速创新，因为苹果在设计方面一直走在前面，而且与苹果联盟也能在个人电脑公司中形成心理上的震撼。对苹果而言，采用英特尔芯片有助于它进一步提高电脑性能。

2. 微软与苹果的竞合

在个人电脑操作系统方面，微软是苹果的对手，但与英特尔相比，微软在处理与苹果的关系时表现得更为灵活。早在乔布斯重返苹果时，两家公司就进入了竞合时期。微软成立了一个麦金托什事业部，专门为苹果电脑开发应用软件。

微软 CEO 萨提亚 · 纳德拉在 2018 年出版的《刷新：重新发现商业与未来》一书中提到：当我伸手从正装外套口袋里拿出一部 iPhone 时，现场观众发出了明显的惊讶声和阵阵笑声。没有人见过微软 CEO 公开展示苹果产品，尤其是在一个竞争对手的销售会议上。在现场观众安静下来之后，我说："这是一部非常独特的 iPhone。我喜欢把它称为 iPhone Pro，因为它安装了微软的所有软件和应用。"在我背后的巨幅屏幕上，出现了这部手机的特写，手机屏幕上的应用图标一一出现，包括微软的经典应用 Outlook、Skype、Word、Excel 和 PowerPoint，以及更新的移动应用 Dynamics、OneNote、OneDrive、Sway 和 Power BI。现场观众爆发出热烈的掌声。苹果是我们最难对付和最持久的竞争对手之一。看我在 iPhone 上展示微软软件，人们有一种耳目一新的感觉。今天，我的首要任务就是满足我们数十亿客户的需求，而无论他们选择何种手机或平台。唯有如此，我们才能持续成长。为此，我们有时候要和长期对手握手言和，建立出人意料的伙伴关系。

问题思考：

竞合战略适用于什么样的市场条件？

任务要求

假如你的团队新创办了一个计算机或其零部件生产企业，并是该企业的管理者，你们会如何选择确定并制定适合自己企业的竞合战略；制定与同行企业竞合战略的实施路径，并撰写一份竞合战略分析报告。

子任务 1　确定企业竞合战略

工作任务

5~8 人组成一个团队，各团队分别讨论分析在当前的市场环境下，团队新创办的计算机或其零部件生产企业可以采取哪种基本竞争战略；绘制对比图说明该企业可能获得的收益和可能面临的风险，运用头脑风暴法讨论如何防范这些风险，确定该企业可以采取何种类型的竞合战略；该企业与其他相关企业的竞争合作关系会呈现怎样的特征，列表说明分析过程和结果。

知识准备

1. 基本竞争战略

市场经济条件下竞争不可避免，如何在竞争中获胜，是每个企业首要思考的问题。

竞争战略之父迈克·波特认为，企业在产业中创造高于平均经营业绩水平的 3 个基本竞争战略是成本领先战略、差异化战略和集中化战略。集中化战略又有两种形式：成本集中化战略和差异集中化战略。基本竞争战略的竞争优势和范围如图 8–5 所示。

		竞争优势	
		客户觉察到的独特性	成本领先地位
竞争范围	全行业范围	差异化战略	成本领先战略
	仅限于某个特定的市场面	差异集中化战略	成本集中化战略

图 8–5　基本竞争战略的竞争优势和范围

成功实施 3 种基本竞争战略需要不同的资源和技能，产生的收益和面临的风险也不同。

（1）成本领先战略

成本领先战略也称为低成本战略，一般通过改进设计、节约材料、生产创新及自动化、降低费用等方法来降低成本。成本领先战略的收益和风险如表 8–2 所示。

表 8-2 成本领先战略的收益和风险

成本领先战略的收益	成本领先战略的风险
①可以对其他企业形成进入障碍； ②增强企业的讨价还价能力； ③降低替代品的威胁； ④保持成本领先的竞争地位	①容易被新加入者和追随者模仿和学习而后来者居上； ②技术进步会使得投资和经验失效； ③容易丧失对市场变化的敏锐洞察力； ④降低成本的空间日益狭小无法保持足够的价格差； ⑤受外部环境的影响大

（2）差异化战略

差异化战略是指企业提供的产品或服务独具特色从而建立起竞争优势的战略。差异化战略的收益和风险如表 8-3 所示。

表 8-3 差异化战略的收益和风险

差异化战略的收益	差异化战略的风险
①可以对其他企业形成进入障碍； ②增强企业的讨价还价能力； ③降低替代品的威胁； ④保持成本领先的竞争地位	①差异化的成本可能过高； ②竞争对手会模仿你的差异； ③顾客爱好的转移

（3）集中化战略

集中化战略是指将目标集中在特定的顾客或某一特定的地理区域上，即在行业很小的竞争范围内建立独特竞争优势的战略。集中化战略的收益和风险如表 8-4 所示。

表 8-4 集中化战略的收益和风险

集中化战略的收益	集中化战略的风险
①经营目标集中，管理简单方便； ②有条件深入钻研以至于精通有关的专门技术，熟悉产品的市场、用户及同行业竞争方面的情况； ③由于生产高度专业化，可以达到规模经济效益，降低成本，增加收益	①目标小市场与总体市场之间在产品或服务的需求上差别变小，会导致企业失去优势； ②差异化容易导致成本增加，竞争对手如果采取低成本战略，也可能抵消本企业为目标市场服务的成本优势； ③竞争对手可能也会采取集中化战略并且瞄准的是同一个细分市场，这些都会影响企业在该细分市场的竞争力

企业如何选择基本竞争战略取决于自身条件、市场的变化情况、行业特点、国际国内政治经济文化环境等多种因素，企业可以采用战略管理中常用的内、外部环境分析技术来进行具体分析，进行基本竞争战略的选择。

其中 PEST 分析法是用于宏观环境的分析方法，P 是政治（politics），E 是经济（economy），S 是社会（society），T 是技术（technology）。在分析一个企业的背景时，通常是通过这四个因素来分析企业所面临的状况。PEST 分析法要求掌握大量的、充分的相关研究资料，并且对所分析的企业有深刻的认识。

2. 竞合战略

（1）竞合战略的概念

从创业者的角度来看，在企业创办之初，一味地竞争不利于企业的生存，全盘的合作也不符合实现企业利润最大化的目标，此时，竞合战略的实施就显得非常必要。

那么什么是竞合战略呢？竞合战略是为达到共同拥有市场、共同使用资源、优势互补、风险共担等战略目标，通过各种协议和契约而构成一种松散合作模式的战略。

（2）竞合战略的分类

根据不同的标准，竞合战略有不同的分类方式。

①根据企业合作的行业方向，竞合战略可以分为纵向竞合战略和横向竞合战略。纵向竞合是指上、下游企业之间的竞合；横向竞合是指同行业企业之间的竞合。

②按合作功能，竞合战略可以分为市场型竞合战略、产品开发型竞合战略、产品扩张型竞合战略。

③从产业组织形式，竞合战略可以分为战略联盟、产业集群、加盟、连锁店、外包、合资和专利授权协议的合伙人等。

④根据企业合作的方式，竞合战略可以分为非正式竞合战略、契约、合资、股权参与、国际联合等。

⑤按合作时限，竞合战略可以分为长期的战略性竞合战略和中短期的项目性竞合战略等。

（3）竞合战略的特征

竞合战略一般具有以下主要特征。

①合作与竞争共存。在创造更大的商业市场时合作，在瓜分市场时竞争。

②竞争和合作的行为强度有差异。根据市场的具体情况，实施竞合战略的企业之间竞争和合作的行为强度可以分为 4 种，如图 8-6 所示。

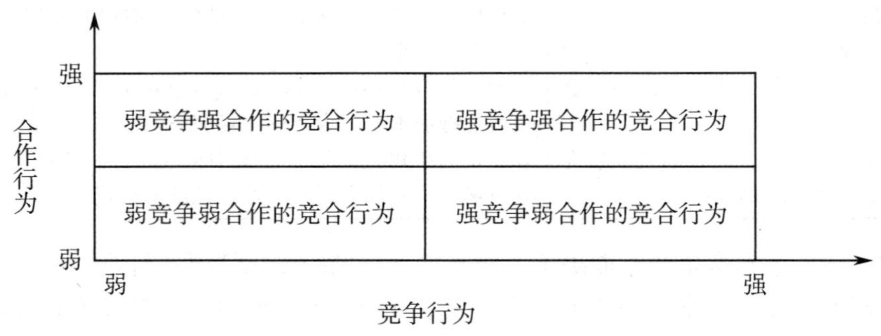

图 8-6　实施竞合战略的企业之间竞争和合作的行为强度

③共生下的互利共赢。对于企业而言，存在合适的竞争对手可能更有利于提高企业创造特色、赢得顾客的能力，能够帮助企业实现效率的最大化。

④长远性与动态性。企业希望与合适的合作伙伴建立较长期的合作关系，以保证企业的

稳定发展，并以此对抗生存环境的不确定性，许多战略合作的成效也不是在短期内就能显现的，因此竞合战略具有长远性。在市场经济体制下，企业要根据不同时期的战略目标选择不同的合作伙伴，以适应自身发展的需要，因此竞合战略具有动态性。

⑤不涉及产权转让，合作弹性强。经营环境的快速变化和不确定性要求企业具备快速反应的能力，竞合战略不涉及经营权转让，可根据市场环境变化及时调整、快速应变。

子任务 2 制定与同行业企业竞合战略的实施路径

工作任务

各团队分析竞合战略的实施为你们团队创办的计算机或其零部件生产企业带来的好处；制定与同行业企业竞合战略的具体实施路径并列表说明；撰写与同行企业的竞合战略分析报告。

知识准备

1. 同行业企业间实施竞合战略给企业带来的益处

（1）提升企业竞争力

通过实施竞合战略，企业可以通过重新组织资源完善服务的提供和业务范围的拓展，实现对顾客吸引力的最大化，同时，还可共享市场来共同保证产品质量和服务效率，提高企业综合竞争力。

（2）提高企业的协同绩效

竞合战略能使企业实现分工互补、降低成本费用、形成规模经济效益。同时，竞合战略不会发生企业兼并所带来的整合成本和管理成本，并促使一些重要的成本驱动因素向有利于企业的方向发展，有利于形成协同成本优势。竞合战略能够有效地抑制联盟成员间的过度行业竞争，避免资源浪费。

（3）促进企业创新

竞合战略的实施是合作者在短时间内获取对方先进的管理知识、营销经验、生产技能的最好途径。而来自不同对象的知识、技术与方法的有机组合，又很容易促进企业创新。某些行业的专利技术少，因为行业特点，使企业的创新技术与模式容易被人模仿。为保护自身的利益，企业可以通过合作把创新技术与模式通过合法渠道传播，这样能有效地保护自身的利益，达到双赢的效果。

2. 竞合战略的实施路径

企业战略目标的多样性以及组织文化和价值观的相异性，使很多看似前景很好的合作效果并不尽如人意，管理不善是合作失败的主要原因。建立一个好的管理体系是任何合作所必需的。在这个前提下，与同行业企业实施竞合战略的路径有以下几个方面。

（1）制定科学合理的竞合战略目标

首先对本企业的资源、生产能力和市场潜力等方面的优势与劣势进行分析，明确自身的核心优势，在此基础上结合外部环境分析企业的发展实际，并制定科学的企业战略目标，从企业长远发展战略出发，选择合作伙伴，建立合作模式，制定合作战略目标。

（2）选择合适的合作伙伴

考察筛选合作伙伴时要考虑以下几点。

①合作伙伴在经营目标、管理理念等方面应努力保持一致，以免产生大的冲突。

②合作伙伴对双方的文化应能彼此适应和认同，这样才能保持友好和谐的合作伙伴关系，减少道德风险。

③应重视合作伙伴的信用等级，包括企业成立时间长短、资金实力、合作历史、信用记录等，这对于当前处于信用危机严重的环境中的企业尤为重要。

（3）选择适当的合作形式

企业需根据自身的战略目标选择适当的合作形式，在制定战略目标之后选择合作伙伴，确定合作功能（市场型、产品开发型、产品扩张型）、合作时限、合作领域（全面的、局部的）、合作的连接纽带（非正式合作、契约性协议、合资、股权参与、国际联合）等。

在战略合作实践中，既有强强合作，也有强弱合作，实践证明，强弱合作的成功率较低，其次是弱弱合作，成功率最高的是强强合作，在强弱合作中，如果弱方甘当配角，双方也能维持较稳定的合作关系。不论采取何种合作形式，企业应有自己的核心竞争力，否则企业不可能与其他企业形成战略合作，即使勉强形成，也不会持久。

（4）与合作伙伴建立经常性的沟通渠道

合作企业内部应该专门建立一种协调、沟通机制，如定期或不定期的面对面交流，电话、电子邮件交流，互访，建立协调委员会等，并由专人负责信息的沟通、意见的交流和矛盾的化解。

（5）建立合理的利益分配机制来稳定战略合作伙伴关系

任何企业合作的最终目的都是为了获取更多的利益，合作企业只有通过建立合理的利益分享和利益补偿的分配机制，才能使合作伙伴在平等、互利、协作的基础上既竞争又合作，并在此基础上实现合作伙伴分享产业收益。

（6）以创新赋予企业持续的合作动力

同行企业之间合作主要是基于共同开发项目的合作。由于竞争对手生产的产品与自己的产品相同或类似，与之合作创新可以在创新过程中取长补短，减少重复的相关投入和研究，提高创新效率。

（7）借助第三方治理机制确保竞合战略的和谐发展

充当第三方的主要有行业协会和政府。

①行业协会可以有效地监督交易者的行为，并记录和传递交易者不诚实的信息，为交易双方提供一个合作框架。通过各企业加入行业协会，促进合作制度化，促使所有当事人之间的交易和博弈从纳什均衡（非合作博弈均衡）转到合作均衡。

②目前的市场经济条件下，政府的作用主要在政治上营造宽松的政治环境，以及在技术上提供支持与管理。企业要熟悉相关法律法规，保护好自己权益的同时，也不侵害同行企业的利益。同时，要关注国家政策的变动，关注政府公布的信息，结合市场需求，找准发展方向，确定最合适的竞合伙伴和竞合方式。

有效的竞争虽然能够使企业优胜劣汰、奋发向上，但是过度竞争会造成资源的极度浪费，最终两败俱伤。采取竞合战略是企业适应现代竞争态势、提高企业竞争力的主流方向。竞合战略有利于克服时间和空间的限制，整合企业的内、外资源，优化资源配置，通过对顾客价值、协同绩效、创新发展和企业社会经济环境的影响提升企业的竞争力。

工作步骤

第一步：分析竞合战略为企业带来的收益和风险。各团队结合具体的行业环境分析竞合战略的实施会给团队创办的计算机或其零部件生产企业带来哪些收益和风险并列表分析。

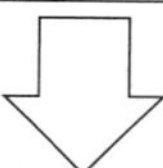

第二步：确定企业竞合战略。各团队讨论自己团队创办的计算机或其零部件生产企业可以采取的竞合战略，并分析其风险防范和呈现的特征。

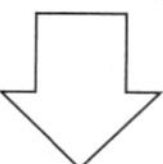

第三步：制定与同行业企业竞合战略的实施路径。各团队制定自己团队创办的计算机或其零部件生产企业与同行业企业竞合战略的具体实施路径并列表说明。

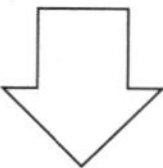

第四步：撰写自己团队创办的计算机或其零部件生产企业与同行业企业竞合战略分析报告。注意在报告中应预先根据实施竞合战略过程中可能出现的问题制定若干应对方案，并在实施过程中，根据形势的发展和变化改善或制定实施路径，以最终实现目标。

工作评价与反馈

<table>
<tr><td>任务</td><td>存在的问题</td><td>改进措施</td></tr>
<tr><td></td><td></td><td></td></tr>
<tr><td colspan="3">收获与感悟：</td></tr>
<tr><td colspan="3">指导教师评语：

教师签名：</td></tr>
</table>

任务 3 “互联网 +”环境下企业跨界合作与竞争策略制定

情境导入

华为——生命不息，跨界不止

2017 年，尼康退出中国，裁员两千人，很多人以为尼康是被同行打败，没想到尼康直接宣布破产的真相：受智能手机普及的影响！康师傅和统一方便面的销量急剧下滑，不过它们的对手不是白象、今麦郎，而是美团、饿了么等外卖软件。共享单车的出现对出租车、网约车行业形成了一定冲击，销售自行车及配件的商店、修自行车的小摊生意都一落千丈。这些现象，可称之为“跨界打劫”。

在应对“跨界打劫”的路上，华为有着自己的法宝。

华为是创立于 1987 年的民营企业，是全球领先的 ICT（information and communications technology，信息与通信技术）基础设施和智能终端提供商，致力于把数字世界带入每个家庭、每个组织，构建万物互联的智能世界。截至 2018 年，华为有 18.8 万员工，业务遍及 170 多个国家和地区。

1. 华为的跨界合作

①与 24 小时书店跨界合作。华为于 2018 年上半年新推出旗舰机型华为 P20，为强化其出众的夜拍功能，华为手机联合全国 8 家 24 小时书店发起“华为 P20 点亮城市之光夜拍活动”，活动当晚到店读者可凭夜拍照片免费换取咖啡，并可现场体验华为 P20 的夜拍功能。本次活动在微博、微信及网络媒体平台获得充分曝光、覆盖人群超过 2 000 万。

②与颐和园跨界合作。以创新传承中国传统文化为理念，华为联合颐和园推出颐和园系列手机主题，通过现代科技将颐和园的智慧与美学在全球华为手机用户的掌间进行精彩呈现。《幻境颐和》《颐景交错》《繁花颐和》《颐和花鹿》《游龙戏亭》等 9 款主题是利用当下流行的重力感应、量子力学等技术制作而成，画面精美，效果逼真，用户在开屏解锁的过程中，便可以体验沉浸式游园的无穷乐趣。

③与保时捷跨界合作。为了提升品牌形象，华为 2016 年推出华为 Mate 9 机型保时捷限量版。2018 年 10 月，华为推出华为 Mate 20RS 保时捷限量版，产品工艺处理达到奢侈品级别，采用麒麟 980 处理器、后置 4 000 万像素高端三摄像头、超高分辨率 2K+amoled 显示屏，官方售价 12 999 元且需预订、抢购，京东最高售价达 18 888 元，火爆程度可见一斑。

④与袁隆平团队跨界合作。2019 年初，华为集团与袁隆平合作培育海水稻（能够在盐碱地里生长，不惧怕海水短期浸泡的“耐盐碱水稻”），向 15 亿亩盐碱地要 1 亿亩良田。华为表示，盐碱地改良的核心技术是“四维改造法”（土壤数字化），通过地上的小型气象站、高清摄像头，地下、地表的各种传感器对光照、温度、盐碱度等信息进行收集，传送到华为

云端大数据中心，通过 AI（artificial intelligence，人工智能）系统和专家诊断，提供靶向药品、定向施肥、用水量等解决方案。在华为技术介入后预计可以实现节水 30%，节肥 40%，经济收益提升 20%，可解决 8 000 万人口的吃饭问题。华为与袁隆平双方还共同研发并向客户提供农业物联网系统解决方案，位于青岛城阳的沃土云平台已经投入使用。

⑤与居然之家跨界合作。2019 年 3 月 14 日，居然之家在上海宣布与 HUAWEI HiLink 达成战略合作。HUAWEI HiLink 是华为开发的智能家居开放互联平台，主要解决各智能终端之间互联互动问题。各类品牌只要接入该平台，即可让用户实现自动发现、一键连接，通过手机 App（application 的缩写，应用程序）对智能家居设备进行远程控制。居然之家将与 HUAWEI HiLink 共同打造引领家居行业的全屋智能家居解决方案，提升用户体验并推动商业增长。

⑥与长安汽车跨界合作。2018 年 7 月 4 日，长安汽车与华为签署战略合作协议，双方将建立联合创新中心，促进汽车智能化及新能源发展，为中国汽车消费者创造 5G 时代人、车、生活一体化的移动出行新空间。长安汽车与华为将在充换电、电驱控制及电池控制三大领域开展合作，实现电动汽车“充电 5 分钟，续航百公里”。

此外，华为还与良品铺子跨界合作打造全渠道标杆、与明码跨界合作打造国内首个基因测序云平台、与省农信社合作打造“智慧银行”、与施华洛世奇跨界合作打造最美 HUAWEI WATCH……

2. 华为的跨界竞争

一提起华为，相信普通消费者第一想起的就是华为手机，但华为制作手机本身就是一种跨界竞争！华为之前一直主营电信业务，面对企业市场，而不是消费市场。中兴、酷派和联想的手机业务都相继沉沦，但华为手机业务反倒欣欣向荣。华为在营销上不如小米、OPPO 和 vivo，真正让华为和其他国产手机厂商区分开的还是技术。华为更注重底层的颠覆式创新。华为没有走小米的互联网营销和低价之路，作为善于长跑的企业，华为将战略定位在了“精品手机”，希望依靠更好的产品和体验赢得消费者。

2019 年 8 月 10 日下午，全球首款搭载华为鸿蒙操作系统的产品——荣耀智慧屏发布，售价为 3 799 元。鸿蒙系统可以根据智慧大屏、穿戴、汽车、音响、手表、手机、PC（personal computer，个人计算机）等具体设备自动选择加载相应模块，各形态硬件互为外设。智慧屏将与手机一同成为未来年轻人的智慧生活双中心。作为家庭情感中心，它会成为家庭信息共享中心、控制管理中心、多设备交互中心和影音娱乐中心。华为说它不做电视机，但智慧屏一出，不知多少消费者要用它作为传统电视机甚至智能电视的替代品了。

这是一个跨界逆袭的时代。随着技术和新产品更新迭代的加快，任何企业都危机四伏：谁不改变，谁也许就会被踢出局。正因如此，每个优秀的企业，都在自己优势根基的基础上，尝试各种跨界逆袭的可能，探索可能性的边界。

我们有理由相信，华为不会辜负时代慷慨赋予的历史性机遇，生命不息，跨界不止，将为构建万物互联的智能世界，一往无前。

问题思考：

华为目前在“互联网 +”环境下的跨界合作与竞争中做了哪些努力？它为什么要这样做？

任务要求

假设你创办了一家早教乐器生产企业，针对“互联网 +”环境下的中国市场，分析如何进一步加强该企业的跨界合作与竞争，达到保持企业长期竞争力的目的，制定企业在“互联网 +”环境下跨界合作伙伴选择策略和跨界竞争的实施路径，并撰写一份策略分析报告。

子任务 1 制定“互联网 +”环境下跨界合作伙伴选择策略

工作任务

5~7 人组成一个小组，利用网络和图书馆资源查询早教乐器生产行业的相关情况，列举早教乐器生产企业潜在的跨界合作伙伴，绘制合作伙伴网络图；结合选择跨界合作伙伴的原则和“互联网 +”环境下的消费模式新常态，确定企业优先合作的跨界合作伙伴，列表说明分析过程及分析结果；制定“互联网 +”环境下跨界合作伙伴选择策略。

知识准备

1. 跨界合作的必要性

跨界是指企业打破固有行业规则，通过创新行为嫁接不同领域价值体系最终实现价值跨越的品牌行为。跨界的基础是科技的发展，“互联网 +”环境下人们有更多的信息链接，供求信息的流通达到空前的释放，需求与供应在不断地被丰富完善。跨界的本质是整合、融合，通过自身资源的某一特性与其他表面上不相干的资源进行随机的搭配应用，可放大相互资源的价值，甚至可以融合一个完整的独立个体面世。

五力模型是迈克尔·波特于 20 世纪 80 年代初提出的，用于竞争战略的分析，可以有效地分析客户的竞争环境。五力分别是：供应商的议价能力、采购商（或称购买者）的议价能力、潜在进入者（或称潜在竞争者）进入的能力、替代品的替代能力、行业内现有竞争对手的竞争能力，如图 8-7 所示。五种力量的不同组合变化将最终影响行业利润潜力变化。对“互联网 +”环境下的企业来说，除了传统的五力会决定它所处行业的竞争态势之外，一些“跨界”的竞争对手也不容小视（当然五力模型中也存在跨界竞争对手，详见后面该任务中子任务 2 的知识准备内容）。在这个飞速变化的时代，我们很难猜到哪些新兴行业会打败某个看似不太相关的传统行业。我们唯一能做的就是保持一个足够开阔的视野，每当有新鲜事物发生、新技术出现、新兴行业兴起的时候，多去发散思维思考一下，说不定想到的某些点，就能串联成线，就可以比别人早一点看到未来，早一点抓住机遇。数据显示，国内小微企业 3 年内的存活率只有 10% 左右，因此作为创业者，除了抓好企业管理的常规工作，还需要“眼观六路，耳听八方”，重新看待某些潜在的跨界竞争者，他们不同于潜在进入者，他们也许不会进入你所在的行业，但却可能会因其所处行业的某些特性对你所在的行业造成致命的打击。

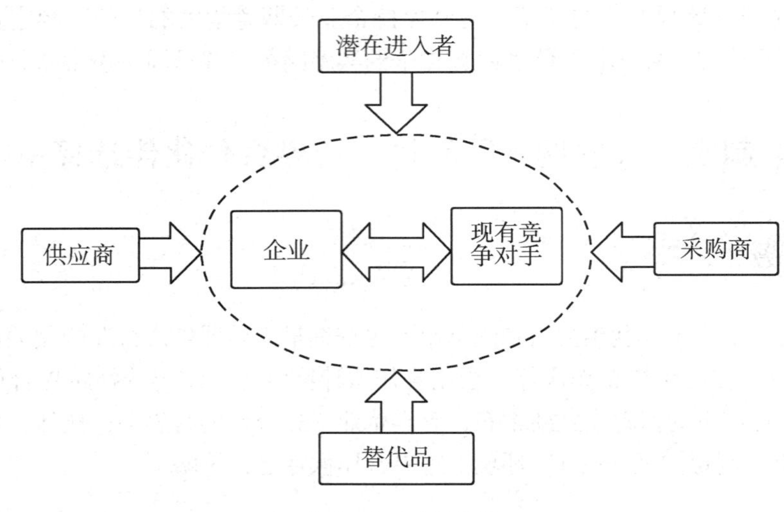

图 8-7　五力模型

为了避免这种来自行业外的打击，让企业获得更持久的竞争力，跨界合作与竞争都必不可少。以自行车生产企业为例，率先与共享单车品牌合作的企业可以与其共享利润，当然不仅仅是为其供货，还包括针对共享行为对自行车进行的一系列改进，如免充气的轮胎、特制的车锁、更方便的座椅高度调节、定位装置、提供维修服务等，以及从共享单车企业实际运营中获得进一步改进共享单车设计的相关灵感并共同研发将之实现，而其他没有看到共享单车市场前景的自行车生产企业，如果因循守旧继续生产普通自行车，则必然会受到一定的冲击，共享单车的普及使愿意新购自行车的消费者大大减少，传统自行车市场在逐步萎缩。当然，除了与共享单车品牌合作，一部分自行车生产企业也可以选择跨界进入共享单车行业，在这个新市场里直接与其他共享单车品牌竞争。

情境导入案例中所述的华为，借助与相关行业（非同行业及上、下游企业）的合作（包括研发、生产、营销、文化等方面），从某一领域跨到其他领域实现多元化经营，或者实现本来领域竞争力的进一步提升，都算作跨界合作的范畴。

对于初创的小微企业来说，跨界合作会更多地表现为跨界营销，它相对来说需要的资源较少，更容易操作，是一种短期的跨界。跨界营销是指根据不同行业、不同产品、不同偏好的消费者之间所拥有的共性和联系，把一些原本毫不相干的元素进行融合、互相渗透，进而彰显出一种新锐的生活态度与审美方式，并赢得目标消费者的好感，使得跨界合作的品牌都能够得到最大化的营销效果。

2. 选择跨界合作伙伴的原则

（1）资源匹配原则

资源匹配是指两个不同品牌的企业在进行跨界合作时，两个企业在品牌、实力、营销思路和能力、企业战略、消费群体、市场地位等方面应该有共性和对等性，这样才能发挥协同效应。

（2）品牌效应叠加原则

品牌效应叠加是指两个品牌在优劣势上进行相互补充，将各自已经确立的市场人气和品牌内蕴互相转移到对方品牌身上或者传播效应互相叠加，从而丰富品牌的内涵和提升品牌整体影响力。

（3）消费群体一致性原则

每个品牌都有一定的消费群体，每个品牌都在准确地定位目标消费群体的特征，要想使跨界营销得以实施，就要求双方企业或者品牌必须具备一致或者重复的消费群体，如东风雪铁龙 C2 系列与意大利知名时尚运动品牌 Kappa 的合作，C2 系列象征一种时尚、前卫的生活方式，Kappa 这个服装品牌也有同样的诉求。

（4）品牌非竞争性原则

跨界合作的目的之一是通过合作丰富各自产品或品牌的内涵，实现双方在品牌或在产品销售上的提升，达到双赢的结果，即参与跨界合作的企业或品牌应是互惠互利、互相借势增长的共生关系而不是此消彼长的竞争关系，因此需要进行合作的企业在品牌上不具备竞争性，只有基于非竞争性原则不同企业才有合作的可能，否则跨界合作就成为行业联盟了。

（5）非产品功能互补原则

西方经济学对于商品“互补性”的界定，通常是指在功能上互为补充关系，如相机和胶卷、打印机与硒鼓、计算机硬件与软件等，而跨界营销所需要界定的互补关系，不再是基于产品功能上的互补关系，而是基于用户体验的互补关系，是非产品功能互补关系。

非产品功能互补原则指进行跨界合作的企业，在产品属性上两者要具备相对独立性，合作不是对各自产品在功能上进行相互的补充，而是产品本身能够相互独立存在，各取所需，是基于一种共性和共同的特质，是基于产品功能以外的互补，如渠道、品牌内涵、产品人气或者消费群体。

（6）品牌理念一致性原则

品牌理念的一致性就是指参与双方的品牌在内涵上有着一致或者相似的诉求点，或有相同的消费群体、特征。只有品牌理念保持一致性，才能在跨界合作的实施过程中产生由 A 品牌联想到 B 品牌的作用，实现两个品牌的互相关联。

（7）以用户为中心原则

企业的一切行为都从过去的以企业和企业产品为中心向以用户为中心转变，销售只是一种手段，而关注用户需求、提供消费者所需才是企业真正的目的，企业更多地强调用户的体验和感受。因此对于跨界合作的企业来讲，只有基于以用户为中心的原则，跨界合作才能发挥其作用。

跨界合作的核心在于创新，目的在于通过创新解决问题、实现共赢。企业在实际运用过程中需要把握实施的原则，颠覆传统思维，实行“无边际”运作，大胆借鉴、嫁接其他产品、行业的思想、模式、资源和方法，以获得突破并实现多赢。

按上述七大原则去选择跨界合作的伙伴，有利于合作双方资源共享，实现利益最大化。

3.“互联网 +”环境下的消费模式新常态为跨界合作带来的变革

“互联网 +”是互联网思维的进一步实践成果，能够推动经济形态不断发生演变，从而激发社会经济实体的生命力，为改革、创新、发展提供广阔的网络平台。通俗地说，“互联网 +”就是“互联网 + 各个传统行业”，但这并不是简单的两者相加，而是利用信息通信技术以及互联网平台，让互联网与传统行业进行深度融合，创造新的发展生态。它代表一种新的社会形态，即充分发挥互联网在社会资源配置中的优化和集成作用，将互联网的创新成果深度融合于经济、社会各领域之中，提升全社会的创新力和生产力，形成更广泛的以互联网为基础设施和实现工具的经济发展新形态。

“互联网 +”的七大特征如表 8-5 所示。

表 8-5 “互联网 +”的七大特征

特征	释义
跨界融合	“+“就是跨界，就是变革，就是开放，就是重塑融合。敢于跨界，创新的基础才更坚实；融合协同，群体智能才会实现，从研发到产业化的路径才会更垂直。融合本身也指代身份的融合，如客户消费转化为投资，伙伴参与创新等
创新驱动	我国粗放的资源驱动型增长方式早就难以为继，必须转变到创新驱动发展这条正确的道路上来。这正是互联网的特质，用互联网思维来求变、自我革命，也更能发挥创新的力量
重塑结构	信息革命、全球化、互联网已打破了原有的社会结构、经济结构、地缘结构、文化结构。权力、议事规则、话语权不断在发生变化。“互联网 + 社会治理”、虚拟社会治理会是很大的不同
尊重人性	人性的光辉是推动科技进步、经济增长、社会进步、文化繁荣最根本的力量，互联网强大的力量从根本上也是来源于对人性最大限度的尊重、对个人体验的敬畏、对人的创造性发挥的重视。例如，UGC、卷入式营销、分享经济等
开放生态	关于“互联网 +”，生态是非常重要的特征，而生态本身就是开放的。我们推进“互联网 +”，其中一个重要的方向就是要把过去制约创新的环节化解掉，把孤岛式创新连接起来，让研发由人性决定的市场驱动，让努力创业者有机会实现价值
连接一切	连接是有层次的，可连接性是有差异的，连接的价值是相差很大的，但是连接一切是“互联网 +”的目标
法治经济	虚拟经济是建立在市场经济基础上的法治经济，更加注重对创新的法律保护，扩大了知识产权的保护范围，“互联网 +”使全世界对于虚拟经济的法律保护更加趋向于共通

人们的消费模式很大程度受所在社会结构的制导。越是多元化的社会，越容易接受新的消费品和消费服务。消费模式主要包含了人们的消费关系和行为方法，从总体上反映了消费者的消费内容、基本趋势，既指导消费者的消费活动，又对消费者的消费行为进行社会价值判断。消费模式不仅反映了消费的主要内容，还反映了经济社会生活的准则。“互联网+”大大拓展了全社会沟通活动的空间，极大地变革着人们的消费模式。“互联网+”背景下的消费模式完全不同于传统消费模式，对商品生产、市场流通、经营销售都产生了巨大的影响，形成了消费模式的新常态。“互联网+”带来了消费模式的新常态，这些新常态也为跨界合作带来变革。

（1）满足了消费需求，使消费具有互动性

“互联网+”环境下，消费者和商家搭建了快捷而实用的互动平台，中间枢纽环节被省去，供给方与需求方直接形成了消费流通环节。消费者通过互联网直接将自身的个性化需求提供给生产者，能够亲自参与到商品和服务的生产中；生产者则根据消费者对产品外形、性能等多方面的要求提供个性化商品。消费者成为商品和服务的生产出发点与归宿，与生产有了直接紧密的联系。

（2）优化了消费结构，使消费更具有合理性

随着社会的进步与发展，人们已经不再满足于简单的基本物质生活需求，特色化、趣味化的需求更加强烈。“互联网+”环境下，消费者更乐于享受快捷选择、快捷支付的舒适性，消费者也逐渐习惯于互联网所提供的“唾手可得”和“无所不及”的精神享受。消费已经进入了享受型和发展型消费的新阶段。同时，互联网信息技术有助于实现空间分散、时间错位之间的供求匹配，从而可以更好地提高供求双方的福利水平，进而优化了消费结构，使消费更符合人们的基本需求，更具有合理性。

（3）扩展了消费范围，使消费具有无边界性

“互联网+”环境下的消费模式使传统消费的时空限制趋于消失，形成了一种无边际消费模式。首先，消费者在商品服务的选择上是没有范围限制的，各个电商在互联网上销售各种各样的商品和服务，为消费者提供了大量个性突出的非标准化产品；其次，互联网消费突破了空间的限制，随着互联网在全球普及范围的逐步扩大，消费者足不出户便能购买世界各地的商品和服务；再次，消费者的购买效率得到了充分的提高，网络技术的不断创新使包括商品搜寻、支付手段等在内的各种消费支撑技术得到了充分的发展；最后，互联网提供的信息是无边界的，网络技术的发展使各种类型的信息排山倒海般地被消费者接收到，同时借助于大数据技术，消费者的消费偏好、消费习惯等微观信息也被归纳统计，生产者更能借助于这些数据为消费者提供精准完善的服务，消费信息在生产者与消费者之间的充分流动促使整个“互联网+”消费模式更加稳步健康发展。

（4）改变了消费行为，使消费具有分享性

AIDMA（分析消费者行为的传统模式理论）认为，消费者从最初接触商品到最终完成购买将经历5个阶段：诱发注意（attention，A）、激发兴趣（interest，I）、形成欲望

（desire，D）、产生记忆（memory，M）、促成购买行为（action，A）。然而，AISAS（全新的消费者行为分析模式）理论能更好地诠释在“互联网+”背景下消费者购物的行为模式，如图8-8所示。AISAS与AIDMA相比较，在前两个阶段基本相同，在第三个阶段变为了S（search），即消费者在互联网背景下主动进行商品服务的搜寻，在第四个阶段为A（action），即采取购买行为，在最后一个阶段变为了S（share）即分享，因为互联网技术的发展，消费者能够随时随地分享自己的信息，能够将自身对商品和服务的使用体验（包括价格、性能、使用感受等）与其他人分享。基于“互联网+”时代特点而重新构建的AISAS模式着重突出了信息获取和信息分享环节。正是因为消费者自主“搜索”和“分享”行为的普遍，所有的信息将以互联网为中心聚合扩散，产生成倍的传播效果，对消费者购买决策及信息收集模式带来了颠覆性的变革。

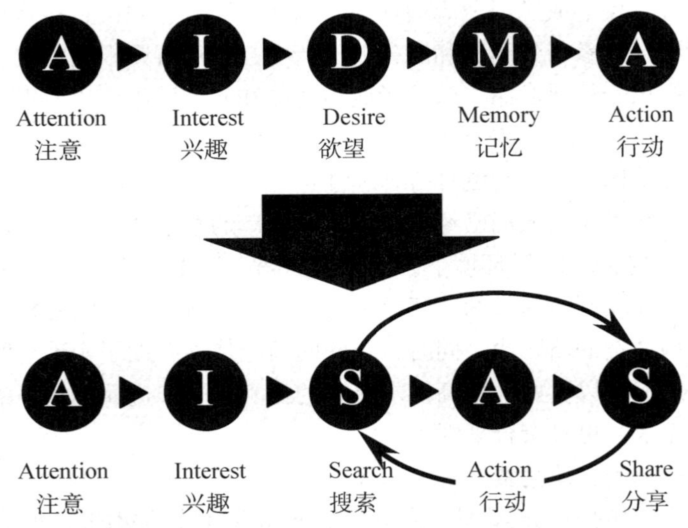

图8-8 AIDMA消费行为模式向AISAS消费行为模式转化图

（5）丰富了消费信息，使消费具有自主性

“互联网+”时代的消费者不喜欢被动接受消费品和消费服务，他们更倾向于选择流行、时尚、前卫的新鲜事物来彰显自我魅力。这种倾向性的选择缘于互联网把产品、信息、应用和服务连接起来，使消费者的“搜索引擎”有了“库”、有了“源”。消费者如果想购买商品，可以方便地找到同类产品的信息，并根据其他消费者的消费心得、消费评价做出是否购买的决定。“互联网+”的消费时代最大限度地扩大了消费增量，盘活了消费存量，强化了消费者自由选择、自主消费的系列权益。

“互联网+”带来的消费模式的新常态给企业跨界合作带来诸多机会，腾讯、阿里巴巴、百度等企业分别向文化、流通、医疗、教育、交通、人工智能等领域布局，获得了可观收益。这种新常态也会给传统制造业和服务业带来一系列影响，这些行业亟待转型，而转型中所需的通信、大数据、安全、云计算、物联网等移动互联网技术，可以通过跨界合作的方式去获得。

选择跨界合作伙伴一定要遵循资源匹配、品牌效应叠加、消费群体一致性、品牌非竞争性、非产品功能互补、品牌理念一致性、以用户为中心这七大原则，并把“互联网 +”带来的消费模式的新常态作为制定合作策略、实施跨界合作的依据，正可谓有的放矢，始得鲜明。

子任务 2 制定跨界竞争实施路径

工作任务

5~7 人组成一个小组，分组讨论一下你创办的早教乐器生产企业可能面对的跨界竞争对手来源有哪些，列表说明该企业实施跨界竞争的路径有哪些，为你创办的早教乐器生产企业制定 3 种跨界竞争的具体实施路径，并阐述其优先级、整理制定企业跨界合作与竞争的相关策略、撰写一份“互联网 +”环境下企业跨界合作与竞争策略分析报告。

知识准备

博弈论里著名的“囚徒困境”模型说明即便合作对双方都有利，保持合作也是困难的，由此可见，在市场经济条件下企业为了生存、为了盈利，竞争不可避免。

1. 跨界竞争的含义及跨界竞争者的来源

企业除了与上、下游企业、同行企业存在竞争关系之外，跨界竞争的对手也不可小觑，它可能是五力模型里所说的潜在进入者，也可能是替代品生产者，也可能只是一些看似不相关行业中的企业，他们不是直接的生产替代品，而是通过改变消费者的生活方式、降低消费者在某方面的需求等途径来间接攻占企业的现有市场，造成企业的盈利减少，甚至造成整个行业的衰落。这些对手与企业之间产生的显性的或者隐性的竞争，都可以称之为跨界竞争。

（1）潜在进入者

潜在进入者可能是新成立的企业，也可能是采用多元化经营战略的原从事其他行业的企业，后者属于跨界竞争者的范畴。潜在进入者会带来新的生产能力，并要求取得一定的市场份额。潜在进入者对本行业的威胁取决于本行业的进入壁垒以及新企业进入后原有企业反应的强烈程度。

潜在进入者是影响行业竞争强度和盈利性的要素之一，对行业的影响主要表现在以下 3 个方面。

①行业会因潜在进入者的实际进入而增加行业有效资本量。

②行业会因潜在进入者的实际进入而对下游市场需求量进行争夺和分流。

③行业会因潜在进入者的实际进入而对上游资源进行争夺和分流。

那么，企业应该如何防范潜在进入者呢？这就要求企业利用好进入壁垒。进入壁垒的高低主要取决于规模经济、经营特色与用户忠诚度、投资要求、资源供应、销售渠道、经验曲线、政府政策、原有企业的反应 8 个因素，如图 8–9 所示。

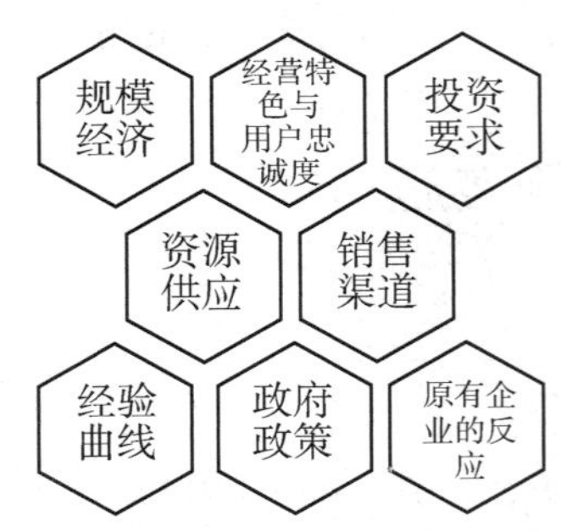

图 8–9　决定进入壁垒高低的因素

（2）替代品

替代品是指两种产品存在相互竞争的销售关系，即一种产品销售量的增加会使另一种产品的潜在销售量减少，反之亦然。也就是说，若 A 商品价格上升，则顾客们就会去寻求相较于 A 商品便宜的并且能带来相似满足度的替代品 B 来购买。例如，在火车票价格持续上涨到一定的高度时人们会转向乘坐飞机，或者在牛奶价格上涨时转向购买奶粉。

生产替代品的企业有影响本行业企业利润的可能，因此存在现实的或潜在的竞争关系。如果替代品能够提供比现有产品更高的价值 / 价格比，并且买方的转移壁垒很低，即转向采购替代品而不增加采购成本，那么这种替代品就会对现有产品构成巨大威胁。

那么，企业应该如何防范替代品的竞争呢？依然是用好 3 个基本竞争战略——成本领先战略、差异化战略和集中化战略。

（3）其他跨界竞争者

科幻小说《三体》里描绘了这样一段情节：三体文明和人类文明较量了若干年，妄图通过锁死基础科学来消灭人类文明，不料最后关头竟然是歌者文明消灭了三体的母星。总以为自己的竞争对手在身边，却不料真正的毁灭者正在高处看着你，甚至有时候，对方根本没关注到你，只是“城门失火，殃及池鱼”。

虽然是虚构的情节，却极好地契合了跨界竞争的情势。移动支付的诞生在给用户带来便利的同时，给银行、印钞厂、金融押运公司带来了不小的打击，但在一定程度上减少了一些偷盗行为；使我国口香糖销量下降的不是同行的竞争者，而可能是微信、抖音和手机游戏，在超市收银台这个消费场景，过去顾客在排队缴费无聊时可能随手就往购物篮里拿上两盒口香糖，而今天大家都在看手机，此外自助结账系统的使用大大降低了排队等候时间，这也是造成口香糖企业利润下滑的原因之一。被称为硅谷“精神教父”的凯文 · 凯利曾说：“不管你们是做哪个行业的，真正对你们构成威胁的对手一定不是现在行业内的对手，而是那些行业之外你看不到的竞争对手。”这就是“降维打击”的本质，行业之外的力量把你赖以生存的优势通通地灭掉，从更高维度给你来一次意想不到的打击。所以，作为创业者要时刻保持警惕，别只盯着自己的行业不放，真正的危险，往往来自意想不到的地方。你有时候可能连对手是谁都不知道，悄无声息地就被颠覆了。

实施跨界竞争能够帮我们防范以上 3 类跨界竞争者的攻击，避免市场的衰退和沦陷；反之，企业亦可以凭这 3 种角色去开拓新的市场。任何产品都是有生命周期的，由波士顿矩阵（BCG matrix）（图 8–10）可知，在主营业务的“金牛”变成“瘦狗”之前，一定要为自己培育足够的“明星”作为后备力量，才能保证企业的现金流。

项目		相对市场占有率	
		高	低
销售增长	高	明星 ✧ 需要继续投入资源以稳固市场份额	问题 ✧尚未打开市场 ✧发展潜力较大 ✧需加大投入获取市场或出售
	低	金牛 ✧ 资源投入较少 ✧ 企业的主要经济来源	瘦狗 ✧衰退类业务 ✧撤退战略 ✧可将此类业务单元合并，统一管理

图 8–10　波士顿矩阵

2. 跨界竞争实施路径

（1）跨界经营

跨界经营其实属于企业多元化经营的范畴，是许多企业拓展业务规模的战略选择。在激烈的市场竞争中，如果企业产品或者业务较为单一，会面临很高的经营风险，企业通过跨界经营，一方面可以规避一定的经营风险，另一方面可以选择更多的市场机会，通过多种产品和品牌的组合提升企业的形象，帮助企业获得超额利润。

“互联网 +”给企业带来许多新的发展机遇，企业外部产业边界变得模糊，单一业务体系无法满足现有市场的需求，因此跨界竞争是企业多元化发展的必然选择，并且能够为企业带来新的价值。

对“互联网 +”跨界经营的破坏性总结为市场基础跃迁破坏和产业基础跃迁破坏，前者的破坏主要是购买转为租赁、购买转为自制以及购买转为免费，后者的破坏主要是制造转为“智”造、制造转为服务以及制造转为整合。

（2）跨界创业

跨界创业通常发生在成熟企业想要进入新的领域，但又不希望受到企业惯性的影响，从而从企业自身剥离出来的一个新创企业，为母公司在新领域创造新的产品和服务，母公司可以将新领域的产品和服务与现有产品和服务进行整合，为既有业务开拓新市场。

（3）跨界搜索

跨界搜索是一种解决问题的方法和组织学习的方式，企业参与跨界竞争首先会进行跨界搜索，对搜寻到的知识、信息进行整合从而利用获取的知识进行创新。跨界搜索能够帮助企业在动荡的环境中获取异质性资源，更新企业知识库并实现对外部环境的动态匹配和创新绩效。

3. 跨界竞争路径分析

跨界竞争的 3 种路径在业务拓展程度上有所差异，如图 8-11 所示。

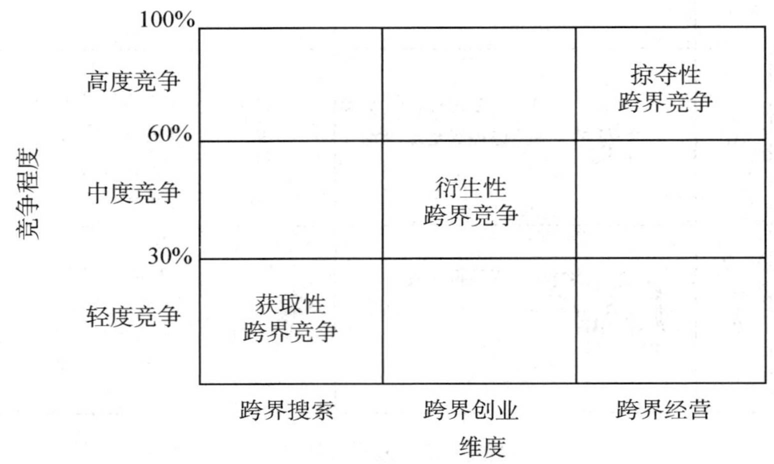

图 8-11　跨界竞争路径

掠夺性跨界竞争是一种颠覆性的跨界竞争，跨界者要做的不仅是以多元化经营分散风险，还要颠覆原有行业。冗余资源在企业中的积累为企业跨界提供了思路和资源，企业利用“互联网 +”带来的平台聚集能力，对冗余资源和外部资源进行整合，从利基市场（在较大的细分市场中具有相似兴趣或需求的一小群顾客所占有的市场空间）切入并在新行业中迅速站稳脚跟建立独特的竞争优势。

衍生性跨界竞争是一种对原行业的挑战，跨界者明明知道不管是内部孵化还是外部孵化，都会对原行业的业务产生影响和竞争，在“互联网 +”环境下，互补者的威胁让企业倾向于通过跨界创业掌握行业的资源和对资源的配置能力。内、外部孵化成功的企业为能够快速进入新行业市场，向用户免费提供产品或服务，这种免费模式为企业迅速在新行业立足起到了关键作用。

获取性跨界竞争是以大数据处理能力为基础，一方面，与其他企业特别是跨行业企业展开合作，跨行业吸收知识；另一方面又与消费者共同创造、培养忠实的社群。跨界者并不是要直接争夺原行业的市场，而是一种基于跨界搜索并获取市场知识和技术知识的连接行为，连接所产生的价值远远高于市场份额带来的价值。

所谓知己知彼，百战不殆，作为创业者一定不能轻敌，企业经营的过程就是一个如履薄冰的过程，管理是如此的困难，需要不断地螺旋式上升，克服一个又一个困难，才能在变革中保持好的财务表现，用好的财务表现继续驱动变革。

总之，“互联网 +”环境下，很多商业模式发生了根本变化，创新者不断从一个领域进入另一个领域，边界正在打开，每个行业都可能被击破，旧思想正在渐渐消失，一切都将面临推倒重来的过程，竞争无处不在。作为创业者，要以人类学与社会学为依据剖析市场竞争，从人类天性、商业规则、社会心理等方面考量竞争如何影响创业者的思维和行为，分析竞争背后的博弈心理。从商业角度分析企业应如何在竞争中规避山寨、创新趋同、逐底竞争等风险，深入探讨博弈论的核心本质，这样才能让企业更长久地存续并获得发展。

跨界竞争不是非输即赢，也不是我们取胜的唯一法则。通过 PEST 分析法、五力模型、波士顿矩阵等管理工具的综合运用，在跨界竞争与合作中做出合理的决策，可以帮助创业者在满足社会需要的同时获取更大的收益。

工作步骤

第一步：了解“互联网 +”环境下跨界合作的必要性和原则，为早教乐器生产企业选择合适的跨界合作伙伴，制定跨界合作伙伴选择策略。

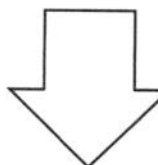

第二步：分组讨论你创办的早教乐器生产企业可能面对的跨界竞争对手来源有哪些。请按 3 种不同的跨界竞争者来源分类绘制树状图（以父子层次结构来组织对象）。

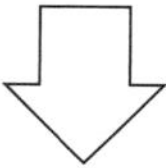

第三步：列表说明对于你创办的早教乐器生产企业而言，实行跨界竞争的路径有哪些。

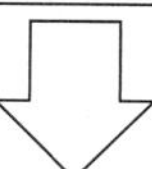

第四步：运用 PEST 分析法、五力模型、波士顿矩阵等管理工具进行分析，为你创办的早教乐器生产企业跨界竞争制定 3 种具体实施路径，结合假定的目标、时间、人员、资金四要素，阐述 3 种具体实施路径之间的优先级。

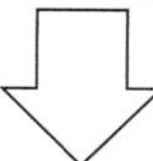

第五步：撰写“互联网 +”环境下企业跨界合作与竞争策略分析报告。

工作评价与反馈

任务	存在的问题	改进措施
收获与感悟：		
指导教师评语： 教师签名：		

项目小结

核心企业与上、下游企业、同行企业、跨界企业之间都存在着合作与竞争关系。加强与上、下游企业的合作，可以帮助企业优化其上、下游成本，更好地进行质量控制，有助于合作创新的开展，使企业形成新的核心能力。同行企业之间应该形成良性的竞争与合作关系。竞合战略是企业适应市场需求变化的首要选择，能够帮助企业实现共生下的互利共赢。企业要努力与跨界企业形成良性的合作与竞争关系。加强与跨界企业的合作，可以帮助企业实现资源共享进而实现利益最大化，从而更好地适应“互联网 +”环境下的消费模式新常态。跨界企业之间的竞争也不可避免，要防范各类跨界竞争对手有意、无意的攻击，确保企业的存续及发展。

巩固与提高

一、多项选择题

1. 核心企业的上、下游成本包括（　　）。
   A. 机会成本　　B. 交易成本　　C. 运输成本
   D. 购买成本　　E. 服务成本
2. 竞合战略第三方治理机制中的“第三方”主要有（　　）。
   A. 消费者　　B. 政府
   C. 供应商　　D. 行业协会
3. 影响企业运输成本的因素有（　　）。
   A. 运输频率　　B. 距离
   C. 货物大小及运输工具容量　　D. 运输方式
   E. 运输速度
4. 合作创新为企业带来的好处包括（　　）。
   A. 合作创新可以让上、下游企业优势互补、资源共享
   B. 合作创新可以分散企业的技术创新风险同时分摊创新成本
   C. 合作创新可以提高产业链的竞争力
   D. 合作创新可以帮助企业突破市场壁垒进入新市场
   E. 合作创新可以激励企业增加创新投入
5. 跨界竞争实施途径包括（　　）。
   A. 跨界经营　　B. 跨界创业
   C. 跨界打击　　D. 跨界搜索

二、判断题（以下说法是否正确，若有错误请改正）

1. 一个企业有可能同时是上游企业和下游企业。 （　　）
2. 核心企业与供应商之间只有合作没有竞争。 （　　）
3. 核心企业的上游企业越少越好。 （　　）
4. 企业应该按照经济订货批量来实施采购。 （　　）
5. 合作伙伴对双方的文化应能彼此适应和认同。 （　　）
6. 企业要集中精力培育主营业务的竞争优势，其他领域不需要关注。 （　　）

三、实训题

企业在竞争中常用的一个手段就是价格战，假设你新开办了一家生产动漫周边（如手办、动漫卫衣、动漫挂饰、动漫抱枕、海报等）的小型企业，该市场的原有同行业企业为了争夺市场份额甚至最终把你挤出了该市场，发起了价格战，请你查阅相关资料，并进行小组讨论，分析企业应该如何应对价格战。在考虑“互联网＋”带来的消费模式新常态的基础上，制定3种以上的策略，并详述制定该策略的理由，实施该策略的条件，分析各种策略可能取得的效果和可能面临的风险。

项目9 企业发展规划制定

项目导学

科学地制定企业发展规划是企业创业获得成功的关键。本项目从SWOT分析法、企业发展目标与发展思路、国际化战略、信息化战略、年度发展计划的制订等层面对企业发展规划展开了科学、系统地阐释和说明。

学习目标

1. 认知目标：理解企业发展规划的内涵；列举企业发展规划在创业中的作用；描述企业发展目标与发展思路的关系；掌握国际化战略与信息化战略的内容。

2. 技能目标：能够正确地运用SWOT分析法；能够叙述企业发展规划与年度计划的制订要领。

3. 情感目标：确立对市场经济条件下创业的理性认识；形成良好的情绪和健康的心态，深刻领悟企业规划与创业的关系。

任务1 SWOT分析

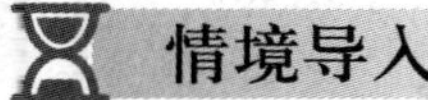

苏宁的SWOT分析

1. 概况

苏宁电器1990年创立于江苏南京，是中国3C（computer，communication，consumer；计算机类，通信类，消费类）家电连锁零售企业的领先者，是国家商务部重点培育的“全国15家大型商业企业集团”之一。2009年苏宁电器网上商城升级为“苏宁易购”，2010年正式对外发布上线。截至目前，苏宁易购连锁网络覆盖中国和日本部分地区，拥有 1 300 多家连锁店，80 多个物流配送中心、3 000 家售后网点，经营面积 500 万平方米，员工 13 多万人，2018 年销售规模达 3 367.5 亿元，2018 年度中国零售百强第 4 位，名列中国上规模民企前三，中国企业 500 强。服务是苏宁的唯一产品，连锁店、物流、售后、客服四大终端为顾客提供涵盖售前、售中、售后一体化的阳光服务。按照城市人口、面积、人均 GDP（gross domestic product，国内生产总值）等标准，苏宁把全国市场划分为 A、B、C、D、E 五类，不同市场采取不同的进入方式和分销渠道（直营连锁、控股合资合作、不控股的合资合作、特许加盟等形式）。苏宁围绕市场需求，按照专业化、标准化的原则，将电器连锁店面划分为旗舰店、精品店、社区店、专业店、专门店五大类，采取“租、建、购、并”四位一体、同步开发的模式，保持稳健、快速的发展态势。

2. 优势

①规模优势。规模优势造就强大的议价能力。作为规模最大的家电连锁企业，全国 1 000 多家的连锁规模决定了苏宁电器在家电生产厂家面前具有更强的议价能力。规模优势决定了自身采购可以获得比其他商家更加低廉的价格，而低价格也对新加入者形成了一道“门槛”，这种情况就是巴菲特所说的“护城河”。

②物流优势。苏宁在全国的物流中心达 80 多个，极大地降低了产品在流通环节产生的成本，这是其他任何家电商家都不具备的，包括京东等电子商务企业，属苏宁核心竞争力之一。

③信息化优势。第四代信息化系统 SAP/ERP 系统，能有效降低运营成本，仅在物流方面就可节省 3 000 万元以上。这也是在苏宁开发的第三代信息化系统被开发商卖给国美电器、大中电器、永乐电器之后，与开发商签署排他性协议开发的，也属苏宁核心竞争力之一。

④人才储备优势。苏宁的人才储备保障了其在未来更好地与国内、国际家电巨头博弈中获胜的概率。自 2002 年苏宁在不断扩张之初就开始了引进培养大学生的 1200 工程，到目前大量人力储备已经开始发挥作用。

⑤稳定性优势。与主要竞争对手国美相比，苏宁自身的稳定性是一种绝对优势。另外，苏宁的直营店，无论在规模上还是在质量上，都比国美电器的直营店更具优势。

⑥服务优势。苏宁建立了自己的售后服务中心和服务队伍，统一着装，统一标准。这是国美电器等其他竞争对手不具备的。这也是近几年苏宁依然能够保持相对较高毛利润的原因。

3. 劣势

①主要竞争对手国美电器在规模上更具优势，在香港也更具备融资优势。

②国际巨头的加入，使家电市场竞争更加剧烈，百思买、万得城等由于携自身的成功经验，对苏宁、国美电器构成一定威胁。

③家电企业的地方诸侯如汇银、日日顺等盘踞三四线城市，占据了当地较大市场份额。苏宁在区域竞争中处于相对劣势。

④电子商务起步晚，京东、新蛋等早已形成了较大规模，拥有了比较稳定的客户群。国美电器采取直接收购的方式，也比苏宁易购更具规模。

⑤苏宁易购与实体店之间本身存在的竞争矛盾。

4. 机会

①规模继续扩张。在 2009 年控制之后，2010 年重启扩张战略，年开店将达 300 家以上，2020 年，网店规模预计将突破 3 000 家。特别是三四线城市的扩店成功与否将直接决定苏宁未来在家电行业的地位。

②家电下乡和以旧换新。这些举动在短期内刺激了家电消费，也提高了苏宁电器的近期利润。

③国际化战略。在香港扩张规模逐步加快，以收购日本 LaoX 开始了扩展的第一步。当然，国际化战略不必过快加速，要在国内取得绝对地位，建立好牢固的大本营之后，才更加有益。

④电子商务。苏宁易购上线后，发展速度超出预期，特别是管理者，把网购放在更重要的位置，并定下全新的任务目标。

⑤产品多元化。在收购日本 LaoX 之后，将乐器等新品引入销售范围，带来新的增长点。另外，个别店正尝试日用百货、家庭洗浴等产品的销售。

⑥营销模式的深化。由初期的渠道商开始逐步转化为销售商，旗舰店和精品店的扩大直接带来营销转变和利润模式转变。转变后，一般单店可提高毛利率 5 个百分点左右。

⑦发展空间。目前苏宁、京东、国美电器和天猫四大巨头合计占全国零售市场份额约 50%，仍然具备发展空间。

5. 威胁

①其他新进家电企业的冲击，如国际家电巨头的进入。

②家电网购企业带来的冲击，这也是最大的威胁。

③随着家电行业在某些城市的相对饱和，将导致苏宁部分区域的利润下滑甚至亏损。家电行业属于耐用品行业，苏宁必须面对家电行业饱和后的利润继续增长问题。

④通货膨胀带来的成本上升。

⑤地产价格上升带来的运营成本上升。

6. 结论

总体来看，苏宁仍然是优势大于劣势，机会大于威胁，未来仍然具备上升空间，但绝不会出现前几年的快速扩张。正如苏宁自己提到的，前景仍然很光明，但必须付出努力。

综合考虑公司的股权激励方案，未来 5 年，苏宁仍然可以保持 20%~25% 的复合增长率，股价在 11~13.75 元都非常合理。

问题思考：

苏宁电器内部的优势和外部的机会能弥补其内部劣势和外部威胁吗？

任务要求

查阅相关资料，运用 SWOT 分析法对国内一家企业的优势和劣势，以及面临的机会和威胁进行分析。

工作任务

5~7 人组成一个小组，首先分析 SWOT 分析法中 S、W、O、T 这四种因素的相互作月，找出哪种因素对企业的生存和发展影响最大；其次分析在 S、W、O、T 四大因素的相互作用下，哪种因素是发挥“杠杆作用”的积极因素，哪种因素是影响企业优势能力发挥的“抑郁性”因素，并指出降低企业优势能力强度的“脆弱性”竞争态势，以及由外部威胁和内部劣势共同作用下产生危害较大的“问题性”竞争态势；最后撰写一份分析报告。

知识准备

1. SWOT 分析法

SWOT 分析法是一种企业内部的分析方法，是根据企业自身的既定内在条件进行分析，找出企业的优势、劣势及其核心竞争力。其中 S 代表 strength（优势），W 代表 weakness（弱势），O 代表 opportunity（机会），T 代表 threat（威胁），其中，优势、劣势是内部因素，机会、威胁是外部因素。按照企业竞争战略的完整概念，战略应是一个企业“能够做的”（组织的优势和劣势）和“可能做的”（环境的机会和威胁）之间的有机组合。

在使用 SWOT 分析法时要注意方法的局限性，在罗列作为判断依据的事实时，要尽量真实、客观、精确，并提供一定的定量数据弥补 SWOT 定性分析的不足，构造高层定性分析的基础。SWOT 分析法自形成以来，广泛应用于企业战略研究与竞争分析，成为战略管理和竞争情报的重要分析工具。

2. SWOT 分析法与企业的发展

企业在进行一项投资决策时，运用 SWOT 分析法可以帮助企业分析此项投资是否会充分发挥了自身的长处而回避了自身的短处，以实现趋利避害，化劣势为优势，化挑战为机遇。S-W：优势和劣势分析，是指对企业的内在条件与竞争对手进行比较分析。当两个企业处在同一市场或者说它们都有能力向同一消费者群体提供产品和服务时，其中一个企业有更高的盈利率或盈利潜力，那么，就可以认为这个企业比另一个企业更具有竞争优势。在进行优势分析时，必须从整个价值链的每个环节，将企业与竞争对手作详细对比，如产品是否新颖，制造工艺是否复杂，销售渠道是否畅通，以及价格是否具有竞争性等。需要指出的是，衡量一个企业及其产品是否具有竞争优势，只能站在现有潜在消费者的角度上分析，而不是站在企业的角度上。O-T：机会与威胁分析，是指对企业外在环境发展趋势进行分析。外在环境发展趋势分为两大类：一类表示环境威胁，另一类表示环境机会。环境威胁指的是外在环境中一种不利的发展趋势所形成的挑战，如果不采取果断的战略行为，这种不利趋势将使企业的竞争地位受到削弱。环境机会是对企业行为富有吸引力的领域，在这一领域中，企业将拥有对市场的主导权或高额的盈利率。

3. SWOT 分析法与企业发展规划

SWOT 分析法是在企业进行内部分析时运用的方法，而企业在制定发展规划时离不开对自身的分析。例如，资源竞争优势分析，产品与服务价值链分析，企业核心管理能力分析，企业核心竞争力分析，企业潜在核心能力分析，企业价格成本分析，企业战略优势与劣势分析，成本优势渠道分析，关键利益相关者分析，企业产品、服务生命周期分析等。

总之，SWOT 分析法是企业制定发展规划时的有力工具。企业发展规划是在企业进行 SWOT 分析后根据分析结果制定的，实践表明，只有在充分认识、厘清企业内外环境的优势、劣势、机会与威胁的基础上，方能制定出恰如其分、实事求是的企业发展规划。

工作步骤

第一步：调研或访谈。针对国内一家企业，列出调研目标、目的和要求，组织人员对用户、消费者进行访谈或问卷调查。对访谈资料和调查问卷进行梳理，对调查数据资料进行整理分析。

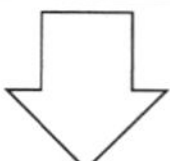

第二步：SWOT 分析。运用 SWOT 分析法对国内一家企业进行分析，精准找出企业的优势、劣势、机会、威胁以及自身的核心竞争力。

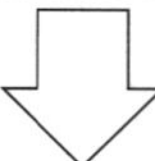

第三步：SWOT 分析法的应用。通过 SWOT 分析，在认识、厘清企业内外环境的优势、劣势、机会与威胁的基础上，为国内一家企业制定今后的发展规划。

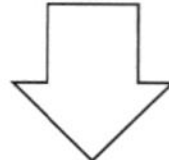

第四步：撰写分析报告。整理 SWOT 分析结果，撰写一份国内一家企业的 SWOT 分析报告。

工作评价与反馈

<table>
<tr><th>任务</th><th>存在的问题</th><th>改进措施</th></tr>
<tr><td></td><td></td><td></td></tr>
<tr><td colspan="3">收获与感悟：</td></tr>
<tr><td colspan="3">指导教师评语：

教师签名：</td></tr>
</table>

任务 2 企业发展目标与发展思路的确定

情境导入

某物业公司发展规划

1. 步骤

物业公司进驻某小区，拟分三个实施阶段。

①从某小区一期工程完工到一期入住。此阶段的主要任务是调整建立公司架构。根据实际需求合理建立各职能部门，修订“岗位说明书”以明晰各部门责任，做到先期人员经培训后上岗履行职责。对工程的施工按照物业管理需要提出合理化建议和监督，对已入场人员进行业务、服务意识方面的专业培训，使“×× 项目”从一开始就走上制度化、专业化的道路，从而带动全公司的工作提效率、上档次。

②某小区一期入住到工程全部完成竣工验收。此阶段，各部门到位，为先期入住的业主提供服务。此期间因边施工边管理遇到的问题较多，对各部门的人员起到一个考验和锻炼的作用。在实际工作中对各项制度进行健全和完善，使其更具可操作性。同时，逐步开展对外宣传工作，提升公司知名度，并积极和房管局、市物业管理处等主管部门联系，取得业务指导，为参加市级、省级的项目做铺垫。引进 ISO 9002 系统，规范企业管理，力争通过 ISO 9002 质量认证。

③业主入住率达到 60% 后。入住率达到 60%，物业公司召开业主大会，选举业主委员并同业主签订物业管理合同，建立健全各种档案资料，针对不足的地方参照《全国物业管理示范住宅小区标准及评分细则》积极整改，按间隔期分别向主管部门申报市、省物业管理示范住宅小区，并请主管部门领导现场参观、指导，为获得全国物业管理示范小区称号而努力。

2. 经营思路

企业发展的目的是盈利。物业公司是一个微利的行业，要想做到盈利首先从内部管理着手，开源节流。对内控制成本，对外拓展业务。以某小区为立足点，根据业主需求积极开展特殊服务。根据某小区的地理位置相对人流量较大、附近大的商业设施较少、交通便利等特点，可开设超市（以日常所需的米、面、蔬菜、食用油、生活用品为主）、建材店、中介等以提供便民服务。其次依托品牌承接其他物业管理项目，以创建的品牌资源、人才资源抢占市场，扩大管理规模，争取用 3~5 年时间成为行业内的一流企业。

3. 实施措施

①从内部着手，抓好公司内部的管理工作。严格规章制度，对员工严格要求狠抓工作的落实。

②对业主做好服务工作。对业主的合理要求积极、及时、准确地给予满足。做好小区的

文化建设，依靠业主共同将小区建设成文明、安全、整洁、活力、团结的优秀小区。

③统一员工认识，使公司战略深入到每个员工的脑海，加强其责任感、使命感。做好外联工作，积极配合周围社区、街道、派出所等部门的工作。

④做好公司的形象宣传工作，提高公司知名度，开展外接业务。

4. 战略实施中可能遇到的问题及预防措施

战略实施中可能遇到的问题是企业发展阶段的人员流动问题。由于企业和员工处于磨合阶段以及员工对企业文化的认同问题，人员的流动比较频繁，这可能会给企业带来诸如人心不稳、破坏企业凝聚力、员工没责任心等负面影响。对此，在工作上要有一套完整的激励制度，使员工有目标、有动力；利用业余时间开展有组织的团体活动，老员工主动积极关心新员工的工作、生活，使员工在企业内找到归属感，保持团队的稳定性和向心力。

问题思考：

该物业公司的品牌建设、经营思路、实施措施的优缺点各是什么？

任务要求

明晰发展目标与发展思路的关系及其在制定发展规划中的作用，并制定一份自己新创办企业的发展规划。

工作任务

确定自己新创办企业的发展目标和思路，了解企业发展规划的作用、确定步骤及与创业的交互关系，并为自己新创办企业写一份发展规划，要求如下：

①市场范围仅限于我国大陆地区。

②公司规模为中小企业级别。

提示：注意区域文化差异。

知识准备

1. 企业发展规划

创业伊始，由于资金、技术、成本等多方面原因，创业者只能着眼于创办中小企业。近年来，我国中小企业的发展十分迅速，许多企业在短短几年内快速发展并大量盈利。但行业一经进入成熟期，就往往难以持续发展，或艰难维持或破产倒闭，长久立足于市场者不多。究其缘由，多因中小企业缺乏规范化的管理，尤其缺乏规范化的发展规划。为此，在当前激烈的市场竞争中，中小企业在成本管理上必须进行战略的考虑。具体来讲，企业与其发展规划有着下列紧密连接并从中显现其作用。

（1）企业发展规划是将组织目标明晰、合理、规划、分解、实施的组织行为

制定企业发展规划的过程就是对组织目标再一次审视的过程。这是因为企业发展规划就是围绕着组织目标而展开的，规划的内容就是将组织目标细化到生产与管理的每一层面和环节。组织目标不尽合理的地方常是在制定企业发展规划中发现的。因此可以说，企业发展规划是将组织目标明晰、合理、规划、分解、实施的组织行为。

（2）企业发展规划是管理者带领员工实现利润最大化的理性导引

企业发展规划一经制定就成为指导企业一切行为的行动纲领。高层、中层、基层管理者都可以将规划作为带领属下的理性依据。企业的每一层面都能实实在在地落实发展规划，实现利润最大化便指日可待。

（3）企业发展规划是企业进行全员科学管理的参照系

全员管理需要制度层面的约束，这首先要求每一员工均能清楚本企业的规划内容，企业规划便是制度约束的一个监测点。员工们在生产中行为方式优劣的衡量标准便是企业规划。员工自身知晓企业规划也会自觉地以规划作为自己行动的准绳。

（4）企业发展规划是找出差距、弥补不足的检测器

每一企业发展规划都是在总结上一规划的基础上制定的，即使是企业初创也会有其他企业的经验教训可以借鉴。所以制定企业发展规划，就是一个找出差距、弥补不足的过程。无论是 1 年期的规划，还是 3 年期或 5 年期的规划，规划一旦制定出来后，便会成为该期间检查生产、工作，找差距、弥补不足的测量器。

（5）企业发展规划是根据市场变化，调整企业经营重点的基础性依据

企业发展规划是不断变化的，尤其是在市场经济条件下，企业发展规划必须依据市场行情的变化而有所变化。但万变不离其宗，企业发展规划便是“宗”。企业发展规划是企业根据市场变化，调整企业经营重点的基础性依据。可以说，规划是企业在依据市场行情变化时的轴心点。

2. 企业发展规划的制定

企业发展规划作为一项确定企业宗旨、目标以及实现企业目标方法、步骤的重要经营活动，其具体操作程序可分为以下几个步骤。

第一步，明确企业宗旨。本企业要干什么？为什么存在？本企业将对客户、用户、消费者有何贡献？这几个问题的答案就是企业宗旨。

第二步，制定 3 年或 5 年目标。未来的 3~5 年内本企业的发展目标是什么？达到这些目标的关键何在？

第三步，确定客户。本企业有什么机会？主要应关注哪些市场？哪些客户不是本企业的？哪些是本企业的潜在客户？在这些市场中潜在客户的需要和以往的获取渠道有哪些？

第四步，确定竞争优势。谁是市场中的潜在对手？其策略是什么？本企业应用什么技术和方法去与其竞争？

第五步，找出理想的解决办法。本企业的用户想达到什么目标？能够有助于他们将来成

功的理想方案是什么？找出理想的解决办法，古人称之为“权衡”，权衡的标准是“两利相权取其重，两害相权取其轻”。企业决策管理层应针对问题，提出多种备选方案，权衡利弊，最终找出理想的方案。

第六步，发展和执行计划。关于理想的用户解决方案，本企业有什么战略上的响应？将如何实施策略？需要谁的帮助？该方案分阶段进行的时间表能否跟进市场的发展？

第七步，财务分析。在计划中财务上的结果是什么？值得这样做吗？本企业现有的财政状况允许实施制订的计划吗？如果不允许，是否需要制订融资计划？融资成本有多大？

第八步，潜在的和外在的问题分析。哪些情况会影响本企业实际目标？哪种情况影响最大？本企业的应急计划是什么？企业在其发展过程中，经常会受到一系列不确定因素的影响，对此企业应有充分的估计。

第九步，相互依赖性分析。要向用户提供完整的方案，有哪些因素是本企业无法独立运作的？本企业将如何处理这些问题？要不要建立企业联盟？

第十步，制订第一年计划。在这一年里，本企业需要开展哪些重点项目以便达到长远目标？时间表如何排定？需要采取什么行动？需要什么样的标准来衡量本企业的经营业绩以及是否达到自身的长期和短期目标？

总之，在进行企业规划时，要对形势、市场进行综合分析。形势分析要点为政府及其政策、经济气候、新经济增长点、技术突破、业内用户的需要、将来可能的用户需要以及某些不确定因素；市场分析要点为现有竞争对手、退出者、进入者通常采用什么产品或渠道、服务手段、供应商、市场趋势、挑战及其机会等。

3. 企业发展规划与创业

“创业艰难百战多”，创业初期总是困难重重，所以制定一个符合自身实际和外在环境的发展规划显得尤为重要。成功的创业者都有这样的体会：创业时有无规划，实践效果是完全不一样的。一个成功的创业者总是在科学务实的发展规划导引下不断前进。具体来讲，企业发展与规划存在着以下几个方面的交互关系。

①合理的企业发展规划是成功创业的前提。企业发展规划就是一张创业的蓝图，它昭示着新创企业的发展与未来。创立企业伊始首先需要明确的是创办该企业的宗旨，企业宗旨能否科学确立是创业能否成功的关键性一步。

②企业发展规划是对创业目标进行可行性研究的基础。制定3年或5年目标。3年或5年目标的制定要建立在进行可行性研究的基础上，通过企业发展规划来体现。

③企业发展规划是创业者在市场上能否生存与发展的透视仪。在制定企业发展规划的过程中，要搞清楚自身的优势。任何企业要生存，都必须要找出自身在市场上生存与发展的优势所在。这需要对市场进行深入细致地调查和研究，而后纳入企业的发展规划中。

④企业发展规划是创业者在创业初期找出最佳方案的储存库。创业者需要明晰本企业的用户想达到的目标，为使其获取预期利益，提出诸多备选方案，权衡利弊，帮助创业者找出理想方案。

⑤企业发展规划是发展和执行创业方针的基本保障。对于理想的用户解决方案，新创立企业的发展规划针对战略上的响应、策略的实施、创业方案实施进度等方面，不仅提出了具体方案，而且自始至终都是创业方针正确执行的衡量标准和得以正确执行的基本保障。

工作步骤

第一步：市场调研。对新创办企业的市场进行调研，列出调研目标、目的和要求。运用多种调研手段进行调研。对大量调研而来的数据资料进行去粗取精、去伪存真、由此及彼、由表及里的整理、提炼，得出精准反映企业市场现状的第一手资料。

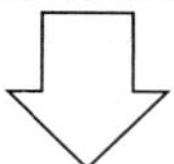

第二步：客观分析。根据切实可靠的资料分析市场，对新创办企业面临的市场现状做出客观分析。

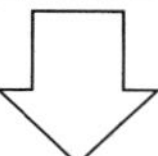

第三步：确定发展目标和思路。根据科学的市场现状分析确定企业的发展目标，以及为达到目标的发展思路。

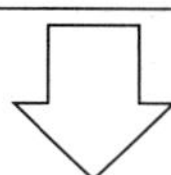

第四步：制定企业发展规划。按照企业发展规划制定步骤制定新创办企业的发展规划。

工作评价与反馈

任务	存在的问题	改进措施
收获与感悟：		
指导教师评语： 教师签名：		

任务 3 国际化战略的制定

情境导入

华为的国际化战略

华为国际化的轨迹是从一家很小的通信产品代理商发展成今天国内乃至世界首屈一指的电信设备供应商，其国际化虽经“屡战屡败”“屡败屡战”，但最终在国际市场上占有一席之地。华为在国内开拓市场时采用“农村包围城市”先易后难策略，它的国际化路径基本上延续了这种策略，首先瞄准的是毗邻深圳的香港。

1. 试水香江

1996 年，华为与长江实业旗下的和记电讯合作，提供以窄带交换机为核心的“商业网”产品。香港是全球电信较发达的地区之一，全球著名的电信公司都看好这一市场，纷纷将最先进的交换机销往这里。

与国际同类产品相比，华为除价格优势外，还可以比较灵活地提供新的电信业务生成环境，帮助和记电讯在与香港电信的竞争中取得差异化优势。华为的 CC08 机打入香港市话网，开通了许多国内未开的业务，使华为大型交换机向进军国际电信市场迈出了第一步。之后，华为进入包括泰国、新加坡、马来西亚等东南亚市场，特别是在华人聚集的泰国市场，华为连续获得较大的移动智能网订单。

2. 俄罗斯之旅

1996 年，华为开始进入当时的大独联体市场。1997 年 4 月，华为在“亚欧分界线”的乌拉尔山西麓的军事重镇乌法市与当地企业建立了贝托—华为合资公司，华为把合资公司作为平台，以本地化模式来开拓当地市场。

微弱的性价比是华为进入俄罗斯的优势，但更重要的因素是凭借着周到诚信的售后服务赢得了俄罗斯客商的“芳心”。华为从俄罗斯国家电信局获得的第一张订单仅有 12 美元。但华为坚持不懈地拜访运营商的管理层，经过 7 年艰辛的“冰雪之旅”，终于与客户建立了互信，形成了主要的客户群。

3. 征战亚非拉

1997 年，华为进入非洲市场时，非洲许多国家承担着高额的债务，西方电信设备长期以来在市场上形成垄断，价格奇高。而中国政府对这些国家的援助，直接带去了低价格的核心技术产品，削减了西方产品的价格垄断，促进当地电信产业的进步。这是华为能够打进非洲大门的前提。

2003 年 12 月底，华为与埃塞俄比亚电信公司（ETC）签署金额超过 2 000 万美元的交换产品合同，对 ETC 现有的整网交换网络进行改造和网络优化。当时有九家供应商参与了投标，华为提供了最完善的解决方案，不仅能优化客户网络、解决网络现存的问题，而且考虑了客户未来网络升级和发展的需要。优质的产品和服务为华为赢得了长期合作的机会。

4. 切入欧洲腹地

华为一方面在发展中国家“蚕食”，另一方面在发达国家逐渐扩大“战果”。对于通信领域领先的欧洲市场，华为进入的策略是首先与欧洲本土著名的一流代理商建立良好的合作关系，并借此来进入当地市场。2001 年开始，以 10G SDH 光网络产品进入德国为起点，与当地著名代理商合作，成功进入德国、法国、西班牙、英国等发达国家。

在欧洲市场，华为在某些特色领域的丰富应用经验和特色解决方案赢得了欧洲客商的一致推崇。2003 年 10 月，华为获得了来自欧洲运营商 INQUAM 公司 CDMA450 的“巨单”。这将是 CDMA450 系统在西欧的首次商用。这是华为首次把 CDMA 触角伸向发达的而且是 GSM 绝对占据主导地位的西欧国家，其国际化战略可谓得到了极大的发挥。华为已成为 CDMA450 全球产业链中最大的供应商。

5. 进军美国市场

进入对手最多和最强的美国市场，标志着华为真正进入了国际市场。华为在国际市场上攻伐的最后“城头堡”就是美国市场。1999 年，华为在美国的通信走廊达拉斯开设了一个研究所，专门针对美国市场开发产品。2002 年 6 月 4 日，华为在美国得克萨斯州成立全资子公司，向当地企业销售宽带和数据产品。

华为在国际化道路上有成功也有失败。从地域上看。在发展中国家发展相对比较顺利，而发达国家则情况各异，欧洲市场比较容易一些，而北美市场则是华为最后一块难啃的“硬骨头”。

问题思考：

华为的国际化战略为何首先瞄准香港？

任务要求

查阅相关资料，制定我国一家与国际接轨企业的国际化战略，并为该企业撰写一份国际化战略分析报告。

工作任务

对我国一家与国际接轨企业面临的国内和国际市场进行调研，分析企业的相关资料，了解企业国际化战略的分类和模式，并为该企业制定国际化战略及撰写一份国际化战略分析报告，要求如下：

①市场范围仅限于我国大陆地区。

②根据自身专业知识选择适合自己分析的企业。

提示：注意区域文化差异。

知识准备

1. 企业的国际化战略

企业的国际化战略是企业产品与服务在本土之外的发展战略。随着企业实力的不断壮大以及国内市场的逐渐饱和，有远见的企业家们开始把目光投向中国本土以外的海外及全球市场。

企业的国际化战略可以分为本国中心战略、多国中心战略和全球中心战略 3 种。

（1）本国中心战略

本国中心战略是在母公司的利益和价值判断下做出的经营战略，其目的在于以高度一体化的形象和实力在国际竞争中占据主动，获得竞争优势。这一战略的特点是母公司集中进行产品的设计、开发、生产和销售协调，管理模式高度集中，经营决策权由母公司控制。这种战略的优点是集中管理可以节约大量的成本支出，缺点是产品对东道国当地市场的需求适应能力差。

（2）多国中心战略

多国中心战略是在统一的经营原则和目标指导下，按照各东道国当地的实际情况组织生产和经营的战略。母公司主要承担总体战略的制定和经营目标的分解，对海外子公司实施目标控制和财务监督；海外的子公司拥有较大的经营决策权，可以根据当地的市场变化做出迅速的反应。这种战略的优点是对东道国当地市场的需求适应能力好，市场反应速度快，缺点是增加了子公司和子公司之间的协调难度。

（3）全球中心战略

全球中心战略是将全球视为一个统一的大市场，在全世界的范围内获取最佳的资源并在全世界范围内销售产品。采用全球中心战略的企业通过全球决策系统把各个子公司连接起来，通过全球商务网络实现资源获取和产品销售。这种战略既考虑到东道国的具体需求差异，又可以顾及跨国公司的整体利益，已经成为企业国际化战略的主要发展趋势。但是这种战略也有缺陷，对企业管理水平的要求高，管理资金投入大。

2. 我国企业的国际化战略模式

纵观我国企业的国际化战略，大致可以分为 4 种类型：第一种是海外投资厂，生产本地化，如海尔；第二种是自有产品直接出口，如华为和中兴；第三种是并购国外企业，如联想；第四种是产品贴牌出口，这类企业以浙江温州的企业居多。当然，上述分类是按照企业的主导战略类型进行的，企业国际化战略有时会采取多种战略，即组合战略来进军海外。前 3 种方式是中国企业国际化的方向，也代表了中国公司在国际上的竞争力，因此我们主要分析这 3 种类型的国际化战略。

（1）海外投资工厂——海尔模式

海尔的国际化战略启动比较早，这得益于海尔企业领导人的超前战略意识。成名于电冰箱，继而在家电领域全面开花的海尔在国内站稳脚跟后，便开始把战略眼光投向海外。海尔从 20 世纪 90 年代开始在欧洲、美洲，一直摸爬滚打。起初，海尔的策略是出口产品，但是发现国外对来自我国的家电认可度不高，而且各国贸易保护主义对进口有种种限制。屡败屡战的海尔开始在海外投资工厂，以本土化生产和本土化销售为方向，结果不但成功绕过贸易壁垒，而且使海外销售迅速发展起来。根据美国《家电》杂志 2003 年全球排名，海尔已经超过了日立成为全球第九位，2004 年销售收入超过了 1 000 亿元，进入了世界 500 强的行列。海外投资设厂虽然实现生产本地化，成功避免了贸易保护主义对出口的限制，但是美国的高成本几乎吞噬了海尔在我国市场积累的低成本优势。因此海尔开始寻求新的战略，2005 年 6 月，海尔宣布准备以 23 亿美元的代价竞购美国第三大家电巨头美泰克（Maytag），开始新的国际化战略。

（2）自主知识产权的自有品牌出口——华为模式

2004 年是华为国际化战略大获全胜的一年，多年持续的投入终于结出丰盛的果实。这种胜利不仅体现在与 IT 巨头思科的官司最终得以和解，而且体现在其产品开始突破欧洲和美国市场，海外产品收入首次超过国内收入，以及体现在击败众多国际巨头，成功成为英国电信的优先供应商，角逐总额达 1 500 亿人民币的电信产品大单。我国的高科技企业终于获得世界的认可，华为开始改变世界的眼光。尽管目前在美国的野蛮歧视下，华为在国际化的过程中遇到一些挫折，但由于前期铺垫的基础坚实，闯过坎坷是指日可待的。

（3）通过并购获得市场与技术——联想模式

依靠“贸工技”路线迅速崛起的我国联想集团一直坚持务实的发展路线，缺乏核心的自主知识产权一直是联想最大的软肋。作为高科技类型的企业，缺乏核心技术，是很难长远生存的。联想宣布在全球收购国际电脑巨人 IBM 的 PC 业务时，引起了全世界极大的轰动，因为 IBM 的 PC 业务已经多年亏损，是一个很大的包袱。联想的收购行为同时也付出了极大的代价，以现金和承担债务的方式向 IBM 支付了 17.5 亿美元，同时向 IBM 转让了联想集团 19% 的股权。联想通过这样的并购，一时成为全球第三大电脑生产商，同时也获得了原 IBM 的技术和市场。这些可能就是联想冒着巨大风险做出并购决策的主要原因。

工作步骤

第一步：市场调研。根据自己的专业背景，寻找一家与国际接轨的企业作为调研对象。对所选企业面临的国内和国际市场进行调研，要结合对外贸易，美国挑起争端的背景等进行调研。

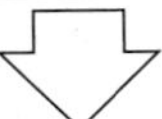

第二步：整理归纳。对调查得来的数据资料进行整理、归纳。侧重于国际背景资料的梳理，为企业制定国际化战略准备相关资料。

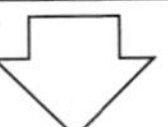

第三步：制定切实可行的国际化战略。根据前期准备资料和相关知识点，确定该企业国际化战略模式，并制定适宜企业长期发展的国际化战略。

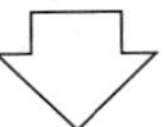

第四步：确定企业战略任务和目标。根据国际环境变化拟定行动方针，以进一步制定在国际环境中得以长期生存和发展的总体愿景。

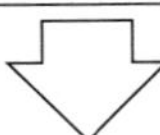

第五步：撰写国际化战略分析报告。根据制定的国际化战略撰写一份分析报告。

工作评价与反馈

<table>
<tr><td>任务</td><td>存在的问题</td><td>改进措施</td></tr>
<tr><td></td><td></td><td></td></tr>
<tr><td colspan="3">收获与感悟：</td></tr>
<tr><td colspan="3">指导教师评语：

教师签名：</td></tr>
</table>

任务 4 信息化战略的制定

情境导入

安徽建工集团信息化战略

在经济全球化的浪潮中，安徽建工集团以习近平新时代中国特色社会主义思想为指导，按照现代企业制度要求和“脱胎换骨，二次创业”的总体思路，深化改革，优化结构，整合资源，理顺集团内外部关系，建立符合集团跨越式发展要求的组织结构和运行机制。实施“延伸产业链，向产业链高端倾斜的相关多元化”战略，培育多个经济增长点；海外发展实施从“借船出海”到“造船出海”的跨国经营战略，大力开拓海外市场；不断推进文化创新战略、人才强企战略和科技创新战略，提升核心竞争力；有选择地进行企业收购兼并，合作联盟等适度的规模扩张，做大做强企业，实现企业可持续发展；构建企业内部资本运作平台，实现生产经营和资本运营两翼齐飞。安徽建工集团应用的系统虽然较多，但由于缺乏统一的信息系统应用平台，因此，还是形成了许多信息孤岛，无法实现彼此之间的信息沟通与共享，而且内容单一，软件、硬件水平远远不能适应生产经营和管理的需要。解决企业高速发展中遇到的信息化建设问题，规范企业内部业务操作流程，加强集团与各权属公司及部门之间的信息交流，安徽建工集团的信息化建设已经成为迫在眉睫的任务。他们的做法如下。

①对支撑未来业务管理信息系统的各个功能模块进行描述，明确指明企业未来的信息系统是如何支撑未来业务管理的运作。在集团内规范各岗位的职责、具体落实执行集团已确定的工作业务流程，加强执行力度，并建立相关的考核、监督机制和规范，彻底提升集团的基础管理，改变员工的观念，为信息化的顺利实施奠定基础。通过对企业战略、集团管理和业务的分析，明确了集团进行信息化建设的目标，形成了信息化建设的目标体系，为集团的信息化建设指明了方向。确立基于安徽建工集团整体经营战略与管理需要的信息化建设目标。

②安徽建工集团根据实施计划与内容，首先确定了各个项目建设的先后顺序。从每一个应用系统实施对管理和业务的重要程度与紧急程度两个维度来分析，同时考虑管理变革难度，结合各个项目的实施周期，排出各个信息化建设项目的实施计划。同时，按照计划要求，制订出集团、各权属公司之间的信息系统（网络、硬件、软件）的实施计划，包括实施时间表、进度表、验收标准等。制订重要系统（软件、数据）的迁移计划和应急处理方案。

③安徽建工集团还利用大数据与云计算来分析和预测建筑市场的信息。在管理层看来，大数据与云计算的关系就如同一枚硬币的正、反面一样不可分开。由于大数据必然无法用单台的计算机来进行处理，而必须采用分布式计算架构。它的特色在于对海量数据的挖掘，但它必须依托云计算的分布式处理、分布式数据库、云存储和虚拟化技术。云计算技术就像一个容器，大数据便是存放在这个容器里的水，大数据是要依靠云计算技术来进行存储和计算的。

安徽建工有承建大型建设项目大数据处理中心的能力。为落实国家信息化战略，为云计算、物联网、大数据等健康发展提供坚实的数据和通讯基础设施，该公司与数据存储科技公司签署《关于参与国家信息中心新一代节能、安全、绿色云计算数据中心建设的战略合作协议》，双方在平等互利、优势互补的原则下，在新型数据中心建设和运营等领域展开广泛且深入的合作。在中国现代化的城镇建设中，打造智慧城市、轨道交通、共享经济、生态环境绿化的高标准城市，大数据处理中心成为重中之重的项目。公司由于有在国家级网络大数据处理中心的成熟施工经验，因此，公司完全有承建现代化城市大数据处理中心项目的能力。

任务要求

查阅相关资料，制定我国一家中小企业的信息化战略，并撰写一份企业信息化战略分析报告。

工作任务

对我国一家中小企业信息化建设和信息化战略运用情况进行调研分析，根据企业实际情况，结合相关资料和知识点，制定企业信息化战略，并撰写一份信息化战略的分析报告，要求如下：

①市场范围仅限于我国大陆地区。

②公司规模为中小企业级别。

提示：注意区域文化差异。

知识准备

1. 企业的信息化战略

（1）企业信息化战略的基本内容

企业信息化战略是指企业为适应激烈的环境变化，通过集成聚合现代信息技术，开发应用信息资源，并能够聚合组织制度以期获取未来竞争优势的长远运作机制和体系。

企业信息化战略的基本内容：企业在信息化决策时要首先制定一个清晰的支持商业战略的信息化战略，即与企业信息功能相关的目标、任务和计划，这是一个包括信息技术、信息资源、信息组织、信息文化等的战略体系。信息化战略强调信息技术、信息资源、信息组织以及电子商务等方面的综合研究，在一个系统的范围内思考诸多管理要素，但并不是说在企业信息化的进程中要齐头并进，而是表明企业信息化是一个战略规划。企业的网络建设、部门软件开发、信息系统应用等都将在企业信息化集成管理的战略框架中逐步实施，在实施一个步骤时能清楚地知道下一个步骤的目标、当前步骤在总体计划中的位置，以及其他部门同时实施的系统情况。

（2）我国中小企业的信息化

我国中小企业已经超过 5 000 万家，占全国企业总数的 99% 以上。中小企业是加快我国国民经济发展的活力之源，也是中国解决就业问题的主要依托。中小企业的优点是“船小好掉头”，能够对市场变化做出快速反应；但其共性问题是管理不规范、研发能力弱、高级人才缺乏、资金不足、竞争力不强。同时，由于中小企业对信息化的认识不足，信息化的应用水平也参差不齐。信息化基础相对薄弱，反过来又制约了中小企业的发展壮大。那么，广大中小企业如何有效地实施信息化，避免走弯路？如何能够通过信息化建设实现增效，获得实实在在的价值？如何通过信息化促进企业的转型升级，找到发展壮大的契机？中小企业要想寻求发展，必须解决自身的信息化问题。

2. 企业信息化战略的对策分析

（1）变革企业管理思想

企业信息化战略的实施必然导致以计算机为主的现代信息技术进入企业的生产和管理领域。结果促使大量新的管理思想不断涌现，如“虚拟企业”“学习型企业”“业务流程重组”等。所以，为了顺应企业信息化的潮流，企业的管理思想应进行如下的变革：从功能管理向过程管理转变、从利润管理向盈利管理转变、从产品管理向顾客管理转变、从交易管理向关系管理转变、从库存管理向信息管理转变等。当然，最根本的转变是信息化战略意识的转变，企业管理者应充分、准确地认识到企业管理的方法已由制度化和程式化转向了模块化。

（2）加强企业信息技术的运用

遵循“中国的信息化”应当符合“建设创新型国家的战略目标”这一原则。在企业信息化战略的实施过程中，尽可能采用国产技术和装备，减少对外国技术的依存度。这样做将大大降低信息化的成本，从而实现低成本信息化，使绝大多数的企业有能力实现企业信息化；同时，也将大大促进本国信息产业的发展，达到以“信息化带动工业化”的目标。

（3）加强战略管理的指导

信息技术仅仅是一种工具，它并不能解决企业经营管理本身存在的问题，企业信息化的关键并不在于信息技术的实施，而在于建立符合现代管理要求的组织模式。这样的组织模式会把企业信息化作为企业的重要经营战略和工作重点。在信息经济时代，信息化战略为企业提供了新的竞争战略的选择空间，具有为企业创造竞争优势的潜力。通过把新型竞争战略变为现实，让新战略发挥巨大威力，以帮助企业获取全球化和信息化时代的竞争优势。

3. 企业信息化建设

企业信息化建设是一个系统的过程，信息化水平则是一个标准。

企业信息化系统建设不同于机器设备只要买过来按照说明书安装就可以了，企业信息化系统建设要更加注重作业方式和理念的转变，要考虑到现在社会水平和企业竞争力的引入，要充分了解及分析企业需求与市场的结合。

企业一直要面临来自各方的挑战，包括市场需求、销售渠道、人才流动、资金周转等方面的问题。今天 IT 技术的发展能够帮助企业积极应对这些挑战，提高企业竞争力，并为企业带来更多更稳定的新业务。随着业务的快速成长，信息化建设也越来越受到企业的重视。企业如果不建立与之相适应的网络平台、业务平台、管理信息系统，就很难在这个竞争日趋激烈的时代获胜。

4. 企业信息化战略制定的步骤

①环境分析：企业信息化规划的依据，主要包括深入分析企业所处的国内外宏观环境、行业环境、企业具有的优势与劣势、面临的发展机遇与威胁等。

②企业战略分析：明确企业的发展目标、发展战略和发展需求；明确为了实现企业级的总目标，企业各个关键部门要做的各种工作；同时还要理解企业发展战略在产业结构、核心竞争力、产品结构、组织结构、市场、企业文化等方面的定位；明确上述各个要素与信息技术特点之间的潜在关系，从而确定信息技术应用的驱动因素，使信息化规划与企业战略实现融合。

③分析与评估企业现状：主要是对企业的业务能力和 IT 能力现状进行分析和评估，这方面把握得更好的当属企业本身，如果加上管理咨询公司的辅助效果更好。

④企业关键业务流程分析与优化：发现能够使企业获得竞争力的关键业务驱动力以及关键流程，使其和信息系统相融合。

⑤信息化需求分析：信息化需求包括系统基础网络平台、应用系统、信息安全、数据库等方面的需求，应在企业战略分析和现状评估的基础上，制定企业适应未来发展的信息化战略，指出信息化的需求。

⑥信息化战略的制定：首先是根据本企业的战略需求，明确企业信息化的远景和使命，定义企业信息化的发展方向和企业信息化在实现企业战略过程中应起的作用；其次是起草企业信息化基本原则，即为加强信息化能力而提出的基本准则和指导性方针；最后是制定信息化目标。

⑦确定信息化的总体架构和标准：从系统功能、信息架构和系统体系 3 个方面对信息系统应用进行规划，确定信息化体系结构的总体架构，拟定信息技术标准，使企业信息化具有良好的可靠性、兼容性、扩展性、灵活性、协调性和一致性。

⑧信息化项目分解：定义每一个项目的范围、业务前提、收益、优先次序，以及预计的时间、成本和资源；并对项目进行分派和管理，选择每一项目的实施部门或小组；确定对每一项目进行监控与管理的原则、过程和手段。

⑨信息化保障分析：针对每个项目，进行保障性分析，即按重要性排列优先顺序，进行准备度评分，并根据结果做出初步取舍，形成路标规划。然后对项目进行财务分析，根据公司财力决定取舍。

工作步骤

第一步：对我国一家中小企业信息化建设和信息化战略进行调研。根据调研结果，将企业的生产过程、物料移动、事务处理、现金流动、客户交互等业务过程的信息化处理情况进行分析，为制定信息化战略打好基础。

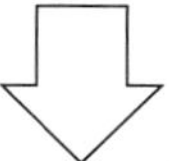

第二步：确定企业信息化战略对策。根据企业信息化建设和信息化战略情况，提出适宜企业发展的信息化战略对策。

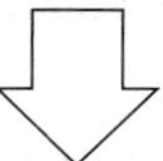

第三步：制定信息化战略。根据企业信息化战略制定步骤，制定切实可行的信息化战略，以做出有利于生产要素组合优化的决策，使企业资源合理配置，以使企业能适应瞬息万变的市场经济竞争环境，取得最大的经济效益。

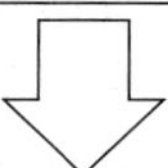

第四步：撰写信息化战略分析报告。根据制定的企业信息化战略，为我国一家中小企业撰写一份企业信息化战略分析报告。

工作评价与反馈

<table>
<tr><td>任务</td><td>存在的问题</td><td>改进措施</td></tr>
<tr><td></td><td></td><td></td></tr>
<tr><td colspan="3">收获与感悟：</td></tr>
<tr><td colspan="3">指导教师评语：

教师签名：</td></tr>
</table>

任务 5 年度发展计划制订

情境导入

D 公司年度营销规划咨询纪实

1. 背景介绍

D 公司是国内一家著名的日化企业，在与世界 500 强的宝洁、联合利华等外资企业长达 20 年的竞争中不落下风，已经成为国内牙膏行业的扛鼎者。虽然 D 公司目前已经是股份公司，但其因是从国有企业改制而来，在做年度营销规划方面，还存在着不少的问题

2. 主要问题

第一，整个营销规划缺乏系统性。营销中心没有整合所有资源，缺乏系统规划，使各个部门各自规划本部门的年度工作，甚至市场部、销售部与销售支持部门之间的年度规划出现很大的分歧。第二，目标与策略、行动计划缺乏逻辑联动。目标与策略的制定缺乏逻辑关联，目标的实现成为空谈；营销策略也缺乏行动计划的支撑，行动计划在实施的时候显得尤为混乱。第三，目标单一，非营销目标。目标仅仅是简单的销售目标，非营销目标，没有市场目标、销售过程目标等，没有形成整体的目标体系。第四，策略与行动计划混合。有些策略如同行动计划，缺乏提炼，策略难以指导行动计划；而有些行动计划不够详细，更像营销策略，无法落地，更难考核和实施。同时，行动计划没有落实到责任人。第五，营销预算难控制，缺乏规划。在做预算时，费用名目不统一，归口困难；而且因为名目混乱，整个营销预算难以控制，不知道哪些费用该多，哪些费用该少；在使用费用时，又过于谨慎，出现年初费用过紧，年底费用过松的局面。

3. 主要举措

为了改善年度营销规划的问题，需要逐年递进提高年度营销规划水准。第一年，由粗放化到标准化。改变以往每个部门各自进行营销规划的局面，建立一套适合 D 公司的标准化年度营销规划，注重年度营销规划的系统性和标准性。第二年，由标准化到精确化。精确化表现在年度规划的目标、策略和行动计划的精确性，符合 D 公司当年的实际情况，注重年度营销规划的精确指导。第三年，由精确化到精细化。精细化就更加要求年度营销规划对区域的参与和指导性，注重为年度营销规划在执行中提供保障。

4. 项目运作

措施之一：强调并明确年度规划的意义和原则。年度营销规划对 D 公司的意义主要在于：通过年度营销规划，D 公司能够将公司营销战略思想转变为营销策略；能够明确第二年公司整体发展策略和营运目标；能够明确各个部门 / 中心的年度目标和匹配资源；能够明确各个部门 / 中心的年度行动计划；能够有效指导各个部门 / 中心的运作，使得公司在第二年

能够系统进行营销工作。为制定好年度营销规划，拟定了以下年度营销规划的原则：其一，由上而下的原则，从公司到营销中心；从营销中心到各个部门；从销售部到各个区域，保证年度营销思路、目标、策略和行动计划能够逐级得到分解和落实。其二，系统整合与总分结合，改变以往各自规划的局面。从公司整体来规划年度营销工作，既有营销部门，也有生产、财务等部门参与其中；首先确定营销中心的目标、策略和总的资源，然后各个部门根据营销中心的目标、策略和资源，分解各自部门的目标，并制订策略和行动计划。

措施之二：确定目标体系。其一，目标体系完善。除销售量和销售额目标外，还增加了市场目标，包括品牌目标、产品推广目标以更加体现销售过程目标。销售过程目标，包括终端渠道目标、客户发展目标、区域市场发展目标等，从而形成一个系统的营销目标，而非简单的销售量（额）的目标，也便于对目标完成的过程进行控制。其二，规范目标确定，改变简单的行政命令。从行业趋势、公司整体业绩和各个部门的工作业绩来分析 D 公司面临的内外情况，然后根据这些情况再确定年度营销目标。运用 SWOT 分析法，分析 D 公司的优势与劣势，机会与威胁，确定年度的营销指导思想和方向，并将之转化成年度营销目标。

措施之三：围绕目标，制订策略和行动计划。年度营销规划中的目标确定后，更核心的工作就是确定营销策略和行动计划，这是年度营销规划的重中之重。首先是营销中心的目标、策略和主要营销事项的制定。其次是各个部门的目标、策略和行动计划的制订。由于有了营销中心总的目标、策略和主要事项，各个部门根据目标分解和公司营销策略中与本部门有关的策略，制订自己部门的目标、策略和行动计划。在部门的年度规划中，更注重对策略和行动计划的准确性和细致程度的把握。

措施之四：费用元年。因 D 公司之前的费用预算中存在名目混淆、预算使用过紧、过松的情况，从第一年开始规范其营销预算，故取名为“费用元年”。其一，规范费用类别。将费用分为三大类：基础费用、消费者品牌发展费用、渠道发展费用。做到费用报销、归口管理统一。其二，对费用分配进行调整。总体来讲，要求稳中求变，不做大的改变，要求单项费用变化不超过 15%。其三，主要费用相对集中规划。将以往由地方规划的媒体费用、渠道费用集中到营销中心统一规划，保证资源的集中使用。其四，过程监控，费用适度调整。

经过长达 3 年的运作，D 公司已经能够规范、科学的制定年度营销规划；而且在前两年的运作中，公司各部门也了解了彼此的策略、行动计划；公司也在前两年取得了历史性突破，持续扛鼎国内市场。

问题思考：

D 公司在经营管理方面存在的主要问题有哪些？

任务要求

查阅相关资料，分析我国一家企业制订的年度发展计划，并借鉴该企业年度发展计划的制订方法，为自己新创办的公司制订年度发展计划。

工作任务

分析并借鉴我国一家企业的年度发展计划，了解年度发展计划制订主要包括的工作，为自己近几年新创办的公司制订一份年度发展计划，要求如下：

①市场范围仅限于我国大陆地区。

②公司规模为中小企业级别。

提示：注意区域文化差异。

知识准备

1. 年度发展计划及其作用和意义

年度发展计划可以理解为具体的阶段性战略规划分解。它包含战略规划的很多要素，如目标的设定、措施的选择和与此相适应的资源保障等。目标的设定可以是销售收入目标、部门利润目标或者是市场份额目标；措施则应该是为了实现计划而设定的指标、本业绩单位需要采取的行动，如开发新的产品、改组供应链、削减管理费用等；资源保障措施则是为了保证目标的实现和关键经营措施的实行而必须给予的资源保障目标，如研发投入市场广告费的增加以及与此相适应的投融资计划等。

年度发展计划如果用货币性项目表达出来并且成为评估业绩单位绩效依据的话，就是严格意义上的财务预算。可以这样说，好的年度发展计划的终极表现形式应该是预测相对准确、上下沟通充分、科目安排合理的财务预算。而财务预算通常都会包括收入预算、生产成本预算、市场费用预算、管理费用预算、研发投入预算以及相关所得税等项目。上述这些内容实际上就是用货币语言表达的年度发展计划。

一份好的年度发展计划如果要得到好的贯彻要具备以下 3 个必要条件：其一，目标设定和资源配置相对合理。如果目标太高，资源约束过紧，则管理人员可能会采取不符合公司长远利益的短期行动。反之，如果目标太容易实现，则会失去企业经营的本来意义，导致资源的浪费。其二，年度发展计划应该经过“从上至下”和“从下至上”双向的充分沟通。其三，年度发展计划的目标和实现目标的控制过程应同从业绩单位负责人到组织内的普通员工的业绩考核与薪酬激励相结合，使之成为真正能够影响组织成员行为的“指挥棒”。

2. 年度发展计划的制订

制订年度发展计划主要应做好以下工作：

首先，需要应用 SWOT 分析法，进一步给企业或部门定位，明确企业的优势、劣势、机会和威胁，扬长避短，发挥企业最大的潜能，制定出更有针对性的市场营销策略。

其次，需要设定一个明确的目标，这个目标往往以理性可考评的数字目标为主导，如年度销售指标、分产品贡献指标、市场占有指标、网点开发指标、大客户销售与零售指标、人员流失率指标等。目标的设定必须与所在地的宏观经济走势与行业走势结合起来，参照近年来的企业运营状况，以及下一年度企业的整体资源和资金支持程度。目标的设定不能过高也不能过低，指标因过高而无法完成没有意义；过低就失去了目标设定的本意。

再次，目标设定后，接着就要拟定经营策略。这里的策略是指战术，即围绕所拟定的各项目标，通过什么样的方式和手段去完成的问题。如果说年度发展计划中经营策略是架设梯子，那么行动计划则是沿着阶梯攀爬，二者一脉相承。行动计划更多的是时间的推演，即以季度或月度设定要做什么工作，在哪里工作，都需要哪些部门和哪些人员参与，整体如何配合。简单来说，行动计划就是时间表的推进问题。

最后，要做好经费预算，任何工作都需要支持，而最大的支持莫过于资金的到位。因此，在年度发展计划的最后，要专门有一项费用预算。做费用预算也有一些学问，要把握好一个度，高了可能不能够获得批准，而低了将来在开展工作时会受到种种限制。

3. 企业发展规划与年度发展计划

企业发展规划是制订年度发展计划的宏观或中观指南；年度发展计划则是企业发展规划的年度细分化和具体化。

一方面，年度发展计划的制订不能脱离企业发展规划，必须遵循和围绕企业发展规划的基本规定与目标来制订。具体来讲，在制订年度发展计划时要领会企业发展规划的主旨精神。企业发展规划一般是 3 年或 5 年期。在这 3 年或 5 年中，每个年度如何发展，首先要看企业发展规划在本年度如何落实，年度发展计划应是 3 年或 5 年规划在本年度应该达到的目标。在制订年度发展计划的每一环节都须紧密联系企业发展规划基本内容，特别是在企业发展规划框架下的第一年的计划更需注意这个问题。在第二年度至后面的几个年度，制订年度发展计划，则不仅要联系企业发展规划，还要审视和分析上一个年度在落实企业发展规划时的状况与情形。有时可能超前，有时可能滞后。无论是哪种情况都须在即将制订的年度计划中纠偏。

另一方面，在制订和落实年度发展计划的过程中，也会发现企业发展规划中存在的问题。这就要求适时地召开会议，结合实际情况研究修改或订正企业发展规划中存在的问题。实际上，尽管企业发展规划在制定时不存在任何问题，但随着时间的推移和企业内外环境的变化，也会出现问题。对企业发展规划的修改和订正，一般是通过接下来的年度发展计划与时俱进的制订来体现的。

由上述关系可以看出，企业发展规划与年度发展计划存在着密切的关系。双方各自从对方找到自己的编制依据和方向。作为创业者，尤其是中、小企业的创业者一定要把握好二者的关系。

工作步骤

第一步：调研分析。通过多种手段（访谈、问卷、咨询等）对我国一家企业进行调研，并了解其年度发展计划，为制订自己近几年新创办企业新一年度发展计划提供参考，并对上一年度企业面临的市场行情做好调查、分析、研究。

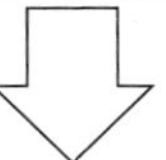

第二步：数据整理。对获取的调查数据资料进行整理归纳，尤其要重视企业环比数据资料。

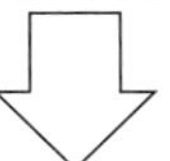

第三步：确定着眼点和思路。集思广益确定企业年度发展计划的着眼点与基本思路。

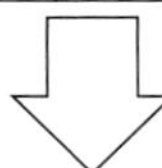

第四步：制订年度发展计划。按照年度发展计划制订包括的主要工作，结合前期准备工作为自己创办企业制订年度发展计划。将拟制订的新计划与往年计划进行比较，重点关注改善和调整的内容，以适应企业新一年度的发展。

工作评价与反馈

<table>
<tr><th>任务</th><th>存在的问题</th><th>改进措施</th></tr>
<tr><td></td><td></td><td></td></tr>
<tr><td colspan="3">收获与感悟：</td></tr>
<tr><td colspan="3">指导教师评语：

教师签名：</td></tr>
</table>

项目小结

本项目详细介绍了 SWOT 分析法、企业发展目标与发展思路的确定、国际化战略的制定、信息化战略的制定、年度发展计划的制订等内容，从不同层面对企业发展规划进行了科学、系统地阐释和说明。

巩固与提高

一、多项选择题

1. 与大型企业相比，中小企业独具的特点是（　　）。

A. 数量多、分布广　　B. 体制灵活、组织精干

C. 管理水平相对较低　　D. 产出规模小、竞争力弱

2. 按照管理职能划分，小企业的管理工作内容包括（　　）。

A. 计划　　B. 组织

C. 领导　　D. 控制

3. 小企业分析宏观环境的方法是（　　）。

A. 五力模型　　B. SWOT 分析法

C. PEST 分析法　　D. 波士顿矩阵

4. 下列因素中，企业可控制的因素是（　　）。

A. 产品　　B. 政策　　C. 价格

D. 地点　　E. 销售促进

二、判断题（以下说法是否正确，若有错误请改正）

1. 企业发展规划的第一个步骤是确定企业目标。（　　）

2. 企业采取多种积极的措施在现有的市场上扩大现有产品的销售，这就是市场开发。（　　）

3. 某拖拉机公司以前向橡胶和轮胎公司采购所需轮胎，现决定自己办厂生产轮胎。这就实现了前向一体化。（　　）

三、实训题

参照“任务5　年度发展计划制订”中的情境导入案例“D公司年度营销规划咨询纪实”回答下列问题。

1. D公司年度规划的优点和缺点有哪些？

2. 从最新营销理念角度看，该规划执行过程会出现哪些问题或流失哪些营销机会？

3. 你认为接下来D公司可以做怎样的战略规划调整和年度发展计划修订？

项目10 创业计划书

项目导学

哈佛大学的拉克教授讲过这样一段话："创业对大多数人而言是一件极具诱惑的事情，同时也是一件极具挑战的事。不是人人都能成功，也并非想象中那么困难。但任何一个梦想成功的人，倘若他知道创业需要策划、技术及创意，那么成功已离他不远了。"

创业不是仅凭热情和梦想就能支撑起来的，创业是一项涉及面广，影响因素复杂、多变的事业，要想取得创业的成功，就必须事先对创业进行周密策划与计划。因此在创业前期制定一份完整的、可执行的创业计划书是每位创业者必做的功课。

创业计划书是对特定创业活动具体筹划的系统描述，是各项职能计划，如市场营销、财务、制造、人力资源计划的集成，是企业融资成功的重要因素之一，它可以使你有计划地开展创业活动，增加成功的概率。通过调查和资料参考，要规划出项目的短期及长期经营模式，预估出能否赚钱、赚多少钱、何时赚钱、如何赚钱以及所需条件等。当然，以上分析必须建立在现实、有效的市场调查基础上，不能凭空想象、主观判断。根据计划再制定出创业目标并将目标分解成各阶段的分目标，同时制定出详细的工作步骤。在创业计划书拟订前，一定要多参阅其他类似企业的创业计划书。创业计划书并非只是创业企业所必要的．对于那些已经建立的组织，制订创业计划书也是一项非常有价值的创业活动、一种很好的实践模式。

学习目标

1. 认知目标：了解常见的创业模式，了解创业计划书的内涵和作用，掌握创业计划书的整体结构和要求。

2. 技能目标：能够捕捉创业机会，选择适合自己的创业模式。能够运用、评析创业计划的市场调查和评价要点，结合相关创业项目设计一份完备、可行的创业计划书。能够正确评价创业计划书。

3. 情感目标：认同创业计划的编制要求。

任务 1 创业计划书的撰写

情境导入

创业真经——没钱也能创出大事业

很多人都想创业，但他们似乎又有一个不创业的理由：我没有钱，我要是有钱的话，……似乎只要有钱，他就一定能创业成功。可是马云的创业经历告诉我们：没钱，同样可以创业，同样可以创出一番伟大的事业。马云有过 3 次创业经历，创业开始时都没什么钱。

第一次：创办海博翻译社。马云之所以要办翻译社，主要是基于 3 个方面的考虑：一是当时杭州有很多的外贸公司，需要大量专职或兼职的外语翻译人才；二是他自己这方面的订单太多，实在忙不过来；三是当时杭州还没有一家专业的翻译机构。

马云一有想法，就会马上行动。当时是 1992 年，马云是杭州电子工业学院的青年教师，每个月的工资还不到 100 元。他找了几个合作伙伴一起创业，风风火火地成立了杭州第一家专业的翻译机构——海博翻译社。整整 3 年没有盈利，到 1995 年，翻译社开始实现盈利，现已经成为杭州最大的专业翻译机构。

第二次：创办中国黄页。1995 年年初，马云参观了西雅图一个朋友的网络公司，亲眼见识了互联网的神奇，他马上意识到互联网在未来的巨大发展前景，于是决定回国做互联网。创建了我国第一家网站——中国黄页。

这次创业，马云仍然没有什么钱，所有的家当也只有 6 000 元。于是，马云变卖了海博翻译社的办公家具，向亲戚朋友四处借钱，这才凑够了 8 万元，再加上两个朋友的投资，一共才 10 万元。坚持梦想！只要有决心，肯努力，不要被困难吓倒，梦想的光辉一定会照进现实。

第三次：创办阿里巴巴。阿里巴巴无疑是我国互联网史上的一次奇迹，这次奇迹是由马云和他的团队创造的。阿里巴巴创业伊始，钱也不多，50 万元，是 18 个人东拼西凑凑起来的。马云喊出了这样的宣言：“我们要建成世界上最大的电子商务公司，要进入全球网站排名前十位！”

8 年后，2007 年 11 月 6 日，阿里巴巴在香港联交所上市，市值 200 亿美元，成为我国市值最大的互联网公司。马云和他的创业团队，由此缔造了迄今为止我国互联网史上最大的奇迹。

问题思考：

1. 马云 3 次创业经历给你什么启示？
2. 创业的关键是什么？
3. 创业项目的选择依据是什么？

任务要求

根据自己的爱好和专长，选择一项创业项目，明确创业目标，选择创业模式；查阅相关资料，并进行调研分析，为自己选择的创业项目编写一份创业计划书。

子任务 1　创业模式选择

工作任务

利用网络、图书等媒介，查阅 2~3 个成功创业人士的创业经历，借鉴和学习其把握和寻找创业机会的方法和能力，了解各种创业模式的特点；通过市场调研或人物访谈，为自己的创业项目寻找创业机会，选择创业模式。

知识准备

1. 创业机会

（1）创业机会及其特征

创业机会是通过把资源创造性地结合起来，迎合市场需求或兴趣愿望，并传递价值的可能性。创业机会是创业的核心动力，创业机会是决定创业成败的关键要素，从本质上说，创业是创业者识别机会并将其转化为成功企业的过程。机会是源于对新产品、新服务、新技术、新市场、新的组织形式和新业务的需求而出现的一组有利环境。

无论创业者以何种方式进行创业，机会识别都是比较困难的。识别创业机会不仅需要以一种独特的眼光来看待现存事物，需要有创意，而且更为关键的是能正确识别出人们需要并愿意购买的产品和服务，而非创业者自己喜欢的、想生产和销售的产品或服务。机会有 4 个本质特征：有吸引力，有持久性，有时效性，依附于为买主或终端用户创造或增加价值的产品、服务，如图 10–1 所示。

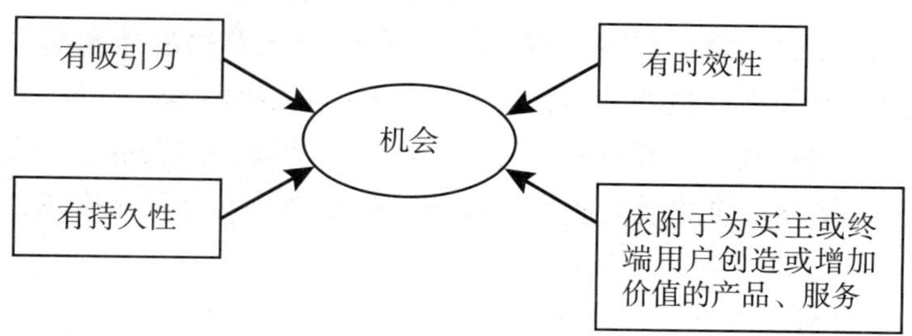

图 10–1　机会的本质特征

（2）创业机会的来源

1）创业机会源自创新思维中提出的理念

关注和寻找创新思维中提出的新理念，能发现和挖掘出好的创业机会。创新思维具有新颖性和创造性，它可能是可以推广的，也可能是无法正常展现、推广的，还可能是目前无法判断的。因此，生产、生活中的创新思维可以成为创业的方向，通过研究判断其是否可以转化为现实生产力，从而找到创业的大好机会。迈克尔·戴尔被称为“最会赚钱的天才”，他说：“在我家，想不注意到商机都难。”19岁的他当时既不懂技术，也没有雄厚的资本，更缺少阅历和经验，只是个学生物的大学一年级学生。后来他辍学办公司，以1000美元资金创立了自己的个人电脑公司，希望实现设计、制造和销售技术方式的变革。2000—2004年，戴尔成为全球第一大计算机系统制造商，并不断发展。戴尔被全球计算机业视为最会赚钱的天才，2000年《财富》将戴尔评为世界上40岁以下最富有的富翁。这位赚钱天才赚钱的秘密武器是什么？那就是借助创新思维，建立最好的生意模式，即戴尔式的直销模式。通过戴尔直线订购模式，与那些通过缓慢的间接渠道的公司相比，戴尔公司以更快的速度完成了最新相关技术的应用，而戴尔公司的6天存货制度使其比其他竞争对手保持了更低成本，再加上按客户意愿来做电脑，使戴尔公司的发展既有速度，也很有利润。

2）创业机会源自人们生活中的实际问题

人们的生活丰富多彩，但仔细留意和观察我们的生活，就能发现许多的问题，这些问题与提高人们的生活质量或生活安全保障有关，在这里充满着创业的机会。

X–It安全用品公司1997年成立于美国旧金山，其创始人安德鲁·伊夫是哈佛商学院的毕业生，由于经常发现自己寝室里的火警装置无故失灵，总感到不安。他想购买一部合适的救生梯，但发现市场上的现货大都太笨重，而且无法支撑他215磅（1磅=0.454千克）的体重。于是他联系校友迪贝拉·丁诺，用3个月的时间，做出一架轻便、小巧、结实的铝质救生梯。从而他有了创业理念：制作并销售家用安全用品，如可以折成仅相当于一只2 L汽水瓶大小的救生梯和轻重仅相当于一罐普通摩丝的灭火器，实用简单，存储方便。X–It安全用品公司现已经拥有数目可观的零售商业网络，在各大超市中随处可见X–It的安全用品。

马萨诸塞州康科德市的发光狗公司成立于2000年，销售供夜间遛狗者及其宠物穿着的用反光布料制成的衣物。贝斯·马科斯，时年30岁，是发光狗公司的首席执行官、主席兼创建者。公司的建立源于一次意外，一天，马科斯和他的好朋友卢克很晚回家，在经过一个街角时，差点被一辆邻居的轿车撞飞。“我和卢克同时跳入路边的灌木丛中侥幸脱险，当时我穿着一件深色的上衣，卢克虽然穿着白色T恤，但那家伙根本没看见。”这件事使马科斯的目光转移到一种新兴科技——反光织物上。不久，一种名为Illuminite的反光布料就出现在美国布料市场上。并以较快的增长速度蚕食着美国宠物及安全用品市场，全球销售额也在逐年增加。

3）创业机会源自科技发展

科学技术的发展日新月异，紧跟科技发展的步伐，借用科技成果，一定能获得很好的创业机会。

华为以 2 万元起家，用 25 年时间，从名不见经传的民营科技企业，发展成为世界 500 强和全球最大的通信设备制造商，创造了中国乃至世界企业发展史上的奇迹！华为成功的秘密就是创新。“不创新才是华为最大的风险”，华为总裁任正非的这句话道出了华为骨子里的创新精神。“回顾华为 20 多年的发展历程，我们体会到，没有创新，要在高科技行业中生存下去几乎是不可能的。在这个领域，没有喘气的机会，哪怕只落后一点点，就意味着逐渐死亡。”正是这种强烈的紧迫感驱使着华为持续创新。

华为虽然和许多民营企业一样从做“贸易”起步，但是华为没有像其他企业那样，继续沿着“贸易”的路线发展，而是踏踏实实地搞起了自主研发。华为把每年销售收入的 10% 投入研发，数十年如一日，近 10 年投入的研发经费有 1 000 多亿元人民币，华为 15 万名员工中有近一半的人在搞技术研发。为了保持技术领先优势，华为在招揽人才时提供的薪资常常比很多外资企业还高。

在产品研发上，华为以客户需求为导向，以客户需求驱动研发流程，围绕提升客户价值进行技术、产品、解决方案及业务管理的持续创新，快速响应客户需求。同时，华为还坚持“开放式创新”，先后在德国、美国、瑞典、英国、法国等国家设立了 23 个研究所，与世界领先的运营商成立了 34 个联合创新中心，从而实现了全球同步研发，不仅把领先的技术转化为客户的竞争优势，帮助客户成功，而且还为华为输入了大量高素质的技术人才。云计算被视为科技界的一场革命，华为依托强大的技术研发能力，借助云计算进行产业转型升级，实现“云管端”一体化，从单纯的 CT（communications technology，通信技术）产业向整个 ICT 产业扩展，将终端和软件服务领域作为未来成长的新空间。华为的创新是以客户需求、市场趋势为导向，紧紧沿着科技发展路线行进的创新，是一种可以不断自我完善与超越的能力，这样的创新能力才是企业可持续发展的基石。

4）创业机会源自市场变化

市场就像一张大网，市场主体（个人或企业）就是网上的一个个节点，市场主体的交易把节点相互联系。分工带来专业化优势，同时也带来了市场知识的分散化，使得许多交易在市场上得不到实现，这恰如蜘蛛网上的断点，每个断点之间的一系列连接就是企业家活动的机会。由于市场交易的断点与价格机制缺陷创造了很多创业机会，也成就了许多企业。

成立于 1904 年的英国劳斯莱斯汽车公司，他们着手制造和销售显示尊贵的汽车，刻意采用更早而且已过时的制造方法，让一名技术娴熟的机械工制造每一辆汽车，并用手工工具完成装配，为了确保没有下等人购买他们的车，他们把车的价格标得和一艘小游艇一样高。19 世纪 20 年代，汽车在美国已经不再是有钱人的玩具，福特做出的反应是设计一辆能够大量生产的汽车。另一位美国人杜兰特却把市场结构的变化视作把汽车公司组合成一家具有专业化管理的大型公司的良机，杜兰特预计会出现一个巨大的全球市场，而这家公司也满足了市场各个层次的需要。1905 年他创立了通用汽车公司。全球汽车工业市场在 1960—1980 年发生了一次大变化，汽车工业开始了全球化，出现了汽车公司新的创业机会。

产业的融合也会为企业带来新的市场机会。随着通信与 IT 行业基于技术的融合，英特尔公司在微处理技术优势的基础上，投放了大量的资源到通信产业。

5）创业机会源自政策导向

创业机会与当地政府的政策导向和支持情况有很大的关系，可能会在创业资金、创业税收、创业技术支持、人力资源支持等方面有相关的政策保障，把握住这类创业机会，有利于创业成功。2015 年，国务院印发了《关于大力推进大众创业万众创新若干政策措施的意见》（以下简称意见），这是推动大众创业、万众创新的系统性、普惠性政策文件。《意见》指出，推进大众创业、万众创新，是发展的动力之源，也是富民之道、公平之计、强国之策，对于推动经济结构调整、打造发展新引擎、增强发展新动力、走创新驱动发展道路具有重要意义，是稳增长、扩就业、激发亿万群众智慧和创造力，促进社会纵向流动、公平正义的重大举措。柴火创客空间是深圳第一个、我国第二个成立的创客空间，也是目前深圳最具影响力的创客空间（Maker Space）之一，于 2011 年进驻深圳华侨城创意文化园区。柴火创客空间寓意“众人拾柴火焰高”，为创新制作者（Maker）提供自由开放的协作环境，鼓励跨界交流，促进创意实现以至产品化。2015 年李克强总理到华侨城创意文化园访问柴火创客空间，掀起创客热潮。柴火创客空间为硬件创业者提供了良好的平台，至今，从柴火创客空间中走出的成功创客项目包括：新我可穿戴手环、金属版乐高开发套件 Makeblock、脑电波控制飞行器 PluzzleBox 等，这些业内知名产品项目在深圳创客圈中拥有标杆性的意义。未来，作为深圳创客文化传播的先行者，柴火创客空间将充分发挥自身优势与国际影响力，在通过一系列的活动将创客文化普及给我国大众的同时，也努力将自身打造成为深圳创客与创新文化面对国际社会展示的第一平台，也成为国际社会来深圳了解创客生态文化的第一站与必经点。

（3）寻找创业机会

萌生创业想法后，首要考虑的问题会有：创业机会在哪里？怎么创业？身边那么多成功创业的案例，哪一个符合自己的创业需要？个人投资创业要善于抓住机会，把握住一个稍纵即逝的投资创业机会，就等于成功了一半。

1）从追求“负面”中寻找创业机会

所谓追求“负面”，就是着眼于那些大家“苦恼的事”“困扰的事”。人们总是迫切希望问题得到解决，如果能提供解决的办法，实际上就找到了机会。例如，双职工家庭，没有时间照顾小孩，于是有了家庭托儿所；没有时间买菜，就产生了送菜公司。这些都是从“负面”中寻找创业机会的例子。

美国人李维斯看到采矿工人工作时跪在地上，裤子膝盖部分特别容易被磨破，于是他灵机一动，把矿区里废旧的帆布帐篷收集起来，洗干净重新加工成裤子，“牛仔裤”就这样诞生了，而且风靡全球。李维斯将问题当作机会，最终实现了致富梦想。

2）从重大和热点领域中寻找创业机会

2008 年北京举办第 29 届奥运会，提出举办人文奥运、绿色奥运、科技奥运的概念，从而萌发出很多衍生奥运产品和商品；2010 年 5 月上海举办世博会，也涌现出很多世博商机。当前随着人们生活水平的提高，越来越多的人崇尚绿色、崇尚自然，绿色环保概念商品都是商机。

毕业于西安某大学旅游与酒店管理专业的小潘，毕业后回到老家福州市，偶然机会结识了毕业于某职业技术学院的小杨，两人经过一段时间的沟通了解，都有创业的想法。他们一拍即合，一人出场地、一人出资金，一人负责养殖、一人负责市场销售，合伙在福建南平农村小杨老家林地里养殖林地溜达鸡。经过不懈努力，饲养的溜达鸡肉质好、无污染、无农药，产品打进了福州各家超市，月销售1 000余只，获得了创业的初步成功。

3）从信息情报中寻找创业机会

多留意网页上、报纸上等媒体信息，多加思考，也许就会发现商机的存在。

美国巨富亚默尔，少年时只是一个种田的小农夫。青年时正逢“淘金热”，他来到加州的大山谷，投入到淘金者的行列。山谷里的气候干燥，水源奇缺，淘金者在淘金时感到最痛苦的就是没有水喝，有人甚至宣称：“谁有水？我愿意出一个金币买一口水！”言者无意听者有心，亚默尔经过思考放弃了找金子，他要用手中的铁锹挖一条水渠，把河水引进来，经过细沙过滤，变成清凉可口的饮用水。最后，他把水装进桶里、壶里，卖给淘金的人们。那些口干舌燥的人们蜂拥而至，一块块金币投向亚默尔的腰包。后来，当许多淘金者的美梦破灭而忍饥挨饿、流落他乡时，亚默尔已经成为富翁了。

4）从变化中寻找创业机会

著名管理大师将创业者定义为那些能“寻找变化，并积极反应，把其当作机会充分利用起来的人”。产业结构变动、消费结构升级、城市化加速、人们观念改变、居民收入水平提高、全球化趋势等这些都是变化，其中都蕴藏着大量的商机，关键要善于发现和利用。比如，居民收入水平提高，私人轿车的拥有量将不断增加，这就会派生出汽车销售、修理、配件、清洁、装潢、二手车交易、陪驾等诸多创业机会。

创业难，发掘创业机会更难。有一些人将创业构想的产生，归因于机缘凑巧，所谓“无心插柳柳成荫”。不过机缘凑巧或第六感的直觉，主要还是因为创业者在平日对环境变化的敏锐观察，能够先知先觉形成创业构想。最好的构想还是来自创业者长期的观察与生活体验。

（4）培养捕捉创业机会的能力

发现创业机会不是一件容易的事情，对于创业者来说，发现创业机会的能力也是其必备的素质之一。学生在日常生活中需要有意识地加强实践，培养和提高这种能力。

1）要培养市场调研的习惯

发现创业机会的关键点是深入市场进行调研，要了解市场供求状况、变化趋势，考察顾客需求是否得到满足，注意观察竞争对手的长处与不足等。在平时逛街购物时就要培养对商品、环境、需求的观察调研习惯，不同的消费者在同一商品的消费上会有不同的习惯和表现。例如，使用手机时，不同年龄段、不同性别的人对手机的内在使用要求有很大差异，有的喜欢功能强大、有的侧重外表时尚、有的喜欢简单实用、有的喜欢小巧超薄等。

耐克的创始人菲尔·奈特和比尔·鲍尔曼是在亲身经历了消费者所遭遇的问题后，才创造了耐克品牌。他俩都是运动员，在没有耐克运动鞋之前，他们经受着长距离跑步时脚掌和地面接触引起的脚部疼痛，有时甚至会因此影响比赛成绩。所以，他们一直在考虑能否生产一种轻便而舒适的运动鞋。这一想法成就了“耐克帝国”。

2）要多看、多听、多想

见多识广，识多路广。每个人的知识、经验、思维以及对市场的了解不可能做到面面俱到，多看、多听、多想能广泛获取信息，及时从别人的知识、经验、想法中汲取有益的东西，从而增强发现机会的可能性和概率。实验证明，想象力的训练与培养，对于你的成功具有很大的影响。想象自己能够成功的人，比起那些总认为自己这也不行那也不行的人来说，创造财富的能力要强得多。当你实际面对挑战的时候，你的思维想象就会使你精神上有所准备，提供给你自信心和意志力。

世界旅馆业巨头康拉德·希尔顿在拥有一家旅馆之前，很早就设想过自己要经营旅馆。当他还是一个小孩子的时候，就常常“扮演”旅馆经理的角色。成功后的希尔顿将他的连锁店发展到世界各地，成为享誉全球的旅馆大王。

3）要有独特的思维

机会往往只能被少数人抓住。要克服从众心理和传统的习惯思维模式，敢于相信自己，有独立见解，不人云亦云，不为别人的评头论足、闲言碎语所左右，才能发现和抓住被别人忽视或遗忘的机会。在独特思维的表现方面，温州商人的成功最能说明独特致富思维的重要性。

穷人：没有资金、没有技术、没有人才、没有一点优势，怎么创业呢?

温州人：没有怕什么，向别人借呗！借个老母鸡，还能下一个金蛋呢！

穷人：看看那些富人，总是有那么多的人帮助他。而我，父母无权没势，朋友也不富裕，没有一个人可以帮助我，怪不得我一直这么贫穷。

温州人：从来就没有什么救世主。靠山，山会倒；靠人，人会跑；靠自己最好，靠自己才能自己主宰自己的命运。

穷人：创业太辛苦了，与其辛辛苦苦地拼命，不如安安逸逸地生活。

温州人：不吃苦怎么可能成功?“吃得苦中苦，方为人上人”。白天当老板，晚上睡地板。

穷人：做生意的人，总是看到什么生意好做就做什么。

温州人：起初经商的时候，确实要讲究灵活，慢慢地，随着生意越来越大，一定要有一个比较专注的目标，尽最大努力做好，提高自己产品的质量，成为行业的领导者。

每个成功的创业者都有自己独特的思维。

青岛玉环灯具装饰有限公司董事长吴可福的创业经验是：做生意要从小处着手，钱要一分一分地赚。

正泰集团董事长南存辉总结了这样的创业经验：做专才能做精，做精才能做好，做好才能做强，做强才能做大，做大才能做久。南存辉在谈到创业时还这样总结：做企业跟爬山很像，开始做的时候认为很简单，结果当你越爬越高的时候，就是企业越做越大的时候，碰到困难的时候，越爬越觉得上不着天，下不着地，不能回头。

（5）在创意经济中发现创业机会

1）创意经济

1998 年，《英国创意产业路径文件》中首次正式提出了“创意产业”的概念，是指源自个人创意、技巧及才华，通过知识产权的开发和运用，具有创造财富和就业潜力的行业。根据这个定义，英国将广告、建筑、艺术和文物交易、工艺品、设计、时装设计、电影、互动休闲软件、音乐、表演艺术、出版、软件、电视广播 13 个行业确认为创意产业。创意产业与传统产业最大的区别在于创意为产品或者服务提供了实用价值之外的文化附加值，最终提升了产品的经济价值。近年来，全世界创意产业每天创造的产值高达 300 多亿美元，并正以 8% 的速度递增。美国、英国等创意产业发达国家递增速度已经达到 10% 以上。创意产业的迅速崛起，正标志着创意经济时代的到来。

2）创意经济催生创业机会

一个好的创意会衍生出无穷的新产品、新市场和创造财富的新机会。随着创意经济的发展，创业已逐渐从“单一”走向“多元”，从“低端”走向“高端”。创业不再局限于传统的商贸领域，而是将眼光转向了发展前景更宽广、技术含量更高的领域。艺术设计、城市规划、动漫制作，这些与创意相关的产业成为许多人选择创业的方向。越来越多的大学生通过专业的技术和新奇的想法成就了自己的创业梦想，创业开始走进一个创意的时代。星巴克、捷蓝航空、苹果电脑、荷兰小子油漆店这些因创意和创新而异军突起的明星企业成为当代创业者们追逐的榜样，这些伴随着互联网成长起来的一代，开始走进创意时代。

大学生凭借其年轻的生机和活力，拥有更多的创造性和创意激情，并且头脑灵活、充满想象，对周围事物充满好奇心，不循规蹈矩，不墨守成规，具备勇于打破常规的性格特质，同时具有一定的文化底蕴和文化品位，掌握一定程度的人文知识和现代科技知识，这些特征使高校毕业生能够更好地迎接创意型创业的挑战。而创意型创业模式多元灵活、门槛较低的优势，正好能够弥补大学生缺乏创业资金、创业经验的不足，能够更好地提高大学生创业成功的概率。

在天津美术学院校园创意创业展示会上，学校将自主创业大学生和创业项目“打包”推向前台，并通过“学校租赁柜台，大学生展卖创意”方式集中推荐大学生创意项目。在这样一个富有艺术气息的展示会上，近 20 个创业团队的大学生在现场展示作品，交流想法，出售自己的创意成果，共同探讨创业之路。制作 4D 动画项目的动画工作室，制作个人杂志和高端图片的视图影像工作室，为创意项目打造交流、交易平台的 5A 网站……许多参展的创业团队已经在业内小有名气。这些琳琅满目的创意作品，让人强烈感受到：创业创新，就从创意开始。

2. 创业模式选择

（1）创业模式的含义

创业模式指的是创业者为保障自身的创业理想与权益，而对各种创业要素进行的合理搭配，即创业的组织形式、创业的方式确定、创业的行业选择等的搭配组合。

大学生创业模式是在特定区域、特定环境中形成的，在创业动机、创业方式、产业进入、资金筹集、组织形式、创新力度和政府支持等方面具有相似性、典型性的创业行为，体现了各种创业因素的配置方式。

（2）创业模式分析

在创业之初，第一个重要选择就是寻找一个适合自己的创业模式，既有能力操作又能把现有的资源有效整合进去。我国大学生创业起步较晚，创业的环境发展还不成熟，总结 10 多年的大学生创业实践，主要有以下 8 种基本模式。

1）积累演进模式

积累演进模式是指大学生由个人或几个人组成的创业团队白手起家，完全独立地创业，同时积累资本和经验，属于典型的个人创业模式。创业行业主要集中在商业零售、餐饮、化妆品、服装、图书批发、家具、眼镜、乐器等行业。创业者可以采取自己前期的兼职积攒、向亲朋好友借债或在政策允许范围内获得小额贷款等形式筹集资金。在管理上主要是采取自我雇佣的业主组织形式，产权关系上以个人独资或合伙投资经营为主，在经营取得成功、发展到一定规模的时候，就成立具有法人资格的小型公司。

积累演进模式的优点有：投资比较小，筹集资金比较容易；创业所需的专业知识不是很强，管理比较简单；不确定性程度低，可以稳扎稳打，成功率较高。其缺点有：所在行业的发展比较成熟，市场趋于饱和，竞争比较激烈，再加上创新性不足，因而有时难以创造高额的市场价值和利润。因此，运用这种模式创业，需要做好周密的区域市场调查和行业分析；制定长远的发展规划并合理设计个人职业生涯，在资源积累到一定程度时，及时扩大经营规模或转行，以求进一步发展。

2）连锁复制模式

连锁复制模式是指大学生以加盟直营、区域代理或购买特许经营权的方式来销售某种商品或服务的创业模式。加盟的行业主要是商业零售、饮食、化妆品、服装等技术含量不高而用工较多的行业。资金筹集上一般是由个人独资或几个人合伙出资，组织管理上实行总店或中心统一模式下的自我雇佣、自我管理，并且能分享经营诀窍和资源支持，长期得到专业指导和配套服务。

连锁复制模式的优点有：在经营管理上有现成的模式可供直接采用；可以利用特许企业的品牌效应减少经营风险，享受规模经济利益，被称为是“站在巨人肩膀上的创业”。其缺点有：加盟者与中心店往往由于协议条款不完善或执行不便而产生纠纷；既有的经营模式也会限制经营的自主性和创造性，在常规经营条件下很难有高额回报；所在行业的知识含量不高，劳动用工比较多。因此，运用这种模式创业特别强调加盟合同的签订，必要的时候要向专业人士咨询，以求合同条款尽可能完善；同时还要有一种“不安于现状”的精神，在既有的经营模式上敢于改进和创新。

3）分化拓展模式

分化拓展模式是指大学生首先加入某高新技术或商品流通企业，成为该企业的骨干员工，然后利用企业内部创业的机会来实现自己创业理想的模式。一些大学生发挥自己的专业特长，迅速成为公司的骨干，而这时公司恰好准备变更或重塑公司的主要方向，由公司投资委托骨干员工来负责新业务或新项目。骨干员工在资本、经验、人力资源发展到适当程度并判断有更好的商机出现时就可以脱离原公司，以自己个人积累的资金为主体，来创建新的法人企业。创业者会在参照原公司经营管理模式的基础上根据自己的经验做进一步改进。

分化拓展模式的优点有：创业者在准备创业时就拥有较充足的资金、技术、人力资源和人脉关系，创业的基础条件较好；可以依托原公司的客户关系网扩大业务，创业的风险较小，成功的概率较高。其缺点有：容易与原公司在业务竞争上产生纠纷，受到原公司势力的打压。因而运用这种模式创业的创业者必须摆正自己的位置，不能贪图利益“背信弃义”，时机不成熟不要轻易采取行动；在创业过程中要与原公司及相关客户做充分的沟通交流，以合作共赢的姿态来对待原公司和客户。

4）技术风险模式

技术风险模式是指大学生将自己拥有的专长或技术发明通过“知本雇佣资本”的方式发展成企业的模式。创业的大学生具备某一专业、技术特长或成功研制一项新产品、工艺，往往由于缺乏信用保证难以通过信用机制从外部筹措大量需求的资金。于是大学生就以技术、专利、其他智力成果做资产估价，吸引有眼光的公司提供风险投资基金来创建企业。这种创业模式主要集中于电子信息、生物技术、高科技农业等技术含量高、知识密集型行业。经营形式上采取股份法人公司制，管理上特别强调企业家精神和团队精神。

技术风险模式的优点有：创业活动具有很强的创造性，可以创造巨大的市场价值，甚至可以创造一个新的市场；可以充分发挥大学生的专业特长和知识才能；企业成长迅速。其缺点有：不确定性程度高，风险大，难以获得高额的投资基金；创办的企业多为股份制，企业发展快，产权多元化，加上缺乏管理经验和组织能力，法律知识的不足，难以处理好经理人与董事、股东之间的关系，内部纠纷不断，堡垒容易从内部攻破；忽视企业文化建设；研发资金投资周期过长等。因此，采用这种模式进行创业首先要对技术专利作严格的评估和市场预测，并取得法律的保护，以降低风险；不要“单枪匹马闯天下”，要组建良好的团队共同努力，特别要注意培养团队合作精神。

5）模拟孵化模式

模拟孵化模式是指大学生受各种创业大赛的驱动和高校创业园区创业环境的熏陶、资助、催化而进行创业的模式。许多高校举办了各种各样的创业大赛，参加大赛的大学生在创业大赛中熟悉了创业程序，储备了创业知识，积累了创业经验，接触和了解了社会，是对创业的模拟实验；同时高校纷纷建立科技园区或创业园区，园区中的科技创业基金中心或大学生创业投资公司对经过严格评估的优秀参赛项目进行股权形式的投资，建立股份制公司，并且定期对投资项目进行评估，实行优胜劣汰，对项目进行创业催化。这种创业模式集中于高科技行业，很多项目是研究生导师承担的各级政府课题基金项目的成果。

模拟孵化模式的优点有：具有创新性；创业者可以得到政策的支持和创业园区的各项

帮助，包括专家的培训和指导，享受免费提供的办公场所、公共文秘、财会、人事服务，咨询、辅导、评估和项目管理服务，办理证照，落实优惠政策，推荐申报，市场营销服务等；凭借专业创业，使理论联系实际，加速知识向生产力转化；信息来源好、流通快。其缺点有：很多创业计划书由于受到知识、经验的限制，存在对目标市场和竞争对手缺乏了解和分析数据经不起推敲的问题，最终只能“纸上谈兵”。因此运用这种模式进行创业必须认真撰写和严格审查创业计划书，保证计划书的完善、科学、务实。

6）概念创新模式

概念创新模式刚刚兴起，是大学生根据自己的新颖构想、创意、点子、想法进行的创业活动。概念创新集中于网络、艺术、装饰、教育培训、家政服务等新兴行业，创业者的设想能够标新立异，在行业或领域是个创举，并迅速抢占市场先机。创业的资金需求量不是很大，一般创业者向亲朋好友借款，或在政策范围内小额贷款，特别有创造性的项目能吸引商家眼球的也可以引来大公司股权形式的资金注入，组织管理上个人独资、合伙、股份公司均可。

概念创新模式的优点有：创业成本低，本身缺乏创业资源的创业者也可以通过独特的创意来获得各种资源；创新性强，是典型的具有开创性价值的创造型创业，成功后的收益大。其缺点有：创业必须有足够新颖的创意来洞察商业机会，创业难度大；面对的领域是有待开发的新市场，风险大。因此运用这种模式进行创业的创业者要能够正确客观地评价自己，看自己是否真正具有独特的创造性和强烈的创业欲望；同时还要认识到创意不完全等同于创业，在拥有创意的基础上，还要认真分析资金、人才、管理、市场等因素，不可头脑发热、贸然行事。

7）技术创业模式

技术创业模式是以某一门技术为创业支撑点开展的创业活动。企业创业所使用的技术是技术创业者所擅长的，技术可以是自己所学的相关专业，或者是自己擅长的其他专业。技术创业的模式有 3 种方式：一是技术入股，自己不办产业实体，而是直接将自己掌握的某技术转化为现成的生产力；二是技术引资，自己以技术为平台，引入风险家的投资或引入合作伙伴；三是技术立业，以某一门技术为基础创办产业，自己来经营管理。技术创业模式的核心是技术的创新水平及个人的技术创新能力。

技术创业模式的优点有：掌握某一领先技术，如专利技术或某一领域的核心技术等，具有创业的竞争优势；以技术入股，资金筹措风险小。其缺点有：技术领先具有暂时性，如果缺乏研发能力，领先的技术很快会落后，因此需要尽快转化为生产力，转化为财富；现在的科技很发达，有的产品一进入市场就有可能被仿冒。

8）资金创业模式

资金创业模式是以资金为创业支撑点开展的创业活动。资金的来源可以是多方面的，有的是依靠自己筹措资金的能力，有的是凭借自己雄厚的家庭做后盾。资金创业的模式有 2 种：一是以资金引进现成的项目，有的人有项目没资金，可以实行资源共享、优势互补；二是以资金开发项目，好的创业项目不一定都是现成的，需要投入资金去开发、去研究。

资金创业模式的核心要求是要有资金运作能力。资金创业模式的优点是具备创业所需的大量资金。资金创业模式的缺点是因为资金的流动性比较强，一旦决策失误损失比较大。

各种创业模式都各有其优点与缺点，因此，有创业愿望的大学生应分析自己的优势与劣势，根据各自的具体情况选择适合自己的创业模式。

除各个模式本身在实际操作中会存在导致不同结果的差异外，真正起决定作用的是创业者自身的实际运作能力。在设计自己的创业模式时，非常重要的一点是对自身以及环境条件有一个客观的衡量，认清自己能做什么，在什么环节投入会取得最大的效益，而不是盲目模仿和追随别人成功的模式。

子任务 2 编写创业计划书

工作任务

根据市场调研结果和自我实际情况，选择适合自己的创业项目，明确创业目标，掌握创业计划书的框架结构及内容要求；按照创业计划书基本组成部分为自己选择的创业项目设计并编写一份切实可行的创业计划书。

知识准备

1. 创业计划书概述

（1）创业计划书的含义

创业计划书又称为“商业计划”（business plan），是由创业者准备的一份书面计划，用以描述创办一个新的风险企业时所有相关的外部及内部要素，并向风险投资人展示以取得风险投资的商业可行性报告。创业计划书是一份全方位的项目计划，从企业内部的人员、制度、管理及企业的产品、营销、市场等各方面对即将展开的商业项目进行可行性分析。

创业计划书是一种重要的商业文件。在美国，这种计划是作为一种吸引私人投资者和风险投资家进行投资的“商业包装”而起源的。同时，对于一个新创企业或新创项目来说，把创业计划提供给自己的各种合作者（包括顾客、供应商和银行等）也不失为一种很好的方式，通过这种途径可以让合作者更好地了解自己的创业思路，它不但在企业运营之初扮演着重要的角色，而且在实际运作中仍然继续发挥着它作为管理工具的作用。

（2）创业计划书的作用

创业计划书不仅仅是一种业务构思策划和一份吸引投资的宣传书，更是以后公司运作的指导书。

1）指导创业实践

创业计划书是创业全过程的纲领性文件，是创业实践的战略设计和现实指导。为创业者、创业管理团队和企业雇员提供一份清晰的、关于创业企业发展目标和发展战略的说明书，它能引导企业不同阶段的创业实践，让人了解“做什么”和“怎样做”。也有很多大企业利用创业计划，通过周期性的反复讨论和仔细推敲，最终确定组织未来的行动纲要和某一阶段的行动计划，并让组织上下的思想和行动得到统一，便于进入后期实质运作。

2）整合创业资源

创业计划书的整合作用是最根本和最重要的。在创业的过程中，企业的产品服务、市场营销、人事、财务、运营等各种要素是分散的，各种信息是凌乱的，各种工作环节是互不衔接的。只有通过编写创业计划书的过程，梳理思路，开展调研，完善信息，找到各种程序之间的衔接点，最终把各种资源有序地整合起来，形成增量资源，才能为创业实践提供条件。

3）获取创业资金

创业计划书是说服创业者自己更是说服创业投资人的重要文件。创业企业要获得风险投资的支持，一个重要的途径就是做好符合国际惯例的高质量的创业计划书。只有内容翔实、数据丰富、体系完整的创业计划书才能吸引投资人，让他们认可你的项目运作计划，以使你的融资需求成为现实，创业计划书的质量对创业者的项目融资至关重要。也可以说，创业计划书为潜在顾客、商业银行和风险投资家提供了一份推销创业企业的报告。

4）聚集创业人才

对于创业企业而言，人力资源是决定企业命运的最重要的资本。创业活动往往需要一个强有力的创业团队，创业团队需要拥有各种技术、资源和抱负的人才。一份设计优秀的创业计划书就像一个招聘广告，能够起到招贤纳士的作用，主要表现在 4 个方面：一是吸引创业人才进入。他们通过创业计划书熟悉企业，了解企业的目标。二是吸引新股东加盟，引入潜在的投资者。三是吸引有志之士参加创业团队。团队中不仅需要创业领袖和创业人才，而且也需要对此项目感兴趣、有志于从事该项工作的普通工作者。四是吸引对创业计划感兴趣的组织赞助和支持。杰弗里·蒂蒙斯说：“创业是一个漫长的努力的过程，这过程可以将一个思想的雏形变成一个商机，就像把一条毛毛虫变成一只美丽的蝴蝶，创业计划书本身就是这一过程的顶点。”

（3）创业计划书的类型

基于计划的目的不同，创业计划书分为吸引风险投资的创业计划书、吸引合伙人的创业计划书、获取政府或公共部门支持的创业计划书、针对企业家个人的创业计划书。

（4）创业计划书的整体要求

创业计划书往往会直接影响创业发起人寻找合作伙伴、获得资金及其他政策的支持，计划书的内容要根据其针对的对象不同而有所不同，比如是要写给投资者看呢，还是要用来申请银行贷款。目的不同，计划书的重点也会有所不同，为了确保创业计划书能“击中目标”，创业者应做到以下几点。

1）关注产品

在创业计划书中，应提供所有与企业产品或服务有关的细节，包括企业所实施的所有调查，这些问题包括：产品正处于什么样的发展阶段？它的独特性怎样？企业分销产品的方法是什么？谁会使用企业的产品，为什么？产品的生产成本是多少？售价是多少？企业发展新的现代化产品的计划是什么？只有把出资者吸引到企业的产品或服务中来，出资者就会和创业者一样对产品有兴趣。在创业计划书中，企业家尽量用简单的词语来描述每件事，商品及其属性的定义对企业家来说是非常明确的，但其他人却不一定清楚他们的含义。制订创业计划书的目的不仅是要出资者相信企业的产品会在世界上产生革命性的影响，同时也要使他们相信企业有证明它的依据。

在创业计划书中需要陈述产品或服务，使参阅者一目了然。在这个过程中，主要强调：生产线的意义和它能带来的最高销售量；未来在产品技术上的发展，如计划扩大生产线用于完善产品或服务，产品的生产和配送等方面的关键特征等；产品或服务的独特性原因；市场定位的优势表现。

2）敢于竞争

在创业计划书中创业者应细致分析竞争对手的情况。竞争对手是谁？他们的产品如何？与本企业的产品相比有哪些相同点和不同点？采用的营销策略是什么？要明确每个竞争者的销售额、毛利润、收入以及市场份额，然后再讨论本企业相对于每个竞争者所具有的竞争优势，要向投资者展示顾客偏爱本企业的原因。这些原因包括：本企业的产品质量好，送货迅速，定位适中，价格合适等。创业计划书要使读者相信，本企业不仅是行业中的有力竞争者，而且将来还会是确定行业标准的领先者。在创业计划书中，企业家还应阐明竞争者给本企业带来的风险以及本企业所采取的对策。

《孙子兵法》讲“知己知彼，百战不殆”。企业常胜不败之道在于知己知彼和顺应潮流。好的企业家必须时时了解市场上的竞争对手，知道他们是谁，他们在干什么，他们是怎么干的。在撰写创业计划书时常见的现象之一是许多新创企业的创办者往往低估市场现有的竞争对手，缺少对竞争对手的了解。很多创办者自认为天下无敌，甚至认为没有竞争对手。而有经验的投资者认为这样的企业或者没有真正地进行市场调查，或者不了解怎么经营企业，或他们的产品或服务根本就没有市场。那些没有竞争的产品，一定是市场不接受的产品。在市场竞争中既不要害怕对手，也不要轻视对手。市场调查研究是一项科学工作，在分析对手情况时一定要头脑冷静，不能带有感情因素。客观评价竞争对手可以帮助创业者更好地了解企业的产品或服务，还可以给投资者留下好印象，展示创业者经营企业的实力，还有助于在竞争中让顾客看到本企业与竞争对手的区别。竞争对手会有很多，但在撰写创业计划书时要集中在目标市场范围内，只分析那些与本企业有相同目标市场的竞争对手。

3）了解市场

创业计划书要提供企业对目标市场的深入分析和理解，阐明经济、地理、职业以及心理等因素对消费者选择购买本企业产品这一行为的影响及所起的作用。创业计划书中还应包括一个主要的市场计划和销售策略，广告、促销以及公共关系活动的地区，每一项活动的预算和收益，销售人员、企业的销售模式、销售培训类型及其他销售中的细节问题。了解市场主要应关注以下几个方面工作。

①做好市场计划和销售策略。找不到顾客就不能生存是企业经营的最基本原则，好的市场计划就是要能够接近顾客，激发顾客的购买欲望，最终把顾客的购买欲望变成购买现实。目标市场一旦定义，就要估计其规模和发展趋势，分析竞争对手的情况，探查市场和制定销售策略。投资者认为在进行市场渗透时，应该把一个大市场进行分割，有目的地制定销售策略。在设计销售策略时最好聘请市场顾问、广告代理人、公共关系顾问等方面的专家一同参与，他们可以从专业的角度帮助企业突出重点，提高效率。

②市场和销售并重。市场和销售虽然紧密相连，却是两个不同的概念。市场是通过传达某些信息促进顾客对产品或服务的了解，销售是直接把产品或服务送到顾客手中。在阅读创业计划书时，投资者总是把审查市场计划放在第一或者第二的地位，他们要知道企业是否有一个切实有效的市场计划能够把企业的产品或服务送到顾客手中。在介绍市场计划时应突出市场和销售并重的原则，清楚地阐述顾客可以从产品或服务中得到什么好处，而不是产品的特性。好的信息传达方式可以促使顾客购买企业的产品或服务。

③做好市场宣传。当明确了企业将要向顾客传达什么信息之后，下一步就是要阐明企业如何向顾客传播这些信息，如何接触到未来潜在的顾客，采取什么方式进行市场宣传等问题。

4）表明行动方针

企业的行动计划应该是无懈可击的。创业计划书中应该明确下列问题：企业如何把产品推向市场？如何设计生产线？如何组装产品？企业生产需要哪些原料？企业拥有哪些生产资源，还需要什么生产资源？生产和设备的成本是多少？企业是买设备还是租设备？解释与产品组装、储存以及发送有关的固定成本和变动成本情况等。

这部分的重点是描述企业的日常经营情况。突出描写企业如何用理论与实践相结合的原则经营。这部分内容在创业计划书中要非常具体而实际，包括如何管理库存，如何进行设备更新等内容。需要制定分开的经营或程序手册，这个手册应该描写整个管理经营方面的每一个细节，包括生产、销售、服务等各个方面。一个企业成为胜利者的最关键之处是建立经营标准，即企业的领导人知道怎么去做他们想做的事情，企业的每个管理人员都知道企业管理的整个程序。良好的企业经营是企业取得成功的关键，良好的企业经营使企业可以在激烈的市场竞争之中常胜不败，可以克服企业发展中经常遇到的问题。

5）展示管理团队

企业的成功直接取决于人的素质，人是决定企业成败的第一因素，人是企业经营的心脏。投资者在决定投资项目时，重点看企业人员的素质情况，他们知道企业员工，特别是领导班子人员的素质、经历、技术能力等因素比技术、产品或服务等更重要，特别是从长远的角度来看，人的因素更为重要。因此，投资者在看创业计划书时往往首先看管理部分，而且特别认真、仔细地分析企业的主要管理人员的合格制度。他们不仅要看主要管理人员是否有足够的经验和能力，还要看企业内部组织结构是否可以充分发挥领导班子的作用。美国一位投资专家说："企业没有合格的领导班子是他们的商业计划书被自动淘汰出局的原因之一。"把一个思想转化为一个成功的企业，其关键的因素就是要有一支强有力的管理队伍，这支队伍的成员必须有较高的专业技术知识、管理才能和多年工作经验。管理者的职能就是计划、组织、控制和指导公司实现目标的行动。在创业计划书中，应首先描述一下整个管理团队及其职责，明确管理目标以及组织机构，然后再分别介绍每位管理人员的特殊才能、特点和造诣，细致描述每位管理者将会对企业做出怎样的贡献。

6）出色的计划摘要

创业计划书中的摘要也十分重要，它必须能让读者有兴趣并渴望得到更多的信息，它将给读者留下长久的印象。计划摘要是读者首先看到的内容，是从计划中摘录出的与创业最相干的细节，是对创业计划简明而生动的概括，包括企业内部的基本情况，以及企业的能力、局限性、竞争对手、营销和财务战略、管理队伍等情况。出色的计划摘要应该给读者这样的印象："这个公司将会成为行业中的巨人，我已等不及要去读计划的部分了。"摘要表达的内容应该使投资者马上理解创业者的基本观点，快速掌握创业计划书的重点，然后做出是否愿意花时间继续读下去的决定。在摘要部分，应该重点向投资者传达以下几点信息：企业的基本经营计划是正确的，是合乎逻辑的；经营计划是有科学根据和充分准备的；领导者有能力管理好这个企业，企业拥有一支坚强有力的领导班子和执行队伍；领导者清楚地知道进入市场的最佳时机，并且能够预料到什么时间适合退出市场；企业的财务分析是实事求是的。

2. 创业计划书的框架

一般来讲，创业计划书的基本框架内容如下。

①执行概要：概述整个计划，明确思路、目标及竞争优势。

②创业机会选择及创业项目决策：描述创业机会及项目决策。

③产品或服务介绍：详细介绍产品或服务的技术及前景。

④战略制定：介绍企业背景及现状、创业目的、创业定位，以及企业战略制定等。

⑤市场分析：详细阐明产品或服务的市场容量与趋势，分析市场竞争状况，进行产品市场定位。

⑥营销策略：分析产品服务成本，制定定价策略、营销渠道策略以及促销策略。

⑦经营管理：制订创业总体进度计划，描述资源要求及配置，产品或服务的开发目标等。

⑧创业团队及组织结构：描述团队构成及工作背景，设计创业企业组织结构，设定企业产权、股权结构。

⑨财务状况及财务预测分析：介绍企业的财务计划，讨论关键的财务表现驱动因素。进行创业项目财务预测分析，包括收入报告、平衡报表、前两年的季度报表、前两年的年度报表，现金流量及成本分析。

⑩融资方案和回报：描述资金结构及数量、投资回报率、利益分配方式、可能的退出方式等。

⑪保险和法律事务：对企业的专利、商标等知识产权，合同等契约文件，事项等进行规范。

3. 创业计划书的基本组成部分

创业计划书是创业者给自己设计的创业目标和创业路线，是创业者对创业活动的更深入思考，是创业者未来的“创业故事”。虽然，创业计划书没有统一标准的格式与体例，但一般来说，必须包括以下关键的组成部分。

（1）封面

封面的设计要有审美观和艺术性，一个好的封面会使读者产生最初的好感，形成良好的第一印象。

（2）计划摘要

计划摘要是投资者最想阅读的部分，它浓缩了创业计划书的精华，列在创业计划的最前面，要尽量简明、生动。计划摘要应该使投资者能够马上理解创业者的基本观点，快速掌握创业计划书的重点，能在最短的时间内评审计划并做出判断。其应该重点向投资者传达以下内容。

①有关企业的描述。其主要包括企业名称、企业类型、地点、法律形式（股份公司、个人公司、合伙人公司等）等。

②申请投资的目的。

③企业状况。企业是老企业还是新企业，或是正在准备成立的企业；企业成立的时间，项目所包括的产品或服务已经进行了多长时间，是否已经销售。

④产品和服务。这一部分内容主要列出已经销售或要销售的产品或服务项目。

⑤目标市场。这一部分内容主要列出产品将进入的市场，以及选择这个市场的原因，同时还要提供市场调查研究和分析的结果。

⑥销售策略。这一部分内容主要侧重于叙述产品如何进入目标市场，企业如何做广告以及销售方式，指出主要销售方式是直销还是通过代理等。

⑦产品促销的主要方式。产品促销的主要方式有参加展览、有奖销售、捆绑式销售或其他可以促进销售的方法等。

⑧市场竞争情况和市场区分情况。简单介绍与产品有关的市场竞争情况、主要竞争对手，以及各自的市场划分和市场占有率。

⑨竞争优势和特点。这一部分内容主要简述为什么企业产品能够在市场竞争中获得成功。列举任何可以代表企业产品或服务的优势，如专利、秘方、独特的生产工艺、大的合同、与用户签订的意向性协议等。

⑩优良的经营管理。这一部分内容主要简述企业管理队伍的历史和能力，特别是企业的创始人和主要决策人的有关情况。

⑪生产管理。这一部分内容主要简述关键性的生产特点，如地点、关键的销售商和供应商、节省成本的技术和措施等。

⑫财务状况。这一部分内容主要简述未来3年的预期销售额和利润。

⑬企业的长期发展目标。这一部分内容主要简述企业未来几年发展的计划，如员工总人数、销售队伍建设情况、分支机构数目、市场占有率、销售额、利润率等。

⑭寻求资金数额。这一部分内容主要简述项目需要资金总数、资金来源、筹资方式，投资者如何得到报酬等。

（3）企业介绍

企业介绍部分主要说明企业组织结构、业务性质、业务展望、供应商、协作者或分包人及专利与商标等。重点描述企业未来业务发展计划，并指出关键的发展阶段；本企业生产所需原材料及必要零部件供应商。一般包含以下内容。

①企业的基本情况。在向投资者介绍营销策略、新产品、新技术、新服务、新想法之前，创业者必须先向投资者详细介绍企业的名称、注册地点、经营场所、公司的法律形式、企业的法人代表、注册资本等基本情况。有些内容需要认真写好，如创办企业的目的，企业的发展目标、市场营销计划、经营原则等。

②企业的发展阶段。在创业计划书中首先要写企业成立的时间，然后写企业的主要发展阶段和企业的近期目标。企业的主要发展阶段应该包括企业创立时的情况，企业的早期发展情况，企业的稳定发展期的情况，如开发新产品、提供新服务、建立新分支机构等，企业扩张期的发展情况，如企业合并、企业改产、企业重组或稳固地占领市场等情况，还应该写明目前企业距离预定的目标还有多远，如产品是否已经开发出来、是否进入测试阶段、是否已经有订单、是否已经签订合同、是否已经建立可靠的原料供应、是否建立了可靠的销售渠道、是否已开设了新的分支机构、是否已经设计好包装、是否已经做了市场调查、过去企业有哪些主要业绩、现在的经营有哪些成功之处。这部分可以单独成为一个段落，也可以与企业描述部分合并。

③产品和服务。如果企业的产品或服务技术性很高或具有革命性改进，最好将这部分内容单独列为一部分。重点突出产品的技术特点，但如果产品特别多或服务项目特别多，不需要面面俱到。在这种情况下，可以把它们归成几个类别分别描述。还要展望企业未来要研究和开发的产品或要提供的服务，以及准备什么时候开始生产这些产品或提供这些服务。

④专利许可证。在阐述企业的商标、专利、许可证或版权等方面的情况时，写明其是否还在保护期之内。如果企业有许多商标、专利、许可证或版权，没有必要将其全部列出一一介绍，只要写出数量和种类就可以。有时为了表示更有说服力，也可以从中挑选出少量几个最有代表性的或最有知名度的商标、专利等给予简单明确的介绍。

（4）行业分析和市场预测

1）行业分析

在行业分析中，应该正确评价所选行业的基本特点、竞争状况以及未来的发展趋势等内容。以下是关于行业分析的典型问题。

①该行业发展程度如何？现在该行业的发展动态如何？

②创新和技术进步在该行业扮演着怎样的角色？

③该行业的总销售额有多少？总收入为多少？发展趋势怎样？

④价格趋向如何？

⑤经济发展对该行业的影响程度如何？政府是如何影响该行业的？

⑥决定行业发展的因素是什么？

⑦该行业竞争的焦点是什么？企业应采取什么样的战略？

⑧进入该行业的障碍是什么？企业应如何克服？该行业典型的回报率有多少？

2）市场预测

市场预测应包括以下内容：目标顾客和目标市场、市场需求预测、市场现状综述、市场规模和发展趋势、竞争厂商概览、本企业产品的市场导向、市场地位等。另外，鉴于市场的变幻不定和难以捉摸，创业企业应尽量扩大搜集信息的范围，重视对环境的预测，采用科学的预测手段及方法。

①定义目标市场。市场要有明确的界限，没有界限的市场毫无意义。在定义目标市场时，企业要调查目标市场范围内的顾客群是否足以支持企业发展。企业必须根据某顾客群与其他人群相区别的特点来定义市场，潜在的顾客都具有某些共同的、可以与其他人群相区别的特性。市场要足够大，目标市场定义的顾客群体还必须大到可以支持企业的生存和发展。市场具有可接触性，即产品价位一定是在这个目标市场的顾客可以承受范围之内。

②描述市场规模与发展趋势。明确目标市场的特性之后，就需要评价市场的规模和评估市场的发展趋势，找到将来有可能影响市场规模和顾客消费行为的因素。预测未来市场的规模和变化可以从对现在市场的分析着手，对现在种种因素加以综合分析，从而推断将来的变化，这有助于企业制定现在和未来的市场销售策略，预先为应付未来的变化做好准备。研究市场发展趋势可以从人口增长率、生活习惯、科学技术的发展、新的爱好、收入增加情况、消费习惯等方面入手。

③突出市场导向。许多投资者要求企业必须具备市场导向，企业一定要深刻地了解自己的市场。明确市场的性质和规模是创业计划书的关键部分。企业要想从外界筹资，必须把企业的性质按市场导向转变，通常，投资者愿意把钱投给市场导向的企业而不是技术导向或产品导向的企业。市场导向的企业需要随时根据市场的变化，对企业的广告方式和内容、销售结构、产品包装甚至产品或服务特点等做相应调整。从长远来看，企业需要根据可靠的市场分析来明确企业的具体发展方向。

（5）产品或服务介绍

产品（服务）介绍应包括主要产品的概念、性能及特性，产品的市场竞争力、研究和开发过程，开发新产品的计划和成本分析，产品的市场前景预测及品牌和专利等内容。

在产品（服务）介绍部分，创业者对产品（服务）的说明要详细、准确、通俗易懂，使非专业人员也能一目了然。一般来说，产品介绍必须要回答以下问题。

①顾客希望企业的产品能解决什么问题？顾客能从企业的产品中获得什么好处？

②企业的产品与竞争对手的产品相比有哪些优缺点？顾客为什么会选择本企业的产品？

③企业为自己产品采取了哪些保护措施？企业拥有哪些专利、许可证（强调企业所拥有的技术壁垒或提供有效的专利证明以表示企业可以防止别人的盗用和模仿）？

④为什么企业的产品定价可以使企业生产拥有足够的利润？为什么用户会大批量地购买企业的产品？每个产品的价格、价格形成基础、毛利及利润总额怎样？

（6）管理团队与组织

企业管理的好坏，直接决定了企业经营风险的大小。而高素质的管理人员和良好的组织结构则是管理好企业的重要保证。因此，风险投资家会特别注重对管理队伍的评估。一般而言，企业的管理人员应该是互补型的，而且要具有团队精神。

①领导班子。通常企业最重要的人物是企业的创始人，对于刚刚成立的企业更是如此。无论创始人担任什么主要职位，或是退居二线，都要在创业计划书中描述他们的技术和资格，投资者特别看重企业主要领导人的经历和能力。在介绍企业的管理人员时，必须考虑他们是否称职，即他们的经历和能力是否符合当前工作对他们的要求，以及他们是否有能力满足企业发展的需要。企业的领导班子是否是一个团结的整体，领导班子各个成员之间是否能够互相配合。介绍的领导人员数目一般不要超过 4 个人，把需要介绍的人员集中在负责企业长期发展的人员身上。由于篇幅的限制，可以把这些人的简历放在附录部分。

②股东和投资情况。投资者一般要了解董事会股东的组成和各自的投资比例情况。创业计划书可以通过表格列出董事会成员和他们在企业的投资情况，以及他们的专业背景。

③人才引进。在考虑人才引进时，不仅要考虑具体的工作职能，还要考虑整个领导班子的平衡情况。在引进人才时，应该写明具体情况，如职位、资格要求、大约需要引进的时间、需要起的作用、工资待遇、福利等。

④报酬和激励机制。这部分内容需要描述企业如何建立一套有效的奖励机制，通过报酬、福利或其他方式激励员工奋发向上。在介绍企业的报酬和奖励机制时，要充分体现按劳取酬的原则，向投资者显示企业的报酬和激励机制是一整套合理公平的机制。在撰写这部分内容时，要选择重点内容进行简练介绍。

⑤管理结构。企业的管理结构和管理风格决定企业每日的工作环境和企业的未来。需要从风险投资公司寻找资金的企业有必要对自己的管理结构，如机构设置、人员设置、员工职责等方面进行重新审查，检查企业是否达到最佳运营状态。在讨论管理结构和管理风格时，撰写者应该侧重于如何管理企业、如何做决定、权力如何使用等。同时，还要介绍如何创造良好的企业文化，想让员工对企业有什么样的感觉，当企业制定目标或政策时员工有什么反应等。管理结构在创业计划书中，需要用一定的笔墨介绍企业如何发挥人力资源的优势。在检查管理结构时，企业的领导人通常按照正式的管理结构关系决定如何管理员工，如何确定

每个人的工作职能。

（7）营销策略

对市场错误的认识是企业经营失败的主要原因之一，在创业计划书中，营销策略应包括以下内容。

①营销渠道的选择。

②营销队伍和管理。

③促销计划和广告策略。

④价格策略。

（8）生产规划

创业计划书中的生产规划应包括以下内容：产品制造和技术设备现状，新产品投产计划，技术提升和设备更新的要求，质量控制和质量改进计划。

在寻求资金的过程中，为了增加企业在投资前的评估价值，创业者应尽量使生产规划更加详细、可靠。生产规划应回答以下问题：企业生产制造所需的厂房、设备情况，保证新产品在进入规模生产时的稳定性和可靠性的方法，设备的引进和安装情况及供应商，生产线的设计与产品组装方式，供货者的前置期和资源的需求量，生产周期标准的制定以及生产作业计划的编制，物料需求计划及其保证措施，质量控制方法等。其中，重点是对产品生产全过程及影响生产的主要因素进行介绍，如生产成本、产品生产过程及生产工艺、员工具有的特殊生产技能、关键环节、产品实际附加值、主要设备及采购周期、厂房和生产设施、生产方案等。

（9）财务规划

财务规划需要花费较多的精力来做具体分析，财务管理是企业的生命线，因此企业无论在初创或扩张时，都需要对财务有预先的周详计划和严格控制。财务规划一般包括以下内容。

①创业计划书的条件假设。企业的财务规划应保证和创业计划书的假设相一致。要完成财务规划，必须要明确下列问题：产品在每一个期间的生产和销售量，产品线开始扩张的时间，每件产品的生产费用，每件产品的定价，分销渠道及所预期的成本和利润，需要雇员数量、质量及结构等，雇佣时间和工资预算等。

②预计财务报告。预计财务报告包括预计的资产负债表；预计的利润表；预计的现金流量表；资金的来源和使用及盈亏平衡分析等。

预计资产负债表：可以为投资者提供新企业拥有的资产和负债等的估价，反映某一时刻的企业状况。投资者可以用通过预计资产负债表中的数据得到的比率指标来衡量企业的经营状况以及可能的投资回报率。预计资产负债表可以表明未来不同时期（一般3~5年）的企业年度或半年度财务状况。

预计利润表：可以说明企业基于损益的预期运营成果，反映企业的盈利状况，记录月度、季度和年度销售额，及销货成本、费用、利润或亏损、销售预测、生产成本、广告成本、分销和储存成本与管理费用等，提供运营结果的合理规划。

预计现金流量表：表明预期现金流入、流出的月度、季度、年度数量和时间安排，通过突出某特定时期的预期销售额和资本费用，强调融资的需求、时机以及对营运资金的需求。

盈亏平衡分析：表明为补偿所有成本所需要的销售（和生产）水平，包括变动成本（制造费用、劳动力成本、原材料成本、销售费用）和固定成本（利息、工资、租金等），是创业企业实现盈利的现实检验。

可以这样说，一份创业计划书概括地提出了在筹资过程中创业者需做的事情，而财务规划则是对创业计划书的支持和说明。

（10）风险分析

创业企业的高风险是众所周知的，因此，企业采取何种措施来降低风险程度或者防范风险、增加收益等，在创业计划书中必须做出说明。创业企业面临的主要风险包括：经营期限短、资源不足、管理经验不足、市场不确定因素、生产不确定因素、清偿能力、对企业核心人物的依赖、财务储备、市场占有率、经济管制或其他政府设立的规章制度、非控股股东对企业的控制以及欠发红利等可能出问题的其他地方。千万不要为了增大获得投资的机会而故意人为缩小、隐瞒风险因素，这只会令风险投资者对你产生不信任，对于你的融资没有任何帮助。

（11）附录

创业计划书正文应该相对简短，提供所有重要信息即可，许多项目信息最好包含在单独的附录部分。包含于附录中的典型项目有详细的财务规划以及创建者与高层管理团队其他成员的完整简历等。

4. 创业计划书的编写

（1）基本步骤

①准备阶段。创业计划书的编写涉及的内容较多，因而在编制创业计划书前必须进行周密安排，主要有如下一些准备工作：第一，确定创业计划书的目的与宗旨；第二，组成创业计划书工作小组；第三，制订创业计划书编写计划；第四，确定创业计划书的种类与总体框架；第五，制订创业计划书编写的日程安排与人员分工。

②资料收集。以创业计划总体框架为指导，针对创业目的与宗旨，搜寻内部与外部资料，包括创业企业所在行业的发展趋势、产品市场信息、产品测试、实验资料、竞争对手信息、同类企业组织机构状况、行业同类企业财务报表等。资料调查可以分为实地调查与收集二手资料两种方法。实地调查可以得到创业所需的一手真实资料，但时间及费用耗费较大；收集二手资料较易，但资料的质量不一定符合要求。

③计划形成。创业计划形成阶段要完成以下几项任务。首先，拟定执行纲要，主要包括创业各项目概要；其次，草拟创业计划，依据创业执行纲要，对创业企业的市场竞争与销售、组织与管理、技术与工艺、财务计划、融资方案以及风险分析等内容进行全面编写，初步形成较为完整的创业计划方案；再次，修改完善，创业计划小组在这一阶段对创业计划进

行广泛调查并征求多方意见，进而提出一份较为满意的创业计划方案；最后，定稿，通过审核确定终稿，并印制成正式创业计划文本。

（2）编写方法

在编写创业计划书时，应遵循正确的方法，具体如下。

①制订创业计划书写作过程的工作计划，使编写工作有序进行。

②主要围绕创业产品与服务，经常性地评估产品与服务的创业价值。

③要充分寻求外部有关人员的指导与协助。

④在不断修改补充中完善创业计划。

⑤要针对创业计划书的目标读者，设置计划项目的不同侧重点。风险投资商对创业计划中的市场增长及盈利性比较感兴趣；战略伙伴与主要客户关心产品、服务、市场、盈利及管理团队的运作能力；而主要雇员、管理队伍则主要想知道创业企业过去的成功纪录及今后的发展前景。

（3）注意事项

①定位准确。创业计划书虽然是创业企业寻找风险投资者的敲门砖，但首先是写给创业企业自己的。企业对产品、服务的前景要客观分析，对竞争和威胁要有清醒的认识。

②突出重点。每一份创业计划书都应有自己独特的个性，要突出每一个创业项目的独特优势及竞争力；要开门见山地切入主题，不要浪费时间和精力描述与主题无关的内容。

③注重时效。要注意创业计划书所使用资料的时效，数据要有说服力，制订周期长的创业计划应及时更新有关资料依据。

④语言规范。财务分析要形象直观，尽可能地采用图表描述；战略、市场分析、营销策略、创业团队等的描述要使用管理学术语，尽可能地做到规范化、科学化。

⑤分工协作。创业计划书内容多，涉及面广，因此，要求创业计划小组分工完成，但应由组长统一协调定稿，以免出现创业计划零散、不连贯、文风相异等问题。

⑥可行性强。创业计划书要经得起风险投资人的考察、评估，不能过分追求包装，资料要翔实、准确，分析要深入、透彻。

⑦保护机密。机密部分略为简化，以防泄密。

（4）创业计划书框架范例

创业计划书框架范例："娶吧嫁吧"创业计划书（执行总结部分）

一、背景介绍

连锁经营模式，打造品牌婚介。（市场战略）

二、公司简介

做中国婚介服务业领袖。（创业理想）

三、公司管理与组织结构

和谐共赢的经营管理团队。（竞争优势之一）

四、产品和服务

真心交流，贴心服务，让客户放心。(客服理念)

五、市场与竞争

他山之石，可以攻玉。(竞争策略)

六、市场营销

浪漫、忠诚、幸福。(品牌内涵)

七、财务分析与评价

科学谨慎，切合实际。(财务原则)

八、风险与对策

知难而进，稳中求胜。(经营态度)

以上是一个服务型企业的创业计划书框架，因为与生产型企业的运营有一定区别，因而较一般企业的创业计划书简单。一份完整的生产型企业创业计划书的基本组成部分如表 10-1 所示。

表 10-1　一份完整的生产型企业创业计划书的基本组成部分

第一部分：封面 第二部分：计划摘要 第三部分：企业介绍 1. 企业的一般性描述 2. 经营业务或行业的历史背景及现状 3. 公司的组织结构 第四部分：行业分析和市场预测 1. 整体市场 2. 细分市场 3. 竞争因素 4. 宏观环境 第五部分：产品或服务介绍 产品或服务的独特性 第六部分：管理团队与组织 1. 管理层的展示——关键人员介绍 2. 激励和约束机制——人力资源管理 3. 法律结构以及董事会、顾问、咨询人员 第七部分：营销策略 1. 营销策略——销售与分销 2. 营销队伍和管理 3. 广告和促销 4. 定价战略	第八部分：生产规划 1. 选址 (1)优势 (2)区域规划 (3)税收 2. 产品制造 3. 开发 第九部分：财务规划 1. 财务报表 (1)资产负债表 (2)利润表 (3)现金流量表 2. 财务预测 3. 财务战略 第十部分：风险分析 1. 风险的类型 (1)生产风险 (2)管理风险 (3)市场风险 (4)财务风险 2. 风险的控制和规避 第十二部分：附录

5. 创业计划书的口头陈述与 PPT 展示

创业计划书的口头陈述与 PPT 展示是与投资者沟通的一个重要环节。因此，在与投资者会面之前，新企业创建者一定要做好充分准备，并严格守时，即陈述内容要以会议预定的陈述时间为限。陈述要流畅通顺，简洁鲜明，切忌堆砌材料。通常要准备好 PPT，以提高效率和突出重点。一般来讲，口头陈述只需使用 10~15 张 PPT。

（1）口头陈述的关键点及陈述技巧

①公司：用 1 张 PPT 迅速说明企业概况和目标市场。

②机会（尚待解决的问题和未满足的需求）：这是陈述的核心内容，最好占用 2~3 张 PPT。

③解决方式：解释企业将如何解决问题或如何满足需求，该项内容需要 1~2 张 PPT。

④管理团队优势：用 1~2 张 PPT 简要介绍每个管理者的资格。

⑤知识产权：用 1 张 PPT 介绍企业已有的或待批准的知识产权。

⑥产业、目标市场和竞争者：用 2~3 张 PPT 简要介绍企业即将进入的产业、目标市场及直接和间接争者，并详细介绍企业如何与目标市场中的现有企业竞争。

⑦财务：简要陈述财务问题。强调企业何时能盈利，为此需要多少资本，以及何时现金流能够持平。这最好占用 2~3 张 PPT。

⑧需求、回购和退出战略：用 1 张 PPT 说明需要的资金数目及设想的退出战略。

（2）口头陈述须避免的常见错误

①内容繁杂，重点不突出，因准备的 PPT 过多而不得不在规定时间内走马观花地进行阐述。

②口头陈述超过了规定时间而违背了遵守安排的首要原则。注意：如果投资者总共给创业者 1 小时的面谈时间，包括 30 分钟的陈述和 30 分钟回答，那么口头陈述就不能超过 30 分钟。

③陈述前的准备工作不充分。如果需要视听设备，在投资者没有的情况下，创业者应事先自行准备，这些应该在面谈前就准备好。

④陈述不通俗易懂，过多使用技术用语。

⑤遗忘了一些重要材料，如提交专利申请的具体日期等。

6. 创业计划书编写的注意事项

（1）创业计划书的“十要”

①一要精简。执行大纲 2~3 页，主体内容 7~10 页，注重内部经营计划和预算。

②二要第一时间让读者知道公司的业务类型，不能在最后一页才提及经营性质。

③三要声明公司的目标。

④四要阐述为达到目标所制定的策略与战术。

⑤五要陈述公司需要多少资金？用多久？怎么用？

⑥六要一个清晰和符合逻辑的能让投资者撤资的策略。

⑦七要提交企业的经营风险。

⑧八要有具体资料，有根据、有针对性的数据必不可少。

⑨九要将企业计划书附上一个吸引人但得体的封面。

⑩十要预备额外的拷贝件以作快速阅读之用，还要准备好财政数据。

（2）创业计划书的“三忌”

①一忌用过于技术化的用词形容产品或生产营运过程，尽量通俗容易被接受。

②二忌用含糊或无根据的陈述或结算表。

③三忌隐瞒事实真相。

工作步骤

第一步：制定一个市场调查（自己有创业意向的行业）或者人物访谈方案。确定调查（访谈）目的、对象、方法、地点、内容和工作分工；根据调查对象设计合理的调查问卷或访谈提纲，确保能够分析总结出其创业机会的来源、总结其创业模式。

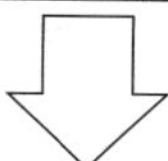

第二步：调查结果分析。实施调查，发放与回收调查问卷，或是展开访谈；对调查问卷进行整理分析，对数据进行分类、排序、汇总，发现对市场分析有价值的结果，分析自己的创业基础、创业机会；采用分工协作的方式，撰写市场调查或访谈报告；根据调查、访谈结果和自我情况分析，明确自己的创业项目和创业目标，选择自己的创业模式。

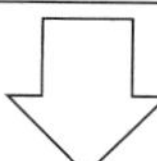

第三步：编写创业计划书准备工作。成立编写工作小组，准备编写创业计划书，制订创业计划书编写的日程安排与人员分工，确定创业计划书的种类与总体框架；收集编写创业计划书的资料，搜寻创业企业所在行业的发展趋势、产品市场信息、实验资料、竞争对手信息、同类企业组织机构状况等资料。

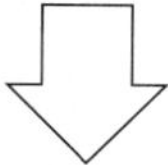

第四步：编写创业计划书。在前期准备工作基础上，按照创业计划书基本组成部分编写创业计划书，初步形成较为完整的创业计划书。

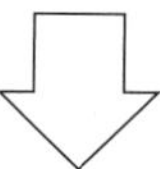

第五步：修改完善创业计划书。创业计划书编写小组对创业计划书进行广泛调查并征求多方意见，不断进行修改、完善，形成一份大家满意的定位准确、语言规范、可行性强的创业计划书。

工作评价与反馈

任务	存在的问题	改进措施
收获与感悟：		
指导教师评语： 教师签名：		

任务 2 创业计划书的评价

情境导入

"久创科技"的创业之路

黄同学等 7 人均为某大学自动化专业 2005 级本科生，合伙经营一家名为"久创科技"的电脑服务企业，主要业务包括组装电脑的导购、电脑及配件的代售、电脑故障维修。

这个创业想法来源于 2006 年黄同学等人参加的学校创业计划大赛，虽然最后的比赛结果并不很突出，却激发了他们的创业热情。因为在比赛过程中，他们大量地查阅了关于创业计划的资料，对创业计划有了深入的了解。而且，现在国家鼓励大学生创业，并给予了一些优惠条件。比赛结束后，黄同学就和其余的参赛同学商量成立电脑服务企业，准备进行真实的创业。他把他的想法以及细节进行细述，得到了其他 8 位同学的响应。通过商议，黄同学出资 20 000 元，其他人每人出资 10 000 元，共计 100 000 元启动资金。接着，他们开始写创业计划，完成之后，大家就创业计划提出自己的意见和建议。经过反复修改，确认考虑到了所有的问题及可能会出现的情况。其中，他们对组织结构的建立产生了分歧。一些人认为应该建立鲜明的组织结构才能管理好企业。另一些人认为，大家都在同一个起跑线上，确立等级制度会导致关系的分裂。最后，他们达成一致，认为创立的只是一个小企业，还不需要建立组织结构。于是，创业开始了。

同年 7 月，正式成立久创科技企业。在后来的经营当中，有两名同学因为自身经济困难而撤资，其他 7 人继续维持经营。经营企业的 7 名同学根据自身特点和专业特长，分块负责企业的各项业务，店面的营业人员由 7 名同学轮流充当。由于关系良好，平常的工作量和业绩并不直接与利益挂钩，而采取平均分配利润的方式。企业营业一年多来，业绩尚可，已收回投资，并于 2007 年 6 月开始盈利，当然，这没有计算 7 名同学的人力投资。在经营中，企业成员发现自身存在很多不足，于是有意识地参加了一些管理知识和专业技能的培训，企业承担部分培训费用。现在企业准备搬迁至位置较好的商业区，但存在资金短缺的问题。谈起以后的个人发展，企业的成员都较为乐观，较倾向于往大型的高科技电子企业方向发展，对于创业也很有信心。

问题思考：

1. 久创科技企业的创业计划是否合理？
2. 他们的创业是否算成功？为什么？

任务要求

根据创业计划书的评价指标体系，对创业计划书进行客观评价；根据评价意见对创业计划书进行完善。

工作任务

掌握创业计划书的评价指标体系，绘制创业计划书评价表，对评价表进行分析、反馈，根据评价意见对创业计划书进行修改、完善。

知识准备

由于所选择的产品或服务的不同，创业环境的优劣、创业人员能力的差异等区别，所以要对一个创业计划书的优劣进行评价是一件非常困难的事情。目前，投资人员和创业大赛的评审者多采用量化打分制来评定创业计划书之间的差异。对创业计划书的评价指标体系主要包括以下几个方面。

1. 执行概要

执行概要主要概述整个计划的内容，明确创业计划书的编写思路，概述创业的目标及竞争优势。

2. 产品或服务

在创业计划书中必须向投资者提供与创业企业的产品或服务有关的全部细节，包括：企业在前期进行的各方面调查；创业企业的产品或服务处于什么发展阶段，产品或服务的独特性在哪里；创业企业如何向顾客推销自己的产品或服务，产品或服务的顾客群在哪里、为什么；产品或服务的生产成本是多少，售价又是多少；创业企业有无发展新产品或提供新服务的计划等问题。不仅要使投资者对创业企业的产品或服务感兴趣，相信创业企业的产品或服务是最好的，而且要使投资者相信创业计划中提供的所有证据都是真实可信的，能够充分证明创业计划书中得出的结论。

3. 市场

作为投资者，最关心的还是创业企业提供的产品或服务是否有市场，市场的需求如何，顾客为什么会接受创业企业的产品或服务。创业者在创业计划中必须提供对目标市场的深入分析和理解，向投资者细致分析消费者的经济环境、地理环境、职业环境、心理环境等因素对选择创业企业产品或服务这一行为的影响；分析创业企业如何开展广告、促销、公共关系活动，活动的地区、预算、收益如何，创业企业采用什么样的销售策略以及销售中的各种细节等问题。不仅要使投资者相信创业企业产品或服务具有广阔的市场前景，而且要有充分的证据使投资者相信这个市场是实实在在的，不是盲目的。

4. 竞争

在创业计划书中必须认真细致地分析竞争对手的所有情况，向投资者阐明：创业企业现有的竞争对手和潜在的竞争对手都有哪些；现有竞争对手提供的产品或服务的工作机制是什么样的，与创业企业的产品或服务相比有什么相同点和不同点；现有竞争对手的营销策略是什么，销售额、利润、市场份额是多少；创业企业与现有竞争对手相比，竞争优势在哪里，顾客偏爱创业企业产品或服务的原因是什么；潜在的竞争对手将会是谁，如何应对潜在竞争对手的挑战等问题。不仅要使投资者相信创业企业是本行业中的有力竞争者，将来还会成为本行业标准的确立者，而且要使投资者相信创业企业采取的竞争策略完全能够应对竞争对手给企业带来的风险。

5. 营销

在创业计划书中应阐述如何保持并提高企业的市场占有率，把握企业的总体进度，对收入、盈亏平衡点，现金流量，市场份额，产品开发，主要合作伙伴和融资等重要事件有所安排，构建一条畅通合理的营销渠道和与之相适应的新颖而富有吸引力的促销方式。

6. 经营

经营包括原材料的供应情况、工业设备的运行安排、人力资源安排等。这部分要求以产品或服务为依据，以生产工艺为主线，力求描述准确、合理，可操作性强。

7. 组织

在创业计划书中应介绍管理团队中各成员有关的教育和工作背景、经验、能力、专长。组建营销、财务、行政、生产、技术团队。明确各成员的管理分工和互补情况，公司组织结构情况，领导层成员、创业顾问及主要投资人的持股情况，指出企业股份比例的划分。

8. 财务

财务包含营业收入和费用、现金流量、盈亏能力和持久性、固定和变动成本，前两年财务月报，后三年财务年报。数据应基于经营状况和未来的发展正确估计，并能有效反映出公司的财务绩效。

9. 总体评估

总体评估部分结构应条理清晰，有逻辑性；表述应避免冗余，力求简洁、清晰、重点突出、条理分明；专业语言的运用要准确和适度；相关数据要科学、诚信、翔实；要注重计划书的总体效果。

依据上述评价指标设立相应权重，制定创业计划书评价指标体系权重表，如表 10–2 所示。

表 10–2 创业计划书评价指标体系权重表

评价指标	创意可行性	商业计划	总计
执行概要	2.0%	2.0%	4.0%
产品或服务	7.5%	5.0%	12.5%

续表

评价指标	创意可行性	商业计划	总计
市场	10.0%	5.0%	15.0%
竞争	5.0%	2.5%	7.5%
营销	8.0%	2.0%	10.0%
经营	2.5%	2.5%	5.0%
组织	10.0%	5.0%	15.0%
财务	8.0%	5.0%	13.0%
总体评估	12.0%	6.0%	18.0%
总体评价	65.0%	35.0%	100%

工作步骤

第一步：掌握创业计划书的各项评价指标。通过教师的讲授、市场调研或访谈及查阅资料，充分掌握创业计划书评价指标体系的各项具体内容和评价标准。

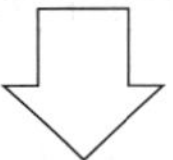

第二步：评价创业计划书。根据创业计划书的评价指标体系，针对产品或服务、市场、竞争、营销、组织、财务等逐条进行评估，量化打分，对创业计划书进行客观评价。

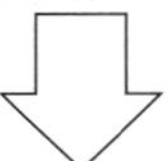

第三步：完成创业计划书评价指标体系权重表。对执行概要、产品（服务）、市场、竞争、营销、经营、组织、财务等评价指标的得分情况汇总，形成一份客观、准确、直观的评价表。

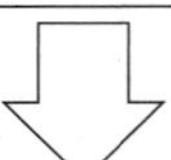

第四步：分析创业计划书评价指标体系权重表。创业计划书编写工作小组负责对评价指标体系权重表进行分析、反馈，根据评价指标逐条提出改进意见。

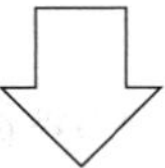

第五步：完善创业计划书。创业计划书编写工作小组根据创业计划书评价指标体系权重表和反馈意见，对创业计划书进行完善。

工作评价与反馈

<table>
<tr><th>任务</th><th>存在的问题</th><th>改进措施</th></tr>
<tr><td></td><td></td><td></td></tr>
<tr><td colspan="3">收获与感悟：</td></tr>
<tr><td colspan="3">指导教师评语：

教师签名：</td></tr>
</table>

项目小结

创业计划是一个复杂的系统工程，不但要对行业、市场进行充分的研究，而且还要有很好的文字表现能力。一份好的创业计划书不但能有效指导创业活动，还能使投资者产生兴趣。通常，创业计划书有其基本格式和内容要素，主要包括创业计划概要、产品或服务的介绍、管理团队和组织结构、创业企业的战略分析，市场调查与分析等。创业计划书的评价指标体系主要包括执行概要、产品或服务、市场、竞争、营销、经营、组织、财务、总体评估。

巩固与提高

一、多项选择题

1. 创业计划书的作用有（　　）。

A. 指导创业实践　　B. 整合创业资源

C. 获取创业资金　　D. 创业人才

2. 以下属于我国大学生创业基本模式的是（　　）。

A. 积累演进模式　　B. 连锁复制模式　　C. 分化拓展模式

D. 技术风险模式　　E. 模拟孵化模式　　F. 创新模式

G. 技术创业模式　　H. 资金创业模式

3. 市场分析是创业计划书的关键内容之一，主要包含（　　）。

A. 定义目标市场　　B. 描述市场规模与变化趋势

C. 突出市场导向　　D. 产品投产计划

4. 创业计划书中的公司介绍部分一般包含（　　）。

A. 企业的基本情况　　B. 企业的发展阶段

C. 产品和服务　　D. 许可证

二、判断题（以下说法是否正确，若有错误请改正）

1. 在产品或服务介绍部分，创业者对产品或服务的说明要详细、准确、通俗易懂，使专业人员能一目了然。（　　）

2. 创业计划书中的生产规划应包括以下内容：产品制造和技术设备现状，新产品投产计划，技术提升和设备更新的要求，质量控制和质量改进计划。（　　）

3. 一般来说，产品介绍必须要回答的问题有顾客希望企业的产品能解决什么问题等，对顾客能从企业的产品中获得什么好处之类的问题则不必回答。（　　）

4. 财务管理是企业的生命线，因此企业无论在初创或扩张时期，对财务都需要有预先的周详计划和严格控制。 （ ）

三、实训题

6~8 人为一小组，每组结合自己的兴趣和爱好，根据创业计划书框架结构和组成部分等相关知识撰写一份创业计划书，在全班进行一次模拟制订创业计划书竞赛答辩会。

附：备选创业项目

1. 中医保健培训俱乐部
2. 校友咖啡馆
3. 校园生活用品租赁公司
4. 牙齿护理保健中心
5. 药膳餐饮
6. 敬老院
7. “中药饮品”休闲馆
8. 物业管理公司（校外学生公寓）
9. 大学生职业培训

参考文献

［1］布鲁克斯 . 社会创业：创造社会价值的现代方法［M］. 李华晶，译 . 北京：机械工业出版社，2009.

［2］奥斯特扬，丹斯洛 . 商业计划书写作指南［M］. 吕晓娣，潘景华，译 . 北京：清华大学出版社，2003.

［3］周友苏 . 公司法律制度研究［M］. 成都：四川人民出版社，1991.

［4］刘俊海 . 股东诸权利如何行使与保护［M］. 北京：人民法院出版社，1995.

［5］甘培忠 . 企业与公司法学［M］. 3 版 . 北京：北京大学出版社，1998.

［6］潘福斌 . 影响零售业选址决策的因素［J］. 重庆科技学院学报（社会科学版），2008（3）：96–98.

［7］顾春梅 . 中小零售企业的选址决策［J］. 商业时代，2004（26）：15–16.

［8］应可福 . 生产与运作管理［M］. 2 版 . 北京：高等教育出版社，2008.

［9］BLOCK B S，HIRT G A. Foundations of financial management [M]. Tenth Edition. Beijing: Higher Education Press, 2002

［10］布洛克，财务管理基础［M］. 11 版 . 王静，译 . 北京：中国人民大学出版社，2005.

［11］余宏奇 . 浅议杜邦财务分析体系在上市公司的改造与运用［J］. 会计之友，1999（7）：38–41.

［12］赵万祺 . 上下游企业之间建立合作伙伴关系：G 陶瓷集团公司案例研究［D］. 厦门：厦门大学，2006.

［13］吴群 . 基于供应链的核心企业上下游成本优化分析［D］. 南昌：江西财经大学，2005.

［14］杜志平，胡贵彦，穆东 . 信息不对称下供应链上下游企业质量守约博弈分析［J］. 物流技术，2011，30（7）：161–163.

［15］王洋 . 产业链上下游企业间“链合”创新关系研究［D］. 合肥：合肥工业大学，2011.

［16］司春林，段秉乾，钱桂生 . 供应链上下游企业合作研发模式选择：宝钢 – 大众激光拼焊项目案例分析［J］. 研究发展与管理，2005，17（2）：77–82, 98.

［17］李孟桃 . 生产性服务业的发展及其影响动因研究［D］. 上海：上海交通大学，2008.

［18］李金勇 . 上海生产性服务业发展研究［D］. 上海：复旦大学，2005.

［19］蒋晓静 . 湖南省生产性服务业对制造业的作用研究［D］. 长沙：湖南大学，2008.

［20］周向宇 . 生产服务业的发展与制造业产业结构的升级［D］. 湘潭：湘潭大学，2007.

［21］任新建 . 企业竞合行为选择与绩效的关系研究［D］. 上海：复旦大学，2006.

［22］林静 . 竞合战略对旅游企业竞争力的影响及对策研究［D］. 泉州：华侨大学，2010.

［23］赵迪 . 玩具企业竞合行为与绩效的关系研究［D］. 汕头：汕头大学，2009.

［24］徐双庆 . 企业声誉对消费者忠诚影响机理分析［D］. 杭州：浙江大学，2009.

［25］薛磊 . 企业与消费者关系对顾客忠诚的影响研究［D］. 兰州：兰州大学，2009.

［26］姚佳 . 基于消费者视角的乳品企业品牌经营研究：以新希望乳业为例［D］. 雅安：四川农业大学，2008.

［27］陈安民 . 企业与消费者关系的系统运作刍议［J］. 北方经贸，2006（3）：71–73.

［28］徐中民 . 谨慎决策 不断完善——中国惠普公司物流外包发展历程［J］. 物流时代，2004（17）：21–22.

［29］骆永华 . 民营企业如何二次创业［J］. 企业文化 . 2010（4）：52–54.

［30］王先琳 . 民营企业生存五点方略［J］. 现代企业教育，2011（11）：18–19.